***ACCESO GRATIS** a la Lectura en la Nube*

Para visualizar el libro electrónico en la nube de lectura envíe junto a su nombre y apellidos una fotografía del código de barras situado en la contraportada del libro y otra del ticket de compra a la dirección:

ebooktirant@tirant.com

En un máximo de 72 horas laborales le enviaremos el código de acceso con sus instrucciones.

TURISMO GASTRONÓMICO: INGREDIENTE CLAVE EN EL DESARROLLO SOSTENIBLE DEL TERRITORIO

TURISMO GASTRONÓMICO: INGREDIENTE CLAVE EN EL DESARROLLO SOSTENIBLE DEL TERRITORIO

Editores:

Rafael Lapiedra
Rosa M.ª Rodríguez
Universitat Jaume I

Carmen Adams
Mar Algueró Boronat
Cristina Aragonés-Jericó
Victor Ballester-Riera
Sara Benages Guarch
Montserrat Boronat-Navarro
Vicente Casales-García
Eduard Cristóbal Fransi
Daniela Buzova
Natalia Daries Ramón
Emilio Domínguez Escrig
José María Fernández-Yáñez
P Sergio Ferrer Gilabert
aula Fierro-Rubio
Beatriz Forés Julián
Alexandra García-Joerger
Juan Vicente García Ruiz
Luis Gonzalez-Abril
Asunción Hernández-Fernández1
Laura Ibáñez Vives
Rafael Lapiedra Alcamí
Eva María López Tubía
Jaume Macià Amorós
Francisco Fermín Mallén Broch
Estela Mariné Roig
Mercedes Millán Escriche
Miguel Ángel Moliner Tena
Anna Moreno Trilla
Lledó Museros
Margarita Nana Barrantes
Daniel Paül Agustí
Luis Rubén Pérez Pinzón
Elisa Povedano Marrugat
Alba Puig-Denia
Francisca Ramón Fernández
Sara Rodrigo Moriones
Rosa María Rodríguez Artola
Ismael Sanz
Silvia Sanz-Blas
Vicent Tortosa Edo

tirant lo blanch
Valencia, 2025

En caso de erratas y actualizaciones, la Editorial Tirant lo Blanch publicará la pertinente corrección en la página web www.tirant.com.

EDITA: TIRANT LO BLANCH
C/ Artes Gráficas, 14 - 46010 - Valencia
TELFS.: 96/361 00 48 - 50
FAX: 96/369 41 51
Email:tlb@tirant.com
www.tirant.com
Librería virtual: www.tirant.es
DEPÓSITO LEGAL: V-4218-2024
ISBN: 978-84-1095-150-1
MAQUETA: Innovatext

Si tiene alguna queja o sugerencia, envíenos un mail a: *atencioncliente@tirant.com*. En caso de no ser atendida su sugerencia, por favor, lea en *www.tirant.net/index.php/empresa/politicas-de-empresa* nuestro Procedimiento de quejas.

Responsabilidad Social Corporativa: *http://www.tirant.net/Docs/RSCTirant.pdf*

COMITÉ CIENTÍFICO DE LA OBRA

Índice

EL TERRITORIO COMO RECURSO Y MATERIA PRIMA PARA EL TURISMO GASTRONÓMICO EN LA REGIÓN DE MURCIA

MERCEDES MILLÁN ESCRICHE

EL PAN Y LAS PANADERÍAS COMO SÍMBOLOS DE LA GASTRONOMÍA PATRIMONIAL. IDENTIDAD CULINARIA ASOCIADA AL PAN "MESTIZA" EN BUCARAMANGA, COLOMBIA

Luis Rubén Pérez Pinzón

BLOQUE 2

TURISMO GASTRONÓMICO Y PERSONAS

DE LA MESA A LA RED. LA ELECCIÓN DEL TURISTA GASTRONÓMICO

Cristina Aragonés-Jericó
Asunción Hernández-Fernández
Margarita Nana Barrantes

SABORES Y ORGULLO: UN ANÁLISIS DE LOS TURISTAS LGBTIQ+ FRENTE AL TURISMO GASTRONÓMICO

Mar Algueró Boronat
Rosa María Rodríguez Artola
Miguel Angel Moliner Tena

LA GASTRONOMÍA COMO ATRACTIVO TURÍSTICO: IMAGEN GASTRONÓMICA VERSUS LEALTAD AL DESTINO

Silvia Sanz-Blas
Daniela Buzova
Victor Ballester-Riera
Paula Fierro-Rubio

BLOQUE 3

IMPACTO ECONÓMICO DEL TURISMO GASTRONÓMICO

GASTRONOMÍA: COOPERACIÓN, INDUSTRIA ALIMENTARIA Y TURISMO GASTRONÓMICO

Sara Rodrigo Moriones

MARCO JURÍDICO PARA LA RESTAURACIÓN EN EL PAÍS VASCO: LA REGULACIÓN DEL TURISMO GASTRONÓMICO EN LA LEY VASCA 13/2016, DE 28 DE JULIO, DE TURÍSMO Y LA GESTIÓN PÚBLICA DE MARCAS EN EL PAÍS VASCO

Eva María López Tubía

AGROTURISMO EN LAS COMUNIDADES AUTÓNOMAS DEL ARCO MEDITERRÁNEO ESPAÑOL: UN ANÁLISIS COMPARATIVO DE SU OFERTA

JUAN VICENTE GARCÍA RUIZ
LAURA IBÁÑEZ VIVES
VICENT TORTOSA EDO
EMILIO DOMÍNGUEZ ESCRIG
FRANCISCO FERMÍN MALLÉN BROCH
MIGUEL ÁNGEL MOLINER TENA

EL TURISMO GASTRÓNOMICO DE PROXIMIDAD: VENTAJAS Y RETOS

ELISA POVEDANO MARRUGAT

BLOQUE 4

TURISMO GASTRONÓMICO Y TECNOLOGÍAS

HACIA UN CLASIFICADOR GASTRONÓMICO A TRAVÉS DEL COLOR PARA ENTENDER EL COMPORTAMIENTO DEL TURISTA GASTRONÓMICO

VICENTE CASALES-GARCÍA
LUIS GONZALEZ-ABRIL
ISMAEL SANZ
LLEDÓ MUSEROS

PROMOCIÓN EN REDES SOCIALES DE LOS DESTINOS TURÍSTICOS INTELIGENTES A TRAVÉS DE LA GASTRONOMÍA DE ALTO NIVEL

ANNA MORENO TRILLA
NATALIA DARIES RAMÓN
ESTELA MARINÉ ROIG

DEL TURISMO GASTRONÓMICO Y LA EXPERIENCIA TURÍSTICA DESDE EL ENFOQUE DE LAS TIC: EL CASO DE COSTA RICA

SARA BENAGES GUARCH

EL IMPACTO DE LA INTELIGENCIA ARTIFICIAL EN LA SOSTENIBILIDAD DEL TURISMO GASTRONÓMICO

SERGIO FERRER GILABERT
RAFAEL LAPIEDRA ALCAMÍ
BEATRIZ FORÉS JULIÁN

PRÓLOGO

Esta publicación titulada "Turismo gastronómico: ingrediente clave en el desarrollo sostenible del territorio" recopila las aportaciones realizadas en el XXVII Congreso de Turismo Universidad-Empresa celebrado en Castellón durante los días 2 y 3 de octubre de 2024.

Podemos definir el turismo gastronómico como un tipo de actividad turística que se caracteriza por el hecho de que la experiencia del visitante cuando viaja está vinculada con la comida y con productos y actividades afines. Explorar nuevos lugares mientras disfrutamos de la comida se conoce como turismo gastronómico. Las opciones son variadas, todas dirigidas a satisfacer el paladar con sabores únicos y sumergirse en la gastronomía local de diferentes destinos. Cada vez más turistas eligen su destino basándose en su oferta culinaria, un aspecto crucial reconocido por la Organización Mundial del Turismo (OMT). De hecho, una parte significativa del presupuesto en un viaje se destina a la alimentación. Este tipo de turismo no se limita solo a comer, sino que busca experiencias culinarias desde la producción hasta el plato. Se trata de ofrecer a los visitantes algo más que solo alojamiento y transporte, brindándoles una experiencia que les permita sumergirse en la cultura y el estilo de vida local. Este tipo de turismo se refiere no solo a la oferta de experiencias gastronómicas auténticas, tradicionales o innovadoras, sino que el turismo gastronómico también puede incluir e implicar otras actividades afines tales como la visita a productores locales, la participación en festivales gastronómicos y/o la asistencia a clases de cocina.

Para muchos destinos, la gastronomía forma parte de su historia e identidad y se ha convertido en un elemento clave de su imagen de marca. La gastronomía representa una oportunidad de revitalizar y diversificar el turismo, promover el desarrollo económico local, involucrar a numerosos sectores profesionales distintos y ofrecer nuevos usos al sector primario. Podemos afirmar que se trata de un aspecto que contribuye a promover y reforzar la marca de los destinos, manteniendo y preservando las tradiciones locales, poniendo en valor a los productores y productos locales, el vínculo con el territorio, e impulsa el desarrollo de destinos más sostenibles. España destaca en este ámbito, siendo la gastronomía un motor importante de su economía y un distintivo de la marca España reconocido tanto a nivel nacional como internacional. La gastronomía española goza de gran prestigio fuera de sus fronteras, lo que coloca al país en una posición privilegiada en el turismo gastronómico.

El turismo gastronómico ha emergido como un segmento crucial en el sector turístico global, atrayendo a viajeros interesados en descubrir culturas a través de sus tradiciones culinarias. El turismo gastronómico en España no solo ha resistido los embates de la pandemia, sino que ha salido reforzado, consolidándose como un sector clave para la recuperación del turismo en el país. La evolución positiva de este segmento sugiere que continuará siendo un motor importante para el desarrollo turístico en los próximos años, atrayendo a visitantes que buscan una inmersión completa en los sabores y tradiciones culinarias en un destino.

El crecimiento del turismo gastronómico se ve impulsado por varios factores, como la búsqueda de experiencias auténticas, el interés en la cultura local y el auge de las redes sociales como medio para compartir dichas experiencias. En el mundo de la gastronomía y la cocina, lo visual es fundamental, no solo la comida nos entra por los ojos, sino que el auge de los teléfonos móviles ha transformado la forma en que compartimos recetas. En el mundo de la cocina, las redes sociales están en auge; los perfiles de influencers y chefs se han vuelto muy populares entre los entusiastas que buscan captar imágenes de esas creaciones extraordinarias y deliciosas.

En este libro se pretende analizar las últimas tendencias y oportunidades que ofrece la gastronomía para un destino, agrupando su contenido en cuatro bloques. El primer apartado está orientado hacia el estudio del territorio analizando temas que van desde la sostenibilidad y las materias primas que ofrece un territorio, transformándose en un recurso que puede constituir todo un reclamo turístico hasta alcanzar la consideración de patrimonio gastronómico. El segundo bloque recoge un grupo de trabajos que pone el foco en las personas, reforzando la preservación de la identidad en los destinos. En el tercer bloque se recogen trabajos que han estudiado el impacto económico del turismo gastronómico, destacando su importancia como dinamizador del medio rural, siendo una palanca para la diversificación de sus fuentes de ingresos, a través de la revalorización de costumbres culinarias y medios de producción tradicionales, constituyendo una fuente de creación de empleo. El cuarto bloque se ha centrado en la tecnología como una herramienta clave en la creación de conocimiento y soluciones digitales que impulsen la transformación y evolución de la gastronomía y del turismo.

La lectura de cada una de las comunicaciones se puede realizar de forma individualizada; no obstante, se recomienda la lectura en conjunto de los artículos pertenecientes a cada uno de los bloques temáticos para dotar de mayor consistencia a los argumentos expuestos, facilitando la comprensión global de los objetivos planteados para cada uno de los apartados temáticos.

Finalmente, nos gustaría agradecer a la Diputación Provincial de Castellón por su esfuerzo y apoyo en la realización del XXVII Congreso de Turismo. También, queremos agradecer a Turisme Comunitat Valenciana y a todas las entidades que de una u otra forma han contribuido para que se haya podido celebrar este evento. Por último, agradecer al Comité Organizador, Comité Científico y sobre todo a ponentes, comunicantes y participantes en los paneles de expertos porque todos ellos se han convertido en ingredientes esenciales que han enriquecido con fundamento académico la generación de conocimiento vinculado a las diferentes dimensiones del turismo gastronómico.

RAFAEL LAPIEDRA ALCAMÍ
ROSA Mª RODRÍGUEZ ARTOLA

BLOQUE 1
TURISMO GASTRONÓMICO Y TERRITORIO

TURISMO RURAL Y TURISMO GASTRONÓMICO: UNA APUESTA HACIA LA SOSTENIBILIDAD

José María Fernández-Yáñez
Beatriz Forés
Alba Puig-Denia
Montserrat Boronat-Navarro
Alexandra García-Joerger
Universitat Jaume I

Temática de trabajo: Contribución del turismo gastronómico a la sostenibilidad del destino y al desarrollo de los ODS

RESUMEN: Este trabajo explora el impacto del turismo rural y gastronómico en la sostenibilidad de las áreas rurales en España. En 2023, el turismo rural experimentó un crecimiento significativo, con un 45% de los españoles optando por esta modalidad. El turismo rural desempeña un papel esencial en la diversificación de las economías locales, la preservación de la identidad cultural y el fomento de la sostenibilidad ambiental, al poner en valor los recursos naturales y culturales del territorio. Además, crea oportunidades de empleo y contribuye al desarrollo socioeconómico de las zonas rurales.

El turismo gastronómico complementa estas actividades, creando experiencias enriquecedoras para los visitantes y actuando como una palanca importante para el desarrollo rural. Este tipo de turismo permite a los viajeros interactuar con los residentes, impregnarse de la cultura local y vivir experiencias únicas a través del contacto directo con el territorio y sus costumbres. La combinación de turismo rural y gastronómico no solo impulsa el crecimiento económico, sino que también fomenta la conservación del ecosistema y la preservación de las tradiciones. Este estudio subraya la importancia de integrar la sostenibilidad en el turismo rural y gastronómico para impulsar el desarrollo económico y la conservación ambiental en las áreas rurales de España.

Palabras clave: Turismo rural, Turismo gastronómico, Sostenibilidad, Desarrollo rural, Economía local

ABSTRACT: This paper explores the impact of rural and gastronomic tourism on the sustainability of rural areas in Spain. In 2023, rural tourism experienced significant growth, with 45% of Spaniards opting for this modality. Rural tourism plays an essential role in diversifying local economies, preserving cultural identity, and promoting environmental sustainability by highlighting the natural and cultural resources of the territory. Additionally, it creates employment opportunities and contributes to the socio-economic development of rural areas.

Gastronomic tourism complements these activities by creating enriching experiences for visitors and acting as a significant driver for rural development. This type of tourism allows travelers to interact with residents, immerse themselves in local culture, and live unique experiences through direct contact with the territory and its customs. The combination of rural and gastronomic tourism not only drives economic growth but also promotes ecosystem conservation and tradition preservation. This study underscores the importance of integrating sustainability into rural and gastronomic tourism to foster economic development and environmental conservation in rural areas of Spain.

Keywords: Rural tourism, Gastronomic tourism, Sustainability, Rural development, Local economy

1. INTRODUCCIÓN

El turismo es una actividad fundamental para el desarrollo económico y social de muchas regiones, especialmente en el caso español (Forés et al., 2022). En los últimos años, el turismo rural ha experimentado un notable crecimiento; así, según datos del Observatorio de Turismo Rural, considerado el proyecto de investigación de turismo rural más grande de España, impulsado por EscapadaRural, CETT-UB *Barcelona School of Tourism, Hospitality and Gastronomy y Netquest,* en 2023, el 45% de los españoles mayores de 18 años optó por este tipo de turismo en 2023. Estas cifras suponen un crecimiento de 2,5 puntos con respecto al año anterior; también se ha incrementado el gasto en turismo rural, creciendo un 3,7% con respecto al año anterior. Según el Instituto Nacional de Estadística (INE), el turismo rural en España ha experimentado un crecimiento de un 20% entre 2018 y 2022.

Este crecimiento refleja una tendencia europea hacia el turismo en áreas rurales, impulsado por el deseo de escapar del ajetreo urbano y conectar con la naturaleza. El turismo rural desempeña un papel clave en la diversificación de las economías locales, la preservación de la identidad cultural y el fomento de la sostenibilidad ambiental en las zonas rurales, impulsando la puesta en valor los recursos naturales y culturales del territorio, la generación de oportunidades de empleo y la contribución a su desarrollo socioeconómico (CaixaBank Research, 2024). Por tanto, su importancia para la sostenibilidad, a nivel social, económico y medioambiental, es fundamental. Asimismo, para el viajero, es una valiosa oportunidad para interaccionar con los residentes, impregnarse de la cultura de la zona y vivir experiencias únicas a través del contacto directo con el territorio y sus costumbres.

En este sentido, las actividades vinculadas con la gastronomía local se convierten en un aliciente de gran valor para el turista, por lo que el turismo gastronómico complementa en buena parte otras actividades turísticas, permitiendo crear una experiencia enriquecedora para el visitante (Sidali et al., 2013). De esta forma, el turismo gastronómico se convierte en una palanca importante para el desarrollo rural y el impulso de los destinos turísticos rurales, a la vez que permite reforzar e impulsar la sostenibilidad en este tipo de destinos, al impulsar la economía local y poner en valor los recursos y la cultura local, entre otros (Andreu y Verdú, 2012; Tikkanem, 2007). Un ejemplo notable es el proyecto 'Saborea España', que ha promovido la gastronomía local en regiones rurales, incrementando el turismo en un 15% desde su inicio en 2020. Esta iniciativa ha creado rutas gastronómicas que destacan productos locales y experiencias culinarias auténticas, atrayendo tanto a turistas nacionales como internacionales.

En este trabajo se revisa el potencial del turismo rural y gastronómico para la consecución de un desarrollo turístico regional más sostenible. Para ello, se revisan datos de la importancia de estas modalidades a nivel nacional, se revisa cómo puede contribuir a la sostenibilidad, y se analiza una muestra de alojamientos rurales de la Comunidad Valenciana para descifrar la importancia del turismo gastronómico en el entorno rural y la importancia que se concede a las prácticas en sostenibilidad.

2. TURISMO RURAL Y SU CONTRIBUCIÓN A LA SOSTENIBILIDAD

La Organización Mundial de Turismo define el turismo rural como un tipo de actividad turística en el que la experiencia del visitante está relacionada con un amplio espectro de productos vinculados por lo general con las actividades de naturaleza, la agricultura, las formas de vida y las culturas rurales, la pesca con caña y la visita a lugares de interés (UNWTO, 2024). Sin embargo, el "apellido" rural, como tipología diferenciadora de otras modalidades de turismo, puede arrojar una cierta confusión a la hora de determinar qué es y qué no es turismo rural.

De acuerdo con la OCDE, una zona rural es cualquier espacio que, a nivel local, cuente con una densidad de población de 150 personas por kilómetro cuadrado. Del mismo modo, el Consejo de Europa afirma que una zona rural es una zona de campo interior o costera, incluidas las pequeñas ciudades y pueblos, en la que la parte principal de la zona se utiliza para:

- La agricultura, la silvicultura, la acuicultura y la pesca.
- Actividades económicas y culturales de los habitantes del campo.
- Zonas de recreo y ocio no urbanas, incluyendo reservas naturales.
- Otros fines, como la vivienda.

Según los datos del CaixaBank Research (2023), en los últimos años el turismo rural ha experimentado un importante crecimiento sobre el total de gasto turístico nacional, pasando de representar un 10,9% en 2019 al 11,9% en 2023. En la siguiente Figura 1 se puede observar el mix entre el peso del turismo rural y el sector primario en el territorio nacional. Cabe destacar la relevancia que tiene esta tipología de turismo en provincias del interior como Cuenca o Segovia (con representación del gasto turístico superior al 65%); aunque también en otras provincias periféricas como Huesca, Lleida, Girona, o Badajoz, entre otras.

Profundizando en los datos del pasado ejercicio 2023 es posible obtener una radiografía más concreta de la paulatina consolidación de esta modalidad de turismo a escala nacional. De acuerdo con los datos del INE, el número total de viajeros que optaron el año pasado por esta tipología turística se ha cifrado en un total de 4.603.192 (de los cuales, 1.046.612 son internacionales), representando un incremento nada desdeñable del 4,72% respecto al ejercicio 2022 (21,14% para el caso de turistas internacionales) (INE, 2024). Las pernoctaciones también se han visto incrementadas en un 3,87%, alcanzando la cifra total de 12.537.842 con una estancia media de 2,72 noches por turista (INE, 2024). La satisfacción del turista con esta tipología turística también es elevada pues, de acuerdo con los datos de la Barcelona School of Tourism, Hospitality and Gastronomy (2024), el 92% de los viajeros rurales prevé repetir experiencia este año y, en la gran mayoría de los casos, la intención es realizar un mínimo de 2 escapadas rurales al año.

Figura 1. Gasto turístico en municipios rurales sobre el gasto turístico total (%)

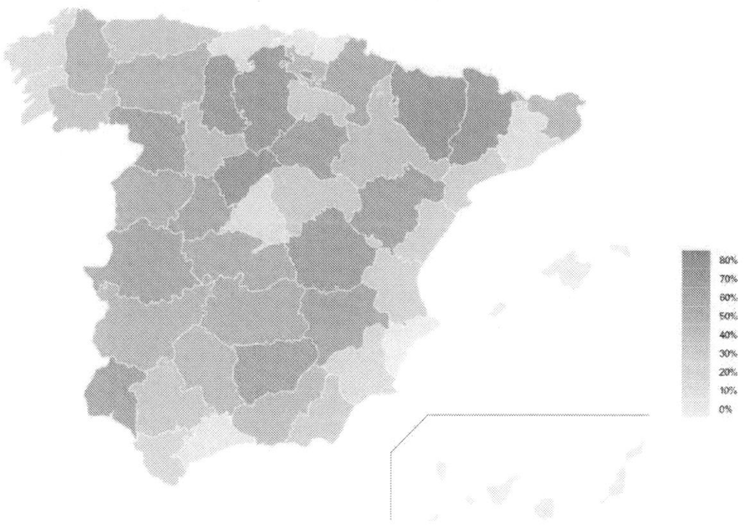

Fuente*:* CaixaBank research (2023)

A tenor de los datos expuestos anteriormente cabe, pues, señalar que esta modalidad de turismo ha experimentado un boyante crecimiento tras la irrupción de la pandemia de COVID-19. El turismo como industria y la economía en su conjunto pueden verse beneficiados por esta tipología de turismo rural. De este modo, el turismo rural es una actividad en la que tanto en la Comunitat Valenciana, como en el resto de España en su conjunto, cuenta con una ventaja competitiva importante, tal y como han venido señalando organismos internacionales (Forés et al., 2022), que permite captar fondos internacionales de manera sencilla, contribuyendo así al equilibrio de la balanza de pagos. Además, y a diferencia de otras modalidades de turismo como la de sol y playa, el turismo rural permanece relativamente estable a lo largo del año. Por tanto, el turismo rural es una importante fuente de diversificación de los ingresos en zonas agrarias y con mayor riesgo de despoblación, pero también un importante estímulo para la desestacionalización de la actividad turística.

Los siguientes Gráficos 1 y 2 ilustran la evolución en el número de personas viajeras que han optado por la modalidad de turismo rural tanto en la Comunidad Valenciana como en el agregado nacional; a pesar de mostrarse una pequeña fluctuación a lo largo del ejercicio, tal y como subrayan instituciones como el INE (2024), dicha variación intermensual es menor que en otras modalidades turísticas. Por su parte, el Gráfico 3 muestra la distribución de personas turísticas entre cada una de las provincias de la Comunidad Valenciana, donde la provincia de Alicante continúa ostentando el liderazgo en recepción de visitantes, también para esta tipología de turismo rural.

Gráfico 1. Evolución de personas viajeras en turismo rural en España en 2023

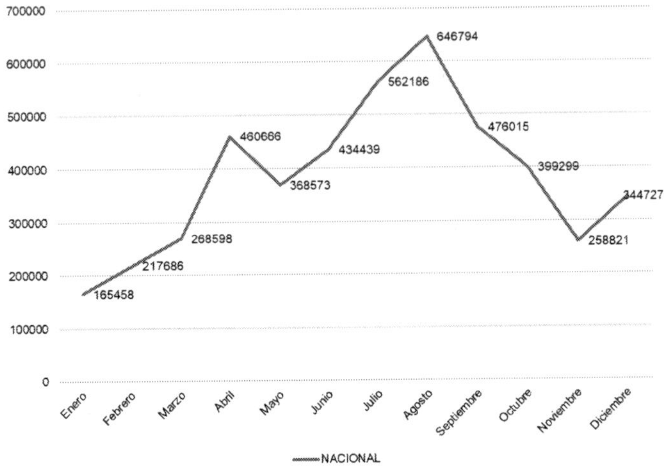

Fuente: INE (2024)

Gráfico 2. Evolución de personas viajeras en turismo rural en España en 2023

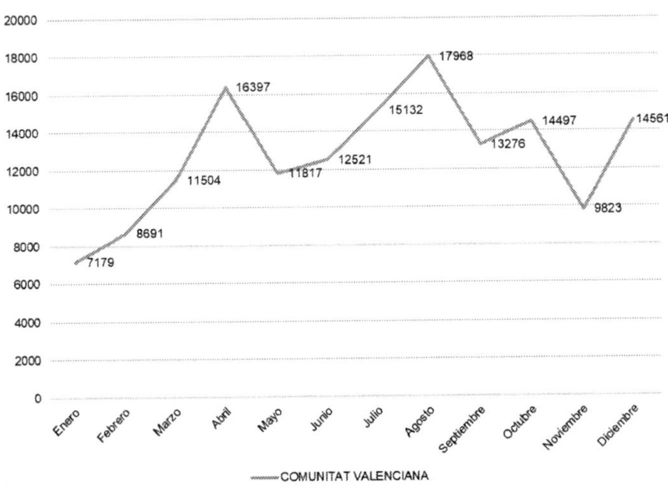

Fuente: INE (2024)

Gráfico 3. Distribución de turistas entre las provincias de la Comunidad Valenciana (2023)

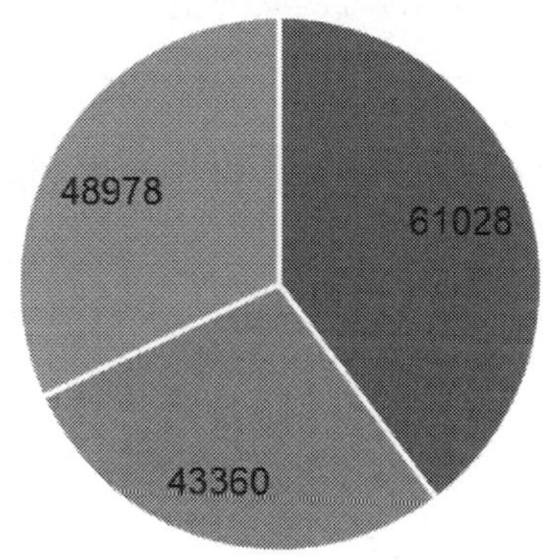

Fuente: INE (2024)

Además de las bondades anteriormente señaladas, el turismo rural es capaz de promover un modelo turístico respetuoso con el ecosistema y contribuir de manera activa al desarrollo sostenible. Según la Declaración de Québec (2002), el turismo rural sostenible es aquel turismo donde la motivación principal de los turistas es la observación y la apreciación de la naturaleza, así como de las culturas tradicionales, que contribuye a la conservación del patrimonio cultural y natural, incluye a las comunidades locales en su planificación y desarrollo y contribuye a su bienestar (UNWTO, 2002).

Así pues, el turismo rural debe actuar de manera comprehensiva sobre los tres ejes o dimensiones que permiten que podamos hablar de desarrollo sostenible; es decir, considerando aspectos e impactos medioambientales, sociales y económicos que tiene cierta actividad económica, como el turismo rural, en el territorio en el que se desarrolla (ver Figura 2).

- **Dimensión medioambiental**: basado en la autenticidad de los recursos, su conservación y preservación.
- **Dimensión social**: en la medida que el bienestar de la comunidad local, que depende en parte del consumo y comportamiento de los turistas, así como de las interrelaciones que se establezcan entre ambos colectivos, siempre respetando el modo de vida de las personas anfitrionas.

- **Dimensión económica**: centrada en la compensación de rentas desde una planificación cuidadosa de los aspectos ambientales y sociales – desarrollo económico desde un punto de vista sostenible, inteligente, e integrador.

Figura 2. Marco de la sostenibilidad aplicado al turismo rural

Medioambiental
- Autenticidad de los recursos
- Preservación y protección de los ecosistemas
- Reducción de todo tipo de contaminantes

Sostenibilidad

Económica
- Obtención de rentas económicas
- Distribución ecuánime de recursos económicos a través de una adecuada planificación
- Regeneración y desarrollo territorial equilibrado

Social
- Bienestar de la comunidad anfitriona
- Apuesta por el producto local
- Fomento de la convivencia entre anfitriones y turistas
- Gobernanza turística regional

Fuente: elaboración propia

Los objetivos en materia de sostenibilidad que deben perseguir la gestión de los destinos turísticos mediante la actuación colectiva; es decir, involucrando a instancias públicas, la empresa privada, otras organizaciones, comunidades locales y turistas, deben comprender los siguientes aspectos:

- **Conservación del ecosistema natural.** El turismo rural destaca por su naturaleza sostenible. En muchos casos, esta tipología de turismo se desarrolla en entornos naturales protegidos como reservas o parques. Además, tal y como apunta el informe del CaixaBank Research (2024), la relación entre turismo rural y la preferencia por destinos sostenibles es bidireccional, pues se espera que el turista más preocupado por cuestiones como la protección medioambiental opte por esta modalidad de turismo.
- **Promoción y puesta en valor del producto local.** Esta modalidad de turismo rural destaca por poner en valor la identidad de los destinos turísticos a través de la gastronomía, el producto local y las tradiciones culinarias. De este modo, la integración y despliegue de toda la

cadena de valor gastronómica del territorio es un pilar fundamental para el desarrollo del destino turístico rural.

- **Preservación de las tradiciones y modos de vida tradicionales.** La propia OCDE prescribe que el turismo rural debe velar por respetar el modo de vida tradicional, inspirado por un modelo desarrollo endógeno a los recursos del territorio, en el que el crecimiento sea orgánico, estimulando además la conexión con las familias locales y su identidad. Por tanto, el turismo rural debe erigirse como una plataforma o motor del desarrollo local responsable.
- **Desarrollo de infraestructuras sostenibles.** El creciente interés en esta modalidad turística puede ser un aliciente para la inversión en la creación y desarrollo de nuevas infraestructuras que, además de contribuir a la preservación de los recursos naturales, mejoren la calidad de los servicios rurales, así como la accesibilidad y conexión con otras localidades. El uso de energías renovables en alojamientos rurales ha reducido las emisiones de CO2 en un 25%, según un estudio del Ministerio de Turismo (2023). Además, muchos de estos establecimientos están implementando prácticas de gestión sostenible del agua y residuos, ayudando a preservar los ecosistemas locales y promoviendo un turismo más responsable.
- **Fomento de la conservación del patrimonio cultural.** Íntimamente ligado con el aspecto anterior, el turismo rural sostenible debe promover infraestructuras cuya escala tanto en términos de construcción como de asentamiento estén debidamente integradas en el conjunto arquitectónico tradicional.
- **Generación de empleo local y lucha contra la despoblación.** El turismo rural representa una palanca eficaz en la lucha contra la despoblación y el abandono de los modos de vida tradicionales.

3. PRINCIPALES PRODUCTOS/ SERVICIOS DEL TURISMO RURAL

Aunque son múltiples las motivaciones que pueden llevar a una persona a optar por disfrutar de un destino turístico concreto, para muchos visitantes, ser partícipes de la cultura gastronómica local es una parte esencial de la experiencia turística. La gastronomía es un recurso que forma parte de la herencia cultural, social y económica de pueblos y sus comunidades (Vega et al., 2018) y se desvela como un acicate para la promoción de destinos turísticos rurales sobre la base de la exclusividad y autenticidad culinaria propia de cada territorio.

A pesar de las múltiples acepciones y definiciones del término gastronomía, una definición clara y directa sería la aportada por Kivela y Crotss (2006), quienes conciben la gastronomía como la exclusividad del arte cocinar y del buen comer. Estos mismos autores señalan el atractivo de un destino turístico, alrededor del cual se crean las campañas de promoción del mismo citando ejemplos como la Toscana Italiana o el fenómeno de la *Nouvelle Cuisine* a lo largo del territorio galo.

La gastronomía puede establecer sinergias con el turismo de cuatro modos distintos (Tikkanem, 2007): (i) como atracción turística para la promoción del destino; (ii) como componente del producto turístico (por ejemplo, rutas gastronómicas o enológicas); (iii) como experiencia donde la gastronomía adquiere un status diferente y se convierte en un reclamo en sí misma (por ejemplo, la cocina realizada por grandes maestros); y, (iv) como fenómeno cultural (por ejemplo, a través de festivales y ferias gastronómicas).

La gastronomía se consolida así como un elemento clave para diversificar la oferta turística basada en valores como los productos locales y de proximidad, la autenticidad, y la reducción de la huella ecológica; factores todos ellos alineados con los principios del turismo rural. Con todo, el turismo gastronómico abarca muchas más acciones que el mero consumo de productos locales. De acuerdo con Ignatov y Smith (2006), el turismo gastronómico se concibe como aquel en el que la persona visitante compra o consume productos regionales, y además observa y hasta participa en la producción de alimentos, que abarca desde las prácticas agrícolas hasta las escuelas de alta cocina.

En este sentido autores como Sidali et al. (2013) apuntan que el turismo rural es un escenario ideal para el desarrollo de iniciativas y experiencias gastronómicas puesto que estos lugares suelen ubicarse los centros de producción y elaboración de los productos y alimentos autóctonos. Por su parte, Vázquez, Morales y Pérez (2012) destacan que las áreas rurales poseen una riqueza gastronómica única, favoreciendo el desarrollo del turismo gastronómico en estas áreas al potenciar los productos alimenticios locales típicos.

De esta forma, el turismo gastronómico se convierte en una modalidad de turismo destacable y con gran proyección para el impulso del turismo rural, puesto que muchos turistas encuentran, a través de esta combinación, experiencias valiosas y auténticas. Igualmente, contribuye al desarrollo de las zonas rurales al impulsar la economía local, promoviendo productos y tradiciones locales. En este sentido, según la Organización Mundial del Turismo y Basque Culinary Center (2019, p. 8) el turismo gastronómico se "basa en un concepto de conocer y aprender, comer, degustar y disfrutar de la cultura gastronómica identificada con un territorio", de forma que el territorio destaca como aspecto primordial de la oferta gastronómica.

Las bondades del turismo gastronómico no han pasado desapercibidas. Existe un creciente interés por el turismo gastronómico en nuestro país. Así pues, los datos de la encuesta de Turismo y Gastronomía elaborada por el Centro de Investigaciones Sociológicas (2023) presenta a esta modalidad turística como una de las predilectas entre los turistas. Esta encuesta, realizada a una muestra de 4538 personas, señala que el 6% de los encuestados eligió el turismo gastronómico como primera opción, y casi el 18% como segunda opción. Del mismo modo, el 20,4% de las personas encuestadas que se decantan por el turismo rural, optan por la gastronomía como motivación secundaria. Por ello, no parece descabellado afirmar que la gastronomía se torna una motivación complementaria e importante para el impulso del turismo rural.

Con respecto al perfil de la persona turista interesada por alguna de estas modalidades de turismo, dicha investigación del CIS también traza el perfil sociodemográfico de las personas más interesadas en esta modalidad turística. Existe una mayor probabilidad de que los hombres, las personas casadas y aquellas que disponen de un mayor nivel de renta se decantan por el turismo gastronómico. Por su parte, una encuesta realizada por Clubrural en 2022 arroja otras conclusiones interesantes respecto al perfil de turista regional, predominando mayoritariamente mujeres de mediana edad y niveles de renta medios.

A tenor de los argumentos previos, parece claro que la intersección entre gastronomía y turismo rural puede representar numerosas bondades para los destinos turísticos. La OMT (2023) afirma que el turismo gastronómico puede desempeñar un papel crucial en la puesta en marcha de prácticas agrícolas responsables, contribuir a la protección de la biodiversidad, ofrecer nuevas oportunidades para que las comunidades prosperen, y dar cabida a un amplio espectro de turistas. Así pues, fenómenos como las experiencias relacionadas con productos como el aceite (oleoturismo) o el vino (enoturismo) son una oportunidad clara para descongestionar y diversificar los destinos turísticos maduros como los de sol y playa (Andreu y Verdú, 2012).

Para que el turismo gastronómico sea un vehículo para el desarrollo rural sostenible pueden citarse como claves los siguientes aspectos:

— **Coordinación efectiva entre políticas de agricultura, desarrollo local y turismo.** El desarrollo sostenible del turismo en general, y del turismo rural en particular, exige la participación activa e informada de todos los agentes económicos con el propósito de lograr una colaboración amplia y establecer consensos de actuación. La importancia de esta coordinación entre agentes relevantes viene señalada tanto por marcos internacionales como los Objetivos de Desarrollo Sostenible (2014) como nacionales como la Estrategia de Sostenibilidad Turística en Destinos (2021).

— **Incluir el turismo gastronómico como estrategia para desestacionalizar la demanda y ampliar la huella turística en poblaciones rurales.** La encuesta de turismo y gastronomía del CIS indica que la modalidad de turismo de sol y playa continúa siendo la opción preferente de las personas encuestadas. Sin embargo, esta modalidad de turismo presenta la debilidad de que su demanda es sensible a la estacionalidad. La gastronomía puede, pues, presentarse como un aliciente para estimular la estabilidad de la demanda turística durante todo el año en los destinos rurales.

— **Promover estrategias que promuevan la innovación gastronómica y las buenas prácticas.** Para ello es imprescindible la apuesta por el talento, la autenticidad en las experiencias gastronómicas de manera que estas actúen como un elemento diferenciador, y apoyar las iniciativas destinadas a reducir el desperdicio alimentario como el marco del Programa de Turismo Sostenible de "*One Planet*", "que tiene por objeto promover una acción coherente, consciente y potenciar la circularidad. Estas iniciativas tendrán una mayor probabilidad de éxito cuando imbrican a toda la cadena de valor turística.

— **Destacar y poner en valor la identidad de los destinos a través de la gastronomía.** Kivela y Cross (2006) reconocen que la gastronomía es un recurso útil en la atracción de personas a un destino turístico y clave para su identificación. Por este motivo, todos los agentes imbricados en la gestión turística rural deben potenciar su valor de marca a través de experiencias culinarias que aprovechen los recursos, tradiciones y el potencial del territorio.

— **Incentivar la digitalización del turismo gastronómico en áreas rurales para facilitar su acceso al mercado y aumentar el impacto económico del turismo en estos destinos.** La encuesta de turismo y gastronomía del CIS revela que, a la hora de disfrutar de servicios turísticos como la gastronomía, el 79% de las personas hacen uso de las nuevas tecnologías ocasionalmente o casi siempre para conocer las valoraciones y opiniones de otros usuarios. La Estrategia de Sostenibilidad Turística en Destinos (2021) o el marco de Destinos Turísticos Inteligentes (Forés y Fernández-Yáñez, 2020) señala la importancia que la digitalización representa como apoyo para modernizar el tejido turístico empresarial e impulsar su internacionalización.

4. METODOLOGÍA

En esta parte del trabajo se realiza un análisis descriptivo de caracterización de los alojamientos rurales de la Comunidad Valenciana respecto a la importancia que otorgan a las prácticas de sostenibilidad social y medioambiental, y a la oferta de productos y servicios turísticos en los que se centran estos establecimientos. Se realiza para ello una encuesta, considerando como universo todos los alojamientos rurales existentes en la Comunidad Valenciana, que según nuestra base de datos asciende a un total de 575. De los 575 a fecha del estudio hemos obtenido 54 respuestas (tasa de respuesta del 9,40%).

La encuesta se realizó a través de un formulario online creado por Google Forms, enviado a cada participante de la muestra vía email. La encuesta se realizó durante los meses de abril y junio del 2024. A continuación, se presenta la composición de la muestra en cuanto a su localización, tipo de alojamiento y número de habitaciones.

Como se puede observar en el Gráfico 4, de los cincuenta y cuatro encuestados, la mayoría se encuentra en Castellón (24 alojamientos), seguido de Valencia (18 alojamientos) y Alicante (12 alojamientos).

Gráfico 4. Ubicación de los alojamientos rurales

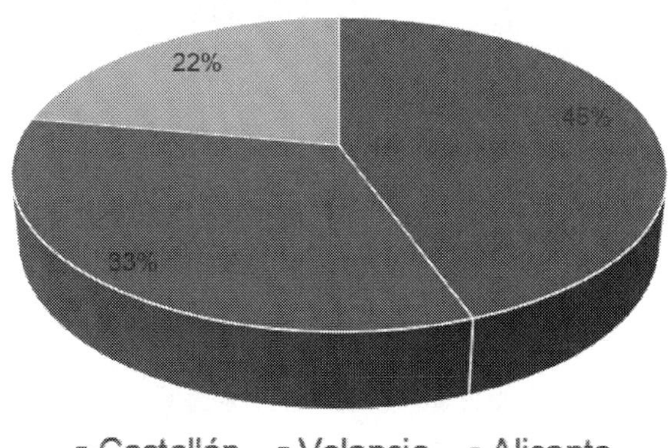

Fuente*:* elaboración propia

Gráfico 5. Tipo de alojamientos rurales de la muestra

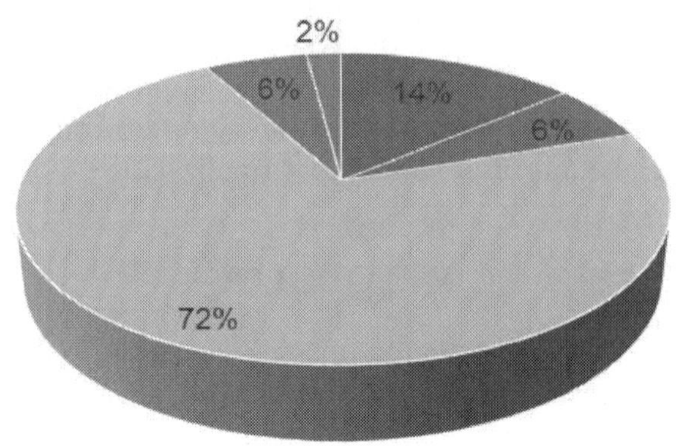

Fuente*:* elaboración propia

En su mayor parte, la muestra está formada por casas rurales, tal y como se muestra en el Gráfico 5, donde este tipo de alojamiento rural alcanza el porcentaje del 72%. El resto de la muestra está formada por albergues (14%), apartamentos rurales (6%), hoteles u hostales rurales (6%), y hoteles balnearios (2%).

Gráfico 6. Tamaño de los alojamientos de la muestra según número de habitaciones

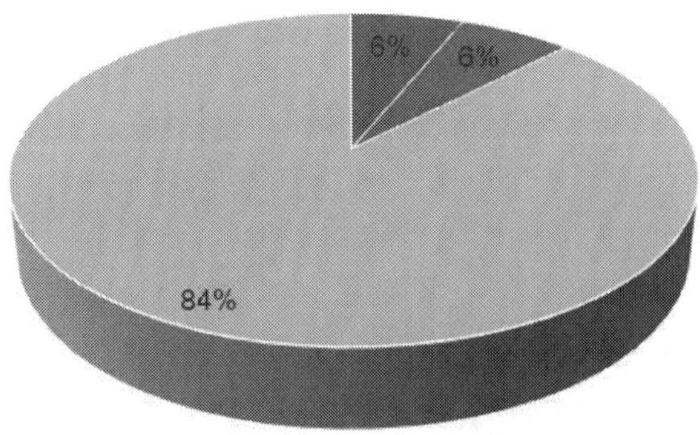

Fuente: elaboración propia

El Gráfico 6 muestra que la mayor parte de la muestra está formada por alojamientos de pequeño tamaño, ya que el 84% de los alojamientos cuenta con menos de 10 habitaciones. Este dato se corrobora con el tamaño según el número de empleados, ya que todos los establecimientos contaban con menos de 10 empleados, reflejando una muestra de microempresas y pequeñas empresas turísticas. A través del contacto con estos alojamientos, descubrimos que muchos son gestionados por una unidad familiar, lo que sugiere que suelen ser administrados por una, dos o tres personas. Este dato se corresponde con la realidad descrita por el Instituto de Empresa Familiar; si bien no se indican datos para alojamientos rurales en España, sí que se señala que aproximadamente 81% de las empresas en el sector hotelero son familiares (IEF, 2023), por lo que cabe esperar que este porcentaje sea aún mayor para el caso de los alojamientos rurales, considerando características como el tamaño o el estilo de vida de sus propietarios (Kallmuenzer et al., 2018).

5. RESULTADOS

Respecto a las prácticas en sostenibilidad social, el Gráfico 7 muestra, por provincias, la importancia que las empresas otorgan a dichas prácticas. Por un lado, se observa que los establecimientos radicados en la provincia de Castellón son los que más importancia conceden a todas las prácticas, en comparación con las otras dos provincias de la Comunidad Valenciana, seguida en casi todos los casos, por la provincia de Alicante.

En cuanto a las prácticas sociales incluidas en la encuesta, la mejora del área rural con la actividad de la empresa es la práctica a la que se le otorga mayor importancia, obteniendo puntuaciones por encima o igual a 4 (en una escala de 1 a 5, donde 5 indica la máxima importancia). Además, que los trabajadores tengan un sueldo acorde al convenio, que el equipo de trabajadores integre hombres y mujeres, que este equipo se forme para mejorar sus habilidades laborales, y que la empresa apoye a emprendedores de la zona, son prácticas que también se valoran muy positivamente, ya que todas sus valoraciones son por encima o muy cercanas a 3,5 puntos en las tres provincias. Las menos valoradas serían la inclusión de personas con capacidades diversas en el equipo de trabajo y el fomento del empleo local.

Gráfico 7. Grado de importancia de las prácticas en sostenibilidad social por los alojamientos rurales de la Comunidad Valenciana

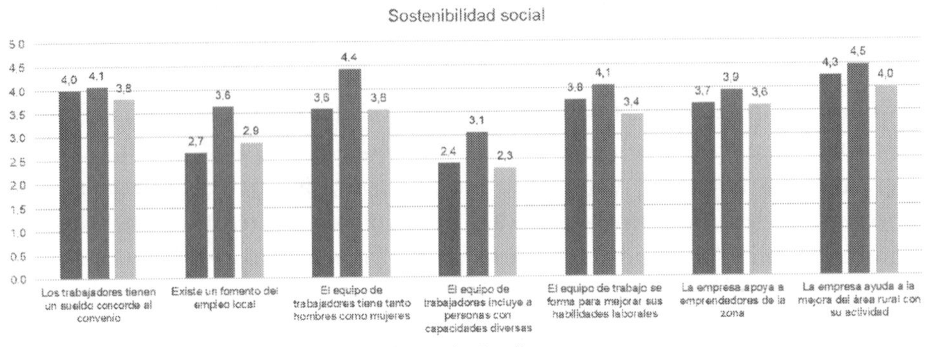

Fuente*:* elaboración propia

El siguiente Gráfico 8 muestra el grado de importancia que las empresas conceden a distintas prácticas en sostenibilidad medioambiental, distinguiendo por provincias también en este caso. En este caso las tres provincias puntúan de forma parecida la importancia de estas prácticas, si bien de nuevo son las empresas de la provincia de Castellón las que otorgan puntuaciones ligeramente superiores en todas las prácticas, excepto en un caso.

Tanto en cuanto a reciclaje de residuos como con respecto al bajo consumo energético, en las tres provincias se obtienen valores por encima de 4 puntos. Por nivel de importancia, a continuación estarían las prácticas relacionadas con el consumo de productos de Kilómetro 0, con la compra de productos hechos con materiales reciclados, y con la existencia de sistemas de aprovechamiento del agua, que obtienen en las tres provincias puntuaciones igual o por encima de 3,5 (excepto para la provincia de Valencia en este último caso). La práctica que menos importancia tiene para las empresas encuestadas de la provincia de Castellón y de Alicante, sería el uso de energías renovables, y la existencia de sistemas de aprovechamiento de agua en el caso de la provincia de Valencia, a la que únicamente se le concede una media de 2,5 puntos de importancia.

Gráfico 8. Grado de importancia de las prácticas en sostenibilidad social por los alojamientos rurales de la Comunidad Valenciana

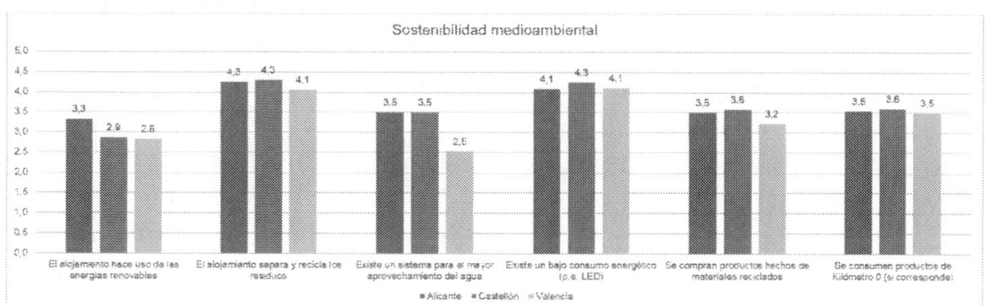

Fuente: elaboración propia

A modo de resumen, estos dos gráficos muestran que los alojamientos rurales de la Comunidad Valenciana sí que conceden importancia a las prácticas de sostenibilidad social y medioambiental. A continuación, pasamos a realizar una radiografía del tipo de servicio ofrecido por los establecimientos de la Comunidad Valenciana.

Gráfico 9. Oferta de productos/servicios turísticos especializados versus combinada

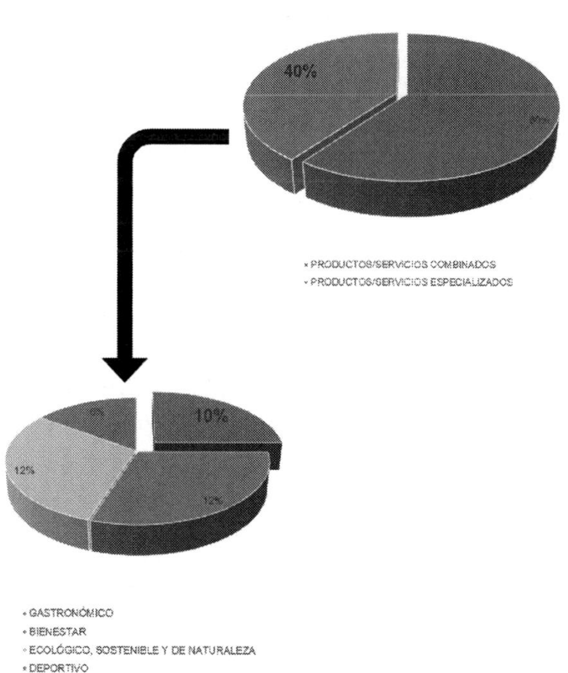

Fuente: elaboración propia

En el Gráfico 9 se observa que la mayor parte de los establecimientos encuestados (60%) opta por una oferta de productos/servicios que combina diferentes modalidades turísticas (turismo gastronómico, turismo de bienestar, turismo deportivo y/o turismo ecológico, sostenible y de naturaleza), mientras que el 40% se centra en una tipología turística más especializada. De este 40% de establecimientos, el 10% se especializa en turismo gastronómico, mientras que la mayor parte de establecimientos especializados se focalizan, principalmente, en turismo de bienestar y ecoturismo (un 12% de los establecimientos en cada caso). Por tanto, cabe destacar que, a pesar de no ser la especialidad principal en los establecimientos encuestados, la oferta turística especializada en turismo gastronómico ocupa una posición destacable en la oferta turística especializada de los alojamientos rurales.

6. CONCLUSIONES

A la luz del análisis realizado, parece claro que el turismo rural es un instrumento para luchar por la sostenibilidad de los destinos turísticos en entornos rurales, pudiendo convertirse en un verdadero motor en favor de la sostenibilidad climática, la preservación de las tradiciones y culturas locales, y la lucha contra fenómenos contra la despoblación. Su auge en los últimos años pone de manifiesto que es posible diversificar la oferta turística exitosamente de manera que todos los entornos puedan beneficiarse de las bondades de esta industria, siempre y cuando se haga de manera equilibrada, siguiendo los principios del desarrollo sostenible. Su importancia también es capital para desestacionalizar la demanda turística tal y como se ha ilustrado en los casos de la Comunidad Valenciana, pero también en el conjunto agregado nacional.

Por otro lado, el turismo gastronómico tiene todavía una senda de crecimiento que puede potenciarse a través de los alojamientos rurales tal y como apuntan investigaciones especializadas como la del CIS mencionada en nuestro estudio. Actualmente, este tipo de turismo ocupa una posición destacable en la oferta turística especializada de los alojamientos rurales, pero dadas las compatibilidades entre ambas modalidades turísticas, presenta todavía muchas posibilidades de crecimiento. De acuerdo con los datos de nuestro estudio empírico sobre una muestra de empresas valencianas, muchos de estos establecimientos ofrecen una oferta que combina el turismo gastronómico con otras modalidades, como turismo de bienestar, deportivo y/o ecológico. En un entorno rural donde se aprovechen todas las potencialidades del entorno, es lógico ofrecer esta combinación de productos/servicios que cree una experiencia atractiva para los turistas rurales. La atomización y falta de integración en la cadena de valor de la oferta turística regional representan sus principales debilidades, y una oportunidad para que estas empresas se focalicen en sus especialidades y se favorezca la interrelación entre los agentes regionales para complementar la oferta turística rural.

Nuestro estudio empírico a 54 establecimientos rurales valencianos confirma el destacable potencial de estos establecimientos para fomentar prácticas de sostenibilidad social y medioambiental. Los alojamientos rurales de la Comunidad Valenciana encuestados, casas rurales en su mayor parte, parecen estar plenamente concienciados de estas prácticas, a las que les confieren una elevada importancia. Del estudio también se observa que una vasta mayoría de las empresas encuestadas optan por una oferta de productos/servicio turístico combinada. De este modo, la oferta de turismo rural se marida con otras complementarias, entre las que destacan el turismo gastronómico y/o de bienestar, haciéndose eco de la premisa fundamental de nuestro estudio: ambas modalidades turísticas se complementan y generan efectos sinérgicos, además de ser catalizadores fundamentales para el desarrollo regional sostenible.

Extrapolando estas conclusiones a nivel nacional, teniendo en cuenta la creciente consolidación del turismo rural a nivel de todo el país, este sector puede convertirse en clave para el fomento del desarrollo sostenible, con un elevado potencial para promover y ser ejemplo de un nuevo modelo turístico. La motivación de los viajeros que escogen este tipo de alojamientos y entornos rurales se relaciona intrínsecamente con el amor a la naturaleza, y al patrimonio y la cultura tradicional. Por ello, el turismo rural puede ser la palanca que logre esta transformación hacia un desarrollo sostenible. Las tendencias indican un aumento en el interés por el turismo ecológico y experiencias de turismo inmersivo, lo que sugiere una oportunidad para desarrollar más productos turísticos basados en la sostenibilidad. Además, si tenemos en cuenta que el turismo gastronómico es una de las opciones preferidas por la demanda turística, esta modalidad en el entorno rural puede convertirse en el camino hacia una agricultura más sostenible y que a su vez, proteja la biodiversidad. En definitiva, gastronomía y entorno natural parecen ser elementos indisolubles en la promoción de un turismo rural más sostenible.

En cuanto a las recomendaciones prácticas, las personas encargadas de la dirección y gestión de las empresas turísticas regionales deben aprovechar las tendencias presentadas en este trabajo a fin de crear una oferta más atractiva, completa y sostenible. Para ello, estas empresas pueden optar por la creación de productos turísticos integrados que fusionen los aspectos más tradicionales del turismo rural con la experiencia de la gastronomía, deportiva, o de salud, entre otras cuestiones. Por lo que respecta a la cuestión principal que nos ocupa, la gastronomía, la dirección de la empresa turística rural debe establecer alianzas con restaurantes, bodegas, y otros actores clave del turismo gastronómico para crear una red de oferta conjunta. A nivel interno de la empresa, explorar nuevas formas de diversificación de la oferta turística rural y gastronómica que incluyan actividades como talleres de cocina, visitas a mercados locales, y experiencias de recolección de productos puede aportar una dosis de innovación y diferenciación regional. El menor énfasis en las visitas culturales indica un posible nicho de mercado no tan explotado, donde se podrían desarrollar más ofertas basadas en estas experiencias culturales únicas para diversificar la experiencia del turista e, incluso, atraer a un segmento diferente de turistas. Finalmente, utilizar la narrativa de la sostenibilidad y la autenticidad como eje central de las estrategias de marketing de la empresa parece útil para conectar con las personas interesadas en este tipo de turismo.

Nuestro estudio también permite establecer una serie de recomendaciones a las personas responsables de la gestión pública del turismo y hacedores de política turística. De este modo, proponemos la implementación de incentivos fiscales para negocios rurales que adopten prácticas sostenibles y la creación de una red nacional de turismo rural que promueva destinos menos conocidos. Estas políticas podrían incluir subvenciones para la instalación de energías renovables, programas de formación para el desarrollo de productos turísticos sostenibles y campañas de marketing que destaquen la diversidad y riqueza del patrimonio rural español.

Somos conscientes de que el tamaño reducido de nuestra muestra impide generalizar los resultados aquí presentados. Sin embargo, sí que esperamos que nuestros hallazgos sirvan de estímulo para acrecentar los estudios sobre la interrelación entre estas tipologías turísticas y su impacto en la sostenibilidad de sus empresas y los destinos turísticos en los que desarrollan sus actividades. De especial interés son las interrelaciones que puedan tejerse entre los agentes de la cadena de valor turística, así como las prácticas en estas materias que emprendan las organizaciones para contribuir al desarrollo sostenible. El estudio de las implicaciones de marcos de gestión como la economía circular puede ayudar a la resolución de las anteriores cuestiones. Las futuras investigaciones deben considerar el empleo de metodologías tanto cualitativas como cualitativas para conocer las sinergias que se generan entre ambas tipologías turísticas y cuantificar su impacto en la sostenibilidad tomando, por ejemplo, marcos internacionales como los Objetivos de Desarrollo Sostenible.

Agradecimientos

Este trabajo cuenta con financiamiento del Plan Estatal de Investigación Científica y Técnica y de Innovación 2021-2024 del Ministerio de Ciencia e Innovación (referencia PID2020-119642GB-I00).

7. BIBLIOGRAFÍA

Andreu Guerrero,R. y Verdú Albert, L. (2012): Turismo enológico en Alicante: la ruta del vino en el municipio de Pinoso. Cuadernos de Turismo, (30), 35-61.

Bogicevic et al (2017): "The impact of traveler focused airport technology on traveler satisfaction". Technological Forecasting and Social Change, 123, 351-361.

Broto et al (2020): "Desmontando las ideas preconcebidas sobre la relación entre género y tecnología: El ejemplo del CRM en el sector turístico". En Turismo eres tú: el valor de las personas, 163-198. Tirant lo Blanch

CaixaBank Research. (2023): El auge del turismo rural en España: una oportunidad para el desarrollo rural. CaixaBank Research. https://www.caixabankresearch.com/es/analisis-sectorial/agroalimentario/auge-del-turismo-rural-espana-oportunidad-desarrollo-rural

CaixaBank Research. (2024): Informe Sectorial: Turismo Primer Semestre 2024. CaixaBank Research. https://www.caixabankresearch.com/sites/default/files/content/file/2024/01/25/91185/is-turismo-1s-2024-cast_web.pdf

Centro de Investigaciones Sociológicas. (2023). Encuesta de Turismo y Gastronomía. https://www.cis.es/documents/d/cis/es3419marpdf

CETT Barcelona School of Tourism, Hospitality and Gastronomy. (2023): Turismo rural 2023: Tendencias y análisis. https://www.cett.es/es/noticia-turisme-rural-2023

Club Rural. (2022): Perfil y tendencias del turista rural 2022. https://www.clubrural.com/barometro-turismo-rural/perfil-tendencias-turista-rural-2022.pdf

Forés, B., y Fernández-Yáñez, JM. (2020). Los destinos turísticos inteligentes en un contexto de crisis: principales retos a nivel empresarial y de destino. Economía Industrial, 418, 73-88

Forés et al (2022).: Los Objetivos de Desarrollo Sostenible en la Evolución del Turismo; Tirant Lo Blanch: Valencia, Spain, 2022.

García López, R. (2021): El turismo gastronómico como motor de desarrollo rural. Marketing Turístico Digital. https://marketingturisticodigital.com/el-turismo-gastronomico-como-motor-de-desarrollo-rural/

Ignatov, E., y Smith, S. (2006): Segmenting Canadian culinary tourists. Current Issues in Tourism, 9(3), 235-255.

Instituto de la Empresa Familiar. (2024): Radiografía de la empresa familiar. https://www.iefamiliar.com/la-empresa-familiar/cifras/radiografia/

Instituto Nacional de Estadística (2024): Encuesta de ocupación en alojamientos de turismo rural. https://www.ine.es/dyngs/INEbase/es/operacion.htm?c=Estadistica_C&cid=1254736176963&menu=ultiDatos&idp=1254735576863

Kallmuenzer et al (2018): Trade-offs between dimensions of sustainability: Exploratory evidence from family firms in rural tourism regions. Journal of Sustainable Tourism, 26(7), 1204-1221.

Kivela, J., y Crotts, JC. (2006): Tourism and gastronomy: Gastronomy's influence on how tourists experience a destination. Journal of Hospitality & Tourism Research, 30(3), 354-377.

Ministerio de Industria, Comercio y Turismo de España. (2021): Estrategia de Sostenibilidad Turística en Destinos. https://turismo.gob.es/es-es/Novedades/Documents/0Estrategia_Sostenibilidad_Turistica_Destinos.pdf

Morales Fernández, E., y Pérez Naranjo, L. (2012): Análisis del turismo gastronómico en la provincia de Córdoba. Tourism & Management Studies, (8), 78-87.

Naciones Unidas. (2014): Objetivos de Desarrollo Sostenible. https://www.un.org/sustainabledevelopment/es/objetivos-de-desarrollo-sostenible/

OMT (2002): Declaración de Quebec. 2002. http://www.cinu.org.mx/eventos/turismo2002/doctos/dec_quebec.pdf.

Organización Mundial del Turismo. (2022): One Planet Sustainable Tourism Programme. https://www.unwto.org/sustainable-development/one-planet

Organización Mundial del Turismo. (2023): La OMT fortalece los vínculos entre la agricultura, la gastronomía y el turismo. https://www.unwto.org/es/news/la-omt-fortalece-los-vinculos-entre-la-agricultura-la-gastronomia-y-el-turismo

Organización Mundial del Turismo (2002): Declaración de Québec sobre el ecoturismo. https://www.e-unwto.org/doi/epdf/10.18111/unwtodeclarations.2002.12.02?role=tab

Organización Mundial del Turismo y Basque Culinary Center (2019): Guía para el desarrollo del turismo gastronómico. Madrid, España: OMT.

Sidali et al (2015): Food tourism, niche markets and products in rural tourism: Combining the intimacy model and the experience economy as a rural development strategy. Journal of Sustainable Tourism, 23(8-9), 1179-1197.

Tikkanen, I. (2007): Maslow's hierarchy and food tourism in Finland: five cases. British Food Journal, 109(9), 721-734.

United Nations World Tourism Organization (UNWTO). (2024): World Tourism Barometer. https://doi.org/10.18111/wtobarometeresp. Print ISSN: 1728-9254

Vega Falcón et al (2018): Gastronomía ecuatoriana y turismo local. Dilemas Contemporáneos: Educación, Política y Valores, 6(1).

PATRIMONIOS GASTRONÓMICOS COMO RECURSOS TURÍSTICOS. LA HUELLA DE AMÉRICA

CARMEN ADAMS
Universidad de Oviedo

RESUMEN: En la actualidad, la importancia del patrimonio gastronómico como recurso turístico es una realidad que los datos corroboran. La gastronomía es patrimonio cultural, identitario de un territorio. Pero, además, es arte efímero que se experimenta a través de todos los sentidos: gusto, vista, tacto, olfato y hasta oído. Y tiene otras miradas: desde la salud o desde las propuestas sostenibles de los ODS.

Por ello, desde una estrategia tutelar y mirando al futuro, la existencia de una cultura propiciada por los emigrantes que atravesaron el Atlántico hace más de un siglo, se puede considerar un recurso y una oportunidad. Y en el conjunto de patrimonios que esa cultura he generado (arquitectónicos, pictóricos, usos y costumbres…), la gastronomía se evidencia como un factor de gran fuerza y recorrido.

Palabras clave: Patrimonio gastronómico, Indiano, América, turismo

ABSTRACT: At present, the importance of gastronomic heritage as a tourist resource is a reality that is corroborated by the data. Gastronomy is cultural heritage, identity of a territory. But it is also an ephemeral art that is experienced through all the senses: taste, sight, touch, smell and even hearing. And it has other perspectives: from health or from the sustainable proposals of the SDGs.

Therefore, from a tutelary strategy and looking to the future, the existence of a culture brought about by the emigrants who crossed the Atlantic more than a century ago, can be considered a resource and an opportunity. And in the set of heritages that this culture has generated (architectural, pictorial, uses and customs...), the gastronomy is evidenced as a factor of great strength and path.

Keywords: Gastronomic heritage, Indiano, America, tourism

1. INTRODUCCIÓN

La relevancia de la gastronomía como recurso poliédrico se ha afianzado en los últimos años a partir de iniciativas puestas en marcha desde distintos organismos internacionales. Así, en 2014 el Parlamento Europeo hizo público su Informe sobre el Patrimonio Gastronómico Europeo. En él se destacaba la importancia patrimonial y para la salud de lo alimentario, y la relevancia del proceso educativo. El texto dedica un amplio espacio a los aspectos culturales de la gastronomía, señalando explícitamente que "la gastronomía es parte de nuestra identidad y un elemento esencial del patrimonio cultural europeo", y se destaca su importancia para el fomento del turismo, y por tanto su dimensión económica. Se habla en el informe de *slow food* y de reconocer "el papel que desempeñan nuestros expertos y talentosos chefs en la preservación y la exportación de nuestro patrimonio gastronómico".

La gastronomía como patrimonio y la alimentación como derecho son cuestiones que aquí se recogen. Porque el impulso que el buen hacer de los cocineros ejerce sobre el mercado de alimentos en general y de los productos de calidad en particular, es otra cuestión a considerar.

En el Informe de Turismo Gastronómico de España 2023 se señala que "el 86,5% de los viajeros españoles afirma haber realizado un viaje o escapada de carácter gastronómico en los dos últimos años". Los datos proceden de una encuesta sobre turismo gastronómico realizada por la consultora Dinamiza.

Señala Dinamiza "este dato es el más alto de la serie histórica y confirma el interés creciente de la gastronomía en los viajes domésticos".

"Además, un 20,5% de los viajeros nacionales frecuentes pueden ser considerados turistas gastronómicos puros, es decir, esto implica que uno de cada cinco turistas selecciona su destino y viaja con la motivación principal de disfrutar de la gastronomía y realizar distintas actividades gastronómicas", añade la empresa consultora.

Y se incide en que "Los viajeros gastronómicos gastan un 30% más en restaurantes y otras actividades gastronómicas que los turistas generalistas".

El gasto incluye visitas a bodegas y mercados gastronómicos, consumo en distintos tipos de establecimientos de restauración, la compra de productos locales o la participación en eventos gastronómicos.

Según este informe, los principales destinos y actividades vinculados al turismo gastronómico son:

- Para ir de tapas: Andalucía, País Vasco y Castilla y León
- Para comer en buenos restaurantes: Madrid, País Vasco y Cataluña
- Para visitar bodegas (enoturismo): La Rioja, Castilla y León y Andalucía

- Para comprar productos locales: Andalucía, Asturias y Galicia
- Para visitar mercados gastronómicos: Madrid, Cataluña y Galicia
- Para participar en fiestas y eventos gastronómicos: Galicia, Andalucía y Madrid
- Para comprar productos ecológicos: Andalucía, Murcia y Cataluña
- Para hacer oleoturismo: Andalucía, Castilla-La Mancha y Extremadura

El Foro Mundial de Turismo Gastronómico —organizado por la Organización Mundial de Turismo y el Basque Culinary Center— destacaba, justo antes de la pandemia, que más de 260.00 turistas que visitaron España en 2018 lo hicieron atraídos por la gastronomía. Y ello por tres principales motivos: la materia prima, la hospitalidad y nuestra forma de comer. Respecto a esto último, las "tapas" se consideraban elementos singulares de nuestro país.

Esto es aún más relevante si consideramos que, según un informe de la consultora KPMG de 2017, el 15% de los turistas que visitan España lo hace con la motivación añadida de la gastronomía. Así, en 2023 —cuando recibimos 75 millones de turistas— se estima que 11,25 millones de esos visitantes incluyeron la gastronomía como uno de los motivos de su viaje.

En el Foro Mundial de Turismo Gastronómico de 2023 celebrado en San Sebastián, bajo el elocuente lema *Turismo gastronómico. Vuelta a las raíces,* se señaló expresamente el objetivo de "establecer conexiones con la cultura, la historia, el patrimonio y la comunidad local. Esto tiene como fin de que el turismo gastronómico se convierta en una fuente de ingresos, desarrollo y valorización para productores, una herramienta de preservación de los productos y del patrimonio cultural y en una oportunidad de inclusión para mujeres, jóvenes y comunidades desfavorecidas en la cadena de valor. "

Estuvo organizado por la Organización Mundial del Turismo (OMT) y el Basque Culinary Center (BCC).

Los principales mensajes que este foro quiso destacar fueron:

- Diversidad alimentaria. Al respecto, se señala la necesidad de "garantizar la preservación de alimentos y elaboraciones locales" y evitar la estandarización para fomentar el turismo gastronómico
- Creación de alianzas y cooperación. Generar redes para evitar el aislamiento de los principales productores.

- Integración de productores en el turismo. Los productores como generadores de valor añadido a la experiencia turística a través de "historias atractivas y facilitando el intercambio cultural"
- Formación. Imprescindible para situar a los productores en la cadena de valor.
- Valorización de los productores para asegurar el relevo generacional.

En el foro, se puso de manifiesto, asimismo, la importancia de la gastronomía como vehículo de expresión de identidad. Se recalcó el potencial que el turismo gastronómico puede tener en destinos más pequeños y áreas rurales, y cómo esos lugares pueden aprovechar la gastronomía para atraer a turistas y fomentar el desarrollo local, combatir la despoblación y crear oportunidades de empleo para los jóvenes.

En realidad, esto no resulta muy diferente de lo que se decía a finales del siglo XX respecto a las actuaciones en zonas rurales deprimidas, susceptibles de acoger programas de desarrollo rural a partir del turismo y la potenciación de los recursos endógenos. En ese sentido, la gastronomía constituye uno más de esos recursos, que con el paso del tiempo ha alcanzado una sólida posición, que permite abordarlo de manera singular (ADAMS, 2002).

2. GASTRONOMÍA COMO RECURSO POLIÉDRICO Y TURÍSTICO

Porque la gastronomía se puede abordar desde diversas ópticas, todas con mucho recorrido, todas mirando hacia el futuro. Y teniendo en cuenta que el consumo del turismo cultural ha ido aumentando exponencialmente en los últimos cincuenta años, lo que ha obligado a innovar y diversificar productos (HART,M. y POVEDANO, E. 2023)

Porque la gastronomía es patrimonio cultural[1], identitario de un territorio. Pero, además es arte efímero, exquisito y sutil, que se experimenta a través de todos los sentidos: gusto, vista, tacto, olfato y hasta oído. Y tiene una vertiente esencial relacionada con la salud que proporciona el buen

1 Sobre esto hay mucho escrito. Ver por ejemplo: MARTÍN RODRÍGUEZ CORNER, D.(2008):" La gastronomía como patrimonio cultural inmaterial en el turismo" *en IX Congreso Internacional de Rehabilitación del Patrimonio Arquitectónico y Edificación,* vol.2, Sevilla.

comer, el dedicar un poco de tiempo a pensar en la dieta. Y por supuesto, la componente social, del ocio compartido; y la socioeconómica e integradora de las propuestas más sostenibles.

En este sentido, volvemos al principio. Hay que recordar todas las iniciativas que han ido surgiendo en los últimos años a partir de lograr que pequeños restaurantes generen no sólo empleo, si no también actividad en el sector primario del área donde se enclavan, a partir de una apuesta clara por la proximidad y el apoyo a los productores locales. Lo que consigue concentrar fuerza centrípeta de atracción y centrífuga de distribución de la actividad.

Y esto está siendo subrayado desde diversos ámbitos. Así, "los genios de la alta cocina vasca como Juan Mari Arzak y Martín Berasategui predican la imperiosa necesidad de volver la vista a los proveedores artesanos, a la despensa campesina y cercana, a esos productos que regalan sabores genuinos y sin los cuales ninguna cocina clásica o vanguardista es posible" (Hernando, 2018).

Por otra parte, tal como se demandó insistentemente en el Foro Mundial de Turismo Gastronómico de 2023, la formación es una prioridad. En este sentido, los esfuerzos para que la Universidad se implique están dando resultados. Lo que está claro es la necesidad de formar con rigor y creatividad. De hecho, en España, universidades públicas como la Politécnica de Catalunya o las de Alicante y Valencia ya ofertan estudios de Gastronomía. En el ámbito privado son muy numerosas las que lo hacen: Comillas, Alicante, Galicia, Barcelona, Málaga, Madrid, Murcia, Castellón…

Y por supuesto, se han de mencionar iniciativas como el Basque Culinary Center (BCC), todo un referente en este tema en el País Vasco. También el *Masterñam* de la Universidad de Cádiz, que ha logrado entusiasmar al Chef del Mar con sus tres estrellas Michelín y a numerosas entidades públicas y privadas.

Es preciso destacar, además, que el turismo puede y debe ser motor de desarrollo, De un desarrollo diseñado desde una estrategia tutelar del patrimonio (CASTILLO RUIZ, J. 2022). Hay que considerar, en este sentido, que ya desde la *Declaración de Manila sobre Turismo Mundial* (1980) se señala que el turismo puede ejercer una contribución positiva a la vida de la nación mediante una oferta que proteja y respete el patrimonio cultural. En la *Declaración de Osaka sobre Turismo* de 1994 se introduce ya el concepto de Sostenibilidad. Asimismo, en la *Carta Internacional sobre Turismo Cultural* (1999) se alude explícitamente a la interacción dinámica entre turismo y patrimonio cultural, y se hace referencia a lo que conlleva el turismo para el intercambio cultural, como la implicación de las comunidades locales en la planificación, los beneficios que para ésta trae el turismo, y también los efectos positivos sobre la protección del propio patrimonio. En el *Código ético mundial para el Turismo* de 2001, se hace referencia al turismo como factor de aprovechamiento y enriquecimiento del patrimonio cultural de la humanidad. Asimismo, se señala que los recursos turísticos pertenecen al patrimonio común de la humanidad. Se alude al respeto al patrimonio artístico, arqueológico y cultural. Y se destaca la importancia de revertir los recursos obtenidos en mantener el patrimonio.

Por su parte, la *Carta Mundial del Turismo Sostenible* +20 (Vitoria, 2015), considera que el turismo puede y debe ser fuerza motriz del patrimonio cultural y las industrias creativas. Esta carta incorpora los 17 Objetivos de Desarrollo Sostenible y recuerda los principios expresados en la *Carta Mundial del Turismo Sostenible* de 1995.

Recientemente, en 2022, ICOMOS presentó la *Carta Internacional sobre el Turismo Cultural Patrimonial.*, que enfatiza la necesidad de reforzar la protección del patrimonio cultural y la resiliencia de las comunidades mediante una gestión responsable y sostenible del turismo. En concreto, en este texto se señala: "Un turismo cultural patrimonial bien planificado y gestionado responsablemente, que implique la gobernanza participativa de diversas culturas, detentores de derechos consuetudinarios y partes interesadas puede ser un poderoso vehículo para la protección del patrimonio cultural y el desarrollo sostenible."

En este contexto de no considerar al turismo como fuente de agresiones al patrimonio; si no como fuerza motriz capaz de coadyuvar a la conservación y valorización de ese patrimonio nos deberíamos mover (ADAMS,2023).

Al respecto, enfocar el tema a través de prismas como el de la denominada *Economía Naranja* puede resultar eficaz metodológicamente. Los patrimonios ejercen de esta forma como recursos susceptibles de generar riqueza a través de una estrategia de industrias creativas y culturales. La economía basada así en los patrimonios —materiales o inmateriales— de los pueblos

Junto a ello, la red de Ciudades Creativas creada en 2004 por la UNESCO para "promover la cooperación hacia y entre las ciudades que identifiquen la creatividad como factor estratégico de desarrollo urbano sostenible", supone otra interesante herramienta. Acoge a 246 ciudades de los cinco continentes. Las urbes integradas destacan por su relevancia en alguno de estos ámbitos: artesanía y artes populares, diseño, cine, gastronomía, literatura, música y artes digitales. Es decir, se menciona explícitamente la gastronomía. En España, por ejemplo, dos de las ciudades incluidas en la red (Burgos y Denia) lo hacen específicamente por su relevancia en este asunto.

El patrimonio gastronómico concebido como obra de arte total que apela al conjunto de los sentidos es un enfoque imprescindible también para abordarlo como tema de estudio y atractivo turístico. Esto lo desarrolla por ejemplo el chef Alberto Hernando de la Asociación murciana de restauración cooperativa, AMURECO (Hernado, 2024).

Así, señalan Aguirregoitia-Martínez y Fernández-Poyatos: "Dentro de esa cocina más primaria y tradicional y partiendo del recetario tradicional, —que contiene un grado de fascinación alto para aquellos que la practican: descubrir antiguas recetas para luego transformarlas en nuevas versiones más refinadas, técnicamente impecables y por encima de todo innovadoras—, se ha convertido en el camino creativo de muchos cocineros y cocineras españolas. Esta corriente defiende la identidad local gastronómica como algo propio y con necesidad de evolucionar por nuevos caminos creativos e interpretativos" (Aguirregoitia-Martínez y Fernández-Poyatos, 2019).

Por ejemplo, como señala Magallón: "Las creaciones de Adriá...van más allá de ser *comida*, al convertirse en una experiencia más allá del sabor. Es decir, una experiencia que podría llamarse *intelectual*". Es así, una experiencia que excede lo culinario (Magallón, 2013).

Encontramos así productos artísticos de una calidad impresionante, pese a su efímero formato. Porque, el hecho de que sea adobe y no piedra el material elegido para la construcción no desvirtúa el interés del resultado arquitectónico. Pues lo mismo ocurre si se eligen productos perecederos de la tierra o el mar, sobre superficies expresamente escogidas para soportarlos, en lugar de óleos sobre lienzos, o temples sobre tabla.

La gastronomía aporta un plus, la posibilidad de ser una manifestación artística captada o disfrutada por todos los sentidos: la vista, el olfato, el gusto, el tacto y hasta el oído en ocasiones. Se trata de una *performance* que potencia de forma holística sus diversidades.

la gastronomía es patrimonio cultural, identitario de la región. Pero, además es arte efímero, exquisito y sutil, que se experimenta a través de todos los sentidos: gusto, vista, tacto, olfato y hasta oído.

La gastronomía como patrimonio y la alimentación como derecho son cuestiones además complementarias. Porque el impulso que el buen hacer de los cocineros ejerce sobre el mercado de alimentos en general y de los productos de calidad en particular, es otra cuestión a considerar. Sobre ese derecho incide también la Agenda 2030.

Porque la gastronomía como patrimonio e industria creativa está presente en muchos de los ODS, de forma transversal: Fin de la pobreza, hambre cero, salud y bienestar, educación de calidad, producción y consumo responsables, vida de ecosistemas terrestres….

3. LA GASTRONOMÍA ASTURAMERICANA COMO SEÑA IDENTITARIA Y RECURSO TURÍSTICO

El patrimonio gastronómico como elemento identitario, susceptible de singularizar un territorio es un asunto clave al hablar de todo esto.

Porque: “uno de los grandes retos de la gastronomía actual es recuperar el carácter local e identitario; sin olvidar la necesidad de novedad, evolución y creatividad propia de la cocina actual” (Aguirregoitia-Martínez y Fernández-Poyatos, 2019).

Que el patrimonio gastronómico es “un valor en alza clave para potenciar destinos turísticos ofertados por razones histórico-artísticas o naturales” es algo evidente y que es destacado por muchos investigadores, que reivindican la necesidad de programas locales para promocionar esto (Leal, 2011). Y ello resulta especialmente adecuado en el caso de Asturias, a la vista de los datos.

La distinción de Capital Española de la Gastronomía 2024 para Oviedo es una gran noticia y viene a corroborar que la región debe mirar a sus numerosas potencialidades para afrontar el futuro. Demuestra que nuestra oferta gastronómica se afianza como un pilar importante en nuestra estrategia territorial.

La Gastronomía asturiana es elemento imprescindible del patrimonio cultural asturiano. Actualmente constituye una de nuestras potencialidades más sólidas e innovadoras de cara a un desarrollo económico y turístico de calidad, dentro de unos parámetros de sostenibilidad.

Cuando Asturias se mira para buscar el futuro, los patrimonios culturales resultan un nicho importantísimo de potencialidades. Hace algo más de un año, la Consejería de Ciencia, Innovación y Universidad del Principado de Asturias hizo pública la *Estrategia de Especialización Inteligente del Principado de Asturias 2021-2027*. En ella se incidía en el turismo cultural como motor de desarrollo económico de la región y elemento importante para la cohesión territorial y se destacaba la necesidad de identificar nuevos elementos y conjuntos patrimoniales que puedan actuar como factor de desarrollo turístico y de revitalización demográfica.

De entre los variados patrimonios culturales que Asturias atesora —susceptibles de actuar como motor de desarrollo— los relacionados con la gastronomía sobresalen cada vez con mayor intensidad. El hecho de que la región cuente en 2024 con 11 restaurantes con estrella Michelín (uno de ellos con dos estrellas) lo evidencia. (La cifra es elevada, si se considera, por ejemplo, que la vecina Cantabria sólo cuenta con 5, o que entre las cuatro provincias gallegas suman 17[2]. Y podríamos mencionar otras distinciones, que corroboran esto. Así, en la región hay 32 establecimientos distinguidos con soles Repsol.

El interés y la importancia de la gastronomía asturiana es, por tanto, un hecho reconocido fuera de nuestras fronteras.

Está claro que las tradiciones de la cocina regional, los fogones de las *guisanderas* y tanta cultura popular están y han estado siempre detrás e impulsando las novedades y la creatividad en este sector. Los propios cocineros lo destacan, como Nacho Manzano (con tres estrellas Michelín, repartidas en dos de sus restaurantes) que recuerda a su abuela en el pueblo, y lo que de ella aprendió.

Y, si bien los orígenes están ahí, los profesionales de la región han sabido ir más allá, mucho más lejos. Partiendo de la tradición han convertido sus platos en manifestaciones artísticas.

Y esto lo han sabido ver varias generaciones de cocineros asturianos, que llevan décadas buscando la excelencia, y encontrándola.

Este potencial se ha reconocido desde los sellos de calidad de la Unión Europea, con las denominaciones de origen de sidra, quesos, vino de Cangas o la Indicación Geográfica Protegida de la Ternera Asturiana, la miel, el queso de Beyos, el chosco de Tineo o la faba.

Desde la propia región se ha creado la marca *Alimentos del Paraíso*, y recientemente se ha anunciado la creación de una distinción para mercados vinculados a ella.

Además, van surgiendo iniciativas más o menos singulares, muy interesantes que revitalizan el sector.

---

2 En España estamos en 272 restaurantes con estrella *michelin* en 2024.

Así, el Parador Nacional de Cangas de Onís, en colaboración con la Fundación Quebrantahuesos, ha puesto en marcha un proyecto para recuperar el pastoreo tradicional ovino en Picos de Europa. Por una parte, se logra que los quebrantahuesos dispongan de alimento en las zonas altas a partir del ganado que allí muere. Por otro lado, los ganaderos consiguen precios justos para la carne y el restaurante del Parador logra ofrecer un menú que incluya el cordero lechal criado de forma tradicional en una carta estacional.

Por ello, parece claro que la importancia de la gastronomía asturiana excede lo meramente anecdótico y se posiciona como elemento identitario de la región. En proyecto, ahora otros asuntos: la sidra como patrimonio de la UNESCO

Por otra parte, merece la pena fijarnos en la riqueza de la gastronomía asturiana y su vinculación con América.

Porque América trajo mucho a España. Esto que empezó en el siglo XVI, se intensificó con la gran oleada migratoria desde algunas regiones de España a América a finales del XIX (dentro de la gran emigración del sur de Europa que llevó a un millón de personas al nuevo continente).

Fueron tiempos de cambio esos de 1900. Tiempos de descubrimientos e inventos, de viajes a lugares ignotos, de confianza en el progreso. Progreso que muchas veces se buscaba donde la vista no alcanzaba, donde sólo llegan los sueños. Más allá del mar.

De todo el sur de Europa marchan en una gran oleada a finales del siglo XIX aventureros y emprendedores en busca de un futuro en una América idealizada como tierra de posibilidades infinitas. Y esto traerá consigo consecuencias no sólo demográficas ni únicamente sociales o económicas. Las repercusiones culturales serán enormes. La contaminación y cruce de formas de entender la vida conllevará nuevas formas de relación en muchos aspectos. En España, algunas regiones fueron significativas en este proceso. Asturias es una de ellas.

De entre los emigrantes, aquellos que regresan enriquecidos a sus lugares de origen, transformarán sustancialmente éstos. Asturamericanos, indianos...les llamarán. Traen nuevos modos de entender el ocio, la educación, la sanidad o las tipologías residenciales a pequeñas aldeas, a ciudades en la nada. Y surgen entonces, y necesariamente, recintos y espacios distintos a los habituales para desarrollar estas actividades. Lugares que se convierten en escaparate de lo cosmopolita, de lo exótico o simplemente de lo raro a ojos de quienes jamás salieron de sus pueblos o ciudades provincianas. Espacios del saber y de la exploración intelectual.

La historia de algunas regiones españolas como Asturias, está íntimamente vinculada a esa emigración ultramarina contemporánea. Viajes de ida y vuelta de indianos que, además de ostentosos palacetes, trajeron a sus localidades de origen la modernidad, centenares de escuelas, infraestructuras, ...y que en América dejaron una sólida impronta (ADAMS, 2022).

¿Y a su vuelta qué aportó ese viaje a sus pueblos de Asturias perdidos entre montañas?: modos de vida cosmopolitas que materializan en casas luminosas, confortables, de colores alegres, tan distintas de las lóbregas casonas solariegas; pero también escuelas, lavaderos, infraestructuras para sus pueblos, y lugares de reunión y debate como los casinos.

Es así imposible entender Asturias sin ese viaje cosmopolita de los indianos que trajeron progreso y modernidad en usos y costumbres. Porque suma mucho aquí la huella de los que se atrevieron a mirar más allá del mar. Ellos marcharon buscando un sueño, y los que retornaron enriquecidos trajeron mucho más que ostentación y lujo. Ellos vinieron con las mentes más abiertas y nuevas ideas que se concretaron en escuelas, lavaderos, centros de capacitación agraria, traídas de agua...la vanguardia, en fin.

Por todo eso, no es extraño que la gastronomía sea un producto sincrético entre lo que aquí había, y lo que vino del otro lado del mar: desde la faba que parece remontarse a las primeras alubias venidas del Nuevo Continente, a la patata, tomate, maíz...

Este tema resulta además poliédrico. Aquí nos vamos a centrar en lo que llegó de América; aunque el enfoque podría ser el opuesto: lo que los españoles aportaron a la gastronomía del otro lado del mar[3]. Sólo unas pinceladas: la vaca, el cerdo, el café, el azúcar, el arroz...

Por ello, una propuesta de buscar un hueco en la lista del patrimonio inmaterial de la humanidad, a partir de la valoración de esos nuevos platos que aúnan las culturas americana y asturiana, parece no sólo interesante, si no oportuna. Además, se evidencia que esa fusión arraiga ya en el siglo XVI con la fabada, o luego con el *pantruque* y tantos otros productos...Pero, no sólo, porque los cocineros asturianos actuales, incluso los que atesoran

[3] Sobre esto hay algún estudio como el de MARTÍN RODRÍGUEZ CORNER, D. (2006): "La gastronomía como factor identitario: recuerdos y silencios de los inmigrantes españoles en la ciudad de Sao Paulo" en *Viejas y nuevas alianzas entre América Latina y EspañaXII. Encuentro de Latinoamericanistas españoles.* Santander.

estrellas Michelín, están introduciendo en sus menús esas referencias culturales al viaje ultramarino en sus creaciones más atrevidas.

Es preciso destacar cómo en la lista del patrimonio cultural inmaterial de la humanidad se incluye la gastronomía francesa, la dieta mediterránea, la cocina tradicional de México y el pan de especias croata. Por ello, la cocina sincrética astur-americana, con sus connotaciones de buscar lo que nos acerca, podría ser una propuesta a considerar.

Para lograrlo es preciso contar con todos los agentes que puedan estar implicados: cocineros/as, productores, Universidad, asociaciones etc[4]. Porque las sinergias resultan imprescindibles para alcanzar el éxito.

4. CONCLUSIONES

Tal como se señalaba anteriormente, la *Estrategia de Especialización Inteligente del Principado de Asturias 2021-2027* subraya como el turismo cultural debe ser motor de desarrollo económico de la región a partir de la identificación de nuevos patrimonios que puedan actuar como recursos de desarrollo turístico.

En este sentido, la cocina asturamericana se evidencia como un potencial patrimonio inmaterial identitario de la región, de gran relevancia turística:

Si partimos de que el futuro de un turismo responsable está en identificar nuevos recursos endógenos y generar una estrategia tutelar de los patrimonios estaremos en el buen camino.

Y a ello se ha de llegar a través de integrar a las comunidades y considerando a los productores, el sector primario, como elementos clave del proceso. Para ello sería necesario articular medidas que faciliten la comercialización de productos locales hacia los establecimientos, a través de indicadores geográficos u otros sellos de calidad.

Por otra parte, es preciso tener en cuenta que existe en Asturias un número amplio de palacetes de indianos convertidos en alojamientos turísticos, así como un grupo de restaurantes que en su denominación aluden al viaje a Ultramar. Si a esto se añade la existencia de colectividades asturianas

4 Destacar la existencia de la Asociación *Asturias con sabor*, cuyo principal objetivo es reivindicar los valores patrimoniales de la gastronomía regional y destacar su relación con América.

en muchos países americanos y la existencia de una vinculación sentimental y familiar entre Asturias y países como Cuba, México, Argentina, Puerto Rico o Chile, la posibilidad de generar sinergias y con ello futuro parece un proyecto sólido y viable.

5. BIBLIOGRAFÍA

ADAMS, C. (2023): "Los paisajes del turismo en España. La disneylandizacion del territorio y la reacción hacia el respeto y la resiliencia", en *Actas del XI Congreso Internacional de Ordenación del Territorio*, Gijón.

ADAMS, C. (2022): *De casas y viajeros. El mito del indiano*, Colegio Oficial de Aparejadores y Arquitectos Técnicos de Asturias, Oviedo

ADAMS, C. (2002): "La experiencia de Taramundi. Del paraíso lejano a la revalorización del patrimonio etnográfico", en *Revista Mérida. Ciudad y Patrimonio*, Mérida.

AGUIRREGOITIA-MARTÍNEZ, A. y FERNÁNDEZ-POYATOS, M.D. (2019): "La simplicidad como proceso creativo culinario: ¿una tendencia para el turismo gastronómico en España?" en *Pasos Revista de Turismo y Patrimonio Cultural*, nº 5, La Laguna, Pp. 875-888.

CASTILLO RUIZ, J. (2006): "Los itinerarios culturales. Características y tipos. Principales experiencias nacionales e internacionales", *Cuadernos de arte de la Universidad de Granada*, nº 37, Granada.

https://revistaseug.ugr.es/index.php/caug/article/view/8746/7363

CASTILLO RUIZ, J. (2022): *Los límites del patrimonio cultural: Principios para transitar por el desorden patrimonial*, Cátedra, Madrid

FRANCO JUBETE, F (2018): "Patrimonio Gastronómico y Turismo", en *Publicaciones de la Institución Tello Téllez de Meneses* nº 89, Palencia, Pp.303-309.

HART ROBERTSON, Margaret; POVEDANO MARRUGAT, Elisa (2020):"Ritches. Turismo responsable del patrimonio cultural", en Patrimonio de la industrialización. Geografías, geometrías y empleos. INCUNA (Colección: Los ojos de la memoria, nº 22). Gijón, pp. 265-272. LEAL, Mª P. (2011): "La diversificación del destino turístico a través del turismo gastronómico: el caso de Vilanova i la Geltrú (Barcelona)" en *Pasos. Revista de Turismo y Patrimonio Cultural*, 9 (1): 15 -24. https://doi.org/10.25145/j.pasos.2011.09.0102

MAGALLÓN MARTÍNEZ, R.C. (2013): "Creatividad Gastronómica. La creatividad es fácil, lo difícil es tener la idea. Ferrán Adriá y otros ejemplos creativos", en *RUTA Revista Universitària de Treballs Acadèmics*, nº5, Barcelona.

MARTÍN RODRÍGUEZ CORNER, D. (2006): "La gastronomía como factor identitario: recuerdos y silencios de los inmigrantes españoles en la ciudad de Sao Paulo" en *Viejas y nuevas alianzas entre América Latina y EspañaXII. Encuentro de Latinoamericanistas españoles.* Santander.

MARTÍN RODRÍGUEZ CORNER, D.(2008):" La gastronomía como patrimonio cultural inmaterial en el turismo" *en IX Congreso Internacional de Rehabilitación del Patrimonio Arquitectónico y Edificación,* vol.2, Sevilla.

ZALLES ITURRI, A. (2015): "Primera aproximación a una fundamentación teórica de la gastronomía como arte" en *Culinaria. Revista virtual especializada en Gastronomía,* nº 9 (nueva época), México, Pp. 07-18.

https://www.hosteltur.com/155417_informe-del-turismo-gastronomico-en-espana-2023.html, (28/04/2024)

https://docplayer.es/54622083-A-una-fundamentacion-teorica-de-la-gastronomia-como-arte.html#google_vignette (28/04/2024)

HERNANDO, Alberto: *Cocina creativa* https://www.cctmurcia.es/formacion/SPF20101452_M.pdf (28/04/2024)

GASTRONOMÍA Y PATRIMONIO INMATERIAL. ANÁLISIS DE UN PLATO UNIVERSAL: LA PAELLA, COMO RECLAMO TURÍSTICO

FRANCISCA RAMÓN FERNÁNDEZ
Universitat Politècnica de València

RESUMEN: Esta propuesta analiza la relación entre la gastronomía y el patrimonio inmaterial. Muchos bienes de interés cultural inmaterial están respaldados por una fiesta en la que la comida juega un papel fundamental, formando parte intrínseca de dicha fiesta. Además, nuestro plato más universal, la paella, fue declarado Bien de Interés Cultural Inmaterial, siendo un ejemplo de la influencia de la alimentación en el destino turístico. La paella es un atractivo turístico que acerca a las personas a un escenario en el que la convivencia y el disfrute en torno a dicho plato lo convierten en algo más que un bien intangible. Proponemos reflexionar sobre la influencia de este plato en el turismo y cómo forma parte de diferentes festivales, celebraciones y su papel como cohesión universal.

Palabras clave: Gastronomía, Patrimonio, Bien de interés cultural inmaterial, Paella, Turismo

ABSTRACT: This proposal analyses the relationship between gastronomy and intangible heritage. Many goods of intangible cultural interest are supported by a festival in which food plays a fundamental role, forming an intrinsic part of said festival. Furthermore, our most universal dish, paella, was declared an asset of intangible cultural interest, supporting an example of the influence of food on the tourist destination. Paella is a tourist attraction that brings people closer to a scenario in which coexistence and enjoyment around said dish make it something more than an intangible good. We propose to reflect on the influence of this dish on tourism and how it is part of different festivals, celebrations and its role as universal cohesion.

Keywords: Gastronomy, Heritage, Asset of Intangible Cultural Interest, Paella, Tourism

1. INTRODUCCIÓN

La gastronomía y el turismo siempre han estado relacionadas. Se habla de turismo gastronómico en el que el turista tiene una motivación principal por los alimentos típicos de la zona que va a visitar. Sus peculiaridades e idiosincrasia pueden ser uno de los alicientes de visitar determinado lugar.

Pero hay que tener en cuenta que la gastronomía también se relaciona con el patrimonio cultural de una forma muy directa, además de con la identidad culinaria del destino. Sirviendo de reflejo de un paisaje único en el que los alimentos pasan a tener una importancia primordial.

La vinculación de la gastronomía con los bienes inmateriales se ha puesto de manifiesto en el ámbito legislativo, a través de la protección de una determinada festividad en la que se consumen unos alimentos y no otros, y forman parte indisoluble de la fiesta. De hecho, muchos platos se preparan con motivo de dicha festividad, y están bajo el manto protector de la declaración como bien de interés cultural o bien de relevancia local inmaterial.

La regulación del patrimonio cultural inmaterial en la legislación autonómica valenciana se contempla en el artículo 45 de la Ley 4/1998, de 11 de junio, del Patrimonio Cultural Valenciano, modificada por Ley 7/2004, de 19 de octubre, Ley 5/2007, de 9 de febrero y Ley 9/2017, de 7 de abril, al establecer que serán declarados bienes de interés cultural las actividades, conocimientos, usos y técnicas que constituyan las manifestaciones más representativas y valiosas de la cultura y los modos de vida tradicionales de los valencianos. Igualmente podrán ser declarados bienes de interés cultural los bienes inmateriales que sean expresiones de las tradiciones del pueblo valenciano en sus manifestaciones musicales, artísticas, gastronómicas o de ocio, y en especial aquellas que hayan sido objeto de transmisión oral, y las que mantienen y potencian el uso del valenciano.

La protección de los bienes inmateriales se establece en la Ley 10/2015, de 26 de mayo, para la salvaguardia del Patrimonio Cultural Inmaterial, en cuyo artículo 2, conceptualiza los bienes del patrimonio cultural inmaterial (Ramón, 2016a) considerando los usos, representaciones, expresiones, conocimientos y técnicas que las comunidades, los grupos y en algunos casos los individuos, reconozcan como parte integrante de su patrimonio cultural, y en particular menciona las siguientes: a) Tradiciones y expresiones orales, incluidas las modalidades y particularidades lingüísticas como vehículo del patrimonio cultural inmaterial; así como la toponimia tradicional como instrumento para la concreción de la denominación geográfica de los territorios; b) Artes del espectáculo; c) Usos sociales, rituales y actos festivos; d) Conocimientos y usos relacionados con la naturaleza y el universo; e) Técnicas artesanales tradicionales; f) Gastronomía, elaboraciones culinarias y alimentación; g) Aprovechamientos específicos de los paisajes naturales; h) Formas de socialización colectiva y organizaciones; e i) Manifestaciones sonoras, música y danza tradicional.

En el presente estudio vamos a analizar la relación de los alimentos en los bienes declarados como bien de interés cultural inmaterial y bien de relevancia local inmaterial en las festividades protegidas, para, después, analizar un plato universal, la paella, que ha sido declarado como bien de interés cultural inmaterial y su reclamo a efectos turísticos.

La metodología que vamos a utilizar es la habitual en los trabajos de tipo jurídico con el estudio de la legislación aplicable y la consulta de la doctrina especializada sobre la materia y que se ha pronunciado de forma expresa, con la finalidad de obtener unas conclusiones válidas que resulten de interés para la comunidad científica.

2. GASTRONOMÍA Y BIEN DE INTERÉS CULTURAL Y BIEN DE RELEVANCIA LOCAL INMATERIAL: LA RELACIÓN DE LOS ALIMENTOS CON LAS FIESTAS PROTEGIDAS

Vamos a analizar la relación entre gastronomía y bien de interés cultural y relevancia local inmaterial en la que los alimentos, la gastronomía local en concreto, tienen un papel importante en la fiesta, y forman parte de ella, ya sea a través de su preparación o bien de la inclusión de unos alimentos y no otros como parte indisoluble de la misma. Hay que tener en cuenta que cuando se declara un bien como protegido se establece el entorno de protección y los elementos que quedan bajo la indicada protección (Ramón, 2012; Ramón, 2015; Ramón, 2016b).

2.1. Bienes de interés cultural inmaterial relacionados con la gastronomía

2.1.1. La Fiesta de la Santantonada de Forcall

El Decreto 10/2012, de 5 de enero, del Consell, por el que se declara Bien de Interés Cultural Inmaterial la Fiesta de la Santantonada de Forcall explica las características de esta fiesta, en la que se trata de una celebración donde se articulan elementos materiales e inmateriales, combinando y entremezclando teatro popular, fuegos la víspera, figuras simbólicas del bestiario infernal tradicional, componentes carnavalescos, elementos pirotécnicos, gastronomía compartida, presencia del árbol denominado Maio, sociabilidad festiva, música, baile y juegos tradicionales, y rituales mágicos de fertilidad, que dan lugar a una composición rica y abigarrada.

2.1.2. La Fiesta de las Fallas de Valencia

El Decreto 44/2012, de 8 de marzo, del Consell, por el que se declara Bien de Interés Cultural Inmaterial la Fiesta de las Fallas de Valencia menciona el ámbito gastronómico de la fiesta, al indicar que las Fallas, año tras año, se levantan en las calles valencianas, como ejemplos de riqueza patrimonial, de técnicas artesanales, de formas de organización, con un cúmulo de festejos, actos y aspectos asociados a la indumentaria, gastronomía y pirotecnia.

2.1.3. El ritual del Pa Beneït de Torremanzanas

El Decreto 153/2014, de 26 de septiembre, del Consell, por el que se declara Bien de Interés Cultural Inmaterial el ritual del Pa Beneït de Torremanzanas destaca la peculiaridad de dicho dulce, Se trata de un ritual que ha sobrevivido de ofrendas paganas, con el paso del tiempo cristianizadas y ofrendadas en honor a san Gregorio, obispo de Ostia, cuyo patronazgo en la población se remonta al año 1658. El Decreto indica que el *pa beneït* constituye aún, además de lo que propiamente conforma o lleva consigo su simbolismo o tradición religiosa, un majestuoso ritual donde la principal protagonista es la mujer en el momento de su iniciación o consideración como tal.

Es un ejemplo modélico de la supervivencia, a través del tiempo y casi sin mistificaciones, de un ritual agrario que, hundiendo sus raíces en época prehistórica, ha llegado a nuestros días cristianizado en ciertos aspectos formales. En su conjunto es una de las más raras y escasas muestras de pervivencia en nuestras tierras de un antiguo ritual agrario.

Destaca la clara relación con un ritual purificado a través del agua, la misma ofrenda —cuya base es el cereal—, con abundantes paralelos en la Grecia antigua, donde aparece como ofrenda a divinidades y cuyo consumo asegura la comunión de los hombres con la divinidad.

Los panes se elaboran en las casas de los *llumeners* o en los obradores de los hornos del pueblo. Se trata de unos panes circulares dulces de unos 4 a 6 kg elaborados con huevos, harina, azúcar, levadura, aceite de oliva y agua, y adornados, en un primer momento, con una capa de azúcar que cubre la parte superior. En la casa desde donde saldrá para el desfile se preparan los elementos de la *roba del pa* y el resto de efectos: *platera* (plato de cerámica o metal) y *capçana* (pequeña almohadilla confeccionada en vivos colores) (Imagen 1).

Sobre el pan se debe colocar un ramo de flores. Estas se insertan en el centro del pan y lo coronan. También se suelen adornar las orillas del pan con pequeñas flores o encaje de bolillos

Los elementos que forman parte del bien son: el pan, elemento central de la fiesta. Es un pan dulce elaborado a la manera tradicional en los hornos del pueblo, adornado con cuatro piezas de tela, de las cuales dos van ricamente bordadas y forman el dosel del pan, lo corona un ramo de flores silvestres, pero también algunos son de espigas de trigo o de amapolas. Se deposita sobre una especie de cojín de ganchillo elaborado con vivos colores y cenefas de hilo, *capçana,* que se coloca sobre la cabeza y debajo de la *platera del Pa beneït* Sirve la *capçana* para amortiguar el peso de la ofrenda en el desfile.

El agua de san Gregorio, se conserva en una ánfora de vidrio en la iglesia. Es agua pasada por el relicario del cráneo del santo y guardada de un año para el siguiente. Se utiliza en el rito para bendecir los panes procesionales y los que se reparten a los asistentes. También se distribuye en botijos para que se tome juntamente con las porciones de pan.

Imagen 1. Pa Beneït de Torremanzanas.
Fuente: https://alicantesiempre.blogspot.com/2017/08/torremanzanas-2017-ritual-del-pa-beneit.html (Consultado el 4 de mayo de 2024).

2.1.4. Les Fogueres de Sant Joan de Alicante

El Decreto 222/2014, de 19 de diciembre, del Consell, por el que se declaran Bien de Interés Cultural Inmaterial Les Fogueres de Sant Joan de Alicante menciona en uno de los elementos de la fiesta, las portadas de barraca, desde su creación en el año 1931, un elemento diferenciador. Se realiza por artistas de hogueras o por la propia comisión, está colocada en el acceso a los espacios acotados que los *barraquers* plantan en la calle durante los días de hogueras. Sirve de carta de presentación de la comisión que la realiza. Están divididas en categorías según su presupuesto y son evaluadas por un jurado que concede tres premios a las mejores de cada una de ellas.

Presenta motivos artísticos en relieve o tridimensionales, que hacen referencia a asuntos relacionados con la fiesta, con nuestras tradiciones o nuestra gastronomía. Asimismo, pueden presentar motivos relacionados con la propia comisión de barraca, con la ciudad o con la actualidad.

2.1.5. Las peregrinaciones de Les Useres y Culla al santuario de Sant Joan de Penyagolosa

Mediante Decreto 53/2016, de 29 de abril, del Consell, se declararon Bien de Interés Cultural Inmaterial las peregrinaciones de Les Useres y Culla al santuario de Sant Joan de Penyagolosa.

El elemento gastronómico está muy presente en diversas festividades reconocidas como Bien de Interés Cultural en la Comunitat Valenciana. La gastronomía es un recurso turístico muy apreciado por el visitante, y a él se refiere la Ley 15/2018, de 7 de junio, de turismo, ocio y hospitalidad de la Comunitat Valenciana, ya que genera flujos turísticos de gran interés (Ramón, 2020a).

En el caso del peregrinaje de Les Useres y Culla al santuario de Sant Joan de Penyagolosa se hace referencia en la declaración como Bien de Interés Cultural de dicha manifestación a distintos platos propios que se consumen durante el peregrinaje. La *fogassa* de Sant Joan, el menú del peregrino y la sopa de *cap* o sopa de cabeza, que debe su nombre a que cuando los peregrinos la tomaban, veían su cabeza reflejada en el agua, son algunos de ellos ((Ramón, 2020a).

Se alude a que es el depositario que acompaña a los clavarios en el reparto de los trozos del pan bendecido. La *fogassa* u hogaza de Sant Joan es bendecida el anterior jueves por la tarde en Chodos y en Les Useres, y antes de la llegada de los peregrinos. Se lleva en las acémilas y en el Filador o Corral

Roig, y se reparten entre los congregados considerándose como un símbolo de participación del pueblo en la celebración (Ramón, 2020; Ramón, 2023).

Los alimentos que se consumen durante la peregrinación y que aparecen mencionados en el Decreto 53/2016 son: vino, pan, lechugas de ensalada, tortillas y huevos cocidos, arroz, judías cocinadas, bacalao desmenuzado y frito. Como se puede observar son todos alimentos denominados "de vigilia", ya que no se consume ningún tipo de carne (Ramón, 2020; Ramón, 2023).

Otros alimentos se mencionan al hacer referencia a los días de peregrinación de forma específica en el Decreto 53/2016. Por ejemplo, el viernes, después de la misa, y antes de salir de Les Useres, a los peregrinos se les da alguna porción de chocolate o unos higos fermentados, junto con una copa de aguardiente (Ramón, 2020; Ramón, 2023).

El menú del peregrino consiste en el siguiente: en el almuerzo, en el paraje de La Savina, consumen un pan y dos huevos hervidos o crudos, vino y agua. La comida en Sant Miguel; la comida en Sant Miguel de les Torrocelles, ensalada de lechuga aderezada con aceite y vinagre, un huevo hervido o crudo, arroz con bacalao, bacalao con salsa de canela, aceitunas, pan, vino y agua; la merienda en la Font dels Posso, un pan, una tortilla, un huevo duro o crudo, aceitunas, vino y agua; la cena en Sant Joan consiste en ensalada de lechuga aderezada con aceite y vinagre, un huevo duro o crudo, sopa de pan, judías a la vinagreta, aceitunas, pan, vino y agua. El sábado el menú es el mismo que se ha consumido el día anterior en Sant Miquel de les Torrocelles, la merienda la misma que el día anterior en la Font dels Possos (Ramón, 2020; Ramón, 2023).

En los inicios del peregrinaje, las personas del pueblo y los masos solían aportar harina, aceite, huevos, entre otros alimentos, que actualmente se ha sustituido por una aportación económica (Ramón, 2020a).

La otra peregrinación a la que hace referencia el Decreto 53/2016, la que se conoce como *Processó de Culla a Sant Joan de Penyagolosa* o *Processó de Culla a Sant Joan de la Font Coberta,* se menciona el almuerzo a base de sopas, con agua clara hirviendo, pan seco, un huevo crudo, que se escalda y un poco de aceite y sal. Como se lee en el Decreto 53/2016: «allí, en tiempo pasado, el ermitaño tenía la costumbre de preparar agua hirviendo que los de Culla aprovechaban para hacer las sopas. Los peregrinos decían que comían sopa de *cap* porque al asomarse a la olla veían reflejada su cabeza en el agua» (Ramón, 2020; Ramón, 2023).

También el Decreto 53/2016 se refiere también a la Font de Santa María, en el que se realiza un descanso refrigerio a base de bacalao, tomates y pan (Ramón, 2020; Ramón, 2023).

2.1.6. La procesión cívica del Nou d'Octubre en Valencia

En el Decreto 127/2016, de 7 de octubre, del Consell, por el que se declara Bien de Interés Cultural Inmaterial la procesión cívica del Nou d'Octubre en Valencia, se menciona con motivo de la festividad de dicho día, la fiesta de San Dionisio. En el siglo XIX se limitaba a reflejar su aspecto costumbrista, amoroso, galante y gastronómico, donde sobresalía el pasear de la población delante de las pastelerías de la ciudad que mostraban los exquisitos dulces elaborados con este motivo.

2.1.7. La romería de les canyes de Castelló

El Decreto 30/2017, de 3 de marzo, del Consell, por el que se declara bien de interés cultural inmaterial la Romería de les Canyes de Castelló. Se expresa que la Consueta o ritual de la romería, publicada por primera vez en 1991, contempla el protocolo de la Romeria de les Canyes, con todos los elementos (religiosos, civiles, gastronómicos, cantos, recorrido, vestimenta, etc.), entre los cuales destacan el volteo de campanas, la despertada, la misa de *romers* o misa de *canyes*, y la romería propiamente dicha, con el recorrido hasta la ermita de la Magdalena y la vuelta de los romeros a la concatedral de Santa María.

2.1.8. L'Escaldà, proceso de transformación de la uva moscatel en pasas

El Decreto 120/2018, de 3 de agosto, del Consell, por el que se declara bien de interés cultural L'Escaldà, proceso de transformación de la uva moscatel en pasas muestra la relación de este fruto con la fiesta. Se indica que además de influir en la economía valenciana y la exportación internacional, así como transformar el paisaje, el escaldado y la producción de pasa se grabaran en el ADN de la Marina Alta y comarcas centrales, modelando nuestro *modus vivendi*, usos, costumbres y nuestra cultura, enriqueciendo el vocabulario valenciano y su cancionero popular.

Esta actividad se ha perpetuado en la arquitectura tradicional de los *riurau* que se mantienen en pie actualmente, o en la gastronomía de los pueblos, formando parte de la cocina tradicional, como el arroz al horno con pasas o las tortas con pasas, sin olvidar los vinos y mistelas.

Los elementos que intervienen en el proceso de escaldado son: la uva moscatel, variedad de Alejandría; el horno de escaldar; la caldera: de cobre o hierro fundido, con varias capacidades dependiendo de la necesidad productiva, con un borde para ser encajada en el horno, y dos asas para su manipulación; la lejía para cortar la piel de la uva de moscatel, elaborada con las cenizas, normalmente, del sarmiento de la vid, cal y agua. Las hierbas *panseres* (*jolivarda*/olivarda, *botja rossa*) se utilizaban, una vez vertida la lejía en la caldera, para dar color a la uva que se escaldaba. En los últimos tiempos se sustituye este producto por sosa cáustica.

2.1.9. Feria de Todos los Santos de Cocentaina

El Decreto 193/2018, de 26 de octubre, del Consell, por el que se declara bien de interés cultural inmaterial la Feria de Todos los Santos de Cocentaina alude a su importancia y su consideración como uno los acontecimientos anuales más importantes para Cocentaina y para la Comunidad Valenciana. Su extraordinario poder de convocatoria, tanto de expositores como de visitantes, el considerable volumen económico que genera, la contribución al mantenimiento de valiosos elementos del patrimonio gastronómico, artesanal y deportivo valenciano, y, sobre todo, el sentimiento de identidad y continuidad que infunde a la población de Cocentaina ponen de manifiesto de manera incontestable su singular relevancia patrimonial.

Se hace mención a las actividades de restauración con una amplia y variada oferta gastronómica en los restaurantes y bares locales, y en los establecimientos ambulantes que participan en la Feria, con acontecimientos singulares como el Almuerzo de Feria, donde por un módico precio los visitantes pueden disfrutar de productos locales como la pericana, los vinos de El Comtat o los licores de hierbas aromáticas de la Serra de Mariola.

2.1.10. La fiesta de Moros y Cristiano de Alcoy

El Decreto 51/2019, de 29 de marzo, del Consell, por el que se declara bien de interés cultural con la categoría de bien inmaterial la fiesta de Moros y Cristianos de Alcoy menciona especialmente la gastronomía como parte de la fiesta, como es el caso del *Sopar de l'Olla*, un potaje preparado a partir de la cocción de alubias, cardos, costillas de cerdo, corazón, asadura, morcillas de cebolla, nabos, aceite y sal.

2.2. *Bienes de relevancia local inmaterial relacionados con la gastronomía*

2.2.1. Festes d'Arbret d'Altea: Arbret de Sant Joan, Arbret de San Roc i Arbret de Sant Lluís

La Orden 4/2019, de 7 de febrero, de la Conselleria de Educación, Investigación, Cultura y Deporte, por la que se declaran bien de relevancia local inmaterial las Festes d'Arbret d'Altea: Arbret de Sant Joan, Arbret de Sant Roc i Arbret de Sant Lluís, en el que se hace referencia a la gastronomía local: pan, morcilla, longaniza, melva, *sangatxo, coca a la llumà* o *coca a la calda,* comida típica alteana consistente en una masa horneada con verduras, embutidos, salazones (tocino, tomate maduro, tomate en salmorra, anchoa, morcilla o longaniza). Se indica que el traslado del arbret viene acompañado por el ofrecimiento a los participantes de una buena merienda basada en productos de la gastronomía popular local, como el pan, la melva, la longaniza, la morcilla, *el sangatxo* o *la coca a la llumà,* acompañado de bebidas, entre los cuales hay vino del terreno.

2.2.2. Danzas del Rey Moro de Agost

La Orden 9/2020, de 12 de junio, de la Conselleria de Educación, Cultura y Deporte, por la que se declara bien de relevancia local inmaterial las Danzas del Rey Moro de Agost mencionan las *paperades, siendo* una paperada un cucurucho de papel relleno con caramelos y bolas de anís. Se hace mención de las naranjas como un elemento simbólico importante dentro de la fiesta. Actúan como testigo generacional, una prueba que deben superar para demostrar que se puede organizar la danza del año próximo.

Los danseros las recogen y hacen ristras con un hilo de alambre, y la Noche de los Cohetes las cuelgan en los balcones de la plaza. El 1 de enero será cuando los naranjeros suban a descolgarlas y de esta forma recoger el testigo de la fiesta. Las naranjas que se emplean en las danzas suelen ser regaladas por gentileza de algún agricultor local. Como hipótesis, posiblemente el robo de las naranjas en un principio fuera un acto de rebeldía, de ofensa a los poderes establecidos.

2.2.3. La Tarde de Jotas de Gàtova

La Resolución de 1 de febrero de 2022, de la Conselleria de Educación, Cultura y Deporte, por la que se declara bien de relevancia local inmaterial la Tarde de Jotas, de Gátova menciona la fecha de 24 de septiembre, dentro de las fiestas en honor de la patrona, la Virgen de la Merced, en la que los protagonistas son la música, tradición, historia, cultura, baile folklore, raíces y gastronomía, aunque no especifica ningún plato típico.

2.2.4. La hoguera de la Virgen de Loreto de Venta del Moro

La Resolución de 9 de febrero de 2022, de la Conselleria de Educación, Cultura y Deporte, por la que se declara bien de relevancia local inmaterial a la hoguera de la Virgen de Loreto de Venta del Moro menciona la gastronomía local (embutidos y fiambres como la *güeña*, el *perro*, longaniza, morcilla, chorizo, tocino), vino de uva bobal de procedencia local, pólvora, música de la banda Unión Musical de Venta del Moro, toques de las campanas. Esta omnipresente comensalidad de la fiesta patronal se entiende como un elemento importante de celebración, que permite consolidar y aumentar los vínculos de cohesión grupales entre la vecindad, porque ratifica o acentúa los lazos de hermandad entre los participantes en la tala y en el traslado de pinos, también con la distribución de dulces en torno a la hoguera, o en la práctica protagonizada por los grupos de amigos para elaborar cenas a su alrededor, aprovechando las mismas brasas de la plaza de la iglesia.

2.2.5. La torta de la Candelaria de Fuenterrobles

La Resolución de 15 de junio de 2023, de la Conselleria de Educación, Cultura y Deporte, por la que se declara bien de relevancia local inmaterial, la torta de la Candelaria de Fuenterrobles. Se indica que en la elaboración propiamente de la torta que tiene un carácter más familiar participan la familia y amistades de la familia oferente ese año.

La torta de la Candelaria es un pan bendito de grandes dimensiones compuesto de dos partes claramente diferenciadas. Por un lado, está la parte baja o torta propiamente dicha y por otro lado está la parte alta colocada sobre varillas llamados «pinos». La parte baja es una torta elaborada con una especie de mazapán de almendra, huevos, azúcar y miel, dulce tradicional de la repostería fuenterrobleña. Esta base o torta se decora con pequeños dulces de colores dibujando entre otras cosas el anagrama de la Virgen María así como otros motivos florales etc., o animales, en este caso siempre unas tórtolas o palomas en alusión a la fiesta que se festeja. Se puede ver un ejemplo en la Imagen 2.

Imagen 2. Torta de la Candelaria de Fuenterrobles.
Fuente: https://www.territorio-bobal.es/fiestas-tradicionales-de-invierno/
(Consultado el 4 de mayo de 2024).

Los llamados pinos en número de trece, doce alrededor y uno central sobre un pequeño rollo, son unos conos de turrón duro elaborado con piñones, huevos y azúcar que se colocan sobre unas bases de madera a su vez puestas sobre varillas metálicas alrededor de la torta baja. Estos pinos están decorados con un ramillete de flores cada uno.

Actualmente la torta de la Candelaria es el pan bendito más barroco y elaborado de toda la comarca de la Meseta de Requena-Utiel y tanto por su apariencia como por lo laborioso de su preparación lo convierten en una excepcionalidad dentro de esta antigua y arraigada costumbre en nuestra tierra. Esta torta después de cumplir con todos los rituales de la fiesta como son la bendición y procesión se trocea y reparte entre aquellas personas que lo solicitan, previo pago de una cantidad estipulada que no tiene ningún fin lucrativo ya que con lo recogido se costea la elaboración de la torta del año siguiente.

Se explica detalladamente todo el proceso en la citada Resolución:

La torta es una ofrenda familiar que habitualmente se hace por ofrecimiento a la Virgen y que puede hacerla cualquier familia del pueblo que lo solicite esperando por turno el año que le corresponde.

Dado lo costoso del proceso y que en su elaboración intervienen amigos, familiares, conocidos y vecinos de la familia oferente se puede considerar que aun siendo en su origen algo familiar en el fondo es una ofrenda colectiva que el pueblo hace a su patrona.

Todo el ritual se desarrolla durante el miércoles, jueves, viernes, sábado y domingo del primer fin de semana de febrero.

— Miércoles de la fiesta: se reúnen por la tarde un grupo de mujeres en la casa de la familia que ese año elabora la torta para moler la almendra. Después se hace una merienda, a veces una *chocolatá* acompañada con dulces caseros. Todo en un ambiente festivo al amor del fuego.

— Jueves de la fiesta: se vuelven a reunir por la tarde las mujeres en la casa para limpiar los piñones. Los piñones se calientan en una sartén ancha o paella, se van removiendo con unas escobillas de esparto elaboradas para este fin y después sobre unos paños de algodón se van frotando los piñones para quitarles parte de aceite que exudan y dejarlos limpios. Esa tarde también se disuelve el azúcar que al día siguiente se utilizará para la elaboración de la parte baja de la torta. Aprovechando el fuego se prepara una buena merienda para los asistentes, se comen productos caseros y se acompaña con café y vino dulce. Se cuentan chascarrillos e incluso alguna mujer se lanza y canta alguna coplilla.

— Viernes de la fiesta: de buena mañana se prepara un buen fuego, van acudiendo mujeres y hombres ya sea de la casa, familiares y también amigos. Cuando ya hay brasas se empieza a preparar la solución de azúcar disuelta en una caldera de cobre preparada para esta labor.

Cuando se ha conseguido el punto adecuado de caramelización se añadirán las yemas de los huevos y la almendra molida y demás ingredientes.

Por medio de una pala de madera algún hombre será el encargado de ir haciendo la mezcla en la caldera sobre las brasas hasta que la masa de mazapán se considere que tiene el punto perfecto o deseado. Cuando ya está en su punto y todavía caliente se vierte sobre el molde circular que ya está preparado, se reparte la masa uniformemente y se moldea hasta conseguir una distribución homogénea y compacta por todo el molde, después se bruñe con las manos la superficie para que adquiera un aspecto brillante. Luego se deja enfriar.

Ese mismo día se prepara una comida abundante para todos los miembros de la casa y las personas participantes en la elaboración de la torta propiamente dicha. Por la tarde se procede a dibujar la torta. Sobre la masa ya fría y sin quitar el molde se coloca un papel donde previamente se ha plasmado el dibujo elegido por la familia para ese año. Las mujeres y también algún hombre más mañoso irán marcando el dibujo sobre la masa de mazapán por medio de palillos con los cuales van perforando el papel sobre las líneas del dibujo de tal manera que al final al retirar el papel se aprecia por medio de un punteado todo el dibujo sobre la masa. Después y utilizando pequeños caramelos, habitualmente grageas de chocolate de colores, se van delimitando las líneas sobre la masa insertando esas grageas. Los espacios que quedan delimitados del dibujo entre líneas se rellenas con anisetes o virutas dulces de colores hasta crear el aspecto policromo y de dibujo deseado. Es habitual que en todo o en parte aparezca el anagrama de la Virgen. También son habituales los elementos florales y las palomas, por lo general cada año se elige un dibujo distinto que puede ser más o menos laborioso dependiendo del diseño y colores elegidos. Una vez terminado el dibujo se quita el molde y en los laterales de la circunferencia se procede también a decorar sin tanto esmero como en la parte superior.

— Sábado de la fiesta: Sin duda el sábado es el día más complicado, ese día se elaboran los pinos y se tiene que dejar terminada la torta. Por la mañana temprano se tiene que preparar una buena lumbre ya que se necesitaran una buena cantidad de brasas durante toda la mañana, de esa faena se encarga un hombre. Las mujeres van preparando los ingredientes, recipientes y otras cosas para la elaboración. Para la elaboración de los pinos se prepara la caldera de cobre habitual que se colocara sobre un recipiente de zinc al cual se la van añadiendo brasas en función del calor necesario durante todo el proceso. Dentro de la caldera se vierte el almíbar de azúcar previamente diluido y la miel calentándose hasta que se le da el punto adecuado cuando esto ya se ha conseguido se añaden las claras de huevo previamente montadas a punto de nieve. Es entonces cuando comienza el proceso más laborioso y delicado ya que desde ese momento no se dejará de mover la mezcla con una pala de madera hasta que se consigue el punto deseado para lo cual se irán turnando mujeres y hombres en un principio y hombres solo después. Además de dos en dos ya que la cantidad y dureza de la mezcla conforme se va solidificando necesita de un gran aporte de fuerza física.

Durante esa mañana se ha preparado un abundante almuerzo para todos los asistentes sobre todo los hombres que ayudaran a mover la mezcla de los pinos. Un hombre o dos son los encargados de mantener el fuego y el aporte de ascuas para la caldera es también muy importante que el lugar donde se realiza toda esta labor no sea excesivamente grande ya que es necesario que también la temperatura ambiente sea alta pues favorece la ligazón de la mezcla de la masa. Para esta labor normalmente se necesitan unas cuantas horas no siempre es igual, dependerá del ritmo de los batientes y de la temperatura, la mujer encargada de darle el punto realiza distintas pruebas durante el proceso que básicamente consiste en introducir una pequeña fracción de la masa en agua fría, cuando esta se parte con total naturalidad sin flexibilidad se considera que ya está. A partir de ese momento todo es muy frenético alguien se encarga de ir vertiendo los piñones en la caldera donde dos hombres fuertes no paran de mover toda la masa hasta que se consigue una mezcla uniforme de los ingredientes. Un grupo de mujeres se preparan previamente en una mesa grande donde se verterá la mezcla desde la caldera todavía muy caliente y después de ir pesando fracciones de 500 gramos se van repartiendo entre las mujeres que serán las encargadas de ir moldeando la masa en forma de cono colocando en la punta un ramillete de flores todo esto muy rápido antes de que se enfríe ya que después es imposible moldearla. También en ese momento se introduce en la base del cono una pequeña pieza de madera que después de enfriado se quita y deja un hueco que sirve para colocarlo posteriormente sobre las varillas metálicas. En ese momento se elabora con la misma masa un pequeño royo que ira debajo del pino central.

Cuando los pinos están ya fríos se procede a colocarlos en sus respectivas varillas y con esto se completa el montaje de toda la torta.

Colocado todo el conjunto sobre el soporte habitual que se usa año tras año, se deja en un lugar fresco. Es entonces cuando se procede a la comida de hermandad de todos los asistentes al proceso y que habitualmente congrega a más de un centenar de participantes. Por la tarde del sábado la torta será expuesta en un lugar especial de la casa ya que es costumbre que la gente del pueblo vaya a la casa de la familia oferente a ver la torta como ha quedado.

2.2.6. El Porrat de Sant Blai de Potries

La Resolución de 21 de junio de 2023, de la Conselleria de Educación, Cultura y Deporte, por la que se declara bien de relevancia local inmaterial el Porrat de Sant Blai de Potries pone en valor los porrats. De esta forma, se indica que gracias al porrat de Sant Blai, de Potries se han revitalizado algunos porrats de las localidades vecinas, con la iniciativa junto a Ròtova de crear a finales de los 90 la Ruta dels Porrats. Como vemos, todos los sentidos se exaltan y se potencian en el porrat de Potries: un porrat tradicional valenciano y de arraigo en el territorio, donde todas las sensibilidades religiosas, culturales, paisajísticas, gastronómicas, artísticas, festivas y de implicación local tienen cabida.

El *porrat* es un mercado al aire libre de productos tradicionales y frutos secos, muy popular a principios del siglo pasado, que se desarrollaba en honor a un santo de devoción local, y que se inauguraba justo después de la romería a la ermita dedicada, o no, a dicho santo. Este tipo de mercados se han mantenido particularmente en la comarca de la Safor, donde han arraigado y donde encontramos numerosos ejemplos de porrats, además del de Potries, como el de la Font d'en Carròs o el de Ròtova. Las diversas paradas, provistas tanto de alimentos tradicionales como de productos artesanales de todo tipo, siempre de proximidad, ocupan las calles más céntricas de las localidades. En las últimas décadas, este mercado popular ha ido expandiendo su oferta, hasta el punto de incorporar otras actividades paralelas, como las ferias de atracciones para pequeños y mayores, actuaciones musicales, así como bailes o talleres artesanales de todo tipo, como se observa en la imagen 3.

Imagen 3. Porrat de Sant Blai de Potries.
Fuente: https://turisme.potries.org/es/cultura-festiva-es/porrat-de-sant-blai/#next
(Consultado el 4 de mayo de 2024).

En el caso que nos ocupa, el porrat de Sant Blai, de Potries ha sido declarado fiesta de interés turística provincial de la Comunitat Valenciana (18 de abril de 2007, DOGV 22.05.2007). La principal singularidad de este porrat está en la existencia de la reliquia: este rasgo es único entre todos los porrats vecinos. El fervor popular centrado en la reliquia es, sin duda, el que ha favorecido el arraigo del porrat de Potries en toda la comarca, puesto que muchas personas se acercaban el día 3 de febrero solo para pasarse el hueso del santo por la garganta después de la misa, y de paso, pasearse por las paradas del mercado. Además, la reliquia es la protagonista de los actos religiosos que tienen lugar en la iglesia de los Santos Juanes, desde los cantos de los gozos hasta llevarse un recuerdo en forma de panecillo bendecido, de cirio o de estampita.

Los asistentes a la misa son tanto los vecinos de Potries como los de otras localidades próximas, que acuden al pueblo muchas veces a pie.

No obstante, si hay un colectivo que destaca por desplazarse al porrat de este modo, y que una vez más hace especial el porrat de Potries, es el de muchos niños y niñas en edad escolar que afluyen desde las localidades vecinas, acompañados por sus maestros. La denominada «semana escolar» se ha convertido en una actividad tradicional del porrat, y se realiza la semana previa a la celebración de los grandes actos del mismo.

3. LA PAELLA COMO BIEN DE INTERÉS CULTURAL INMATERIAL Y SU INCENTIVO EN EL ÁMBITO TURÍSTICO

El Decreto 176/2021, de 29 de octubre, del Consell, de declaración de bien de interés cultural, con categoría de bien inmaterial, de la paella valenciana, «el arte de unir y compartir».

La paella, como se puede ver en la imagen 4, se caracteriza por llevar unos ingredientes concretos y cocinarse en un recipiente que da nombre al plato.

Imagen 4. Paella valenciana.
Fuente: https://www.bonviveur.es/recetas/paella
(Consultado el 4 de mayo de 2024).

En el Decreto 176/2021 se menciona su origen, pero también la importancia social y de unión social y compartir un plato que tiene la paella. Así, se indica que en las Fallas es tradicional que cada casal cocine su paella, disfrutándola con otros falleros y falleras, acompañados de buena música y coloridos espectáculos pirotécnicos. Asimismo, en fiestas populares como Les Fogueres de Sant Joan o en la Romería de la Magdalena de Castelló, es muy común que diversos colectivos se unan y preparen paellas, fomentando los valores como la tolerancia o el intercambio cultural tan característicos del pueblo valenciano.

El acto de comer juntos es uno de los pilares de la identidad cultural de las comunidades de la cuenca del Mediterráneo.

Por toda la Comunitat Valenciana se producen eventos y celebraciones alrededor de una paella, demostrando con ello su carácter vertebrador del territorio.

Además de las anteriores celebraciones, buena muestra de ello son:

— Las «Paellas de Benicàssim», declaradas fiesta de interés turístico provincial. Su gran carácter popular se manifiesta a lo largo de toda la jornada, de forma que los habitantes de Benicàssim salen a la calle para compartir una gran paella junto con familiares y amigos, lo que indica que no solo es una fiesta gastronómica sino de fraternidad y hospitalidad.

— El *World Paella Day*: Día Internacional de la Paella es un reconocimiento al plato más universal de la gastronomía española. Se celebra el 20 de septiembre.

— El Tastarròs: La gran fiesta del arroz valenciano. Propuestas gastronómicas durante el fin de semana y eventos relacionados con el arroz y sus orígenes.

— El Concurso Internacional de Paellas de Sueca: sus orígenes se remontan a 1961 y es de ámbito internacional. La participación se extiende a Europa, América y Japón.

— Las Paellas Universitarias: Miles de universitarios se reúnen y disfrutan de un ambiente festivo con conciertos durante el día. Sobre el medio día se reparten raciones de paella entre los asistentes. En sus orígenes este día se celebraba en los mismos campus universitarios y eran los alumnos los que preparaban la paella.

— Las Paellas del día de San Antonio Abad (València): fiesta muy popular y arraigada en València, se remonta al siglo XIV. Ese día se dan cita toda clase de animales para ser bendecidos. En multitud de localidades se cocinan paellas o tienen lugar concursos de este plato.

— El Concurso Nacional de Paella de Cullera.

Por otro lado, casi todas las fiestas patronales de la Comunitat Valenciana incluyen un día de paellas en sus programas, ejemplos de ello son los siguientes:

— El Día de las Paellas de Fiestas de la Paciencia de Oropesa.

— La Noche de las paellas de L'Alcúdia de Crespins.

— La noche de Paellas de Puçol.

— Fiestas Patronales de Torrevieja.

— Fiestas Patronales Ciudad Quesada.

— Fiestas del Cristo de Sant Joan en Alicante.

— Fiestas de Torreblanca.

— Fiestas de Mislata.

— Fiestas de las Paellas en Nules.

— Fiestas de Invierno de Peñíscola.

— Fiestas Mayores de Massamagrell.

— Fiestas de Puerto de Sagunto.

— Fiestas Patronales de la Xara.

— La Noche de Paellas de Albuixech.

En todas ellas, la paella desempeña un papel de cohesión social en los espacios culturales, festejos y celebraciones. Agrupa a gentes de todas las edades, condiciones y clases sociales, sin perjuicio de sexo, raza o religión.

Los orígenes de la paella se ubican en la Albufera de València, donde este plato se cocinaba con el fin de dar respuesta a la necesidad alimentaria de los campesinos y huertanos de la zona. Al ser este humedal un territorio muy fértil, se dan las condiciones idóneas para el cultivo del arroz, convirtiéndose este, en el ingrediente principal de nuestro plato estrella. Más tarde, a finales del siglo XIX la paella valenciana saltó de las barracas y alquerías a las casas de comidas y merenderos ubicados en la playa de la Malvarrosa, el Grao de Castellón o la Albufereta de Alicante.

Así, sin duda alguna, este plato emblema, núcleo de la cocina tradicional valenciana, se constituye como un elemento de unión, pieza fundamental de la gastronomía de la Comunitat Valenciana.

En la actualidad, la paella no solo se constituye como un plato en sí. Su proceso de elaboración y el arte en su preparación y degustación hacen que constituya un verdadero fenómeno social, llegando a condicionar parte del paisaje y ecosistema de la Comunitat Valenciana por el cultivo y obtención de los alimentos con que se elabora.

A partir del siglo XIX, este plato tan afamado e identificativo de la cultura valenciana, empezó a arraigarse hasta que finalmente se consideró e instauró como una receta familiar, la cual nunca ha estado exenta de controversia, tópicos y paradigmas, los cuales nacen de las costumbres propias y diferentes de cada lugar. Sin embargo, no hay duda alguna del ingrediente imprescindible: el arroz.

Desde sus orígenes se ha difundido la práctica de añadir este ingrediente al caldo dibujando una cruz para que la cantidad se distribuya de forma equivalente en la paella, además de que, si el número de comensales lo permite, la capa de este ingrediente sea fina, indiferentemente de la tipología. Se aconseja no remover el arroz cuando se está cocinando, ya que contiene almidón, un elemento espesante presente en el cereal, el cual no conviene si se desea que el grano de la paella quede suelto.

En sus inicios, tal como se ha comentado anteriormente, esta receta no distinguía de clases por lo que la gran mayoría de la población, de clase media y, sobre todo, baja (campesinos autóctonos valencianos) comían juntos y en poco espacio. A raíz de aquí surgen costumbres presentes todavía en la actualidad como es, por ejemplo, el comer de la misma paella. Este acto hace que el arroz mantenga la temperatura.

Cada comensal tiene su espacio en ella y si alguno come en plato, se le sirve del centro para no «desdibujar» la ración del resto.

Manda la tradición que la paella debe comerse con cuchara (antiguamente eran de madera y unipersonales) si bien es cierto que hoy en día esta costumbre ha decaído y se deja a elección de cada comensal

En cuanto a su elaboración, además de los ingredientes de calidad, cabe destacar la importancia del fuego. En tierras valencianas está muy extendida la idoneidad de la madera de naranjo para su elaboración y esto se debe a que, además de darle un aroma especial y característico al plato, hace que el fuego se mantenga y, por lo tanto, quede bien repartido. Para que la paella a leña salga bien debe cocer en un fuego que no provoque mucho humo y como el fuego hay ir que avivándolo o suavizándolo la leña de este árbol se convierte en la más adecuada al ser más fina y fácil de manejar. En el caso de utilizar la cocina a gas es importante que los fuegos calienten toda la paella de forma homogénea.

Teniendo en cuenta todo lo anterior, de lo que no hay duda es que se cocine a leña o no, el momento definitivo y más delicado es el punto de cocción del arroz, una vez se añade al caldo.

La paella puede relacionarse de una manera directa como un elemento clave integrado en la dieta mediterránea. La dieta mediterránea figura en la Lista Representativa de Patrimonio Cultural Inmaterial de la Humanidad (UNESCO) abarcando un conjunto de conocimientos, prácticas y símbolos relacionados con los cultivos y cosechas agrícolas, así como con la forma de conservar, transformar, cocinar, compartir y consumir los alimentos.

La paella es un icono de la dieta mediterránea, tanto por sus ingredientes como por sus características de representación cultural valenciana.

Todos los ingredientes con los que se elabora, como son el pescado, la carne, las verduras, el tan apreciado y saludable aceite de oliva y el aporte de un cereal tan completo como el arroz, forman parte de la dieta mediterránea. La proteína, verdura e hidratos de carbono hacen de la paella uno de los platos más equilibrados de la gastronomía, por lo que es considerada por los dietistas una de las recetas más beneficiosas para nuestro organismo. Así lo afirma el Colegio Oficial de Dietistas y Nutricionistas de la Comunitat Valenciana (CODiNuCoVa), que afirma que «su combinación y diversidad de ingredientes la hacen cumplir con las características de la dieta mediterránea: elaborada a partir de cereales como el arroz, pescado o carne, verduras, legumbres (garrofón) y aceite de oliva. El arroz, contiene hidratos de carbono complejos, el conejo y el pollo, aportan proteínas de alto valor biológico y bajas cantidades de grasa. La carne supone además una fuente importante de minerales como el hierro y las vitaminas B3 y B12. Y las verduras, aportan vitaminas, minerales y fibra. Las proteínas, los hidratos y las vitaminas y minerales, pilares imprescindibles de una correcta dieta, se encuentran en este tradicional plato que se ha transformado en un sello de identidad de los valencianos».

Por todo lo cual, la paella se convierte en un símbolo muy relacionado con la dieta mediterránea, reuniendo todas estas características y protagonizando momentos de intercambio social y comunicación, reforzando los lazos que configuran la identidad de la familia, el grupo o la comunidad.

Asimismo, es importante realzar el origen etimológico de la palabra dieta, del griego antiguo *díaita*, cuyo significado se atribuye a modo de vida; porque la paella no es solo un plato tradicional de la Comunitat Valenciana, sino que es un fenómeno que engloba años y años de historia del estilo de vida del pueblo valenciano, y símbolo de la tradición y gastronomía de nuestra comunidad autónoma. Tanto es así que hasta grandes artistas representativos de la Comunitat Valenciana, como es el caso de Vicente Blasco Ibáñez en su famosa novela *Cañas y Barro* escribieron sobre este plato. En este caso, el escritor habla de manera clara sobre los orígenes de la paella, narrando que en la zona de l'Albufera se elaboraba con rata de marjal, muy presente en este paraje.

La preparación y elaboración de este plato se han convertido en un icono social y de tradición valenciana. Prácticamente cualquier evento considerable que tenga lugar en la Comunitat Valenciana cuenta con esta exquisitez como elemento primordial, el cual supone un signo de festividad y cohesión, en gran parte por la simplicidad de este humilde plato. La costumbre de prepararla involucrando a los comensales en su preparación, dentro de un marco festivo, la convierte en símbolo identificativo del pueblo valenciano

La paella se ha convertido definitivamente en un plato universal, siendo el cuarto icono gastronómico con más búsquedas en internet. El continuo proceso de globalización característico del siglo XXI, ha supuesto una gran ventaja para la paella, mundialmente reconocida en la actualidad.

Sin embargo, la internacionalización de este plato a veces conlleva una clara pérdida de su esencia y orígenes, que radican en el territorio valenciano. Generalmente, la sociedad internacional conoce la paella como un plato típico español, pero pocos son los conocedores de la localización exacta de sus orígenes, a pesar de que la Comunitat Valenciana es muy reconocida por su especialidad en los arroces.

Otra consecuencia de este proceso globalizador ha sido la innovación en los ingredientes y en las formas de elaboración de la paella.

Resulta singular viajar a otros países y encontrar la polémica «paella con chorizo o salchichas» u observar a un cocinero removiendo el arroz de la paella al estilo del típico *risotto* italiano.

Es un plato «tradicional, contemporáneo y viviente a un mismo tiempo». Desde hace décadas, si no siglos, el arroz en València se elabora de una forma especial, lo que hoy denominamos la Paella, que sigue siendo el plato principal y más característico de la cocina de la Comunitat Valenciana.

Se constituye como fenómeno integrador. Como ya se ha adelantado, la elaboración de la paella en eventos lúdicos, es un claro ejemplo de factor cohesionador intergeneracional, intergéneros, de buena vecindad, donde todos, propios y extraños, pueden participar de una forma u otra.

Posee un carácter representativo. En toda familia valenciana existe algún recuerdo en el centro culinario del momento haya sido la paella; ya sea en una boda, fiesta o sencilla pero emotiva comida familiar de fin de semana.

Está basada en la comunidad. Toda la sociedad valenciana reconoce la paella como un valor propio, en el que participa, ya sea en su elaboración, mantenimiento o transmisión, o en todos, como patrimonio.

La paella ha sido también uno de los platos más solicitado por los turistas cuando visita un destino, ya sea en la Comunitat Valenciana como en otro destino. De hecho, es uno de los platos más anunciados en los menús turísticos (Sánchez y Cañete, 2011). Es consumido a cualquier hora por el turista, y se pueden observar el consumo de paella para cenar. Se trata de un plato que pone en valor las sensaciones y las emociones ya que va vinculado a un espíritu festivo (Aguirre, 2022). Forma parte de la identidad de un lugar, pero también ha sido un plato que más se ha desvirtuado con los alimentos que la componen y se puede ver anuncio de paella en destinos turístico de un plato que no tiene nada que ver con la paella (Canalda, 2020; Clemente, 2017; Duhart y Medina, 2008; Garcés, 2013; Medina, 2018; Pontes, 2023).

4. CONCLUSIONES

La gastronomía forma parte de numerosas festividades que se celebran en nuestro país. La protección del patrimonio cultural inmaterial, en el caso de la Comunitat Valenciana, a través de la declaración de bien de interés cultural o bien de relevancia local de manifestaciones culturales que merecen una especial protección lleva consigo la importancia de platos típicos o alimentos que forman parte de la identidad del lugar. Esa protección se extiende a la gastronomía y supone una puesta en valor del turismo gastronómico, y del turismo de sensaciones.

Son numerosos las personas que visitan un lugar por su atracción gastronómica, siendo éste su principal aliciente, el conocer platos peculiares, su preparación o alimentos que no conocen y que son diferentes a los de su región o país. El empoderamiento del lugar, aplicable principalmente a entornos rurales, pasa por una rica gastronomía como punto de atracción turística y que va asociado a una fiesta del lugar.

Mención aparte merece uno de los platos mundialmente conocidos como es la paella, recientemente declarado como bien de interés cultural inmaterial, y que va asociado a la unión social y a compartir con terceros este plato tan representativo de nuestra gastronomía. La paella va asociada a múltiples fiestas, y festividades familiares y sociales, celebraciones que se realizan entorno a este plato tan conocido. Es muy frecuente que el turista que visita nuestro país demande probar la paella, pero también ha sido un plato que ha sufrido una gran variación en su elaboración, que ha sido objeto de crítica, por no llevar los alimentos tradicionales de la paella valenciana. Son muchas las voces que se han alzado diciendo que eso no es paella, sino arroz con cosas, y es precisamente el Decreto que protege nuestro plato más universal el que hace referencia a dicha situación.

La paella está presente en el ámbito turístico de manera casi perpetua. Es uno de los platos habituales en todos los menús, y forma parte de la identidad de un lugar, y de su idiosincrasia. El turismo se vincula a la paella como plato representativo de una celebración, de una fiesta, de un encuentro, y precisamente esa unión ha sido puesta de manifiesto en su protección.

Agradecimientos

Trabajo realizado en el marco del Grupo de Investigación de Excelencia Generalitat Valenciana (Proyecto Prometeu 2021/009, 2021-2024), Proyecto de I+D+i 2023-2025 (PID2022-136439OB-I00) financiado por MCIN/AEI/10.13039/501100011033/ FEDER, UE.

5. BIBLIOGRAFÍA

Aguirre Rodríguez, J. C. (2022): "La gastronomía como medio didáctico de conservación del patrimonio dialógico a través de las emociones", *Oralidad-es*, 8(0): 1-16. Disponible en: https://revistaoralidad-es.com/index.php/ro-es/article/view/156/153 (Consultado el 3 de mayo de 2024).

Canalda Moreno, N. (2020): "Paella de chop suey. «Chiñoles» o la identidad transnacional en subjetividades racializadas", *Asiadémica: revista universitaria de estudios sobre Asia Oriental*, 15: 46-65. Disponible en: https://dialnet.unirioja.es/descarga/articulo/7699254.pdf (Consultado el 3 de mayo de 2024).

Clemente Ricolfe, J. S. (2017): "La experiencia del turista en el consumo de paella en las arrocerías de Valencia mediante netnografía", *International journal of world of tourism*, 4(7): 27-34. Disponible en: https://institucional.us.es/revistas/IJWT/Vol.4N.7/3.pdf (Consultado el 3 de mayo de 2024).

Duhart, F. y Medina, F. X. (2008): "Els espais socials de la paella: antropología d'un plat camaleònic", *Revista d'etnologia de Catalunya*, 32: 88-111. Disponible en: https://www.raco.cat/index.php/RevistaEtnologia/article/view/81655/106249 (Consultado el 3 de mayo de 2024).

Garcés Blázquez, F. (2013): "¿Tópicos de España?: toros, paella y flamenco", *Clío: Revista de historia*, 144: 26-37.

Medina, F.X. (2018): "La construcción del patrimonio cultural inmaterial de carácter alimentario y sus retos en el área mediterránea: el caso de la Dieta Mediterránea", *RIVAR*, 5(14): 6-23. Disponible en: https://www.redalyc.org/journal/4695/469554838001/469554838001.pdf (Consultado el 3 de mayo de 2024).

Pontes Giménez, V. (2023): "La paella como candidatura del patrimonio alimentario y el «arroz con cosas» como peligro para su salvaguardia", *PH: Boletín del Instituto Andaluz del Patrimonio Histórico*, 109: 68-87. Disponible en: https://www.iaph.es/revistaph/index.php/revistaph/article/download/5320/6481 (Consultado el 2 de mayo de 2024).

Ramón Fernández, F. (2012): "La declaración de bienes de interés cultural inmaterial y su regulación en la legislación sobre patrimonio cultural valenciano", *América Latina, globalidad e integración*, III, Ediciones del Orto, Madrid: 1535-1546.

Ramón Fernández, F. (2015): "La delimitación del entorno de protección y su influencia en la conservación de los Bienes de Interés Cultural Inmaterial", *ANIAV Asociación Nacional de Investigación en Artes Visuales*, Universitat Politècnica de València, Valencia: 610-614. Disponible en: https://riunet.upv.es/handle/10251/97828 (Consultado el 3 de mayo de 2024).

Ramón Fernández, F. (2016a): "Protección del patrimonio cultural inmaterial", *Revista General de Legislación y Jurisprudencia*, 4:639-670.

Ramón Fernández, F. (2016b): "La dinamización en el ámbito turístico mediante la puesta en valor de los Bienes de Interés Cultural Inmaterial», *Culturas. Revista de Gestión Cultural*, 3(1): 36-47. http://polipapers.upv.es/index.php/cs/article/view/4940/5835 (Consultado el 3 de mayo de 2024).

Ramón Fernández, F. (2020): "La gastronomía como elemento inmaterial en la declaración de bienes de interés cultural de la Comunitat Valenciana (España) y su influencia en el destino turístico", *Revista Turismo y Patrimonio*, 15: 161-179. Disponible en: http://ojs.revistaturismoypatrimonio.com/index.php/typ/article/view/230/183 (Consultado el 2 de mayo de 2024).

Ramón Fernández, F. (2023): "Turismo religioso como experiencia y sentimiento devoto: el caso de la peregrinación de Les Useres", *XXVI Congreso Internacional de Turismo Universidad-Empresa, La experiencia turística como clave de éxito,* Tirant lo Blanch, Valencia: 179-202.

Sánchez Montalbán, F. J. y Cañete Ruiz, A. (2011): "Paellas, raciones y bocadillos: identidad cultural e imagen de la comida en las fotografías indicativas de consumo social", *Contraluz: Revista de la Asociación Cultural Arturo Cerdá y Rico,* 8: 203-212. Disponible en: https://dialnet.unirioja.es/descarga/articulo/4097290.pdf (Consultado el 3 de mayo de 2024).

Referencias webs

Pa Beneït de Torremanzanas. Fuente: https://alicantesiempre.blogspot.com/2017/08/torremanzanas-2017-ritual-del-pa-beneit.html (Consultado el 4 de mayo de 2024).

Paella valenciana. Fuente: https://www.bonviveur.es/recetas/paella (Consultado el 4 de mayo de 2024).

Porrat de Sant Blai de Potries. Fuente: https://turisme.potries.org/es/cultura-festiva-es/porrat-de-sant-blai/#next (Consultado el 4 de mayo de 2024).

Torta de la Candelaria de Fuenterrobles. Fuente: https://www.territorio-bobal.es/fiestas-tradicionales-de-invierno/ (Consultado el 4 de mayo de 2024).

Referencias legislativas

- Ley 4/1998, de 11 de junio, del Patrimonio Cultural Valenciano (BOE núm. 174, de 22 de julio de 1998).
- Ley 7/2004, de 19 de octubre, de modificación de la Ley 4/1998, de 11 de junio, del Patrimonio Cultural Valenciano (BOE núm. 279, de 19 de noviembre de 2004).
- Ley 5/2007, de 9 de febrero, de modificación de la Ley 4/1998, de 11 de junio, del Patrimonio Cultural Valenciano (BOE núm. 71, de 23 de marzo de 2007).
- Decreto 40/2007, de 13 de abril, del Consell, por el que se declara El Camí dels Pelegrins de Les Useres como Monumento Natural (DOGV núm. 5492, de 18 de abril de 2007).
- Decreto 10/2012, de 5 de enero, del Consell, por el que se declara Bien de Interés Cultural Inmaterial la Fiesta de la Santantonada de Forcall (DOGV núm. 6688, de 10 de enero de 2012).
- Decreto 44/2012, de 9 de marzo, del Consell, por el que se declara Bien de Interés Cultural Inmaterial la Fiesta de las Fallas de Valencia (DOGV núm. 6732, de 12 de marzo de 2012).

- Decreto 153/2014, de 26 de septiembre, del Consell, por el que se declara Bien de Interés Cultural Inmaterial el ritual del Pa Beneït de Torremanzanas (DOGV núm. 7370, de 29 de septiembre de 2014).
- Decreto 222/2014, de 19 de diciembre, del Consell, por el que se declaran Bien de Interés Cultural Inmaterial Les Fogueres de Sant Joan de Alicante (DOGV núm. 7428, de 22 de diciembre de 2014).
- Ley 10/2015, de 26 de mayo, para la salvaguardia del Patrimonio Cultural Inmaterial (BOE núm. 126, de 27 de mayo de 2015).
- Decreto 53/2016, de 29 de abril, del Consell, por el que se declaran Bien de Interés Cultural Inmaterial las peregrinaciones de Les Useres y Culla al santuario de Sant Joan de Penyagolosa (DOGV núm. 7773, de 3 de mayo de 2016).
- Decreto 127/2016, de 7 de octubre, del Consell, por el que se declara Bien de Interés Cultural Inmaterial la procesión cívica del Nou d'Octubre en Valencia (DOGV núm. 7892, de 9 de octubre de 2016).
- Decreto 30/2017, de 3 de marzo, del Consell, por el que se declara bien de interés cultural inmaterial la Romería de les Canyes de Castelló (DOGV núm. 7997, de 10 de marzo de 2017).
- Ley 9/2017, de 7 de abril, de modificación de la Ley 4/1998, del patrimonio cultural valenciano (BOE núm. 112, de 11 de mayo de 2017).
- Ley 15/2018, de 7 de junio, de turismo, ocio y hospitalidad de la Comunitat Valenciana (BOE núm. 157,de 29 de junio de 2018).
- Decreto 120/2018, de 3 de agosto, del Consell, por el que se declara bien de interés cultural L'Escaldà, proceso de transformación de la uva moscatel en pasas (DOGV núm. 8371, de 29 de agosto de 2018).
- Decreto 193/2018, de 26 de octubre, del Consell, por el que se declara bien de interés cultural inmaterial la Feria de Todos los Santos de Cocentaina (DOGV núm. 8413, de 30 de octubre de 2018).
- Orden 4/2019, de 7 de febrero, de la Conselleria de Educación, Investigación, Cultura y Deporte, por la que se declaran bien de relevancia local inmaterial las Festes d'Arbret d'Altea: Arbret de Sant Joan, Arbret de Sant Roc i Arbret de Sant Lluís (DOGV núm. 8486, de 14 de febrero de 2019).
- Decreto 51/2019, de 29 de marzo, del Consell, por el que se declara bien de interés cultural con la categoría de bien inmaterial la fiesta de Moros y Cristianos de Alcoy (DOGV núm. 8526, de 10 de abril de 2019).
- La Orden 9/2020, de 12 de junio, de la Conselleria de Educación, Cultura y Deporte, por la que se declara bien de relevancia local inmaterial las Danzas del Rey Moro de Agost (DOGV núm. 8837, de 17 de junio de 2020).
- Decreto 176/2021, de 29 de octubre, del Consell, de declaración de bien de interés cultural, con categoría de bien inmaterial, de la paella valenciana, «el arte de unir y compartir» (BOE núm. 63, de 15 de marzo de 2022).

- Resolución de 1 de febrero de 2022, de la Conselleria de Educación, Cultura y Deporte, por la que se declara bien de relevancia local inmaterial la Tarde de Jotas, de Gátova (DOGV núm. 9283, de 22 de febrero de 2022).
- Resolución de 9 de febrero de 2022, de la Conselleria de Educación, Cultura y Deporte, por la que se declara bien de relevancia local inmaterial a la hoguera de la Virgen de Loreto de Venta del Moro (DOGV núm. 9285, de 24 de febrero de 2022).
- Resolución de 15 de junio de 2023, de la Conselleria de Educación, Cultura y Deporte, por la que se declara bien de relevancia local inmaterial, la torta de la Candelaria de Fuenterrobles (DOGV núm. 9633, de 6 de julio de 2023).
- Resolución de 21 de junio de 2023, de la Conselleria de Educación, Cultura y Deporte, por la que se declara bien de relevancia local inmaterial el Porrat de Sant Blai de Potries (DOGV núm. 9626, de 27 de junio de 2023).

EL TERRITORIO COMO RECURSO Y MATERIA PRIMA PARA EL TURISMO GASTRONÓMICO EN LA REGIÓN DE MURCIA

MERCEDES MILLÁN ESCRICHE
Universidad de Murcia

RESUMEN: En las últimas décadas las experiencias relacionadas con el Turismo Gastronómico han cobrado gran relevancia, tanto por la significación económica que representan, como por la idealización de algo tan básico para el ser humano como es su alimentación. En esta aportación se realiza una visión sintetizada de Turismo Gastronómico en la Región de Murcia y se cimenta en la vinculación existente entre las diversas características de su territorio y la oferta que generan. Para ello se utiliza un método de análisis cualitativo, descriptivo y exploratorio, pero sin renunciar al apoyo de los datos objetivos que se han estimado necesarios para avalar la investigación. Los resultados que se alcanzan avalan la interrelación territorio y oferta de cada producto turístico objeto de estudio.

Palabras clave: Turismo Gastronómico, territorio, Enoturismo, Oleoturismo, ...

ABSTRACT: In recent decades, experiences related to Gastronomic Tourism have gained great relevance, both for the economic significance they represent, and for the idealization of something as basic for human beings as their diet. In this contribution, a synthesized vision of Gastronomic Tourism in the Region of Murcia is made and is based on the existing link between the various characteristics of its territory and the offer they generate. To do this, a qualitative, descriptive and exploratory analysis method is used, but without renouncing the support of objective data that have been deemed necessary to support the research. The results achieved support the interrelationship of territory the offer of each tourist product under study.

Keywords: Gastronomic Tourism, territory, wine tourism, oil tourism, ...

1. INTRODUCCIÓN/JUSTIFICACIÓN

Según Hosteltur (2023), las actividades relacionadas con la enogastronomía favorecieron ingresos por un valor de 22.704 millones de euros en 2022 y, en 2023, los datos existentes corroboran el excelente comportamiento de la oferta de esta naturaleza que, para distintos autores, no se aleja de una actividad más dentro del Turismo Cultural, pero para otros tiene la suficiente entidad como para constituir la motivación principal de los desplazamientos de la demanda turística. Así, para Andersson et al., (2017) el Turismo Gastronómico está ocupando una importante posición por sí mismo y no solo a nivel local sino internacional a partir de festivales gastronómicos, mercados de agricultores y ferias. Por su parte, Morales y Fusté (2021) consideran que este producto turístico reúne las características de consumo cultural que requiere la demanda en sus experiencias en el destino turístico, desde su valoración a los recursos naturales, los productos, la propia sociedad y la cultura de forma diversa y sostenible.

Si nos ceñimos a la vinculación más estricta con la alimentación, Gándara et al., (2008) contemplan el Turismo Gastronómico como:

> una rama del turismo cultural en el cual el desplazamiento de visitantes se da por motivos vinculados a las prácticas gastronómicas de una determinada localidad. El turismo gastronómico puede ser gestionado a partir de atractivos como la cocina regional, los eventos gastronómicos y la oferta de establecimientos de alimentos y bebidas diferenciados, así como caminos, rutas y circuitos gastronómicos (p. 81).

Hernández y Dancausa (2018), aluden al origen del concepto de Turismo Gastronómico y, señalando a Díaz (2008) y Andreu y Verdú (2012), se coliga con el Enoturismo y el Oleoturismo, siendo la gastronomía en general una oportunidad para la diversificación turística.

La inquietud por avanzar en su estudio, desde diferentes perspectivas, ha derivado en que distintas administraciones, e incluso universidades, hayan hecho del mismo su motivo prioritario en la interpretación, selección y análisis, de las casuísticas, problemáticas y necesidades del Turismo Gastronómico. Como ejemplo, se puede citar el Observatorio de Turismo Gastronómico de Córdoba asociado al Sistema de Información Turística de Córdoba (SITCOR).

Sin duda, la alimentación es indispensable para la vida, pero si nos referimos a gastronomía, debemos entender que los alimentos adquieren un valor añadido porque significa "arte de preparar una buena comida". Y ese arte, esa dedicación y esas distintas formas de entender cómo preparar los alimentos en cada lugar, es lo que confiere a la gastronomía su carácter de patrimonio cultural inmaterial, puesto que existe un vínculo entre los modelos culinarios, el territorio que proporciona las materias primas y quienes en la actualidad hacen de ello un recurso de atracción turística que se completa cuando se hace turismo, actividad que, para Knafou y Stock (2003 p. 931) es: "un sistema de actores, de prácticas y de espacios que participan de la "recreación" de los individuos por el desplazamiento y el habitar temporal fuera de los lugares de lo cotidiano". Antón, Fernández y González (2007, p.132), sostienen que,

> "los espacios turísticos son lugares donde confluyen el desarrollo de productos destinados al ocio, la recreación y el tiempo libre, para visitantes no permanentes, con el consumo de dichos recursos —ya sean tangibles e intangibles— a través de la vivencia de experiencias que generan satisfacción".

Asimismo, estos autores argumentan que, de la combinación resultante entre la organización de los componentes del espacio (lugar, recursos, productos y agentes) y la gestión del espacio turístico, surge una mayor o menor calidad de la experiencia turística que es percibida y traducida simbólicamente por el turista.

Como dicen Jiménez, Rico y Moltó (2023), los recursos territoriales turísticos constituyen la materia prima de la actividad y tienen un protagonismo central en la configuración del producto y en la experiencia turística resultante, Y es que la gastronomía tiene, sin duda, una triple dimensión: biológica, psicológica y cultural, como argumenta Cruz (2002), que, por otro lado, identifica lo local, las particularidades de los lugares y de sus comunidades (Leal, Vázquez y Medina 2018). No obstante, la relación que aquí se establece con el territorio no se desprende de las identidades de cada uno de ellos. Desde tiempo atrás la llamada Geografía Cultural se reconoce como la forma de estudiar al espacio natural y social sin que sus componentes deban ser disociados, pero trata de dar mayor autentificación al hombre y a su relación cultural con la naturaleza, así como sus capacidades para cambiarla. Por lo que, puede afirmarse que la Geografía Cultural se interesa por las obras humanas que se inscriben en la superficie de la tierra e imprimen una expresión característica (Sauer, 1931) y la actividad turística no resulta ajena a esta concepción.

A nivel nacional, prácticamente resulta inabarcable referirse a las particularidades territoriales de Turismo Gastronómico, por lo que esta aportación se limita a la Región de Murcia y, en concreto, a municipios que se caracterizan por ofertas identificables con el territorio que las ha creado y que, como apuntan Lobato y Rosendahl (2003 y 2008) dan forma al espacio que ha sido modificado por la acción humana generación tras generación. Son así los lugares vitivinícolas más relevantes: Bullas, Jumilla y Yecla, la Huerta de Murcia y Los Alcázares que representa la vocación marina de otros municipios de la Región. Sin duda un enogastroturismo vinculado a la producción agrícola y también a la pesca más tradicional.

2. OBJETIVOS Y METODOLOGÍA

El objetivo principal es dar a conocer propuestas de Turismo Gastronómico de la Región de Murcia que están vinculadas a las características geográficas del territorio que las oferta.

Para alcanzarlo se establecen los siguientes objetivos específicos:

Oe1. Concretar los aspectos geográficos de los municipios seleccionados.

Oe2. Exponer las tipologías de Turismo Gastronómico elegidas y las particularidades del Enoturismo y el Oleoturismo.

El planteamiento metodológico adoptado tiene estrecha correspondencia con la perspectiva del llamado capital territorial, un enfoque que se acerca a la competitividad territorial y relaciona la actividad turística con el conjunto de componentes de un espacio (Millán, 2008). Se trata de un proyecto de territorio en el que instituciones y agentes locales se apoyan en él para imprimir dinamismo fomentando nuevas actividades y buscando nuevos éxitos.

De todo ello se desprende la necesidad de efectuar un reconocimiento de las particularidades de cada espacio seleccionado, desde una investigación de tipo cualitativo, exploratoria y descriptiva, así como con la concurrencia de aquellos datos oficiales necesarios para avalar de forma objetiva determinadas afirmaciones.

3. RESULTADOS

Aunque solamente se van a abordar las ofertas gastronómicas que mejor pueden identificar a los municipios ya mencionados, es preciso reafirmarse en lo antes citado porque la Región de Murcia tiene, desde la perspectiva turística que aquí nos ocupa, un proyecto de territorio en el que instituciones y actores locales aportan su saber hacer. De ahí que no pueda obviarse la importancia de las políticas y acciones realizadas a favor del Turismo Gastronómico y, sin entrar en toda la dimensión de estas, se realiza una aproximación sobre las que más se relacionan con el interés de esta investigación.

Desde la perspectiva enogastronómica[1], el Instituto de Turismo de la Región de Murcia (ITREM, en adelante), promociona este destino como

---

1 Para mayor información: https://www.turismoregiondemurcia.es/es/enogastronomia/

la Región de los 1.001 Sabores creando marca de territorio y dando a conocer la posibilidad de disfrutar de experiencias diversificadas reconocidas por su excelencia. Así puede reconocerse, tanto por la propia marca como por el sello gastroturístico de calidad 1.001, "que identifica y diferencia a todas aquellas empresas, entidades y eventos que, con su trabajo, pasión y experiencia, hacen de la gastronomía de la Región de Murcia una experiencia única e inimitable" (ITREM, 2024). Se trata de aplicar el espíritu cooperativo para unir y representar a la más alta calidad de la oferta turística y gastronómica de esta Región, lo que podemos vincular con lo indicado antes respecto a la trascendencia de abordar la planificación y gestión turística sin olvidar el capital territorial.

Figura 1: Marca y sello de calidad 1.001 sabores Región de Murcia

Fuente: Recuperado de: https://www.1001saboresrm.es/sabores/inicio
https://www.1001saboresrm.es/webs/mil/recursos/sello-compromiso.png

Cabe señalar que el mencionado sello se solicita de manera voluntaria y se otorga de forma rigurosa al cumplir con los requisitos y compromisos solicitados, pudiendo disfrutar al obtenerlo de los beneficios derivados de las acciones promocionales exclusivas para este distintivo. Por otro lado, el mismo ITREM facilita la localización de los recursos gastronómicos con mayor relevancia, tanto desde la perspectiva de su tipología, como por la protección de la que son poseedores (figura 2).

A la vista del interés que despiertan, tanto las actividades promovidas por la Comunidad Autónoma, como las implementadas por los propios destinos, casos como el de Cartagena consideran que debe ser una apuesta en la diversificación de su oferta turística. Buena prueba de ello es que el Ayuntamiento de esta ciudad va a elaborar una Estrategia de Competitividad de Turismo Gastronómico con el nombre de "Cartagena, Sabor Mediterráneo", para crear un producto turístico centrado en la cocina local que sitúe el municipio como un destino gastronómico de referencia, aprovechando sus productos naturales y elaborados, su tradición gastronómica y su sector hostelero (Ayuntamiento de Cartagena, 2 de junio de 2024)[2]. Se trata de uno de los proyectos del Plan Estratégico de Turismo, que el Ayuntamiento puede desarrollar gracias a haber logrado financiación de fondos destinados a fomentar la innovación y la competitividad turística y también debido a la colaboración estrecha con HOSTECAR.

Figura 2: Mapa interactivo de la oferta gastronómica regional.

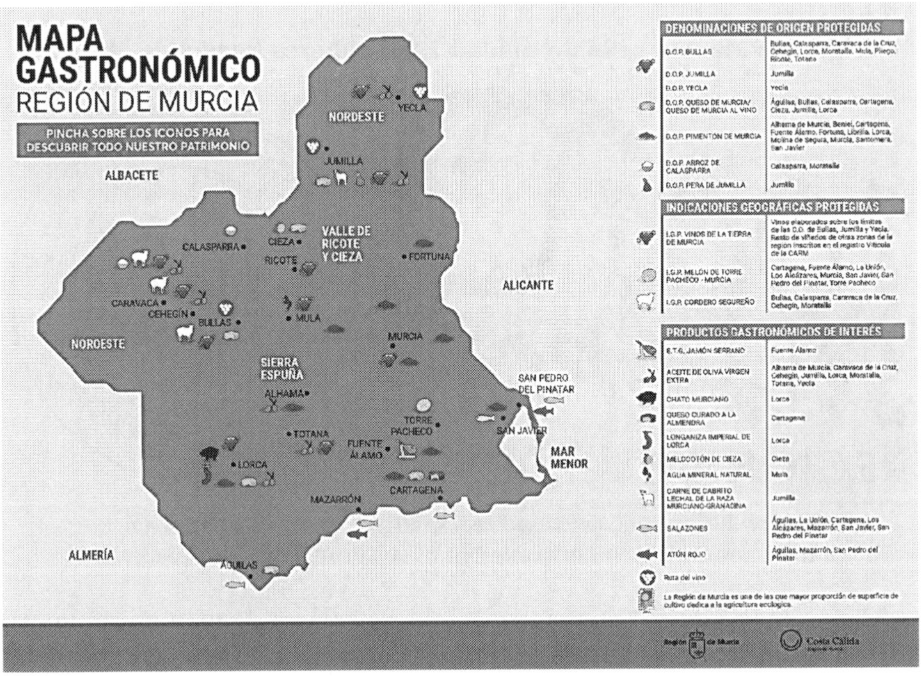

Fuente: CARM Recuperado de: https://www.1001saboresrm.es/sabores/mapa/

3.1. Incidencia de los rasgos físicos del territorio en el Turismo Gastronómico

Con el interés de alcanzar el objetivo específico 1, que busca concretar los aspectos geográficos de los municipios elegidos en este trabajo, pode-

2 https://www.cartagena.es/detalle_noticias.asp?id=78375&pagina=1&c=&t=&d=2024-03-18&h=

mos considerar que, sin duda, el devenir de los territorios está jugando en la actualidad un papel significativo porque ha dejado "huellas" susceptibles de aprovechamiento turístico.

Como dijo Dollfus (1999 p. 32),

> "No resulta difícil aceptar que vivimos de herencias y a costa de las herencias, porque el mundo actual es producto de una larga acumulación de lugares, de la sedimentación y la erosión de su historia; de lugares nacidos en circunstancias diferentes, y de acuerdo con lógicas territoriales y económicas muy distintas de las actuales".

En este sentido, el diálogo que se establece entre la actividad turística y los territorios raramente puede permanecer al margen de los factores que facilitan o dificultan su localización. Lo que para determinados productos turísticos puede resultar un auténtico hándicap, para otros se convierte en el aliciente fundamental de su razón de ser. De ahí que cuando se trata de Turismo Gastronómico y sus variantes, la capacidad de la tierra para favorecer los tipos de agricultura que son su materia prima es indisociable y la Región de Murcia no es una excepción, como puede comprobarse en la distribución geográfica de estos productos turísticos y si bien es cierto que los municipios seleccionados desde la perspectiva enoturística también presentan algunas diferencias entre ellos, desde el punto de vista orográfico, los tres que han alcanzado Denominaciones de Origen Protegidas para sus vinos se sitúan en la zona septentrional de la Región, en el dominio de las Cordilleras Béticas y, en concreto de la Unidad Morfoestructural del Prebético, que cuenta con notables diferencias por sectores (González, 1999).

Así, como se observa en la figura 3, en el sector del Noroeste se suceden distintas sierras (Taibilla, del Zacatín, la Muela, Algaidón, del Cerezo, Cabeza del Asno, del Molino, de los Álamos...), que dejan depresiones que descienden hacia el Segura al estar drenadas por afluentes de los ríos Moratalla y Argos. El sector Noreste, con los municipios de Jumilla y Yecla, lo caracterizan numerosas crestas representadas por las sierras de las Cabras, Cingla, Magdalena, del Buey, Santa Ana, del Serral, Salinas y del Carche (1.372 m.) y, entre estas elevaciones montañosas, las depresiones están drenadas por las ramblas del Moro-La Raja y del Judío, que son los cursos de agua principales de este espacio. Gil y Gómez (2009), respecto a las sierras de las Salinas y del Carche, estiman que constituyen paisajes singulares en el conocido como Altiplano murciano, tanto por su elevación relativa respecto a los llanos y corredores que las rodean como, sobre todo, por su masividad.

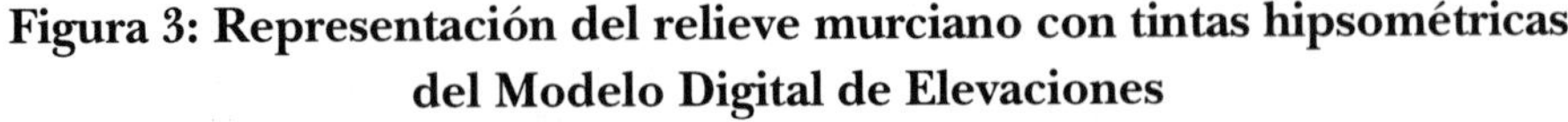

Figura 3: Representación del relieve murciano con tintas hipsométricas del Modelo Digital de Elevaciones

Fuente: Murcia enclave ambiental

En conjunto, en este dominio Prebético se pueden encontrar las principales altitudes regionales, ya sea en su sector noroccidental, como en el noreste donde se localizan Jumilla y Yecla. Estas condiciones del relieve, como señalan Baraja, Herrero, Martínez y Plaza (2019), no son precisamente aliados perfectos para todas las agriculturas, ya que son entornos en los que la propia accesibilidad y la mecanización en este mosaico construido a base de retener la tierra mediante muros de piedra (terrazas o bancales) hacen particularmente duras las condiciones del laboreo. De igual modo que existe una dependencia de los tipos de suelos porque también influyen en la agricultura y en el resultado de las producciones. En definitiva, tanto los aspectos relacionados con el tipo de relieve, su orientación, altitud, etc., como por los elementos y factores del clima que afectan a cada territorio, deben considerarse en los análisis de planificación turística.

Figura 4: Representación de valores climáticos de la Región de Murcia

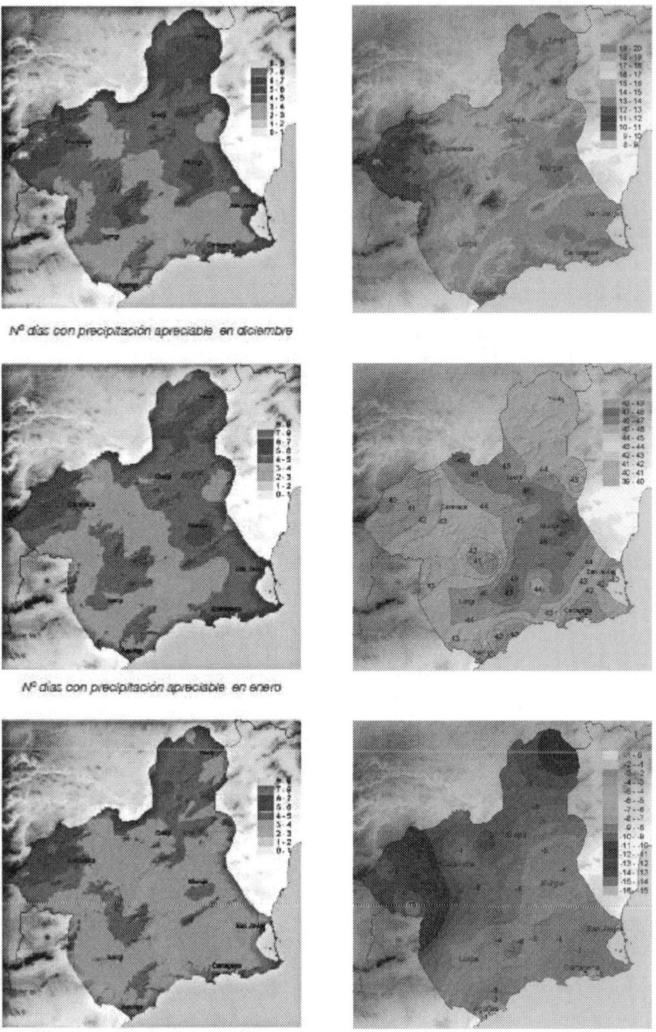

Fuente: Adaptación propia a partir del Atlas climático de la Región de Murcia. AEMET. Nota: izquierda de la tabla Mapas de precipitaciones en invierno, arriba Temperatura media anual (ºC), centro Temperatura máxima absoluta anual, inferior Temperatura mínima absoluta anual.

Sin pretender ser exhaustivos, en cuanto a describir las condiciones climáticas de la Región de Murcia, se estima que tiene precipitaciones medias que no superan los 300 mm. anuales, pero estos valores no son representativos, en absoluto, de toda la realidad de su territorio y por eso mismo es muy importante conocer que los valores máximos y mínimos se distribuyen de forma muy diferente según la localización que se analice y, sobre todo, que se registran de forma irregular, con intensidades horarias muy fuertes y concentradas en pocos días del año, lo que favorece crecidas e inundaciones origen, en ocasiones, de graves consecuencias (Millán, 1999 y 2021). Así mismo, las temperaturas medias enmascaran realidades que son relevantes para actividades económicas como la agricultura y también para el turismo, puesto que se alcanzan temperaturas por debajo de los 0º en áreas de montaña y llegan a máximas absolutas por encima de los 40º, AEMET (2014).

Como es lógico, los condicionantes físicos del territorio repercuten en las potencialidades para su uso agrícola e incluso, allí donde puede desarrollarse, si nos referimos al cultivo de la vid, tendrá unas características distintas en función de la altitud, si son tierras en la umbría o la solana, si cuentan con más o menos agua, etc. Por eso mismo, ni la cantidad de uva, ni los caldos resultantes son ajenos a estas particularidades territoriales.

En la Región de Murcia, la continentalidad aumenta conforme nos adentramos desde la costa hacia el interior y se asciende en altitud, aunque debido a la latitud en la que se encuentra este espacio no se alcanza la rigurosidad climática de otras elevaciones peninsulares. Por otro lado, se observa un progresivo aumento de la aridez desde el interior hacia el litoral y en cuencas como la de Abanilla-Fortuna, por ejemplo. Por todo ello, parece oportuno saber cómo se caracterizan las zonas de cultivo y su relación con los aspectos geográficos tomando el caso de la Denominación de Origen Bullas (figura 5).

Figura 5. La Denominación de Origen Bullas y sus características geográficas

La D. O. Bullas se divide en tres subzonas geográficas:

- **Occidental y noroccidental**, incluye el 52% de los viñedos de la denominación y es la zona por excelencia de la D.O. Bullas. Se sitúa entre altitudes que oscilan entre los 500 y los 810 metros sobre el nivel del mar a los pies de las sierras. Incluye municipios de Bullas y Cehegín, parte de los términos municipales de Caravaca, Moratalla y pedanías altas de Lorca. Los vinos de esta subzona son considerados como los mejores de la denominación. La producción media es de 45 Hl. por hectárea.
- **Central**, con el 40% de los viñedos de la denominación y se sitúan en altitudes de entre 500 y 600 metros. Se dividen entre tres municipios (Mula, Bullas y Cehegín). La producción varía entre los 13 y los 25 Hl. por hectárea.
- **Norte-Noroeste**, los viñedos se encuentran entre 400 y 500 metros de altitud y representan sólo el 8% del área de cultivo de la denominación. Comprenden los términos de Calasparra, Ricote, Bullas y Mula. La producción media es de 5-13 Hl. por Hectárea.

Fuente: Elaboración propia

3.2. Productos y experiencias de Turismo Gastronómico en la Región de Murcia

Alcanzar el objetivo específico 2, que se ha propuesto, obliga a realizar una reflexión respecto a qué nos referiremos en este punto y parece oportuno recordar que Gándara et al., (2008) entienden que el Turismo Gastronómico puede ser gestionado a partir de atractivos de cada cocina regional, así como de los eventos gastronómicos, caminos, rutas y circuitos gastronómicos. Además, encontramos mayor vinculación con el interés de esta aportación si se comprueba que la Comunidad Autónoma de la Región de Murcia, en el IV Estudio de la Demanda de Turismo Gastronómico (ITREM, 2022), incluye los elementos que se han seleccionado en este trabajo. Entre ellos el Enoturismo, que resulta una de las tipologías que diferentes autores amparan bajo el Turismo Cultural, pero que puede tener entidad propia cuando se concibe como: "el desarrollo de las actividades turísticas y de ocio y tiempo libre dedicadas al descubrimiento y disfrute cultural y enológico de la viña, el vino y su territorio" VINTUR (s. f. p.3). Además, puede advertirse que contribuye al desarrollo local de zonas desfavorecidas por su índice de ruralidad, motivo por el que, desde la Unión Europea, se han ido realizando acciones a favor de que los espacios rurales de esa naturaleza tengan alternativas de desarrollo mediante la diversificación de sus funcionalidades (Millán, 2012).

Figura 6. Productos y experiencias de Turismo Gastronómico más atractivas para los visitantes de la Región de Murcia

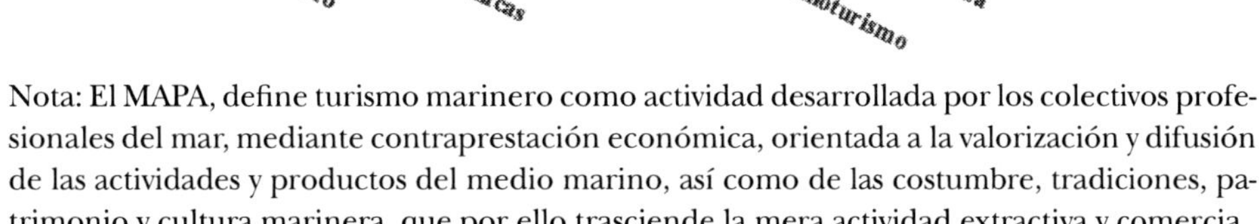

Nota: El MAPA, define turismo marinero como actividad desarrollada por los colectivos profesionales del mar, mediante contraprestación económica, orientada a la valorización y difusión de las actividades y productos del medio marino, así como de las costumbre, tradiciones, patrimonio y cultura marinera, que por ello trasciende la mera actividad extractiva y comercia.

Fuente: Elaboración propia con datos de https://www.carm.es/web/pagina?IDCONTENIDO=72116&IDTIPO=100&RASTRO=c1335$m13833,11330.

Figura 7. Zonas productoras de vino en la Región de Murcia y Denominaciones de Origen.

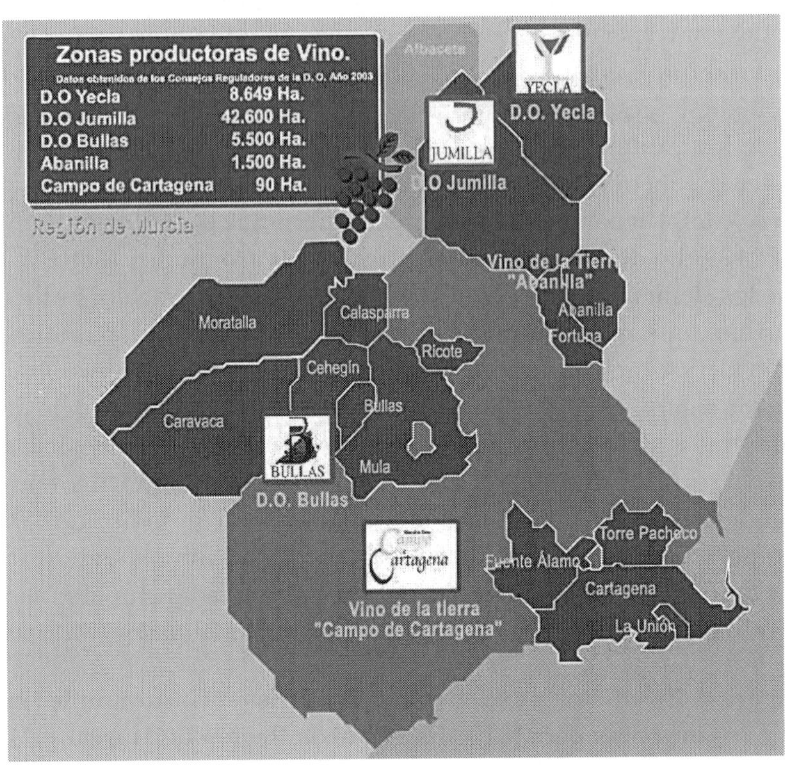

Fuente: https://www.regmurcia.com/servlet/integra.servlets.Imagenes?METHOD=VERIMAGEN_28286&nombre=Vino_-_Mapa_de_zonas_productoras_de_Vino_res_720.jpg

En la Región de Murcia, además de otros espacios con Vinos de la Tierra, las Denominaciones de Origen existentes (figura 7) han dado lugar a una cultura enogastronómica que se concreta en rutas, ferias y numerosas actividades heterogéneas con la vitivinicultura con elemento primordial. Una a una de esas Denominaciones de Origen, que vienen gestionando otras tantas Rutas del Vino certificadas por la asociación española de ciudades del vino (ACEVIN) y están adheridas a las existentes a nivel nacional y europeo, cuentan ya con la tradición suficiente como para considerarse elementos de atracción turística. Además, se han promocionado también como destino conjunto y se realizan recorridos visitando sus diferentes recursos con el llamado Bus del Vino.

3.2.1. Bullas

El mapa de localización de las Denominaciones de Origen de España (figura 8) destaca la de Bullas, a la que ya se ha aludido anteriormente desde la perspectiva geográfica, pero hay que resaltar que la vocación agrícola, y la vitivinícola en particular, son rasgos consustanciales en este territorio.

Figura 8. España. Mapa de las Denominaciones de Origen Protegidas

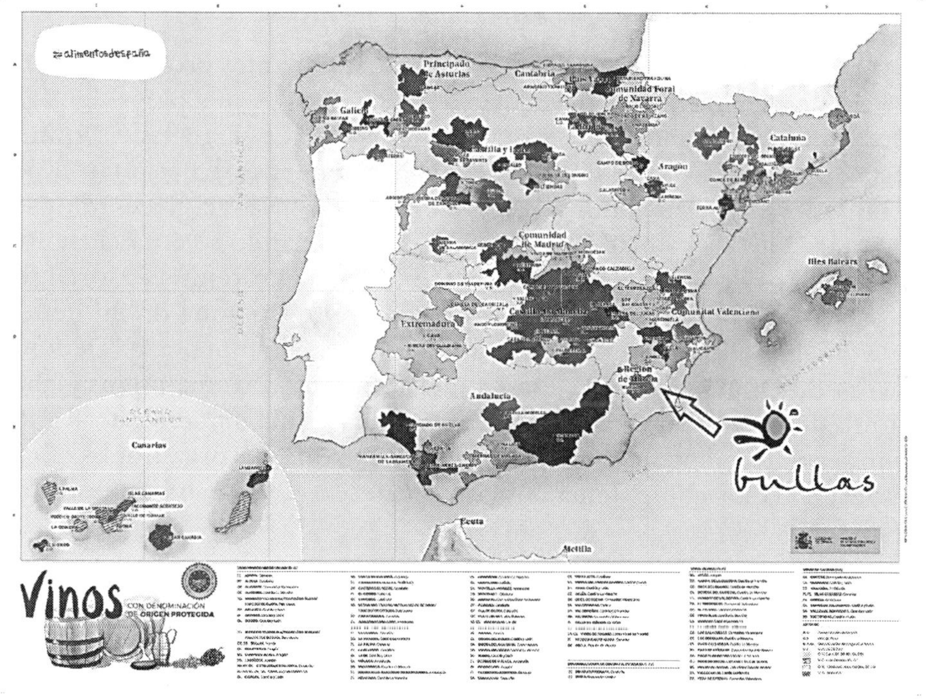

Fuente: https://pbs.twimg.com/media/EmYEsoQXYAA2O69?format=jpg&name=4096x4096

No se trata solamente de una actualidad que deja muy bien representados sus vinos en certámenes de distintas categorías, por ejemplo, en 2023 la cooperativa del Rosario ganó doble oro en el Certamen Internacional Sakura Japan Women's Wine Awards[3], sino que la esencia de este tipo de agricultura es heredera de la existencia de villas agropecuarias de época

3 https://murcianoticias.es/actualidad/la-cooperativa-rosario-de-bullas-gana-doble-oro-en-el-certamen-internacional-sakura-japan-womens-wine-awards/

romana como Fuente Mula, Fuenblanquilla, La Loma y Los Cantos, sin duda testigos de una tradición que constituye el patrimonio cultural de este enclave geográfico.

Se considera que Los Cantos tiene mayor interés por haberse hallado una pieza arqueológica de excelente factura, que en principio se creía que era una estatua infantil de Baco, pero que es una representación del otoño mediterráneo que actualmente se halla en el Museo Arqueológico Nacional de Madrid. Lo importante es que incluso ha sido un espacio utilizado como asentamiento humano desde la Prehistoria, como lo atestiguan los descubrimientos arqueológicos del Cabezo de Oro.

A partir del siglo XIII, Bullas y las tierras colindantes prosperaron gracias a la agricultura y en particular a sus viñedos. A mediados del siglo XX, el municipio comenzó a proporcionar vino para el mercado a granel, hasta que, a finales de la década de 1980, las bodegas se decantaron por la innovación y se iniciaron inversiones en la tecnología necesaria para elaborar vinos de calidad. Fue en el año 1988 cuando se creó el Centro Gestor Vinos de la Tierra de Bullas, fruto del acuerdo intersectorial del sector vitivinícola de la Comarca que comprende la zona de influencia del vino de Bullas, con el fin de sentar las bases para optar a la "Denominación de Origen Bullas". Desde aquella fecha, y tras una intensa labor en pro de un acuerdo intersectorial, se optó de una manera oficial y definitiva a la Denominación de Origen, acudiendo a los organismos oficiales relacionados con el tema, ante los cuales se realizaron las oportunas gestiones.

La consecución de la Denominación de Origen, que abarcaría los municipios de Bullas, Mula, Ricote, Cehegín, Lorca, Caravaca, Moratalla y Calasparra, supondría un reconocimiento a nivel regional, nacional e incluso internacional, a la vez que conllevaría a una indudable ventaja para los productores e industriales del sector, toda vez que se favorecían con ello sus posibilidades de comercialización, abriéndoles mercados hasta el momento inaccesibles por la carencia de Denominación de Origen, que fue concedida en el año 1994 y cuenta con un Reglamento desde 2006 (CARM, 2006)

3.2.2. Jumilla

La Denominación de Origen Jumilla también puede encontrar reminiscencias romanas en cuanto al cultivo de la vid, aunque en excavaciones arqueológicas, se han encontrado restos de vides cultivadas de hace 5.000 años. Cebrián y Rocamora (2017), dicen que, desde la perspectiva histórica, las primeras noticias que se refieren en concreto a este cultivo datan del siglo XVI, en los que los acuerdos del Consejo de Jumilla mencionan una pequeña área de viñas de regadío que se extendía por la periferia de la entonces villa, pero que era insuficiente para el consumo local.

Durante el siglo XVII el cultivo de la vid fue aumentado progresivamente y en el Catastro del Marqués de la Ensenada figuran un total de 335 Ha. cultivadas de las cuales 166 Ha. correspondían a regadío y el resto 169 Ha. a secano, estas vides se localizaban en la proximidad del núcleo urbano en los parajes del «El Prado» y «Los Viñazos».

A mediados del siglo XIX, cuando la plaga de filoxera castiga a amplios territorios europeos y en Jumilla despega la economía vitivinícola, aumentando la plantación de vid y las exportaciones. A principios del siglo XX, nace la Estación Enológica de Jumilla (1910), con la intención de asesorar en las técnicas de cultivo del viñedo, en la elaboración de vinos y realizar investigaciones para la mejora de las vides y es en esa época cuando se encuentran referencias a la variedad Monastrell que puede considerarse la estrella de este territorio.

La historia reciente considera que es la segunda mitad del siglo XX la que supone una auténtica revolución del sector vinícola de este municipio, aunque en un principio eran los vinos a granel los más conocidos, pero en ese tiempo se instalan las primeras plantas embotelladoras automatizadas y se cuenta con una importante comercialización. En 1966 se crea el Consejo Regulador de la Denominación de Origen de los Vinos de Jumilla y el avance en las últimas décadas ha sido realmente extraordinario.

Desde la perspectiva enoturística, ya cuenta con experiencia porque desde agosto de 2005 pertenece al club de producto "Rutas del Vino de España", lo que le da una garantía e imagen de calidad, respaldada por la Secretaría General de Turismo (TURESPAÑA), el Ministerio de Agricultura y ACEVIN (Asociación Española de Ciudades del Vino).

Esta tierra, como su vecina Yecla, sigue mostrando un paisaje de trilogía mediterránea en la que los cultivos de secano son los predominantes, mientras que apenas son testimoniales, y por ello se han separado de la figura 9, los huertos para consumo propio, que están representados por 57 explotaciones y 1,5 Ha., mientras que, en invernadero o abrigo alto accesible, existen 4 explotaciones con 12,9 Ha.

Figura 9: Explotaciones con SAU y superficie agrícola utilizada (SAU) según tipo de cultivo. Jumilla. Censo Agrario 2020

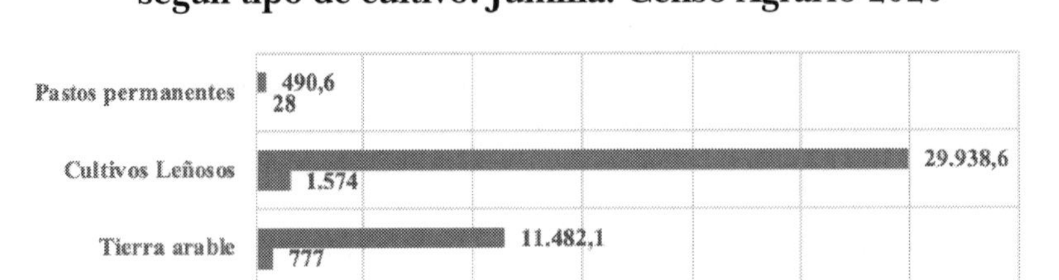

Fuente: Centro Regional de Estadística de Murcia a partir de INE. Censo Agrario 2020. Fecha de actualización: 28/03/2023.

Con estos tipos de aprovechamientos de la tierra, no es difícil relacionarlos con la existencia de una ganadería de ovino y caprino. Así, como se comprueba en fuentes oficiales, en Jumilla existen 77 explotaciones y 31.467 cabezas de estos tipos de ganado (Censo Agrario 2020) y su importancia, si se considera el más heterogéneo Turismo Gastronómico, radica en que este municipio cuenta con un producto estrella que también ha sido reconocido como Denominación de Origen Protegida (figura 10), se trata del queso al vino de Jumilla, o su variante con pimentón.

Este queso al vino tiene excelente maridaje precisamente con los caldos del lugar y, por lo tanto, la relación que se establece, desde el enfoque geográfico de esta aportación, es que las tierras jumillanas son un buen espacio para la cría de la raza Murciano-Granadina, una raza que procede la *Capra aegagrus*, cuya forma secundaria, la cabra Pirenaica se ha asentado, sobre todo en las provincias que han sido la cuna de la raza: Murcia y Granada (Ministerio de Agricultura, Pesca y Alimentación, s.f.). No fue hasta finales de los ochenta, cuando realmente empezó esta fusión entre la leche y el vino que tan buenos resultados ha dado.

Por otro lado, para la demanda turística es importante destacar que pueden encontrar una oferta gastronómica muy variada. En algunos casos esta resulta contundente como se corresponde a tierras de interior y más frías en invierno. Son típicos el queso frito con tomate, arroz y conejo con caracoles, cabrito frito con ajos, etc; el gazpacho jumillano, muy similar al que hacen en Yecla, que tiene atribuido un origen judío y se cocina con trozos de torta de harina de trigo sin fermentar que incluye variedad de carne de caza, liebre, perdiz, conejo, etc. y caracoles serranos.

Figura 10. España. Mapa de las Denominaciones de Origen Protegidas e Indicación Geográfica Protegida. Quesos y mantequillas

Fuente: https://qdequesos.com/wp-content/uploads/2017/07/Mapa-de-Quesos-y-Mantequillas-con-DO.png

Figura 11: Dulces tradicionales de Jumilla

Fuente: https://jumillaturismo.es/gastronomia-jumillana/

Además, si se trata de tomar un postre, también se puede recurrir a peras que tienen acreditada la Denominación de Origen Protegida Pera de Jumilla en la variedad Ercolini, esto sin olvidar los dulces (figura 11) que cumplen con la tradición artesanal de su elaboración a partir de contar con los ingredientes básicos propios de las formas de vida en esos espacios rurales. Harina, aceite, huevos y azúcar, casi siempre son los elementos fundamentales. Son famosos los sequillos, las pirusas, los rollos de vino, los escaldados, etc. Por ejemplo, los sequillos, como reflejan en su nombre, son dulces secos, alargados o en forma de rosquilla, que se elaboran con una fina pasta de harina, huevos y aceite, y que se decora por encima con un merengue de azúcar de baño y claras de huevo. Todos ellos en buena armonía con los vinos del lugar.

3.2.3. Yecla

Este municipio ocupa el sector más nororiental de la Región de Murcia y comparte rasgos físicos con espacios de la Comunidad Valenciana y de los de Castilla La Mancha, ya que colinda con las provincias de Albacete, al noroeste, y Alicante, al este, respectivamente (Plan General Municipal de Ordenación de Yecla, 2016).

Respecto a su tradición en el cultivo de la vid, tomando la información de las Bodegas La Purísima[4], se comprueba que aluden a que se desarrolla en un contexto geográfico con un relieve singular por sus suelos de roca caliza caracterizada por su gran permeabilidad y situados a una altitud entre los 600 y 850 metros y dice Palao (2005) que, si nos remontamos a su origen, la historia cuenta que su nacimiento procede directamente de los fenicios (2.500 años a.C.), existiendo, por otra parte, restos de una bodega del siglo I, en el paraje de la Fuente del Pinar, que testimonian la importancia que tuvo esta producción durante la ocupación romana. No obstante, en la Edad Media el cultivo de la vid y la obtención del vino pudo decaer dada la prohibición de la religión islámica acerca del consumo de bebidas alcohólicas, pero otras fuentes señalan que los árabes aportaron sus conocimientos sobre la agricultura y el regadío utilizando los frutos de las cepas para su consumo y para elaborar mosto sin fermentar. De lo que no hay duda es sobre que, a partir de la reconquista cristiana se incrementó el cultivo de la vid, tanto al amparo de la tradición que se conoce en la religión cristiana de la utilización de vino para realizar la Santa Misa, como por la

4 https://www.bodegaslapurisima.com/la-tradicion-del-cultivo-del-vino-en-yecla/

nueva situación de sus pobladores. Aunque no se tienen datos concretos, se conoce que desde finales del siglo XV existían amplias extensiones de viñedos y parrales. Además, en Yecla se instalaron órdenes religiosas y ya en el siglo XVI los Padres Franciscanos elaboraban sus vinos.

Sin renunciar a otras variedades, también aquí es el "reino de la Monastrell", porque se acopla a la perfección a los escarpados y pobres suelos compuestos, principalmente, por la presencia de rocas calizas y tierras áridas de carácter arcilloso. Suelos en los que también dominan los cultivos leñosos con 1.076 explotaciones y 14.210,1 Ha. (INE, 2023). De ello el 61,3% se produce en secano y el 58,6% en regadío. Por eso, además de la vid, el olivo es otro elemento identificador del paisaje agrario de Yecla. Cuenta con gran tradición, sobre todo en secano, y según COAG.IR (s.f.), se caracteriza por una producción muy variable prototipo de vecería y por su adaptación a la escasez de precipitaciones como nota predominante de su localización.

Lo cierto es que también aquí se puede destacar un saber hacer local para conseguir que el Oleoturismo tenga cabida en Yecla. Fundamentalmente tiene su origen en producciones ecológicas que ya cuentan con reconocimientos importantes, como en el caso de la almazara D'Ortegas que está incluida en la Ruta del Vino de Yecla y favorece el conocimiento didáctico del proceso de elaboración del aceite, desde el olivo hasta el producto final, mediante cursos de iniciación a la cata de aceite en los que se tratan sus aspectos nutricionales, los beneficios para la salud, calidades, aplicaciones culinarias y su correcta utilización.

Tabla 1: Reconocimientos para el aceite de la almazara D'Ortegas

Año	Premio
2024	Gold Medal Biol International Prize, Hojiblanca De Ortegas.
2024	Silver Medal Los Angeles Olive Oil Competition 2024, Hojiblanca Deortegas.
2024	Gold Medal Packaing Los Angeles Olive Oil Competition Hojiblanca Deortegas.
2024	Deortegas Hojiblanca Olive Oil Award of The Professional Visitors Biofach
2023	98/100 Deortegas Hojiblanca Guía Flos Olei.
2022	Deortegas Picual Medalla De Oro ECOTRAMA 2022.
2022	Deortegas Picual Top 10 AOVES Más Saludables Del Mundo World Best Healthy Evoo.
2022	Deortegas Picual Medalla Extra-Gold Biol.
2022	Deortegas Hojiblanca Medalla De Oro Dubai Olive Oil Competition.
2022	98/100 Deortegas Hojiblanca Guia Flos Olei.

Año	Premio
2021	Deortegas Frantoio Primer Premio Categoría De Ligeros Premio Internacional Expoliva 2021.
2021	Deortegas Picual Mejor Aceite Oliva Virgen Extra Pequeños Productores ECO-TRAMA 2021.
2021	Deortegas Frantoio Evooleum Top 100 Awards.
2021	Deortegas Frantoio The Best Of Spain Japan Olive Oil Prize.
2021	Deortegas Frantoio The Best Organic Japan Olive Oil Prize.
2021	Deortegas Picual Top 10 AOVES Más Saludables Del Mundo World Best Healthy Evoo.
2021	Deortegas Picual Premio Gourmet Bronce Les Huiles Du Monde.
2021	Deortegas Cornicabra 98/100 Puntos En La Guía Internacional Flos Olei.
2020	Deortegas Hojiblanca 2 Estrellas En El Great Taste UK.
2020	Deortegas Cornicabra Prestigio De Oro Terraolivo Jesuralem.
2020	Deortegas Cornicabra Premio Oro Japan Olive Oil Prize.
2020	Deortegas Cornicabra Medalla De Plata Biol.
2020	Deortegas Cornicabra 91 Puntos IBER OLEUM.
2020	Deortegas Cornicabra Medalla De Oro Monocultivar Olive Oil Expo Bio.
2020	Deortegas Hojiblanca 98/100 Puntos En La Guía Internacional Flos Olei.
2019	Deortegas Arbequina Medalla De Oro En Singapur Competition.
2019	Deortegas Picual Medalla De Plata World Best Healthy EVOO.

Fuente: https://es.deortegas.com/pages/premios

En el origen de esta empresa se encuentra Rafaela Ortega, quien en 2009 creó una almazara con una producción totalmente ecológica y, gracias a la calidad que distingue sus aceites, ha ido cosechando numerosos premios y se han expandido por Alemania, Holanda, Francia, Dinamarca, Finlandia, Austria, Corea, Taiwán y, actualmente se están introduciendo en el Reino Unido. Por citar algunos premios conseguidos, la edición del World Best Healthy Evoo Contest 2016-2017 seleccionó el aceite D'Ortegas Cornicabra entre los diez finalistas, en competencia con aceites procedentes de Grecia, Chile, Estados Unidos, Australia y otros puntos de España, también obtuvo medalla de oro en el certamen Monocultivar Olive Oil Expo Bio 2017 de Italia y los que se presentan en la tabla 1. Este caso hace visible la importancia de la innovación llevada al mundo del aceite que, como puede desprenderse, es un gran incentivo para el desarrollo del Oleoturismo.

Desde la perspectiva del Turismo Gastronómico, este municipio cuenta con una variada y rica gastronomía que, precisamente por las influencias de sus vecinos de otras comunidades autónomas, resulta una mezcla de gastronomía murciana, manchega y valenciana. Destacando el gazpacho yeclano, las pelotas de relleno, las tortas fritas, las gachasmigas, el queso frito con tomate o las empanadas de patatas. Mientras que en su repostería son típicos, entre otros, los Panes Benditos de San Blas o los Libricos[5].

Con relación al queso frito con tomate, cabe recordar que en Yecla también es dominante la ganadería ovina-caprina y, por lo tanto, comparte en buena medida con Jumilla la utilización de esta para la base de la alimentación tradicional, tan valiosa para buena parte de la demanda del Turismo Gastronómico que, sin renunciar a la innovación de la nueva cocina, busca la esencia de una materia prima de calidad y producciones locales.

3.2.4. Murcia

La capital regional se trae aquí por ser más reconocida, pero no porque en todo su entorno, identificado como la Huerta de Murcia, no sea posible disfrutar de las particularidades de una gastronomía basada en productos de proximidad como frutas, verduras y hortalizas de gran calidad.

Figura 12. Entorno de la capital regional: Murcia

Fuente: https://www.turismodemurcia.es/blog/wp-content/uploads/2022/02/01-De-los-origenes-de-la-huerta-a-la-ciudad-de-murcia.jpg

5 https://turismo.yecla.es/portfolio/platos-tipicos/

Denominada la Huerta de los 1.001 sabores, lo que tiene gran acogida por los visitantes, junto a las frutas y verduras, es la carne de cerdo y la de cordero que se identifican con dos razas autóctonas, la de cerdo conocida como "chato murciano" y la de cordero denominada "cordero segureño". Esto unido a la gran variedad de embutidos y a algo que ha adquirido gran fama, tanto entre los autóctonos, como para los visitantes de Murcia. Se trata de la llamada "marinera" que se toma, fundamentalmente, en la Plaza de las Flores de la ciudad, tal y como se publica en buena parte de la prensa nacional y en los operadores turísticos. Como indica la concejalía de Turismo del Ayuntamiento de Murcia (s. f.),

> "en torno a la Plaza de las Flores se prodigan bares que rinden culto a la marinera. Referencia histórica de la ciudad es el Gran Bar Rhin, con dos ventanales que se asoman a la Plaza de San Pedro. Lugar de culto a la marinera".

Si bien el nombre "marinera" puede conducir a equívoco, puesto que Murcia no está en la costa, lo cierto es que esta tapa es una rosquilla crujiente que constituye la base para la ensaladilla (similar a la conocida como rusa) y la misma queda coronada por una anchoa. Si la anchoa se sustituye por un boquerón, se considera marinero y si se cubre con boquerón y anchoa se llama matrimonio. No obstante, hay otros platos que definen muy bien la gastronomía murciana y que tienen mayor vinculación con el tipo de espacio geográfico en el que se localiza. Se trata del zarangollo, los michirones y los paparajotes.

Sin realizar una descripción exhaustiva de sus ingredientes y de las recetas que los materializan, estos platos y el postre mencionado son esencia propia de la Huerta de Murcia. La base del zarangollo es calabacín, cebolla, berenjenas, patatas, hierbas aromáticas, aceite y huevo, aunque siendo un plato muy familiar se pueden encontrar variaciones al gusto. Por su parte, los michirones son habas secas de gran tamaño y, por lo general, de piel gruesa. En la olla se cuecen con trozos de chorizo, panceta, jamón y su hueso y tocino magro, todo ello de cerdo. El guiso se adereza con ajo, laurel, sal, pimienta y guindilla.

Por su parte, ya como postre, los paparajotes saben a Huerta de Murcia, a limones recién cogidos del árbol y es así porque se elaboran con hojas de limonero que se rebozan en una mezcla a base de harina, huevo, leche y ralladura de piel de limón. Todo ello se fríe en aceite de oliva bien caliente y luego se espolvorea con azúcar y canela. Para los neófitos en su degustación, siempre se advierte que la hoja del limonero no se come, aunque el sentido del humor soslaya, en ocasiones, esta salvedad.

No dejamos de mencionar la ensalada murcian, el pastel de carne, los arroces, todas las verduras a la plancha y el pan de Calatrava, como claro ejemplo de cocina de aprovechamiento. Todos estos 1.001 sabores conforman el patrimonio cultural gastronómico de esta tierra.

3.2.5. Los Alcázares

Por su estrecha relación con el producto Sol y Playa, quizá no sea un municipio en el que se centre la atención sobre su gastronomía. Sin embargo, tanto por su localización junto al Mar Menor, como por las actividades económicas tradicionales y actuales que integran su multifuncionalidad, merece ser objeto de atención.

Localizado en la comarca del Campo de Cartagena-Mar Menor, Los Alcázares ocupa el centro de esta, cuya fisionomía se corresponde con una llanura sedimentaria, con un conjunto de afloraciones volcánicas que conforman islas y elevaciones, y una laguna costera, el Mar Menor, que se extiende desde Cabo de Palos hasta el límite con la provincia de Alicante.

La localidad tiene gran tradición balnearia, gracias a la calidez y composición de sus aguas y, por otro lado, actividades culturales merced a la utilización del espacio por parte de culturas milenarias cuyos restos arqueológicos pueden visitarse en las correspondientes rutas culturales. Otra particularidad, quizá menos esperada, es su vinculación con tierras adentro como la Huerta de Murcia y se manifiesta por la costumbre de huertanos y otras gentes de esta Región de desplazarse para reposar y librarse de los estíos tan rigurosos del interior de esta. Nuestros antepasados lo hacían en carretas u otros medios disponibles para realizar el recorrido desde el interior hasta Los Alcázares, un camino que, en la actualidad y por autovía, supone 52 Km. hasta la capital regional (Instituto Geográfico Nacional, s.f.). Se trataba de pasar unos días, hasta ocho o diez, de asueto y reparador descanso con el equipamiento menos sofisticado que se pudiera pensar. Según Zapata (2019), al principio se cobijaban en sus propias "construcciones" con sábanas y cualquier ramaje que las sustentase, todo a modo de una acampada libre. El mismo autor cita a Raimundo de los Reyes quien describe la situación como sigue:

Donde acampan no es en el mismo pueblo, sino junto a él, en la ancha y dilatada costa, donde los miles de huertanos que a ella acuden levantan lo que pudiéramos llamar otro pueblo, hecho todo él de barracas, construidas de manera rudimentaria, en ocasiones utilizando como cuerpo principal el mismo carro en que llegaron; otras valiéndose de un bastidor de gruesos leños cubierto con mantas, esteras o jarapas...". Zapata (2019 p. 1397).

Con los cambios correspondientes, dadas las mejoras alcanzadas para nuestra sociedad, se mantiene la esencia de esta hermandad entre la huerta y el mar y el resultado es que el Turismo Gastronómico de Los Alcázares está impregnado de sabores fruto de la agricultura, incluida sin duda la que se desarrolla en el entorno más productivo de la Región, como es el Campo de Cartagena. Todo ello permite disfrutar de guisos y ensaladas bien diversas y, a la vez, aunarlos con las producciones extraídas del mismo mar que permiten contar con platos de pescado en todas sus elaboraciones posibles, junto a los salazones, tan propios de esta zona, y, sobre todo, con su afamado caldero (figura 13). Este guiso se ha constituido en una seña identitaria de la gastronomía del municipio y su fiesta, que se celebra el día 12 de octubre de cada año, está vinculada a las que rememoran la Independencia Municipal, que fue conseguida el 13 de octubre de 1983, cuando Los Alcázares se segregó de los municipios de San Javier y de Torre Pacheco ocupando actualmente 19,8 Km2.

El caldero es un plato que no deja de elaborarse cada día con las mismas materias primas que lo hicieran los pescadores del mújol del Mar Menor. El nombre lo recibe porque así se denomina el tipo de olla donde se realiza. En esencia se trata de arroz cocinado con ñoras, ajos y pescados de roca, que es costumbre servirlo con alioli[6].

Figura 13. Ayer y hoy del caldero en Los Alcázares

Fuente: Años 30. Fuente: Región de Murcia Digital. 2023, Ayuntamiento de Los Alcázares

6 https://turismo.losalcazares.es/el-caldero/

En definitiva, puede afirmarse que el Turismo Gastronómico se configura como elemento identitario para este municipio, aunque sin renunciar a una diversificada oferta turística con productos que van desde el sol y playa, al de salud y bienestar, así como cultural, que también presenta atractivos relacionados con la presencia militar en Los Alcázares (figura 14).

Figura 14. Mapa turístico de Los Alcázares y su entorno geográfico

Fuente: Mapa turístico murciaturistica.es
Nota: En la actualidad, el aeropuerto operativo es el Internacional Región de Murcia, a 36,0 km. de Los Alcázares por la RM-19 y RM-F21

4. CONCLUSIONES

Atendiendo a la intención de esta aportación, puede argumentarse que se ha conseguido el objetivo principal de la misma, puesto que se ha realizado un recorrido por el territorio regional dando a conocer algunas propuestas de Turismo Gastronómico, siempre a partir de la relación que se ha encontrado con las condiciones geográficas de cada caso analizado. De ahí que también se estime alcanzado el objetivo específico 1 al haber descrito la caracterización física de los municipios seleccionados y, de igual modo, el objetivo específico 2 con la exposición de las especialidades que nutren el Turismo Gastronómico de Bullas, Jumilla, Yecla, Murcia y Los Alcázares.

Puede afirmarse que la gastronomía, sin exclusión del vino y del aceite, se ha convertido en un auténtico atractivo cultural en la actualidad, ya sea mediante prácticas simplemente de ocio, recreación o turísticas. Y es que, salvando las distancias con otras ofertas que no están al alcance de todos los ciudadanos, la comida trasciende la necesaria alimentación de todos los seres vivos. Aquí se trata de la búsqueda de algo que se identifica con el territorio al que se viaja, con la herencia cultural de sus gentes y por ello resulta tan común acudir a distintos lugares esperando encontrar lo propio de ese territorio, ya sea un producto concreto, una especialidad, una forma de hacer. Eso que podemos aceptar como su recurso de atracción turística, el que lo hace afamado y está interiorizado en nuestras memorias tras la visita a un lugar determinado, como entienden (Leal, Vázquez y Medina 2018) al señalar que se identifica con lo local, las particularidades de los lugares y de sus comunidades.

En la Región de Murcia, la colaboración público-privada se realiza entre distintas administraciones y, en concreto, la regional apuesta por la promoción de la oferta enogastronómica desde el ITREM, con una marca de territorio propia y campañas de difusión de las diversificadas experiencias que pueden encontrarse.

Por último, la conclusión sobre lo antedicho es que, con las limitaciones propias de la exigida síntesis en una aportación de esta naturaleza, se ha procurado efectuar un estudio exploratorio y descriptivo de los aspectos generales que representan los casos analizados, siendo conscientes de que son una pequeña muestra de lo que ofrece la Región de Murcia en sus 45 municipios en cuanto se refiere a Turismo Gastronómico y sus variantes como Enoturismo y Oleoturismo.

5. REFERENCIAS

Antón, S., Fernández, A. y González, F. (2008): "Los lugares turísticos". En Antón, S. y González, F. (Coords.) *A propósito del turismo. La construcción social del espacio turístico.* Universitat Oberta de Catalunya.

AA. VV. (2009): *Atlas de los paisajes de la Región de Murcia.* Dirección General del Medio Natural, Comunidad Autónoma de la Región de Murcia.

Baraja, E., Herrero, D., Martínez, M. y Plaza, J. I. (2019): "Turismo y desarrollo vitivinícola en espacios de montaña con "alta densidad patrimonial"". *Cuadernos de Turismo,* (43), 97—122. https://doi.org/10.6018/turismo.43.04

Dollfus, O. (1999): *La mundialización.* Barcelona, Ediciones Bellaterra. 125 pp.

Cebrián, A. y Rocamora, R. (2017): "Las rutas del vino del altiplano de Murcia (Jumilla y Yecla): reajustes para el desarrollo de sinergias entre componentes turísticos". *Gran Tour, Revista de Investigaciones Turísticas.* (15) 119-147.

Comunidad Autónoma de la Región de Murcia (2006): "Orden de 24 de mayo de 2006, de la Consejería de Agricultura y Agua, por la que se aprueba el Reglamento de la Denominación de Origen «Bullas» y de sus órganos de gestión y control". *Boletín Oficial de la Región de Murcia.* Lunes, 12 de junio de 2006.

Excmo. Ayuntamiento de Yecla (2016): *Plan General Municipal de Ordenación de Yecla. Documento de aprobación inicial. Estudio de impacto territorial* Recuperado de: https://descargas.yecla.es/pgom/01_1_memoria/01_c_estudio_de_impacto_territoriall_f.pdf

Gândara, J.M.G., Gimenes, M.H.S. e Mascarenhas, R.G.T. (2008a) "Reflexões sobre o turismo gastronômico na perspectiva da sociedade dos sonhos". in Panosso Neto, A. Ansarah, M. G. R., Segmentação do mercado turístico: estudos, produtos e perspectivas. Barueri, Manole, São Paulo, pp. 179-194.

González, J. L. (1999): *Geografía de la Región de Murcia.* Murcia, Dirección General de Cultura, Biblioteca Regional de Murcia, 402 pp.

Hernández, R.D., & Dancausa, M.G. (2018): "Turismo Gastronómico La gastronomía tradicional de Córdoba (España)". *Estudios y Perspectivas en Turismo,* 27 (2), 413-430.

HOSTELTUR (2023): Turismo Gastronómico. https://www.hosteltur.com/tag/gastronomia

Instituto de Turismo de la Región de Murcia (ITREM) (2022): *IV Estudio de la demanda de Turismo Gastronómico.* Recuperado de: https://www.carm.es/web/pagina?IDCONTENIDO=72116&IDTIPO=100&RASTRO=c1335$m13833,11330

Instituto de Turismo de la Región de Murcia (ITREM) (2024): *1001 Sabores Región de Murcia.* Recuperado de: https://www.1001saboresrm.es/sabores/inicio

Jiménez Rodríguez, A., Rico Cánovas, E., & Moltó Mantero, E. (2023): "Análisis de la cadena de valor del turismo gastronómico y sus relaciones desde un enfoque territorial: criterios de funcionalidad y jerarquización". *Boletín de la Asociación de Geógrafos Españoles*, (97). https://doi.org/10.21138/bage.3353

Knafou, R. y Stock, M. (2003): "Tourisme", en Levy, J. y Lussault, M. (dirs.). Dictionnaire de la Géographie et de l'espace des sociétés. París, Belin, pp. 931-934.

Leal Londoño, M.P., Vázquez-Medina, J.A., & Medina, X. (2018): "Gastronomía y turismo: mezcla de esencia local y lógica global. El caso de las tabernas vascas en el barrio de El Poble Sec de Barcelona". *Antropología de la comida*, 13. https://doi.org/10.4000/aof.8500

Lobato, R. y Rosendahl Z. (Eds.). (2003): *Introdução à geografia cultural.* Bertrand Brasil.

Lobato, R. y Rosendahl Z. (2008): "A geografia cultural brasileira: uma avaliação preliminar". *Revista da ANPEGE.* v. 4, 73-88.

Millán Escriche, M. (1999): "Medio físico y turismo rural: una aportación para los informadores turísticos". *Cuadernos de Turismo*, (3), 93–114. Recuperado a partir de https://revistas.um.es/turismo/article/view/22971

Millán, M. (2008): "Planificación turística y capital territorial. un enfoque geográfico". En: Ivars. J. A. y Vera, J. F. (Editores): *Espacios turísticos, mercantilización, paisaje e identidad.* Universitat d'Alacant. Institut Universitari d'Investigacions Turístiques.

Millán, M. (2009): "Enoturismo. Herencia e innovación como estrategias para el desarrollo rural de Bullas (Murcia)". En López Olivares, D. (Dr.) (2009): *Innovación, creatividad y nuevos modelos de Gestión.* Valencia, Tirant Lo Blanch.

Millán, M. (2012): "Turismo de interior en la Región de Murcia. Una aproximación al turismo rural y al enoturismo". *Polígonos. Revista de Geografía* Nº 23, págs. 87-112.

Millán, M. (2021): "Proceso urbanizador y clima: causas y consecuencias en el caso de la Región de Murcia (España)". *Turismo y Sociedad*, vol. 29, 95-127. https://doi.org/10.18601/01207555.n29.05.

(Ministerio de Agricultura, Pesca y Alimentación, s.f.): *Razas ganaderas* (ARCA). Recuperado de: https://www.mapa.gob.es/es/ganaderia/temas/zootecnia/razas-ganaderas/razas/catalogo-razas/caprino/murciano-granadina/default.aspx

Morales, M. y Fusté-Forné, F. (2021): "Turismo gastronómico sostenible para la preservación del patrimonio culinario: las rutas del vino en Girona (*Catalunya, España) y Querétaro (México)". Turismo* y Patrimonio, (17), 45-60. https://doi.org/10.24265/turpatrim.2021.n17.03

Palao, G. (2005); La industria vinícola en Yecla: orígenes, importancia y estado actual. *Revista Murciana de Antropología,* (12), 235–248. Recuperado a partir de https://revistas.um.es/rmu/article/view/68631

Sauer. C.O., (1931); Cultural Geography., a: Wagner. P.L. y Mikesell. M.W. (eds.) (1962); *Readings in Cultur al Geography,* The University of Chicago Press. pp. 30-34.

Zapata Pérez, A. J. (2019). "De lo popular a lo aristocrático. Las Fiestas de la Mar de Los Alcázares (Murcia) entre los siglos XIX y XX". En: Moreno Seco, M. (coord.); Fernández Sirvent, R. y Gutiérrez Lloret, Rosa Ana (eds.). Del siglo XIX al XXI. Tendencias y debates: XIV Congreso de la Asociación de Historia Contemporánea, Universidad de Alicante 20-22 de septiembre de 2018. Alicante: Biblioteca Virtual Miguel de Cervantes, 2019. ISBN 978-84-17422-62-2, pp. 1392-1405

EL PAN Y LAS PANADERÍAS COMO SÍMBOLOS DE LA GASTRONOMÍA PATRIMONIAL. IDENTIDAD CULINARIA ASOCIADA AL PAN "MESTIZA" EN BUCARAMANGA, COLOMBIA

Luis Rubén Pérez Pinzón
Universidad Autónoma de Bucaramanga (UNAB), Colombia

RESUMEN: El pan es un alimento representativo de la dieta cotidiana de los colombianos y en algunas regiones andinas como Santander se ha constituido en referente patrimonial de la gastronomía tradicional para procesos de socialización que solo disfrutan y comparten entre paisanos o familiares sin ser integrados a esa experiencia los "turistas". El objetivo de la comunicación es describir el papel del pan y las panaderías como referentes de la identidad culinaria y los saberes ancestrales que pueden ser integrados a las ofertas en turismo patrimonial al contarse con productos de alta calidad y sabores exóticos de alto interés para los visitantes. La investigación cualitativa es desarrollada con un método etnográfico a partir del contraste de diferentes fuentes primarias. Finalmente, es presentado un panorama de decadencia y restricción en el consumo del pan que puede ser potencializado con la integración de los visitantes a los circuitos locales tradicionales de consumo y disfrute en panaderías tradicionales.

Palabras clave: Gastronomía, identidad culinaria, pan, panadería, Colombia.

ABSTRACT: Bread is a representative food of the daily diet of Colombians and in some Andean regions such as Santander it has become a heritage reference for traditional gastronomy and process of socialization that is only enjoyed and shared among countrymen or family members without being integrated into that experience. tourists". The objective of the communication is to describe the role of bread and bakeries as references of culinary identity and ancestral knowledge that can be integrated into heritage tourism offers by having high quality products and exotic flavors of high interest to visitors. Paper has resulted of qualitative research developed with an ethnographic method based on the contrast of different primary sources. Finally, is presented a panorama of decline and restriction in bread consumption that can be enhanced with the integration of visitors to traditional local circuits of consumption and enjoyment in traditional bakeries.

Keywords: Gastronomy, culinary identity, bread, bakery, Colombia.

1. INTRODUCCIÓN

El turismo gastronómico es una de las grandes apuestas de Bucaramanga como ciudad-región del nororiente de Colombia y capital del territorio de Santander en donde convergen las diferentes manifestaciones alimentaciones de las provincias santandereanas. Usualmente se oferta a los turistas extranjeros y nacionales la comida típica de origen campesino, asociada con las limitaciones de los cañones interandinos semiáridos, destacándose el consumo de la carne del cabro asada, la preparación de arroz con la sangre de los cabros (pepitoria), el consumo de carne secada sobre las cocinas de leña (Carne oreada) y arepas secas de maíz después de ser lavado con la ceniza obtenida de las cocinas. Sin embargo, el fomento gremial de las comidas provinciales ha diversificado la oferta al promoverse los platos típicos de diferentes pisos térmicos como son los derivados lácteos de las tierras paramunas y frías, platos con tubérculos y verduras como el "sancocho" o el "mute", el consumo de postres o bebidas fermentadas y el disfrute de sopas con peces fluviales como el "bagre" o el "bocachico".

A esa oferta tradicional dominante presentada como "identidad gastronómica" de los santandereanos las nuevas generaciones de consumidores han agregado las versiones locales o regionales de comidas rápidas con carnes adobadas y salsas preparadas con especies nativas. Lo cual ha conllevado a generar una experiencia propia en el consumo de hamburguesas y perros calientes, a los cuales se ha sumado la creatividad e innovación por parte de emprendedores interesados en mejorar la experiencia con la pizza italiana, alimentos envueltos en hojas y arepas rellenas. Estas últimas diversificadas al complementarse la tradición local con la pluralidad de sabores promovidos por los inmigrantes venezolanos. En el caso de las generaciones más adultas su identidad gastronómica está asociada con la visita a las panaderías locales para el consumo de panes recién horneados, acompañados con bebidas calientes como el café o el chocolate, así como bebidas frías como jugos, avenas o bebidas fermentadas hechas con arroz (masato) que sustituyen las sodas multinacionales (Guerrero y Pérez, 2005).

Esta comunicación describe los orígenes y razones por las cuales el consumo de pan y la visita de panaderías cercanas a los centros urbanas siguen siendo parte de las tradiciones identitarias de las ciudades andinas de Colombia, y en particular de los bumangueses, al visitar a través de diferentes circuitos los lugares de expendio de panes como la "mestiza", a pesar de la crisis en materias primas.

2. PAN E IDENTIDAD GASTRONÓMICA DE SANTANDER

El pan moderno es una masa de harina de trigo, agua y sal que al fermentarse se hace esponjosa y de hornearse es transformada en un alimento esponjoso en su interior, con corteza crujiente y migas suaves. Algunos conservan la forma circular de los panes prehistóricos, así como la transformación de su elaboración con mejores molinos, hornos e ingredientes al expandirse de Egipto a Grecia y Roma ha adoptado formas cilíndricas y múltiples sabores.

En la tabla de composición de alimentos de Colombia se distinguen como panes propios de la oferta comercial y la dieta tradicional a los tipificados como: pan blanco, regular, horneado; pan blanco, tipo molde, horneado; pan de centeno, horneado; pan de dulce, regular, horneado; pan de leche, horneado; pan de queso, horneado; pan de sal, regular, horneado; pan de yuca, horneado; pan francés, horneado y pan integral, regular, horneado. Además del pan genérico y la harina de trigo fortificada para panificación, otros derivados de los cereales asociados con la panadería regional son; almojábanas, brownie, croissant, galletas dulces (con o sin relleno, cucas, de avena, polvorosas, wafer, cracker, soda), hojaldres, mantecada, mogolla integral, mojicón, muffins, pandebono horneado, ponqué blanco o negro, roscas, roscones y tostadas (ICBF, 2018).

Los componentes nutricionales de un pan tradicional colombiano, tipificado como pan de sal, regular, horneado y 100% comestible son: humedad (22,4 g), energía (340 kcal; 1437 kj), proteína (11,1 g), lípidos (6,4 g), carbohidratos (totales: 59,3 g; disponibles: 58,9 g), fibra dietaria (0,4 g), cenizas (0,8 g), calcio (35 mg), hierro (1,9 mg), fósforo (99 mg), tiamina (0,12 mg), riboflavina (0,06 mg), niacina (1,7 mg). No se establece la presencia de sodio, yodo, zinc, magnesio, potasio, folatos, vitaminas A, B12 y C, grasas ni colesterol (ICBF, 2018, p. 47-48).

El pan es un alimento fundamental para alimentación cotidiana de los habitantes de Colombia. En el caso de los habitantes de las provincias que conforman el territorio político-administrativo denominado desde 1857 como Santander, el pan ha sido producido y comercializado a través de variedades distintivas que reiteran su identidad provincial desde el período colonial, así como preservan tradiciones patrimoniales de las familias panaderas o pasteleras reconocidas por su calidad y continuidad productiva en cada población (Pérez, 2017).

El consumo de pan es reiterado en la mayoría de los hogares al evocarse en las reproducciones de obras artísticas como la "última cena" de Leonardo Da Vinci que adorna los comedores de muchas de las familias, mediante la cual se evoca el pan como alimento central de la mesa, elemento circunstancial de socialización y componente nutricional de los comensales durante las comidas matutina (desayuno) y nocturna (cena o comida). Sin embargo, son crecientes las restricciones y prevenciones dietarías que indican reducir el consumo de pan por los efectos del gluten y los carbohidratos que contiene, pero no se promueve el ejercicio ni complementar el consumo de pan con alimentos saludables. Panorama de consumo que se refleja en un consumo de 25 kilos anuales de pan con o sin preservantes mientras que en países como Francia e Italia hasta 2013 fue de 80 kg anuales de pan fresco y artesanal (Ruiz, 2017).

A falta de investigaciones históricas sobre el pan, su estudio académico tampoco hace parte de los diagnósticos e inventarios que en la última década se han hecho sobre el patrimonio gastronómico de Colombia (Llano, 2020). Esas proyecciones, tanto de alimentos típicos como los procesados han sido asumidos como fundamentos para la promoción del turismo gastronómico como complemento de la oferta en turismo cultural de las provincias y regiones de Colombia con prácticas y consumos alimenticios que diferencia los destinos gastronómicos de los colombianos (Llano, 2020a). O incluso para unirlos si se tiene en cuenta que desde 2024 se promovió la producción de un mismo tipo de pan en toda Colombia para el consumo durante la "Semana Santa" llamado "Pan con Fe" al mezclarse materias primas y técnicas de panificación que unen a la mayoría de los panaderos (Semana, 2024).

En el caso de las provincias que conforman Santander, los bienes culturales del patrimonio regional que se proyectan como referentes del desarrollo del turismo gastronómico no consideran al unísono al pan tradicional, y en particular a la mestiza bumanguesa, como alimento identitario de las provincias que dan sentido al ser santandereano y el imaginario de Santandereanidad (Pérez, 2017).

Los investigadores de la gastronomía regional se han interesado por redactar crónicas y crear cátedras patrimoniales para la formación de los profesionales del turismo (Olaya, 2019) y la gastronomía en: "las costumbres alimentarias, la riqueza cultural, las tradiciones, los hábitos y los conocimientos culinarios como base fundamental del ser humano en la sociedad" Rodríguez y Cáceres, 2016, p. 43). Así mismo, se han rescatado los saberes ancestrales de las campesinas o las cocineras portuarias en la preparación tradicional de peces y el consumo de frutos para adaptarlos a las innovaciones y adecuaciones internacionales de la gastronomía provincial o local (Rodríguez y Quiroga, 2020).

3. LA MESTIZA: PAN IDENTITARIO DE LA CIUDAD-REGIÓN DE BUCARAMANGA

En los andes nororientales de Colombia, a la par de los platos y bebidas típicas para fines de semana, festejos familiares o celebraciones feriales o de fin de año, alimentos como el pan cuentan con representaciones colectivas que lo hacen símbolo de cada identidad provincial, e incluso generan 'marcas de origen'. Y si bien platos andinos como el mute con carne oreada, el cabrito con pepitoria, la arepa de maíz con tamal o pastel de arroz son promovidos como patrimonio gastronómico de Santander, su consumo no es diario, cotidiano ni permanente como lo ha sido el pan tradicional.

El pan de la provincia de Ocaña, el "pan ocañero", es caracterizado por ser un pan ovalado, blanco, aromático, aliñado y recubierto por azúcar cuyo aspecto distintivo es el guarapo de salvado de trigo con el que se prepara. El pan de las provincias paramunas de Pamplona y García Rovira está asociado con las galletas circulares y marrones llamadas "cucas (o paledonias) pamplonesas" endulzadas con miel o panela, así como el pan circular y marrón conocido como "mestiza", perteneciente a las "mogollas" andinas que aliñan y baten la harina de trigo con salvado, manteca de cerdo y chicharrones obtenidos de la fritura de la carne grasosa del cerdo doméstico o de engorde. Las provincias interconectadas por el camino real que desde la capitalina Santafé de Bogotá llegaba hasta Ocaña y Girón como son Vélez, Comunera, Guanentina y Soto comparten la tradición de producir y consumir la mogolla y el pan mojicón, blanco, dulce, y aliñado, con forma de gorro o montera de torero.

Tradiciones de consumo y comercialización interprovincial que en el caso local ha llevado a reiterar por décadas que el pan bumangués, heredero de las tradiciones pamplonesas y piedecuestanas más representativas de la panificación regional es la mestiza. Una mogolla o acema andina con diferentes variaciones regionales: criolla (de horno artesanal), tradicional (mogolla), apanada (adobada con panela), chicharrona (con chicharrones molidos) y especial o batida (chicharrona mezclada con batidora industrial). La tradición oral entre algunos panaderos explica que el nombre "mestiza" se justifica por la mezcla entre la blanca y europea harina de trigo con los tonos marrones y negros de la panela o la miel obtenidas de la caña de azúcar, así como las maderas nativas y aromáticas con las que se mantenían encendidos los hornos artesanales donde se cocinaba la masa. Una mezcla de sabores, colores y texturas que se asemeja al mestizaje colonial de la actual Colombia (USTA, 2007).

El proceso de producción de la mestiza chicharrona artesanal que fue creado y estandarizado por Pablo Antonio Trillos en Matanza, antes de crear la Panadería Trillos en Bucaramanga, ha sido replicado por las siguientes generaciones de panaderos bumangueses al prepararse una chicha o guarapo de panela que se transforma en una levadura natural. Esa mezcla se conoce como resenta y consiste en: "panela que se enfuerta [fermenta] y salvado [de trigo]; [una levadura] totalmente natural, lo que hoy llaman prebióticos y que ha estado hace mucho tiempo con el pan nuestro" (Cobos, 2007). Acorde con la memoria y experiencia laboral de los responsables de garantizar la calidad y tradición de la mestiza Trillos su producción es resumida así:

1. La 'resenta' o pie del fermento es preparada con doce horas de anticipación al dejarse fermentar en toneles de madera, baldes de plástico o en vasijas de arcilla con las que se preparaba el guarapo o aguamiel para refrescar a los obreros o consumir bebidas fermentadas los días de descanso. El propósito de ese fermento es dar volumen y cuerpo a la chicha que da forma y consistencia a la levadura para la masa del pan.

2. La levadura natural (guarapo o chicha) es la base fundamental para la elaboración de la masa con la que se elabora el pan regional. La levadura fermentada se prepara mezclando panela seleccionada, salvado de trigo aireado y la resenta o pie previo.

   2.1. La panela se derrite en agua dentro de toneles hechos con nogal de 500 litros y se deja fermentar al aire libre como guarapo (o agua de panela). Luego se cuela y se obtiene el melao o dulce espeso que se necesita para hacer la chicha. Melao que no puede quedar espeso porque se concentra el dulce, ni debe ser muy claro al generar un sabor insípido; motivo por el cual entre la variedad de panelas regionales (blancas, coloradas, morenas y negras) se seleccionan panelas morenas, uniformes en color y sabor, sin químicos e impurezas que generen acidez o cambios químicos al derretirse. La ausencia de panela hace que el sabor de la manteca y el salvado horneados sea más perceptible, así como es desagradable la acumulación de grasa en los chicharrones.

2.2. El salvado de trigo es seleccionado directamente desde el molino al ser solicitado entre las variedades conocidas (fino, parejo, grueso) el uniforme o parejo, el cual es conservado al aire libre en toneles de nogal antes de ser mezclado al guarapo. El salvado cumple la función de acelerar la fermentación al ser dulce y da la textura fibrosa que necesita el guarapo con el que se hace la mestiza, así mismo es un alimento que ayuda a la digestión al contener fibra insoluble que acelera el tránsito intestinal.

2.3.. La 'resenta', la panela derretida y el salvado son mezclados en los toneles de nogal con agua potable, dejada en reposo durante ocho horas antes de hacerse la mezcla. Para garantizar la combinación de todos los ingredientes la mezcla es batida lentamente y con la mano haciendo círculos, así como se derriten los grumos, eliminar fragmentos de panela y evitar que el salvado se apelmace en el fondo del barril. Al terminar de batir, el panadero responsable prueba y evalúa de forma empírica la calidad, sabor, consistencia, densidad y fermentación del guarapo obtenido. Ese guarapo o chicha final es dejado en reposo en la noche para su fermentación, durante doce horas, se bate periódicamente y se verifica su condición para hacer la masa (Cobos, 2007).

3. La harina de trigo, blanca y pulverizada, es disuelta y humedecida con el guarapo fermentado (levadura natural y sin químicos), agregando la proporción de huevos (número y peso), leche, manteca o margarina, sal o azúcar y levadura natural acorde con cada tipo de pan. Para garantizar su amasado uniforme se emplean procesos a mano, con rodillo o con batidora industrial. Al reaccionar la levadura y aumentar el tamaño y tensión de la masa es pasada por molinos inclinados para hacerla más compacta y eliminar grumos o espacios de aire, antes de ser llevada a las mesas de trabajo donde es enrollada por el panadero y sus ayudantes para dar forma a cada tipo de pan planificado. Luego, son ubicados sobre láminas de metal con las que pasan a las planchas donde son horneados de acuerdo con la temperatura para cada producto.

4. Para garantizar la calidad, sabor, color y forma del pan con levadura natural es necesario verificar que las condiciones del proceso y los materiales previos no hayan cambiado ni alterado. Los panaderos encargados de la producción diaria preservan la receta original, garantizan al cliente la tradición de su pan, así como promueven

imaginarios gremiales como la exclusividad en el manejo de los ingredientes y masa solo por el panadero jefe al ser "delicados" los materiales de trabajo o la imperiosa condición que "nadie le puede meter la mano" (Silva, 2007), excepto la persona responsable, para evitar la transferencia de olores, humores, emociones y 'sensaciones físicas' a la masa. A lo cual, se suman los procesos de fermento de la masa, tiempos de reposo y calor de los hornos (horizontal-industrial o vertical-artesanal) para asar la mestiza común, aliñada, batida o especial acorde con el sabor y textura tradicional de cada panadería (Martínez, 2007).

4. PANADERÍAS PATRIMONIALES DE BUCARAMANGA

La tradición oral, las crónicas locales ni las investigaciones profesionales sobre empresas y empresarios de Bucaramanga mencionan la existencia de panaderías y empresarios panaderos antes del siglo XX. Al ser la elaboración del pan parte de un proceso artesanal para el consumo doméstico por parte de las mujeres encargadas de las actividades caseras, cuyo sabor y forma dependía del uso puro o mezclado con harinas de trigo, maíz o yuca disponibles, su elaboración y consumo del pan no hacía parte de las actividades comerciales que caracterizaban las inversiones empresariales y fuentes productivas propias de la ciudad.

El censo de la Asociación Nacional de Panaderos de 2012 permitió proyectar que para 2014 funcionaban más de 500 panaderías en Bucaramanga (Portafolio, 2012), cuyo número puede llegar a las mil panaderías para 2024, pero pocas han logrado el prestigio y clientela de las más afamadas y visitadas por los bumangueses (Cobos, 2014). La panadería Trillos ha sido la empresa panificadora más tradicional y antigua de la ciudad. En 1922, don Pablo Antonio Trillos Ortiz decidió migrar y comercializar en Bucaramanga los diferentes panes artesanales que había aprendido hacer y comercializar en el horno de ladrillo de su familia en la población paramuna de Matanza (Cobos, 2014). Hasta entonces, la producción de pan preservaba las tradiciones coloniales al ser realizada por familias de comerciantes en sus hornos artesanales urbanos o en las haciendas cercanas. El cual fue comercializado en las tiendas de abastos y abarrotes en las principales calles de cada poblado o por medio de vendedores ambulantes que recorrían las plazas y esquinas más concurridas (Pérez, 2024).

Bucaramanga en 1922 preservaba su condición como capital política de Santander, la cual desde 1910 ya se había recuperado de los estragos de las guerras civiles por causa de la crisis de la producción cafetera y se había consolidado en el polo de desarrollo económico y regional por medio de fábricas de cigarros y cigarrillos que concentraban una creciente población obrera y transportadora en el centro de la ciudad, quienes demandaban alimentos frescos, ambulantes y con precios accesibles como fue el caso del pan. Para ello, Pablo Trillos contaba con el abastecimiento de trigo y harina procesada en los molinos de las tierras altas de la provincia de Soto, especialmente uno de su propiedad en Suratá, así como la oferta de la naciente producción local de huevos, levadura, panela y carne de cerdo que eran esenciales para sustituir el pan rústico o criollo que acostumbraban a consumir los bumangueses.

La demanda local de la primera panadería del barrio el Volante, antes de establecerse y consolidarse en el "Pan Trillos" (Cobos, 2007), fue de tales proporciones que fueron importados gradualmente desde 1925 cinco hornos alemanes con planchones móviles, fabricados por la Werner & Pfleiderer desde 1911. Los cuales garantizaron el abastecimiento de grandes volúmenes de pan fresco (Vanguardia, 2017) y marcaron la diferencia regional de la mestiza Trillos entre los más de 70 productos producidos por la panadería (gente, 2009) en comparación con las demás panaderías locales. La producción masiva e industrial fue preservada por uno de sus nietos desde 1962, Antonio José Cobos Trillos, al serle confiada la empresa por su madre Soledad Trillos. En la actualidad está a cargo del bisnieto Eduardo Cobos, quien ha mantenido la empresa con más de setenta personas al primar procesos laborales hechos a mano, y al igual que otras grandes panaderías creó ocho sucursales en diferentes puntos de la ciudad, donde se ofrecen servicios como cafeterías, restaurantes o tiendas con productos típicos santandereanos complementarios del pan (USTA, 2007).

Sobre la misma carrera 17, conocida como el barrio del Volante, durante las siguientes décadas fueron creadas y ampliadas otras empresas panificadoras de renombre y tradición en Bucaramanga (Arenas, 2007). Las panaderías se constituyeron en fuente de alimentación de los transportadores locales que se ubicaban en las calles, así como eran el corredor por donde transitaba la mayor parte del tráfico vehicular que entraba o salía del centro de la ciudad hacia Floridablanca, Piedecuesta y Girón movilizando los obreros de las fábricas locales que llevaban pan o derivados del trigo para sus casas, así como camiones con materias primas o abastos de mercancías para el sector panificador.

La empresa El Maná fue fundada en 1964 por Luis Enrique Ruíz García como una panadería que se ha transformado en la última década en una industria de alimentos con tres sucursales en el Área Metropolitana (centro, paseo del comercio, cabecera). La cual se originó como una idea de negocios entre primos, motivado por el propietario de la panadería La Sultana, quienes eran herederos de la tradición panadera de la familia Figueroa de Piedecuesta, cuyo legado desde 1885 era producir "mojicón dormido, rollo aliñado y mestiza con chicharrón" (León, 2012).

Al ser su principal competencia la panadería La Francesa y otras panaderías en el sector de la carrera 17 como La María, La Fuente Dorada, el Pan Trillos y las panaderías de grandes tiendas como los almacenes Tía, Mercadefam y Éxito, sin poder vender todo el pan fresco y aliñado en el mostrador, en sus inicios la comercialización debió hacerse por medio del reparto y el traslado hasta el asilo y la cárcel local, pero sin caer en la venta de "pan trasnochado" (pan con vendaje). La continuidad familiar de la empresa panificadora se ha asegurado al estar a su cargo los hijos del fundador (Caracol, 2017), así como la compra de suministros a proveedores de la región, a la par de conservar el consumo de productos provinciales como la panela que es empleada para preparar panes endulzados como la mestiza apanada, las galletas cucas, y en especial, para fermentar la levadura natural para producir mestizas con salvado de trigo.

La influencia del pan francés como modelo productivo a seguir y consumir fue preservado por la panadería "La Francesa" al constituirse en símbolo de la presencia europea en Bucaramanga desde mediados del siglo XIX, así como de la continuidad en la producción y consumo de la panadería, pastelería y repostería francesa que tenía alta demanda entre todos los sectores sociales de la ciudad. La tradición francesa adoptada en Bucaramanga preservó el consumo de panes y pasteles para acompañar el consumo de bebidas como el café, té y cacao, adoptadas como sustancias de producción y comercialización masiva desde América (Lepain, 2022). Prácticas complementadas con el consumo de pasteles y postres fieles a la tradición suiza promovida por la Pastelería Berna creada en 1967 por Karl Johan Niederbacher Stolz ('Don Carlos') quien antes de llegar a Colombia promovía la tradición pastelera suiza al fabricar pasteles, galletas, chocolatinas y ponqués con decoraciones y técnicas especiales en la calle del comercio de Bucaramanga, con apoyo de su esposa e hijos (Pastelería, 2018).

La tradición francesa ancestral ha sido rescatada y promovida por inmigrantes como Jean Billoud, cuyo emprendimiento familiar "*Le pain de la vie*" [El pan de la vida] desde 2017 busca el consumo del pan del sur de Francia fresco, artesanal, sin levaduras ni aditivos y fermentación natural al consumirse el pan de masa madre (rústico o clásico) (Bucaramanga,

2022), el pan con hierbas provenzales, frutos secos o el pan integral. A la par de promover el fomento de la cultura francesa a través de alimentos como el *baguette* y el *croissant* que permitan sustituir el consumo del pan blanco industrializado caracterizado por múltiples conservantes, aditivos, alto gluten y sabores artificiales que causan problemas digestivos, molestias estomacales e hipertensión arterial (Lepain, 2022).

Para verificar la importancia patrimonial y el impacto gastronómico de esas panaderías como parte de las tradiciones alimenticias de las familias de Bucaramanga, con ayuda de quince estudiantes del programa profesional de Gastronomía y Alta Cocina de la UNAB se hizo un sondeo al interior de sus familias, especialmente entre sus abuelos y adultos de mayor edad. El objetivo de la exploración fue establecer cuáles eran las cinco panaderías que consideraban "más tradicionales", lo cual incluía categorías sinónimas como antiguas, populares, afamadas, etc., a la par de mencionar cuáles consideraban los productos que han sido más consumidos o demandados por los clientes fieles de las mismas. Por medio de la tabla 1 es posible identificar los resultados de ese registro después de ser agrupado y sistematizado, así como se verifica que las panaderías más reconocidas por la literatura histórica y las comunicaciones turísticas sobre Bucaramanga también son las más tradicionales desde la perspectiva de la muestra de familias indagada por los futuros profesionales en Gastronomía. A la par de preservarse la elaboración y oferta del "pan mestiza" en sus diferentes presentaciones artesanales, a pesar del gusto de las nuevas generaciones por los panes aliñados, rellenos o franceses.

Tabla 1. Panaderías "más tradicionales" de la ciudad de Bucaramanga (2024)

Creada en	Razón social	Panes más populares	Sector
1922	Panadería Trillos	Pan mestiza y artesanal	Centro
1949	Panadería San José	Pan tradicional y con queso	Centro
1954	Panadería La Alemana	Pan campesino y artesanal	Cabecera
1960	Panadería Mi Cabaña	Pan integral y aliñado	Cabecera
1962	Panadería Moderna	Pan tradicional (sal y dulce)	Centro
1966	Panadería El Manà	Pan Mestiza y artesanal	Centro
1966	Panadería Ricotti	Pan de campo e integral	Centro
1967	Panadería Berna	Pan francés	Centro
1972	Panadería La Candeal	Pan de bono (queso)	Cabecera

Creada en	Razón social	Panes más populares	Sector
1972	Panadería Icopan	Pan mestiza	Centro
1975	Panadería La Europea	Pan tradicional	Sotomayor
1983	Panadería El Hornero	Pan de maíz	Sotomayor
1984	Panadería Efraín	Pan inglés y francés	Cabecera
1988	Panadería Islapan	Pan tradicional	Cabecera
1989	Panadería La Suprema	Pan tradicional	Sotomayor
1992	Panadería La Baionnet	Pan francés y tradicional	Cabecera
1997	Panadería Foncepan	Pan mestiza	Cabecera
1997	Panadería Sémola	Pan artesanal y francés	Cabecera

Las panaderías con más menciones y reconocimiento entre las cinco más mencionadas son las mismas que las promovidas por los nacientes circuitos turísticos de consumo de pan fresco, tradicional y patrimonial como son: Panadería El Maná (78%); Panadería Trillos (64%) y Panadería Berna (50%), entre las cuales se incluyen su sede principal y las sucursales, sin ser mencionadas panaderías históricas como La Francesa o La Sultana. En cuanto a la ubicación de las panaderías, mientras que las panaderías más tradicionales y afamadas están concentradas en el "centro" histórico y comercial tradicional de la ciudad (40%), la mayoría de las panaderías mencionadas como novedosas o populares entre las nuevas generaciones fueron ubicadas en el oriente de Bucaramanga hacia donde se expandió el desarrollo urbano y las dinámicas financieras urbanas desde el último cuarto del siglo XX, especialmente hacia sectores como Cabecera del Llano (44%) y Sotomayor (16%). Así mismo, no se reconocen panaderías tradicionales o afamadas hacia el sur o el occidente de la ciudad, hacía donde se han dado los procesos de desarrollo urbano en el primer cuarto del siglo XXI, lo cual reafirma que el mejor pan de Bucaramanga es panificado en su centro histórico.

Al relacionar y conectar los circuitos urbanos que hacen a pie diariamente los consumidores de pan y otras delicias ofrecidas por las panaderías, especialmente durante cada atardecer, es posible reconocer la importancia de un recorrido urbano peatonal y vespertino a través del centro urbano y comercial de la ciudad de Bucaramanga como se observa por medio de la imagen 1. Recorrido que inicia con la visita de las panaderías céntricas que promueven panes europeos y aliñados (Francesa, Suprema, Foncepan, Berna), para luego deleitarse con panes artesanales y tradicionales como la mestiza chicharrona o batida al llegar hasta las panaderías más tradicionales de la ciudad (Trillos y Maná).

Imagen 1. Propuesta de recorrido peatonal entre las panaderías "más tradicionales"

Fuente: Imagenes © 2024 Airbus, CNES /Airbus, Maxar Technologies, Datos del mapa © 2024.

El pan tiene en Bucaramanga imaginarios y concepciones complementarias en la memoria colectiva del nororiente de Colombia al existir expresiones como el pan-coger con la que se hace referencia al cultivo y cosecha de alimentos de corta producción para el consumo familiar, comunitario o local; el pan-de azúcar relacionado con la forma compacta y el peso estándar de los bloques en forma de obús que tenía la azúcar artesanal que se comercializaba desde las provincias productoras de caña de azúcar y mieles y dulces con las provincias de tierra caliente (Raymond, 2011). E incluso, el surgimiento de super héroes locales como "Súper-Pan" quien con un disfraz que garantiza su anonimato desde 2013 va por las calles donando pan a las personas drogadictas o en situación de calle que deambulaban por "Bucara-pan-ga" (Torrado, 2019) y no cuentan con otra fuente de alimento y sustento diario.

5. PRODUCCIÓN DE HARINA DE TRIGO Y ABASTO PROVINCIAL DE PAN

Durante el siglo XXI la producción del pan ha estado en crisis permanente ante el creciente aumento o escasez de las materias primas, y consigo, el inevitable aumento en los precios del pan que conllevó a la extinción de los panes rústicos menores a cien pesos. Mientras que los lácteos son abastecidos por proveedores locales y regionales, así como la sal y azúcar por industrias nacionales, la harina de trigo como materia prima fundamental ha dejado de ser producida en el país al importarse de Canadá y Estados Unidos. Y consigo, los precios internacionales de producción, traslado y compra varían con la creciente depreciación del peso frente al dólar americano, aunado al incremento en la cantidad de aranceles, porcentaje de los impuestos y retenciones a los empresarios. Lo cual, no hace posible proyectar los precios de compra de harina o azúcar de la mejor calidad al variar cada mes (Ruíz, 2017).

La historiografía internacional sobre el pan (Pallant, 2022) destaca su consumo como un alimento básico y único que caracteriza al ser humano, al ser la única especie que mezcla las harinas o fragmentos obtenidas de granos de cereales molidos con agua, cuya masa es horneada. De igual modo, se reconoce que las jerarquías, distinciones y privilegios entre estamentos o clases sociales ha reafirmado que los sectores ricos o poderosos consumen pan hecho de harina de trigo blanca, limpia y de primera calidad (Yarza, 2018) mientras que las clases pobres están condicionadas a adquirir harina oscura, con impurezas, trazas de microorganismos o roedores y procesos de descomposición (Oppenneer, 2003). Así como entre las culturas sin trigo nativo, las comunidades pobres y campesinas han producido y consumido pan elaborado con cereales endémicos como el centeno, la avena o el arroz, así como entre los pueblos indígenas y mestizos de América se ha optado por la panificación del maíz, yuca o papa a falta de trigo barato (Weis, 2012), a la par del uso del queso y otras grasas.

La producción de pan tradicional resulta ser hoy una actividad poco rentable, pero muchos de los panaderos preservan la producción de sus panes ante la demanda que sigue teniendo entre las generaciones que crecieron consumiendo el pan artesanal como alimento identitario de la gastronomía bumanguesa. Sin embargo, desde la perspectiva de los administradores y sucesores de la Panadería Trillos, cuya fortaleza en sus inicios fue contar con una producción y abastecimiento propio de harina molida en los molinos paramunos de la provincia de Soto, la necesidad de harina de mayor rendimiento y con menores precios al por mayor propició la sustitución del trigo nacional por el importado, a través de los molinos de las ciudades portuarias del Caribe. Al afrontarse los efectos de la apertura neoliberal a los productos subsidiados por la agroindustria norteamericana, la producción nacional decayó y los costos de producción han dependido de los cambios internacionales en la producción de materia prima o el cambio monetario. Lo cual incide en la calidad y cantidad del pan local porque: "El trigo es importado y nosotros lo compramos de varios molinos. Lo compramos de molinos de Bucaramanga y de Florida[blanca], y también lo traemos de la costa" (Cobos, 2007).

La continuidad o extinción de panes tradicionales como la "mestiza" en Bucaramanga está directamente relacionada con el abasto del trigo importado al ser la materia prima indispensable para producir el pan que se consume y comercializa en la ciudad. Relación explicada por uno de los panaderos tradicionales de la ciudad durante el siglo XX al rememorar esos cambios al decir que:

> Hace muchos años mi abuelo trabajaba con trigo nacional, era un trigo que llamaban el trigo chiquito. Era tan bueno como el americano. Pero sucedió que como su nombre lo indica, era chiquito y por más de ser excelente no rendía mucho. Luego trajeron una cosa que se llamaba el trigo gordo, que producía más del doble que el trigo que el chiquito, pero no tenía suficiente gluten, no era de buena calidad, y terminamos importando trigo de Estados Unidos y del Canadá, que son los mejores. (Revista, 2014)

Para finalizar, si bien los panaderos afrontan las pérdidas de la panificación diversificando los productos dentro de las panaderías al adecuarse como cafeterías, salas de onces para comer desde 'tamales' hasta pizzas o heladerías con bebidas refrescantes (Gente, 2009), la producción y oferta de pan ante la escasez de insumos de calidad e incrementos frecuentes en las materias primas ha conllevado a subir los precios, achicar los tamaños o reducir el peso neto de cada pan. Lo cual se evidencia en la desaparición de las proporciones que tuvo el pan en las dos últimas décadas al ser las actuales "mestizas chicarronas" de $500 pesos [0,8 euros] las mismas que se vendían en $50 [0,08] al finalizar el siglo XX, aunque con mayores sustitutos en comparación con la fórmula original. De allí la importancia de estrategias de promoción y fortalecimiento turístico para visitar y consumir en panaderías locales con los visitantes nacionales como con los foráneos interesados por la panicultura.

6. REFERENCIAS BIBLIOGRÁFICAS

Arenas, E. (2007): *Por los caminos del Gran Santander: Panadería Trillos.* Universidad Santo Tomas – Televisión Regional del Oriente (TRO). Bucaramanga.

Ashton, J. (2020): *The History of Bread: From Pre-historic to Modern Times.* E-artnow. Prague.

Cobos, A. (2014): Propietario y gerente de Panadería Trillos. Entrevista. Bucaramanga

Gentedecabecera.com. (2009): *Una tradición horneada por 4 generaciones.* Gentedecabecera.com. Bucaramanga

Google.com. (2024). *Mapas: Bucaramanga.* https://maps.app.goo.gl/dCoE29st84xtAw8x8

Guerrero, A. y Pérez, L. (2005): *Proyecto educativo de la Santandereanidad.* Gobernación de Santander. Bucaramanga.

Instituto Colombiano de bienestar familiar (ICBF) (2018): *Tabla de composición de alimentos colombianos (TCAC) 2018.* ICBF-Universidad Nacional de Colombia. Bogotá.

Jacob, H. (2014): *Six Thousand Years of Bread: Its Holy and Unholy History.* Skyhorse Publishing. New York.

Le Pain de la vie (2022): Le Pain de la vie – Panadería francesa. Facebook.com. PasteleríaBerna.com (2018): *Nuestra historia.* PasteleríaBerna.com. Bucaramanga. Bucaramangainedita.com. (2022). *Jean Billoud: un frances, "Bucaro de corazón".* Bucaramangainedita.com.

León, D. (2012): *Desde hace 46 años el aroma del pan despierta a los bumangueses cada día.* Vanguardia.com. Bucaramanga.

Llano, F. (2020): *Temas y pretextos para descubrir una región: El patrimonio gastronómico y sus potencialidades como objeto de estudio y enseñanza.* OSF Preprints. doi:10.31219/osf.io/z5wnp.

Llano, F. (2020a): *Globalización, valoración cultural y patrimonio gastronómico.* OSF Preprints. doi:10.31219/osf.io/3hf6x.

Martínez, D. (2007): Hornero de la Panadería Trillos. Entrevista. Bucaramanga.

Olaya, C. (2019): El pan nuestro, el de todos los días. En Universidad Industrial de Santander, *Santander Paisaje de sabores: cocina y cultura.* Publicaciones UIS. Bucaramanga.

Oppenneer, B. (2003): *Celebration Breads: Recipes, Tales and Traditions* [Panes para celebrar: recetas, historias y tradiciones]. Simon & Schuster. New York.

Pallant, E. (2022): *Sourdough Culture: A History of Bread Making from Ancient to Modern Bakers.* Podium Audio. Los Angeles.

Pérez, L. (2017): *Patrimonio cultural de Santander.* Publicaciones UIS. Bucaramanga.

Pérez, L. (2024): Pueblo de indios de Bucaramanga. Conflictos socioeconómicos y poblacionales causados por los tratantes del pan. *Fronteras de la Historia, 29,*1. 20-41. https://doi.org/10.22380/20274688.2532

Portafolio Redacción. (2012): *Panaderías, número uno en las Mipymes: Adepan.* Portafolio.com.

Raymond, P. (2011): "De historias y técnicas del pan de azúcar". *Cuadernos De Desarrollo Rural, 50. 19-34.*

Revista El Crisol (2014): *La Panadería Trillos, una vieja tradición familiar que espera mantenerse por las próximas generaciones.* revistaelcrisol.com. Bucaramanga.

Rodríguez, L. y Cáceres, W. (2016): "Salvaguarda del patrimonio cultural gastronómico santandereano". *Jangwa Pana,* 15,1. 43–57.

Rodríguez, L. y Quiroga, I. (2020): "Patrimonio gastronómico de la Provincia de Yariguíes (Santander, Colombia)". *Jangwa Pana,* 19,2. 219–244.

Ruíz, G. (2017): Gerente Panadería El Mana. Entrevista. Bucaramanga.

Semana (2024). *Esta es la receta que 20 mil panaderos colombianos crearon para Semana Santa.* Semana.com. https://www.semana.com/hablan-las-marcas/articulo/esta-es-la-receta-que-20-mil-panaderos-colombianos-crearon-para-semana-santa/202414/

Silva, J. (2007): Jefe de producción de la Panadería Trillos. Entrevista. Bucaramanga.

Torrado, C. (2019): *Conozca la historia del héroe de Bucara-pan-ga: Súper Pan.* oronoticias.tv. Bucaramanga.

Universidad Santo Tomás (USTA) (2007): *Por los caminos del Gran Santander: Panadería Trillos.*

Universidad Santo Tomas – Televisión Regional del Oriente (TRO). Bucaramanga.

Vanguardia.com. (2017): *Panadería Trillos: una tradición horneada a fuego lento.* Vanguardia.com. Bucaramanga.

Weis, R. (2012): *Bakers and Basques. A Social History of Bread in Mexico.* University of New Mexico Press. Albuquerque.

Yarza, I. (2018): *Pan de pueblo: Recetas e historias de los panes y panaderías de España.* Grijalbo. Barcelona.

BLOQUE 2

TURISMO GASTRONÓMICO Y PERSONAS

DE LA MESA A LA RED. LA ELECCIÓN DEL TURISTA GASTRONÓMICO

Cristina Aragonés-Jericó
Asunción Hernández-Fernández
Margarita Nana Barrantes
Universitat de València

RESUMEN: En el marco del turismo gastronómico español, destaca su creciente atractivo debido a la rica tradición culinaria del país, influenciada por la dieta mediterránea y la alta cocina reconocida internacionalmente. Los turistas gastronómicos, apasionados por la comida y la cultura culinaria, intervienen en la promoción del destino a través de redes sociales y plataformas digitales, como Instagram y Tripadvisor. El principal objetivo de la investigación es entender las motivaciones, actitudes y oportunidades que influyen en los turistas en la elección gastronómica, así como el impacto de sus experiencias en la socialización y recomendaciones digitales. Utilizando una metodología cuantitativa y encuestas online, el estudio revela que los turistas valoran la autenticidad y la innovación gastronómica, y utilizan las redes sociales para compartir sus experiencias, lo que afecta positivamente a la elección y fidelización de destinos gastronómicos.

Palabras clave: turista gastronómico, motivación, actitud, oportunidad, socialización digital, e-WOM

ABSTRACT: In this paper, we will address gastronomic tourism in Spain and its influence on gastronomic tourists today. We will conduct research on a series of main variables that influence gastronomic tourists. The objective is to demonstrate that these variables explain their actions and behavior patterns. To this end, we will discuss the significance of gastronomic tourism in Spain and the current spending of its consumers. We will develop each main variable with its proposed hypothesis, analyze the variables, and study the relationship between them using the survey results. Finally, we will draw conclusions from the results and provide a series of recommendations so that restaurants can complement their information about gastronomic tourists and gain greater benefits in their businesses.

Keywords: gastronomic tourist, motivation, attitude, opportunity, digital socialization, e-WOM

1. INTRODUCCIÓN

Hoy en día, la gastronomía en España es uno de los pilares que más atrae a los turistas. La cultura de las tapas, la posición geográfica junto con la variedad de paisajes, climas y la mezcla de culturas ha producido a lo largo de los siglos una gastronomía muy rica y reconocida a nivel internacional (Díaz, 2011). La dieta Mediterránea y el prestigio internacional de la alta cocina española han hecho de España un destino atractivo para el turista gastronómico. España es pionera en la cocina de vanguardia y cuenta con destacados chefs a nivel mundial (Dancausa-Millán, 2021). Esta pasión por la comida y por los programas de televisión sobre chefs ha producido el nacimiento de los turistas gastronómicos, personas que tienen una gran pasión por comer y aprender sobre cocina, pero sin ser cocineros profesionales (Galati et al., 2023; Wachyuni et al., 2021) convirtiéndose, al mismo tiempo, en los pioneros de la gastronomía y en *influencers* culinarios para muchas personas.

Según Meroño (2015) la comida se ha convertido en uno de los temas más recurrentes en el mundo digital. Siendo #food la etiqueta con más de 150 millones de publicaciones en Instagram, donde los comensales comparten sus opiniones sobre sus experiencias. Esto se puede ver también en el auge de las páginas web sobre recomendaciones gastronómicas. Sin embargo, aún existe vacío en la literatura respecto a los hábitos del turista gastronómico y cómo atraerlo al sector de la restauración.

Así, el objetivo del estudio es conocer las motivaciones para realizar turismo gastronómico, en concreto profundizar en la relación que tienen los turistas con la gastronomía, los motivos de su pasión por la comida sus acciones y el origen de las mismas, así como ampliar la información sobre los turistas gastronómicos para el beneficio de las empresas del sector.

Para alcanzar el objetivo expuesto, el trabajo presenta la siguiente estructura: primero se establece el marco teórico, se recoge la metodología de la investigación y, finalmente, se discuten los resultados de la investigación y se establecen las principales conclusiones.

2. MARCO TEÓRICO

2.1. Antecedentes en la elección gastronómica

2.1.1. Motivaciones de los turistas gastronómicos

La definición de motivación consiste en la disposición que tiene un consumidor para llevar a cabo ciertas acciones necesarias y con ello alcanzar un objetivo concreto (Moorman, 1990). La motivación incluye la voluntad, la disposición, el interés y el deseo de participar en la obtención de la información. En nuestro contexto de estudio, la motivación es la voluntad o el interés que tiene un turista gastronómico a la hora de seleccionar un restaurante, que pueda satisfacer sus necesidades y otorgarle nuevas experiencias e información (Galati et al., 2023).

Según Douglas et al., (2024), la motivación se ha convertido en un elemento de gran importancia ya que se le considera un factor explicativo de las actividades turísticas. Los turistas suelen ser empujados por variables internas y/o externas, donde los factores de empuje (*push factors*), relacionados con las emociones, influyen tanto como los factores de atracción (*pull factors*), por ejemplo, el atractivo del lugar (Galati et al., 2023). Asimismo, existe la necesidad de búsqueda, que consiste en la obtención de oportunidades para obtener determinadas recompensas psicológicas (Ross e Iso-Ahola, 1991).

Así, la motivación influye en los turistas gastronómicos de forma que, para ellos, la elección de qué van a consumir en un restaurante es un hecho emocionante y divertido (sería considerado un *push factor*) que les causa placer. Los turistas analizan la oferta gastronómica de modo que su elección les proporcione nuevas experiencias e información. Aparte de ello, también podemos valorar la existencia de *pull factors* en los turistas gastronómicos, ya que la estética del establecimiento influye en su elección (Roy & Gretzel, 2022; Satti et al., 2021).

La intención de búsqueda del turista gastronómico se puede ver en la exploración continua de oportunidades: nuevos restaurantes que no ha probado y que puedan sorprenderle, establecimientos donde pueda obtener nuevas experiencias y satisfacer sus necesidades gastronómicas, entre otros. En ello, vemos reflejado el querer satisfacer sus necesidades de ambición y pasión por la comida (Richards, 2021; Satti et al., 2021).

Según Richards (2021), los destinos turísticos deben considerar la gran importancia de la comida y el vino como contribución a generar una experiencia única en el turista. La cocina puede utilizarse para satisfacer al viajero, sobre todo a los turistas gastronómicos y esto les ayuda a conocer mejor la autenticidad de la ciudad, las costumbres y la cultura subyacente (Sio et al., 2021; Stone et al., 2022).

La presentación gastronómica por parte de los establecimientos debe ser reconocible para los turistas, ya que las promociones adecuadas influyen en su elección (Satti et al., 2021). Douglas et al., (2024) afirman que la cocina se convierte en la más importante atracción por parte de los turistas, lo que implica que la gastronomía es un elemento motivador que influye en el turista gastronómico y, por tanto, le hace elegir el destino a la hora de viajar. Todo ello, nos lleva a formular la siguiente hipótesis:

H1: La motivación de los turistas influye positiva y directamente en la elección gastronómica

2.1.2. Actitudes de los turistas gastronómicos

La actitud es la predisposición que tiene un consumidor a la hora de responder de forma positiva o negativa ante una idea, una acción o una persona (Sanz, 2013). Según Stone et al., (2022) los turistas gastronómicos tienen una sensibilidad hacia el patrimonio culinario de los destinos que visitan ya que entienden la gastronomía como una experiencia compleja pero auténtica. Por tanto, podemos ver que la actitud que tienen los turistas gastronómicos hacia la gastronomía durante sus viajes es positiva, sienten emoción y satisfacción al probar un producto típico o plato tradicional en otras ciudades (Moral-Cuadra et al., 2022).

Hernández (2015), confirma que la innovación y el probar nuevos sabores es uno de los elementos que mueve a los turistas gastronómicos a la hora de elegir nuevos platos en restaurantes, al igual que la satisfacción que les produce probarlos. Los turistas gastronómicos tienen una actitud de aventureros culinarios, buscando nuevas experiencias y probando nuevos platos en las ciudades que visitan.

Por otro lado, Clemente et al., (2008) afirman que existen ciertos atributos a los que los turistas mantienen una actitud positiva en la gastronomía, algunos de ellos son: la calidad de la comida, que haya un buen servicio en el local, el ambiente que se de en el restaurante, que sea original, entre otros (Satti et al., 2021).

Rodrigues et al., (2015), establecen que la actitud en relación al turismo y a los turistas es positiva ya que los turistas obtienen beneficios de ella. En esta línea, podemos afirmar que la actitud de los turistas gastronómicos hacia el consumo en restaurantes es positiva. Esto podemos verlo en los beneficios que obtienen de ello: la satisfacción de su necesidad y pasión por la comida, la diversión que les produce la elección de un plato y las nuevas experiencias que todo ello les genera.

Por tanto, se puede hipotetizar que:

H2: La actitud del turista influye directa y positivamente en la elección gastronómica

2.1.3. Oportunidades de los turistas gastronómicos

Al hacer referencia a la oportunidad se hace alusión a una zona de necesidad del interés del comprador en la cual hay una alta probabilidad de que una empresa pueda actuar rentablemente satisfaciendo esa necesidad. El atractivo de la oportunidad de marketing depende de varios factores como puede ser el poder adquisitivo y el entusiasmo por comprar, entre otros (Kotler et al., 2013).

De este modo, podemos considerar que las oportunidades para los turistas gastronómicos son ocasiones favorables que encuentran en los restaurantes y que no les han surgido anteriormente. Estas oportunidades dependen del poder adquisitivo que tengan para gastar en estos fines (asociada a la implicación que del turista gastronómico en dicho restaurante) y del entusiasmo por ir a un restaurante en concreto (Cleave, 2020; Dancausa-Millán et al., 2021).

Los turistas gastronómicos pueden verse atraídos por estímulos externos, atracciones culturales como pueden ser eventos gastronómicos, ferias y festivales que implican nuevas experiencias en torno a los productos culinarios. Así, la experiencia gastronómica es una de las actividades favoritas de los turistas que les provoca un gran entretenimiento (UNWTO, 2019).

La satisfacción del turista cumpliendo sus expectativas permitirá al destino fidelizarlo incrementando su intención de repetir la estancia (Hoang et al., 2021). En esta línea, la gastronomía de calidad es un factor decisivo en la satisfacción, ya que produce un recuerdo imborrable en la experiencia vivida por el turista (Satti et al., 2021). De esta forma, los restaurantes pueden aprovechar las oportunidades que ofrecen a los turistas gastronómicos para fidelizarlos y que así vuelvan a ir a su local. Esto depende de la satisfacción del turista durante la oportunidad que le ha ofrecido el restaurante, es decir, que el turista gastronómico haya cubierto sus expectativas.

Por tanto, podemos concluir que los turistas gastronómicos buscan variedad y autenticidad en las novedades que pueden ofrecerles los restaurantes, influyéndoles todas estas oportunidades de forma positiva. Así, se hipotetiza que:

H3: Las oportunidades de la oferta gastronómica influyen positiva y directamente en los turistas a la hora de su elección.

2.2. *Turistas gastronómicos y entorno digital*

2.2.1. Socialización digital a través de las redes sociales

Según el estudio de Mendes et al., (2013), el mercado turístico demanda una gran cantidad de información, principalmente por parte de los viajeros independientes. Para sentirse más seguras, las personas interesadas en viajar buscan información previa sobre los destinos, productos y servicios turísticos ofrecidos en el destino que tienen pensado visitar. Las redes sociales facilitan y contribuyen a obtener y compartir información entre las personas, lo que ha producido diversos cambios en el comportamiento del consumidor y nuevos tipos de turismo, turistas, comercialización y marketing.

En esta línea, el avance de las redes sociales e internet ha influido en la evolución de los turistas gastronómicos y su intercambio de información y experiencias. Los turistas gastronómicos obtienen una gran parte de la información que necesitan mediante las redes sociales y a su vez, a través de las mismas, expresan sus comentarios y opiniones respecto a las experiencias que viven en los restaurantes que visitan (Wachyuni, et al., 2021).

Mendes et al., (2013), estudian las innovaciones en la promoción turística a través de: Facebook, Twitter, Tripadvisor, Blogs, entre otros. Para Telles (2010) las redes sociales son ambientes virtuales que reúnen a un grupo de personas que tienen un interés común e interactúan entre sí. Se reúnen de forma online para compartir información, conocimientos y opiniones usando medios de conversación que permiten crear y transmitir fácilmente el contenido deseado por los usuarios a través de palabras, imágenes, videos y audios.

En el contexto de los turistas gastronómicos, las redes sociales son su principal medio de comunicación. Mediante los blogs y las redes sociales los turistas gastronómicos dan su opinión sobre los restaurantes que han visitado y hablan de sus experiencias. Suelen subir fotos de los platos que prueban, sobre todo a Facebook, Instagram y Tiktok. De este modo, sus seguidores pueden comprender más de cerca lo que expresan en sus redes sociales. Su intención principal es informar e influir respecto a los restaurantes que elegirán otros turistas gastronómicos.

Así, podemos observar cómo los turistas gastronómicos intercambian experiencias e información gastronómicas (fotos, vídeos, etc.) produciéndose una autoalimentación que promueve la socialización virtual.

Basándonos en lo anterior, podemos proponer la siguiente hipótesis:

H4: La buena elección gastronómica por parte de los turistas influye directa y positivamente en su socialización a través de redes sociales.

2.2.2. Recomendación de restaurantes a través del e-WOM

Los turistas viajan a los destinos que han establecido una buena reputación como lugar para experimentar con productos locales de calidad (Hoang & Tučková, 2021). De este modo, los turistas gastronómicos seleccionan restaurantes con las mejores opiniones o los más nombrados en las redes sociales. Así, aquellos restaurantes que han ofrecido mejores experiencias son los más recomendados por los turistas gastronómicos (Garibaldi et al., 2021; Umedovna & Oktyamovna, 2021).

En el análisis de la UNWTO (2019) podemos ver que el turismo gastronómico tiene un papel más importante cada vez, y esto ha provocado que España se convierta en uno de los destinos destacados a la hora de ser seleccionado.

Según Telles (2010), las estrategias de marketing en los medios sociales se dan online, dando importancia al dominio de búsqueda. Esta búsqueda, en el caso de los turistas gastronómicos, implica interactuar entre ellos respecto a los restaurantes mejor valorados, con calidad y que les producen grandes experiencias. Los turistas gastronómicos a través de las redes generan conversaciones, aumenta su popularidad en redes y obtienen mayor seguimiento. Podemos afirmar, que el consumo que realizan los turistas gastronómicos se traduce en una recomendación digital de los restaurantes. Por ello, se formula la siguiente hipótesis:

H5: La experiencia gastronómica positiva de los turistas influye positiva y directamente en la recomendación online.

En el marco del turismo gastronómico, el modelo que se muestra en la Figura 1 abarca tanto los antecedentes que condicionan la elección del restaurante, como efectos en el entorno digital derivados de la experiencia del turista gastronómico. Así, se propone el siguiente modelo teórico (Figura 1).

Figura 1: Modelo teórico

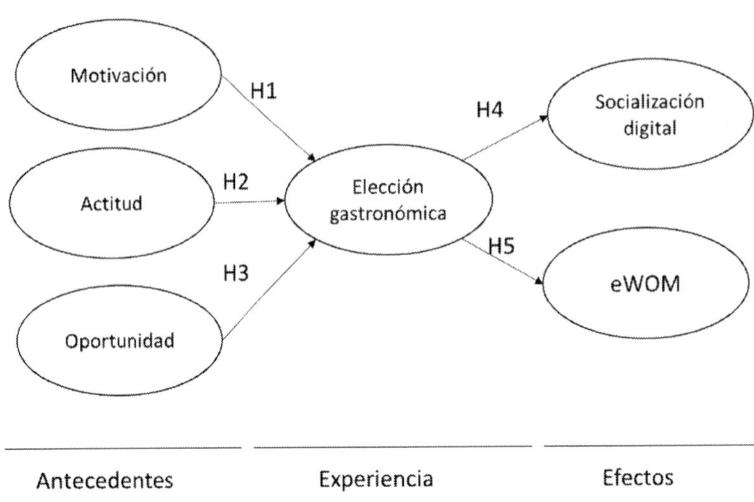

Fuente: elaboración propia

3. METODOLOGÍA

Las fases involucradas en este trabajo se centran principalmente en la revisión de la literatura y una investigación empírica de naturaleza cuantitativa que nos permita dar respuesta a las hipótesis propuestas mediante la aplicación del software SPSS v. 28.

La investigación cuantitativa pretende corroborar cómo una serie de constructos: motivación, actitud y oportunidad, pueden influir en la elección y experiencia del turista gastronómico. Asimismo, tras una experiencia positiva, si influye en la socialización a través de las redes sociales y la recomendación o e-WOM del restaurante. Para medir los diferentes constructos analizados, se utilizan escalas tipo Likert de 5 puntos que han demostrado su adecuación en estudios anteriores, dónde 1 es totalmente en desacuerdo y 5 totalmente de acuerdo.

Así, se ha recogido la información mediante un cuestionario ad-hoc, estructurado, autoadministrado y online. La encuesta se ha distribuido a través de redes sociales (Facebook, Whatsapp y Twitter (que a finales de julio de 2023 paso a denominarse X)). La población objeto del estudio han sido individuos mayores de 18 años residentes en España, que afirman viajar al menos una vez al año por motivos culinarios y ser usuarios de al menos una red social. En total se ha conseguido una muestra válida de 112 personas.

Así, se ha contado con un grupo heterogéneo de personas, el perfil de la muestra es mayoritariamente mujer, mayor de edad (entre 21 y 25 años), con estudios universitarios, que se puede permitir viajar y gastar sus ingresos en placeres gastronómicos. Se trata de personas que suelen viajar normalmente una vez al año, sin embargo, las hay que viajan cada 3 meses por diversión, relax y gastronomía. Las redes sociales más utilizadas son Facebook, Instagram y Twitter, en ese orden. Destaca el gran uso de las redes sociales ya que se trata de su medio de comunicación principal.

Tabla 1: Perfil de la muestra

Características	%
Género	
Mujer	66,4
Hombre	33,6
Situación laboral	
No trabajo	38,9
Trabajo ocasionalmente	21,2
Trabajo a tiempo parcial	19,5
Trabajo a jornada completa	20,4
Edad	
Menor de 20 años	20,8
De 21 a 25 años	57,4
De 26 a 30 años	7,8
De 31 a 40 años	6,1
41 y más	7,9
Formación académica	
Sin estudios	0
Estudios primarios	1,8
Estudios secundarios (ESO, FP y similares)	31,8
Grado universitario	49,6
Postgrado (máster, doctorado)	16,8
Ingresos hogar (media referencia 2.000€)	
Muy por debajo de la media	12,5
Por debajo de la media	25,9
Similar a la media	39,3
Por encima de la media	20,5
Muy por encima de la media	1,8

Fuente: elaboración propia

Tabla 2: Perfil gastronómico y de uso de redes sociales

Características	%
Frecuencia de viajes por las ciudades de España con fin turístico	
Una vez al año	**64,8**
Una vez cada 3 meses	**29,5**
Una vez al mes	**4,1**
Una vez cada 15 días	**0,8**
Una vez a la semana	**0,8**
¿Con que finalidad sueles viajar a otras ciudades? (*Sobre 100% cada resultado*)	
Diversión	**77,86**
Gastronomía	**32,7**
Relax	**43,44**
Trabajo	**30**
Estudios	**2,5**
Monumentos	**29,5**
Otros:	**4,24**
Música y deporte	0,87
Conferencias	0,87
Senderismo	1,63
¿De qué redes sociales eres usuario? *(Sobre 100% cada resultado)*	
Facebook	**93,4**
Twitter	**42,6**
Instagram	**60,65**
Blog	**0,8**
TripAdvisor	**15,6**
Otros:	**5**
Whatsapp	1,63
Airbnb	0,87
Snapchat	1,63
LinkedIn	0,87

Fuente: elaboración propia

4. ANÁLISIS DE LOS RESULTADOS

Para dar respuesta a las hipótesis planteadas se utiliza en primer lugar un análisis descriptivo en base a valores medios de las variables agrupadas en antecedentes (motivación, actitud y oportunidad) y efectos en el entorno digital (socialización y e-WOM). En segundo lugar, se realiza un análisis de correlaciones de Pearson de las variables, todo ello mediante el software SPSS v. 28.

Por lo que respecta al análisis descriptivo de los antecedentes, el constructo motivación toma valores medios elevados, próximos a los 4 puntos sobre 5 (Ilustración 1). Por tanto, los turistas gastronómicos encuestados están de acuerdo en que les gusta buscar información sobre el posible restaurante antes de su elección ($\mu = 3{,}69$). Así, cabe pensar que normalmente buscaran información en internet para resolver sus dudas sobre precios, amplitud, afluencia, si se requiere reserva previa, espacios del local, entre otras. Del mismo modo, la muestra está de acuerdo en su interés en probar platos nuevos e innovadores ($\mu = 3{,}84$), de manera que se puede afirmar que los turistas gastronómicos cuando viajan y van a otros destinos buscan nuevas experiencias gastronómicas, indagan platos tradicionales, curiosos o novedosos. De manera agregada, la motivación de los turistas gastronómicos actúa de forma positiva y les influye a la hora de seleccionar un restaurante cuando viajan.

Respecto a la actitud, los valores medios muestran que los turistas gastronómicos están muy de acuerdo en que les gusta probar la comida tradicional del destino ($\mu = 4{,}49$) y en que es positivo pedir platos cuando viajas ($\mu = 4{,}41$), obteniendo las medias más elevadas de todas las variables antecedentes analizadas (Ilustración 1). Asimismo, con medias cercanas a 4, están de acuerdo con la afirmación de que les gusta vivir nuevas experiencias con la comida y con que les emociona pedir nuevos platos desconocidos. Por último, muestran una posición neutral ($\mu = 3{,}55$) respecto a que sea muy importante la calidad de la comida. De este modo, se puede suponer que tienen una actitud favorable, curiosa e innovadora frente a la experiencia gastronómica en la que buscan que sus necesidades sean satisfechas igualando o superando sus expectativas.

En cuanto a la oportunidad, las medias cercanas al 3 muestran neutralidad en la mayoría de los ítems analizados (Ilustración 1), excepto para la afirmación de que si quedan satisfechos dedican su tiempo a volver al restaurante ($\mu = 3{,}92$), con la que están de acuerdo. Por tanto, la mayoría de los turistas gastronómicos no dudarían en repetir restaurante si el servicio ofrecido es el esperado. Por el contrario, les parece indiferente invertir su tiempo en cualquier festival, evento o feria gastronómica del destino (μ = 3,14) o las promociones de los restaurantes (μ = 3,25).

Ilustración 1: Antecedentes del turista gastronómico en la elección de nuevos restaurantes

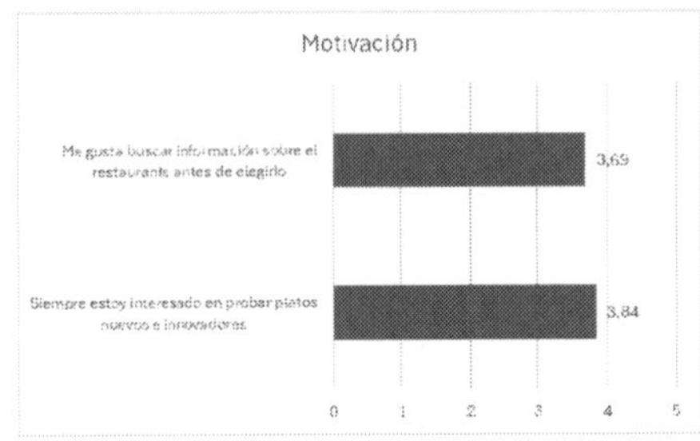

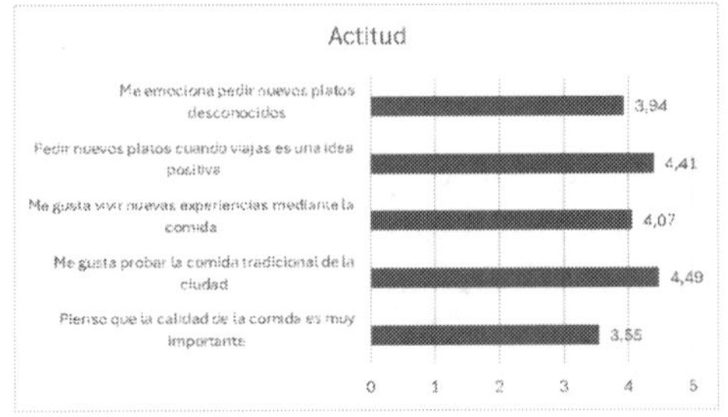

Por otro lado, el análisis descriptivo de los efectos de la experiencia del turista gastronómico en el entorno digital muestra los valores medios para la socialización digital y el e-WOM (Ilustración 2). Por lo que respecta a la socialización digital, la mayoría de los ítems se sitúa con valores medios en torno al 3,2, por lo que no están ni de acuerdo ni en desacuerdo en que la red social sea una importante fuente de información, con comentarios de restaurantes necesariamente favorables o que la toma de decisión dependa totalmente de las valoraciones que tenga la red. Aunque sí están bastante de acuerdo en que la información y experiencia vista en redes sociales es útil (μ = 3,61). Así, vemos que hay turistas gastronómicos que se guían más por la información o recomendaciones que encuentran en las redes sociales, en cambio, hay otros que no suelen consultarlas tanto para obtener información. Además, hay turistas gastronómicos que son influenciados en su decisión por las valoraciones que tienen los restaurantes en las páginas web, aunque otros turistas no contemplan estos comentarios y toman su decisión independientemente de estas valoraciones. Por tanto, podemos afirmar que la elección que hacen los turistas gastronómicos de los restaurantes a los que acuden, influye neutralmente en su socialización a través de las redes sociales.

En cuanto a la recomendación de restaurantes a través del e-WOM, se muestran los valores medios de cada ítem con mayor disparidad de los constructos analizados (Ilustración 2). Si bien los turistas gastronómicos después de la experiencia en un restaurante estarían muy de acuerdo en recomendarlo a amigos y conocidos (μ = 4,57), están bastante de acuerdo en que escribirían comentarios positivos sobre el lugar (μ = 3,55) aunque no tienen claro si escribieran un comentario en sus redes sociales contando la experiencia (μ = 2,75). Esto puede estar condicionado por como haya sido su experiencia en el restaurante y si el turista ha salido satisfecho. Por lo que según el resultado su opinión será positiva o negativa y el restaurante habrá cubierto sus necesidades y satisfecho o superado sus expectativas. Con todo ello, podemos afirmar que la experiencia gastronómica vivida por los turistas en los restaurantes del destino puede producir e-WOM.

Ilustración 2: Turistas gastronómicos y entorno digital

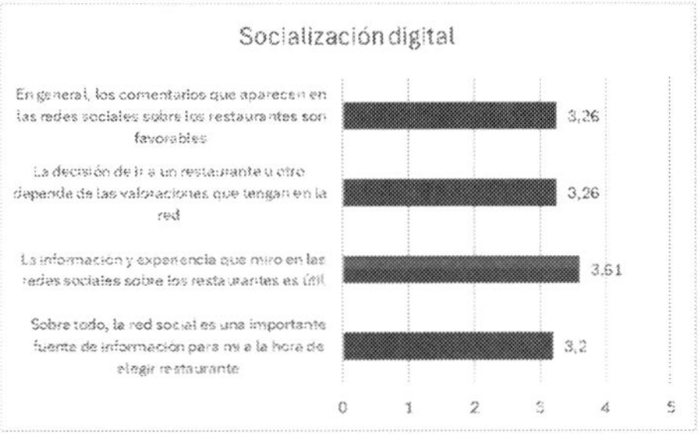

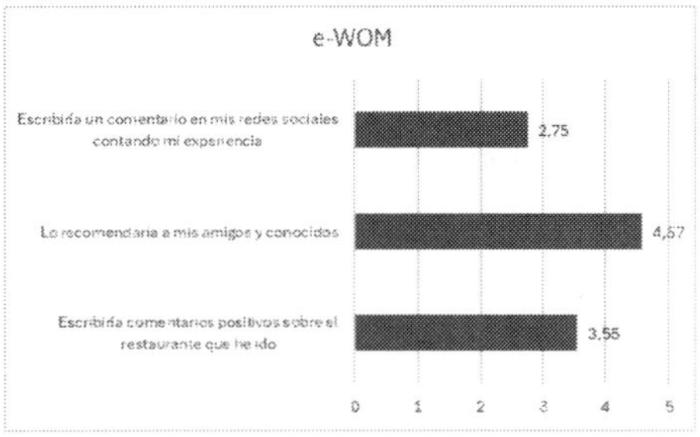

Para finalizar el análisis de resultados, mediante el cálculo del coeficiente de Pearson, se estudia si existe relación entre los constructos principales que afectan a la experiencia y la elección del restaurante que realiza el turista gastronómico.

Tabla 3: Correlaciones entre los constructos

	Motivación	Actitud	Oportunidad	S. Digital	Recomendación
Motivación	1	0,498**	0,211*	0,342**	0,324**
Actitud	0,498**	1	0,341**	0,205*	0,346**
Oportunidad	0,211*	0,341**	1	0,205*	0,206*
S. Digital	0,342**	0,205*	0,205*	1	0,455**
Recomendación	0,324**	0,346**	0,206*	0,455**	1

* La correlación es significativa en el nivel 0,05 (2 colas).

** La correlación es significativa en el nivel 0,01 (2 colas).

En todos los casos vemos una correlación positiva y significativa entre cada par de constructos, si bien las correlaciones más altas se muestran entre motivación y actitud y entre recomendación y socialización digital, en ambos casos con valores superiores al 0,4 (Tabla 3). Para el resto de los casos estudiados, se muestra una correlación positiva baja con valores que van del 0,2 al 0,35. Así, los resultados sí muestran una correlación significativa y positiva en todos los casos, aunque no sea una alta correlación, por lo que es posible confirmar las hipótesis planteadas.

5. CONCLUSIONES

Los resultados obtenidos muestran que el aumento en la motivación de un turista gastronómico, cuando va a escoger el restaurante al que quiere ir, provoca un cambio positivo en su actitud y una mejora en su visión sobre las oportunidades que ofrecen los restaurantes a los consumidores. Si el turista gastronómico realiza una buena elección del restaurante, este lo dará a conocer en sus redes sociales, compartiendo fotos y comentando sobre su experiencia vivida. Si el turista queda satisfecho después del servicio recibido, será más probable que escriba opiniones y comentarios en sus redes sociales y recomiende el restaurante para que otras personas puedan probarlo y vivir la misma experiencia.

Tras observar que el turista busca variedad y novedad en las experiencias gastronómicas, sería recomendable que todas las actividades novedosas que hagan los restaurantes deben de promocionarlas por los medios de comunicación y por las redes sociales como Facebook, Instagram y Twitter.

En conclusión, los restaurantes deben de tener en cuenta que el turista gastronómico siempre busca platos innovadores, vivir nuevas experiencias y compartirlas con otras personas para que conozcan sus opiniones y comentarios al respecto. Son *influencers* y su opinión llegará a muchas personas, por lo que tienen que intentar satisfacerles cumpliendo o superando sus expectativas.

6. REFERENCIAS BIBLIOGRÁFICAS

Cleave, P. (2020). Food as a leisure pursuit, a United Kingdom perspective. *Annals of Leisure Research*, 23(4), 474-491. https://doi.org/10.1080/11745398.2019.1613669

Clemente, J. S. R., Merino, B. R., Marzo, S. V., Ferrandis, M. T. R., & Rodríguez, C. M. (2008). Actitud hacia la gastronomía local de los turistas: dimensiones y segmentación de mercado. *PASOS Revista de Turismo y Patrimonio Cultural, 6*(2), 189-198.

Dancausa-Millán, M.G., Millán-Vázquez-de-la-Torre, M.G., and Hernández-Rojas, R. (2021). Analysis of the demand for gastronomic tourism in Andalusia (Spain). *PloS ONE,* 16(2), e0246377. https://doi.org/10.1371/journal.pone.0246377

Díaz, I. (2010). La evolución de la alimentación y la gastronomía en España. In *La cocina en su tinta. Biblioteca Nacional, 2010: [22 de diciembre de 2010 a 13 de marzo de 2011]* (pp. 121-154). Biblioteca Nacional.

Douglas, A., Hoogendoorn, G., & Richards, G. (2024). Activities as the critical link between motivation and destination choice in cultural tourism. *Journal of Hospitality and Tourism Insights,* 7(1), 249-271.

Galati, A., Testa, R., Schifani, G., & Migliore, G. (2023). Tourists' motivation toward culinary destination choice: Targeting Italian tourists. *Journal of Foodservice Business Research,* 26(4), 647-668.

Garibaldi, R., Stone, M.J., and Pozzi, A. (2021). Consuming gastronomy while travelling: what do tourists want? En Grasso, F. y Sergi, B.S. (edit.). *Tourism in the Mediterranean Sea* (pp. 109-118), Emerald Publishing Limited. https://doi.org/10.1108/978-1-80043-900-920211009

Hernández, J. M., Di-Clemente, E., & Guzmán, T. L. (2015). El turismo gastronómico como experiencia cultural. El caso práctico de la ciudad de Cáceres (España). *Boletín de la Asociación de geógrafos españoles.*

Hoang, D.S., and Tučková, Z. (2021). The impact of sensory marketing on street food for the return of international visitors: Case study in Vietnam. *Scientific Papers of the University of Pardubice, Series D: Faculty of Economics and Administration,* 29(2), 1282. https://doi.org/10.46585/sp29021282

Kotler, P. & Armstrong, G. (2013). Fundamentos de Marketing. Pearson Educación, Decimoprimera edición. México 2013.

Mendes Thomaz, G., Biz, A. A., & Gândara, J. M. G. (2013). Innovación en la promoción turística en medios y redes sociales: Un estudio comparativo entre destinos turísticos. *Estudios y perspectivas en turismo, 22*(1), 102-119.

Meroño L. (2015). La gastronomía y las redes sociales, una mezcla deliciosa. [En línea] <http://www.elperiodico.com/es/sociedad/20151014/instagram-convierte-en-el-medio-mas-utilizado-en-la-gastronomia-segun-sopexa-y-la-uoc-4587170

Moorman, C. (1990). The effect of stimulus and consumer characteristics of utilization of nutrition information. Journal of Consumer Research, 17(3), 362-374.

Moral-Cuadra, S., Solano-Sánchez, M.Á., Menor-Campos, A., and López-Guzmán, T. (2022). Discovering gastronomic tourists' profiles through artificial neural networks: analysis, opinions and attitudes. *Tourism Recreation Research*, 47(3), 347-358. https://doi.org/10.1080/02508281.2021.2002630"

OMT (2023) Informe de conclusiones del 8º Foro Mundial de Turismo Gastronómico de la OMT https://pre-webunwto.s3.eu-west-1.amazonaws.com/s3fs-public/2024-02/informe-conclusiones-omt-turismo-gastronomico.pdf?VersionId=35P6pPEa2BDUeyp8tXhBlUM5J7MEUTPK

Richards, G. (2021). Evolving research perspectives on food and gastronomic experiences in tourism. *International Journal of Contemporary Hospitality Management*, 33(3), 1037-1058. https://doi.org/10.1108/IJCHM-10-2020-1217

Rodrigues, S., Feder Mayer, V., & Fratucci, A. C. (2015). Impactos percibidos del turismo: Un estudio comparativo con residentes y trabajadores del sector en Rio de Janeiro-Brasil. *Estudios y perspectivas en turismo, 24*(1), 115-134.

Ross, E.L. & Iso-Ahola, S.E. (1991). Sightseeing tourists' motivation and satisfaction. Annals of Tourism Research, 18(2), 226-237.

Roy, N., and Gretzel, U. (2022). Marketing Gastronomic Tourism Experiences as Luxury. En A.S. Kotur, and S.K Dixit, (edit.). *The Emerald Handbook of Luxury Management for Hospitality and Tourism* (pp. 183-197). Emerald Publishing Limited. https://doi.org/10.1108/978-1-83982-900-020211009

Sanz-Blas, S., Ruiz-Mafé, C., Marti-Parreño, J., & Hernández-Fernández, A. (2013). Assessing the influence of motivations and attitude on mobile social networking use. *Global Business Perspectives, 1*, 164-179.

Satti, Z.W., Babar, S.F., and Ahmad, H.M. (2021). Exploring mediating role of service quality in the association between sensory marketing and customer satisfaction. *Total Quality Management & Business Excellence,* 32(7-8), 719-736. https://doi.org/10.1080/14783363.2019.1632185

Sio, K.P., Fraser, B., and Fredline, L. (2021). A contemporary systematic literature review of gastronomy tourism and destination image. *Tourism Recreation Research,* https://doi.org/10.1080/02508281.2021.1997491

Stone, M.J., Migacz, S., and Sthapit, E. (2022). Connections between culinary tourism experiences and memory. *Journal of Hospitality & Tourism Research*, 46(4), 797-807. https://doi.org/10.1177/1096348021994171

Telles A. (2010). La revolución de los medios sociales. M. Books, São Paulo.

Umedovna, T.K., and Oktyamovna, A.S. (2021). Planning and management of gastronomy tourism in the territory. *ResearchJet Journal of Analysis and Inventions,* 2(4), 237-242.

UNWTO World Tourism Organization and Basque Culinary Center (2019), *Guidelines for the Development of Gastronomy Tourism*, UNWTO, Madrid, DOI: https://doi.org/10.18111/9789284420957

Visković, N.R., and Komac, B. (2021). Gastronomy tourism: A brief introduction. *Acta Geographica Slovenica*, 61(1), 95-105. https://doi.org/10.3986/AGS.10258

Wachyuni, S.S., Priyambodo, T.K., Widiyastuti, D., and Sudarmadji. (2021). Culinary consumption in digital era: Tourists' typology and their characteristics. *Journal of Education, Society and Behavioural Science,* 34(6), 47-61. https://doi.org/10.9734/jesbs/2021/v34i630337

SABORES Y ORGULLO: UN ANÁLISIS DE LOS TURISTAS LGBTIQ+ FRENTE AL TURISMO GASTRONÓMICO

Mar Algueró Boronat
Rosa María Rodríguez Artola
Miguel Angel Moliner Tena
Universitat Jaume I

RESUMEN: El presente artículo explora y compara a las personas LGBTIQ+ en diversos tipos de turismo, enfocándose especialmente en el turismo gastronómico. A medida que el turismo se diversifica, es esencial entender cómo diferentes grupos encuentran y experimentan estos espacios. Este estudio analiza si existe un perfil concreto de turista LGBTIQ+ gastronómico. A través de una revisión de literatura y estudios de caso, se investigan las características de 590 viajeros LGBTIQ+ en distintos contextos turísticos, comparándolos con aquellos que buscan experiencias gastronómicas. Los resultados muestran que no existe un tipo específico de turista LGBTIQ+ para cada clase de turismo. Sin embargo, el análisis muestra que la edad y la identidad de género son variables significativas que diferencian a los turistas LGBTIQ+ que prefieren el turismo gastronómico de aquellos que participan en otros tipos de turismo.

Palabras clave: Turistas LGBTIQ+; Turismo gastronómico; Diversidad turística; Análisis comparativo; Perfil turístico

ABSTRACT: This article explores and compares LGBTIQ+ people in various types of tourism, with a special focus on gastronomic tourism. As tourism diversifies, it is essential to understand how different groups encounter and experience these spaces. This study analyses whether there is a specific profile of LGBTIQ+ gastronomic tourists. Through a literature review and case studies, the characteristics of 590 LGBTIQ+ travelers in different tourism contexts are investigated, comparing them with those who seek gastronomic experiences. The results show that there is no specific type of LGBTIQ+ tourist for each class of tourism. However, the analysis shows that age and gender identity are significant variables that differentiate LGBTIQ+ tourists who prefer gastronomic tourism from those who participate in other types of tourism.

Keywords: LGBTIQ+ tourists; Gastronomic tourism; Tourist diversity; Comparative analysis; Tourist profile

1. INTRODUCCIÓN

En las últimas décadas, el turismo ha evolucionado significativamente, pasando de ser una mera actividad recreativa a un campo complejo y multifacético que refleja las diversas identidades y preferencias de los viajeros contemporáneos (Ong et al., 2022). En un mundo donde la diversidad se alza como estandarte del progreso, la industria de los turistas LGBTIQ+ se enfrenta al imperativo de comprender y atender a una área cada vez más amplia de viajeros (Prayag et al, 2023). Las personas LGBTIQ+ han emergido como un segmento crucial y dinámico dentro del panorama turístico global. El sector turístico LGBTIQ+ representan una parte de mercado en constante crecimiento, con expectativas y motivaciones únicas que exigen ser exploradas (Zhou et al., 2021).

El turismo LGBTIQ+ es uno de los mercados de más rápido crecimiento en el sector de los viajes internacionales, ya que aproximadamente 36 millones de visitantes que pernoctaron en destinos internacionales de todo el mundo formaban parte de las comunidades de lesbianas, gay, bisexual, transgénero, transexual, travesti, intersexual y queer (LGBTIQ+) (OMT, 2017). Oriol Pamies, CEO de Queer Destinations y miembro de la Junta Directiva de IGLTA ha afirmado que estamos hablando de un segmento con una tasa de crecimiento superior del 10,3% anual. La Organización Mundial del Turismo muestra que el sector de turistas LGBTIQ+ mueve más del 3% de los viajeros a nivel internacional (Prat, 2015; OMT, 2017). Según Pathumporn et al. (2020), se estima que en 2018 se gastaron 211.000 millones de dólares en viajes de personas LGBTIQ+, y los turistas LGBTIQ+ contribuyen con alrededor del 6% del gasto total del turismo mundial (Ram et al., 2019). A pesar del crecimiento de los turistas LGBTIQ+ en el sector turístico, la investigación académica sobre viajeros LGBTIQ+ sigue siendo escasa, limitada, desactualizada y poco profundizada en materia, por lo que se necesita una visión actualizada, ya que existen pocos documentos que analicen en detalle el comportamiento y los deseos de este perfil de turista (Vorobjovas-Pinta and Hardy, 2016).

El objetivo principal de este estudio es analizar y comparar a las personas LGBTIQ+ en diferentes tipos de turismo, con un enfoque particular en el turismo gastronómico. A través de la comparación entre diferentes tipos de turismo, se busca identificar patrones y matices que definan el perfil de este grupo poblacional dentro de la industria. La investigación busca analizar si existe un perfil único de las turistas LGBTIQ+ gastronómicos, así como de turistas gastronómicos, este estudio apuesta por un enfoque diverso e interseccional, reconociendo la multiplicidad de identidades y preferencias que coexisten dentro de este colectivo. Analizando la homogeneidad en la tipología turística gastronómica, concretamente en las comunidades LGBTIQ+.

A partir de una revisión exhaustiva de la literatura y el análisis de 590 estudios de caso, este trabajo desentraña las características personales en las decisiones turísticas de las personas LGBTIQ+. Se examinan las diferencias que surgen al contrastarlas con aquellos viajeros que buscan experiencias gastronómicas y los que no, arrojando luz sobre las particularidades que distinguen a este segmento.

2. REVISIÓN DE LA LITERATURA

El turismo gastronómico es definido por el Comité de Turismo y Competitividad (CTC) como un tipo de actividad turística que se caracteriza por el hecho de que la experiencia del visitante cuando viaja está vinculada con la comida y con productos y actividades afines (UNWTO, 2019).

Los estudios sobre turismo gastronómico abarcan una amplia gama de temas (Sánchez-Cañizares & López-Guzmán, 2012). Sin embargo, existe un vacío en la investigación en cuanto a la intersección entre el turismo gastronómico y el colectivo LGBTIQ+. Ambas áreas comparten características clave que las convierten en un binomio con un potencial inexplorado en lo referente al poder adquisitivo y la disposición de gasto en comparación con la media de los turistas. Este tipo de turismo atrae a viajeros con mayor poder económico, originarios del mundo de los llamados BRICS (Brasil, Rusia, India, China y Sudáfrica) (Cunha, 2018). Esto se relaciona a la par con el tipo de turistas que conforman el turismo LGBTIQ+, también considerados como turistas con un elevado poder adquisitivo (Hattingh & Spencer, 2020).

El turismo LGBTIQ+ se posiciona como un segmento de mercado altamente rentable y en rápido crecimiento (Hattingh & Spencer, 2020). El turismo LGBTIQ+ representa un segmento de mercado con un alto poder adquisitivo y una gran capacidad de gasto (Ram et al., 2019). Son viajeros que invierten en experiencias y que buscan destinos que les ofrezcan valor añadido (Hattingh & Spencer, 2020). Sumado a esto, las proyecciones indican que este mercado seguirá expandiéndose a un ritmo acelerado, presentando oportunidades lucrativas para los actores del sector turístico y un considerable potencial de rentabilidad (Madinga et al., 2023).

Sin embargo, a pesar de su evidente crecimiento y potencial, aún existe una notable escasez de investigaciones que se centren específicamente en los turistas LGBTIQ+ (Hartal & Sasson-Levy, 2021). Esta falta de conocimiento representa una oportunidad para ahondar en las características específicas de este segmento, concretamente en su perfil gastronómico, permitiendo conocer si la suma de dos perfiles turísticos de poderes adquisitivos altos conforman un turismo de altos gastos.

La investigación unifica a ambos sectores no solo por aspectos económicos, también debido a que ambos grupos buscan experiencias auténticas y enriquecedoras que vayan más allá de lo convencional y se caracterizan por una apreciación por la diversidad y la apertura a nuevas culturas. A pesar de estas similitudes, el turismo gastronómico LGBTIQ+ permanece como un nicho de mercado sin explorar. En la actualidad, un número creciente de personas viaja motivada por la gastronomía (Sánchez-Cañizares & López-Guzmán, 2012), incluidas las personas LGBTIQ+.

3. METODOLOGÍA

La investigación sobre el turismo gastronómico LGBTIQ+ se llevó a cabo en España, mediante la implementación de una estrategia de recolección de datos online basada en un cuestionario dirigido a la población española. La encuesta se difundió a través de redes sociales y asociaciones LGBTIQ+, sin ofrecer incentivos a los participantes, lo que facilitó un acceso eficiente a una amplia audiencia.

El estudio cuenta con el informe favorable del Comité de Ética de la Universidad (CEISH/73/2023), el cual reconoce que la investigación cumple con las normas éticas requeridas. Esto garantiza que la recolección de datos se realizó con respeto a la privacidad y confidencialidad de los participantes.

El análisis se realizó mediante el programa R Studio, utilizando el método ANOVA (Análisis de Varianza). La fase de recolección de datos arrojó un total de 590 respuestas de personas LGBTIQ+. De estas, 437 (74,07%) no realizaban turismo gastronómico, mientras que 153 (25,93%) sí lo hacían. La siguiente tabla ofrece una visión detallada de las características demográficas y de viaje de los encuestados:

Tabla 1

Categoría	%		Categoría	%
Tipos de Turismo			**Educación**	
Gastronómico	25,93		E.S.O. / Graduado Escolar	10,19
Otros tipos	74,07		Bachillerato / B.U.P.	4,20
			Formación Profesional	14,24
Identidad de género			Estudios Universitarios	37,38
Cisgénero	78,3		Estudios Post-universitarios	33,98
Personas trans y No Binarie	21,7			
			Vehículo	
Rango edad			Coche	35,76
<18	2,59		Vehículo recreativo (Blablacar)	3,56
19-24	37,54		Furgoneta	0,85
25-39	41,59		Barco	0,34
40-49	9,22		Tren	16,95
50-59	7,28		Avión	40,00
60>	1,78		Otro	2,54
Compañía de viaje				
Individual	15,7			
Acompañados (En pareja, amistades y familiares)	84,2			

Fuente: Elaboración propia

4. RESULTADOS

Los resultados muestran el análisis respecto diferentes tipos de viaje que hacen los turistas LGBTIQ+, concretamente entre los turistas LGBTIQ+ que viajan específicamente con motivaciones gastronómicas y los que realizan otro tipo de turismo (relajación, naturaleza, historia, arte, espectáculos, eventos, negocios, lujo, aventuras, familiar y sexual). La investigación muestra la existencia de diferenciación significativa entre los viajeros LGBTIQ+ que realizan turismo gastronómico y aquellos que no lo hacen. Para ello, se empleó un análisis de varianza (ANOVA).

En lo referente a la edad de los turistas, los resultados revelaron un valor p de 0.00571, lo que indica una diferencia estadísticamente significativa entre ambos grupos. En concreto, se observó que los turistas LGBTIQ+

que realizan turismo gastronómico tienden a ser mayores que aquellos que no lo hacen. La edad promedio de los turistas LGBTIQ+ gastronómicos se encuentra entre los 25 y los 39 años, mientras que la de los turistas LGBTIQ+ que no realizan este tipo de turismo se sitúa principalmente en el rango de edad entre 19 y 24 años. De igual manera, el análisis de varianza no muestra una diferencia significativa en el nivel educativo entre los dos grupos. El valor p (0.271) es superior al nivel de significancia común, lo que sugiere que no hay evidencia suficiente para concluir que las medias de los niveles educativos sean diferentes. El nivel educativo se presenta como una variable homogénea para ambos grupos. En cuanto a la forma de viaje (individual o acompañado), el análisis revela que no hay una diferencia estadísticamente significativa al nivel convencional del 0.05 (p = 0.0593). Si bien este valor se encuentra cerca del umbral de significancia, no alcanza la evidencia concluyente para afirmar una diferencia definitiva. El análisis no encuentra una diferencia significativa en los tipos de transporte utilizados por ambos grupos (p = 0.806). La ausencia de evidencia sugiere que no hay una predilección por un medio de transporte en particular entre los turistas LGBTIQ+ gastronómicos y los turistas LGBTIQ+ que no realizan este tipo de turismo. El análisis de varianza revela que las medias del gasto son iguales para ambos grupos en todas las categorías analizadas: alojamiento (p = 0.348), gastronomía (p = 0.521), entretenimiento (p = 0.131), souvenirs (p = 0.113) y transporte (p = 0.939). La ausencia de diferencias significativas en el gasto total y en cada categoría específica indica que los patrones de consumo son similares para ambos segmentos de turismo LGBTIQ+. En la cantidad de viajes por año el valor p obtenido (0.546) es mayor que el nivel de significancia común (0.05). Indicando que no hay evidencia suficiente para concluir que existe una diferencia significativa en el número de viajes al año realizados por los dos grupos analizados. Aunque en los resultados se aprecia que existen más viajes por año de turistas gastronómicos LGBTIQ+ que en el resto, a pesar de ello no lo suficiente para que la diferencia sea significativa. De manera similar, en la duración del viaje, el valor p (0.248) es superior al nivel de significancia (0.05). Este resultado sugiere que no hay una diferencia estadísticamente significativa en la duración del viaje entre los dos grupos. Por lo que la longitud promedio de los viajes es comparable para ambos segmentos. En contraste con los casos anteriores, las características de identidad de género muestran un valor p (0.0362) menor que el nivel de significancia (0.05), lo cual indica que sí existe una diferencia significativa en la distribución de la identidad de género entre los dos grupos. Los resultados muestran que los turistas que participan en el turismo gastronómico dentro de las comunidades LGBTIQ+ generalmente son personas cisgénero, a diferencia de otros tipos de turismo donde se observa una mayor diversidad de identidades de género. Los resultados sugieren que, en términos generales, ambos segmentos comparten características de viaje y socioeconómicas, así como patrones de consumo similares. Esto indica una convergencia en los perfiles entre los dos grupos analizados.

5. CONCLUSIONES

Los análisis realizados han buscado descubrir las similitudes y diferencias entre los perfiles de los turistas LGBTIQ+ que participan en turismo gastronómico, así como determinar si existe diversidad en comparación con los turistas LGBTIQ+ que prefieren otros tipos de turismo. Los turistas LGBTIQ+ a menudo se han calificado como turistas homogéneos (Hattingh & Spencer, 2020), con un promedio de gasto elevado (Ram et al., 2019), similar al perfil del turismo gastronómico (Cunha, 2018). Este estudio profundiza en sí dentro de los turistas LGBTIQ+ también existe un perfil claro respecto al turismo gastronómico.

Los resultados demuestran que no hay grandes diferencias entre los turistas LGBTIQ+ que realizan diferentes tipos de turismo y los turistas LGBTIQ+ gastronómicos. Esto indica que no hay un perfil claro de turistas gastronómicos con orientaciones sexuales e identidades de género características LGBTIQ+, a diferencia de lo que se observa con los turistas gastronómicos en general.

Khan (2013) señaló que todas las personas, sin importar a qué comunidades pertenezcan, experimentan las vacaciones de manera única, y no se pueden clasificar en un único tipo de turista, ya que intervienen numerosos factores. En línea con esta perspectiva, Community Marketing Inc. (CMI) (2019) concuerda al afirmar que "no se puede hablar de un mercado gay homogéneo: las comunidades LGTB abarcan un espectro amplio y dinámico de intereses, sensibilidades, preferencias y prioridades".

Los turistas LGBTIQ+ son diversos y plurales, participando en todo tipo de actividades turísticas sin importar sus características sociodemográficas y de viaje. Entre ellas se analizaron varias características sociodemográficas (nivel educativo) y características del viaje (viajar acompañado o en grupo, tipo de transporte utilizado, gastos, número de viajeros y duración del viaje). Aunque estas observaciones pueden generalizarse a la mayoría de los resultados obtenidos en el análisis, se encontraron diferencias específicas en las características sociodemográficas, como la edad, y en las características de identidad, concretamente en la identidad de género. Por lo que, sí existen ciertas características sociodemográficas y de identidad que destacan entre los turistas gastronómicos LGBTIQ+. El análisis revela que, si bien los turistas LGBTIQ+ son en su mayoría diversos y participan en una variedad de actividades turísticas, los turistas gastronómicos pertenecientes a las comunidades LGBTIQ+ tienden a ser de edades más avanzadas y con identidades cisgénero.

Esta diferencia en la edad podría explicarse debido a que los turistas LGBTIQ+ gastronómicos podrían tener intereses y preferencias más maduros, buscando experiencias culinarias más sofisticadas y diversas. El turismo gastronómico suele implicar un mayor gasto, por lo que es posible que los turistas LGBTIQ+ que lo realizan tengan un mayor poder adquisitivo, asociado a una edad más avanzada, aunque no por ello decida tener un gasto total mayor al resto de turistas LGBTIQ+. Por otro lado, los turistas LGBTIQ+ gastronómicos podrían encontrarse en una etapa más avanzada del ciclo vital, con más tiempo libre y recursos disponibles para dedicarlos a este tipo de viajes.

En el análisis respecto a la significatividad de diferencias por identidad de género en los turistas LGBTIQ+ se observa que los turistas LGBTIQ+ que participan en otros tipos de turismo tienden a ser más variados dentro de las comunidades LGBTIQ+ en términos de identidad de género. En contraste, los turistas LGBTIQ+ que realizan turismo gastronómico se diferencian por ser predominantemente personas cisgénero, tanto femeninas como masculinas.

Los entornos gastronómicos de alta gama pueden ser percibidos como más inclusivos y seguros para personas cisgénero, tanto femeninas como masculinas. Esto podría hacer que

estos individuos se sientan más cómodos y bienvenidos en estos espacios, en comparación con otros tipos de turismo que pueden no ofrecer el mismo nivel de confort y aceptación. Las normas sociales y culturales a menudo influyen en las actividades de ocio y turismo. Las personas cisgénero pueden sentirse más inclinadas a participar en turismo gastronómico debido a las expectativas sociales y roles tradicionales que asocian a la gastronomía con cierto estatus y prestigio. La representación de personas LGBTIQ+ en el turismo gastronómico puede estar influenciada por la visibilidad de personas cisgénero en los medios y la publicidad. Las personas cisgénero pueden estar más representadas en campañas de marketing y promociones de destinos gastronómicos, lo que puede atraer a más individuos de este grupo a participar en estas experiencias.

6. CONTRIBUCIONES E IMPLICACIONES

6.1. Contribuciones teóricas

El estudio se propone no solo ampliar nuestro entendimiento sobre cómo los turistas LGBTIQ+ interactúan con diferentes modalidades de turismo, sino también enriquecer el diálogo académico sobre la inclusión y diversidad en el ámbito del turismo contemporáneo. Al hacerlo, contribuye significativamente a la literatura existente al ofrecer una perspectiva informada y empírica sobre un tema de creciente relevancia en el contexto global actual. Investigar la intersección entre los turistas LGBTIQ+ y el turismo gastronómico contribuye al cuerpo académico de conocimiento sobre estudios de turismo, género y diversidad.

El presente artículo amplía la perspectiva de género en los estudios de turismo, incorporando el análisis de la identidad de género como una variable relevante para comprender las diferentes características de los turistas LGBTIQ+ entre diversos tipos de turismo. Visibiliza la diversidad que existe dentro de las comunidades LGBTIQ+, incluyendo en los analisis a personas transgénero, no binarias y de género diverso en el ámbito del turismo.

El análisis invita a reflexionar sobre la construcción social del turismo gastronómico y cómo las normas de género pueden influir en la participación de personas LGBTIQ+ en experiencias gastronómicas.

La investigación muestra que no existe un perfil homogéneo de turista LGBTIQ+ gastronómico, el artículo desafía las teorías tradicionales que asumen uniformidad dentro de grupos minoritarios. Esto promueve un enfoque más complejo y matizado para estudiar la diversidad dentro de las comunidades.

6.2. Contribuciones prácticas

Este estudio permite comprender el perfil de los turistas LGBTIQ+ a los que se dirigen las empresas en el sector del turismo gastronómico. Al conocer el interés de los turistas por este tipo de turismo, proporciona una oportunidad para destacar la oferta gastronómica en destinos LGBTIQ+ friendly.

Las empresas turísticas deben desarrollar campañas de marketing que representen a todas las identidades de género y orientaciones sexuales dentro de las comunidades LGBTIQ+. Utilizar imágenes, narrativas y testimonios que reflejan esta diversidad ayudará a atraer a un público más amplio. Utilizar un lenguaje inclusivo y sensible en todas las comunicaciones y materiales promocionales es crucial. Asegurarse de que el lenguaje no asuma ni perpetúe estereotipos de género u orientación sexual.

Para que el turismo gastronómico sea realmente plural y diverso, es esencial que las empresas turísticas adopten un enfoque inclusivo en todas sus prácticas y estrategias. Al implementar estas recomendaciones, el sector turístico no solo atraerá a un público más amplio y diverso, sino que también contribuirá a crear una industria más equitativa y respetuosa para todos los turistas, independientemente de sus características LGBTIQ+.

6.3. Implicaciones sociales

El turismo LGBTIQ+ representa un segmento significativo de la industria turística global, con necesidades y preferencias específicas que merecen ser comprendidas y atendidas. Investigar cómo estos turistas interactúan con el turismo gastronómico permite una mejor representación de sus intereses y contribuye a la creación de experiencias de viaje más inclusivas y satisfactorias para ellos.

Entender a qué tipo de turistas nos referimos es de vital relevancia, concretamente a los turistas LGBTIQ+ en relación con el turismo gastronómico tiene implicaciones importantes para el desarrollo turístico sostenible. Los destinos que pueden adaptar y diversificar sus ofertas gastronómicas para satisfacer las demandas de estos turistas no solo pueden mejorar su competitividad en el mercado, sino también fomentar prácticas turísticas más responsables y respetuosas con la diversidad cultural y sexual. El análisis fomenta un enfoque en la inclusión y la diversidad en el turismo, reconociendo la importancia de representar la variedad de identidades dentro del colectivo LGBTIQ+.

El estudio subraya que los turistas LGBTIQ+ son diversos y participan en una variedad de actividades turísticas, fomentando el reconocimiento de la pluralidad dentro de estas comunidades. Esto puede llevar a una mayor aceptación y respeto por las diferencias individuales.

7. BIBLIOGRAFÍA

Community Marketing & Insights (CMI) (2019). 24th Annual LGBTQ Tourism & Hospitality Survey. https://cmi.info/documents/temp/CMI_24th-LGBTQ-Travel-Study-Report2019.pdf

Cunha, S. (2018). Turismo gastronómico, un factor de diferenciación. Millenium, 2(5), 9.

Hartal, G., & Sasson-Levy, O. (2021). The progressive orient: Gay tourism to Tel aviv and Israeli ethnicities. Environment and Planning C: Politics and Space, 39(1), 11–29.

Hattingh, C., & Spencer, J. P. (2020). Homosexual not homogeneous: A motivation-based typology of gay leisure travelers holidaying in Cape Town, South Africa. Journal of Homosexuality, 67(6), 768–792.

Khan, R. (2013). Travel motivations of gay and lesbian tourists: a qualitative inquiry (Doctoral dissertation, University of Delaware).

Madinga, N. W., van Eyk, M., & Amoah, F. (2023). LGBT Tourism in South Africa: the influence of customer value on behavioural intention. Current Issues in Tourism, 26(11), 1813-1827.

OMT (Organización Mundial del Turismo) (2017). Panorama OMT del turismo internacional, Edición 2017, UNWTO, Madrid, DOI: https://doi.org/10.18111/9789284419043

Ong, F., Vorobjovas-Pinta, O., & Lewis, C. (2022). LGBTIQ+ identities in tourism and leisure research: A systematic qualitative literature review. Journal of Sustainable Tourism, 30(7), 1476-1499.

Pathumporn, J., Kotchare, T., & Esichaikul, R. (2020). Guidelines for development of tourism components to promote phuket as a destination for foreign gay tourists. PalArch's Journal of Archaeology of Egypt/Egyptology, 17(12), 1438–1453

Prat, J. M. (2015). Las motivaciones de los turistas LGBT en la elección de la ciudad de Barcelona. Documents d'anàlisi geogràfica, 61(3), 601-621.

Prayag, G., Lewis, C., & Pour, S. (2024). Travel in my life: queer identity, travel motivation, resilience, life-satisfaction and wellbeing. Current Issues in Tourism, 27(2), 323-340.

Ram, Y., Kama, A., Mizrachi, I., & Hall, C. M. (2019). The benefits of an LGBT-inclusive tourist destination. Journal of destination marketing & management, 14, 100374.

Sánchez-Cañizares, S. M., & López-Guzmán, T. (2012). Gastronomy as a tourism resource: Profile of the culinary tourist. Current Issues in Tourism, 15(3), 229-245.

Vorobjovas-Pinta, O., & Hardy, A. (2016). The evolution of gay travel research. International Journal of Tourism Research, 18(4), 409-416.

UNWTO. World Tourism Organization & Basque Culinary Center (Eds.). (2019). Guidelines for the Development of Gastronomy Tourism. World Tourism Organization (UNWTO). https://doi.org/10.18111/9789284420957

Zhou, P. P., Wu, M. Y., Filep, S., & Weber, K. (2021). Exploring well-being outcomes at an iconic Chinese LGBT event: A PERMA model perspective. Tourism Management Perspectives, 40, 100905.

LA GASTRONOMÍA COMO ATRACTIVO TURÍSTICO: IMAGEN GASTRONÓMICA VERSUS LEALTAD AL DESTINO

Silvia Sanz-Blas
Daniela Buzova
Victor Ballester-Riera
Paula Fierro-Rubio
Universidad de Valencia

RESUMEN: La gastronomía supone un signo distintivo de las sociedades y territorios, siendo un elemento tangible que compone la cultura de la sociedad y, a su vez, puede ser utilizado como recurso turístico. La importancia creciente de la gastronomía en el marco de la actividad turística y, sobre todo, el crecimiento de las situaciones en las que la gastronomía constituye un eje fundamental del turismo, ha motivado a que se utilice el término de turismo gastronómico. Esta tipología de turismo se consolida como una tendencia clave en el desarrollo y la promoción turística de muchos destinos, contribuyendo a mejorar la experiencia y satisfacción del visitante, además de ser un elemento determinante de la lealtad al destino. La presente investigación persigue como objetivo conocer la relación existente entre imagen-satisfacción-lealtad en un destino gastronómico. Tras entrevistar a 320 turistas que visitan la CCVV motivados por su gastronomía, los resultados muestran que la imagen gastronómica que percibe el turista que visita la ciudad de Valencia influye en su satisfacción con la experiencia gastronómica vivida, satisfacción que a su vez influye en la lealtad al destino gastronómico visitado. El trabajo ofrece un conjunto de implicaciones tanto para empresas gastronómicas locales como para organizaciones encargadas de la gestión de destinos turísticos.

Palabras clave: Turismo gastronómico, Imagen gastronómica, Satisfacción, Lealtad, Destino turístico

ABSTRACT: Gastronomy is a distinctive sign of societies and territories, being a tangible element that makes up the culture of society and, in turn, can be used as a tourist resource. The growing importance of gastronomy within the framework of tourism activity and, above all, the growth of situations in which gastronomy is a fundamental axis of tourism, has motivated the use of the term gastronomic tourism. This type of tourism is consolidated as a key trend in the development and promotion of tourism in many destinations, contributing to improving the experience and satisfaction of the visitor, as well as being a determining element of loyalty to the destination. The objective of this research is to know the relationship between image-satisfaction-loyalty in a gastronomic destination. After interviewing 320 tourists who visit the CCVV motivated by its gastronomy, the results show that the gastronomic image perceived by tourists who visit the city of Valencia influences their satisfaction with the gastronomic experience lived, satisfaction that in turn influences loyalty to the gastronomic destination visited. The work offers a set of implications for both local gastronomic companies and organizations in charge of managing tourist destinations.

Keywords: Gastronomic tourism, Gastronomic image, Satisfaction, Loyalty, Tourist destination

1. INTRODUCCIÓN

Con el tiempo se ha ido consolidando un nuevo tipo de turismo, el gastronómico, que tiene el disfrute y conocimiento de la gastronomía de un destino como principal meta o fin. El desarrollo de esta tipología de turismo ha llevado a que se implementen en un destino turístico actividades relacionadas con la gastronomía local, como el desarrollo de rutas alimenticias, el turismo del vino, rutas con los mejores sabores, comidas en restaurantes típicos de la ciudad, etc., creciendo el número de personas que se desplazan a un destino para conocer y degustar su oferta gastronómica (Dinamiza, 2019).

Las referencias recientes a los intentos de utilizar la gastronomía de cada zona como atractivo turístico son muy frecuentes en países de nuestro entorno, como Italia, Francia y Portugal, además de en todas las regiones españolas. España presenta una gran pluralidad culinaria por razones agrícolas, ganaderas, pesqueras, históricas, socioculturales, etc., acentuada por turistas extranjeros e inmigrantes, existiendo además en todo el territorio una cultura singular de la buena mesa, que hace que la necesidad de alimentarse se convierta en una experiencia agradable y ésta sea compartida con la sociedad receptora, los turistas. La gastronomía permite así aproximarse a la cultura de un modo más participativo y vivencial (Armesto y Gómez, 2004; Ramírez, 2013).

La gastronomía es, por tanto, otro de los focos de atracción turística, ya que además de la posibilidad de degustación de determinados productos permite que turistas y viajeros puedan experimentar nuevas experiencias de consumo. El consumidor turístico no solo busca saborear un producto o un determinado plato, sino conocer otros lugares, experimentar nuevas sensaciones e integrarse o acercarse a nuevas culturas (Schlüter y Thiel, 2008).

De ese modo, la gastronómica se convierte en una motivación de viaje cada vez más importante en nuestros días, siendo un elemento clave de la economía española. El 15% de los turistas que visita España viene motivados por la gastronomía y su gasto es un 20% superior al del viajero medio (Hosteltur, 2019).

La gastronomía contribuye a mejorar la experiencia y satisfacción del visitante influyendo de forma importante en la imagen del destino (Hosteltur, 2019; Ricolfe et al., 2008; Sanz-Blas et al., 2017), siendo además un elemento determinante de la intención de volver de nuevo al destino y de recomendarlo a otras personas (Sanz-Blas et al., 2017). Además, es un aspecto de suma importancia en la calidad de la experiencia vacacional añadiéndole valor (Fandos y Puyuelo, 2011). A pesar de que la investigación en este tipo de turismo avanza considerablemente (ver Armas, 2008; Clemente y otros, 2008; Fandos y Puyuelo, 2011; López-Guzmán y Cañizares, 2012; Sanz-Blas et al., 2017), todavía existen algunas temáticas que carecen de la debida atención. Así por ejemplo, todavía es limitada la investigación de la imagen gastronómica de un destino, con sólo unos pocos estudios que examinan cómo influye en la satisfacción y lealtad al destino (Lertputtarak, 2012; Ling et al., 2010; Seo et al., 2017; Toudert y Bringas-Rábago, 2019). En este sentido, se hace necesario profundizar en el estudio de la imagen gastronómica percibida por el turista que visita un destino y como afecta a su satisfacción e intenciones de comportamiento, ya que es un aspecto clave de cara a fortalecer la imagen del destino visitado y atraer a nuevos visitantes (Toudert y Bringas-Rábago, 2019).

2. REVISIÓN DE LA LITERATURA

2.1. Turismo gastronómico

Las motivaciones de viaje por turismo de ocio se pueden estructurar en generales o específicas. En las generales la motivación general son las vacaciones en sí. En cambio, en las específicas existen otras motivaciones y pueden señalarse actividades que generan una atracción turística como los eventos musicales, deportivos, gastronómicos o enológicos. Estas poseen un mercado más reducido pero poco sensible al precio y generalmente con buenos niveles de renta disponible por parte de los turistas.

Además, el modelo turístico de hace unas décadas, que se encontraba cimentado básicamente en el binomio sol y playa ha dejado paso a un nuevo modelo de turismo cada vez más fragmentado y en el que la búsqueda de calidad y el ofrecer un servicio con un mayor valor añadido constituyen aspectos fundamentales. También hay que destacar en este contexto de cambio las nuevas motivaciones turísticas de tipo cultural. El turismo está permitiendo que las culturas culinarias tradicionales se conserven y que se desarrolle una fusión perfecta e indisoluble de la cocina y gastronomía con el territorio. De este modo, la importancia creciente de la gastronomía en el marco de la actividad turística, y sobre todo el crecimiento de las situaciones en las que la gastronomía constituye un eje fundamental del turismo, ha motivado que se empiece a utilizar el término de turismo gastronómico.

Es importante diferenciar a los turistas que se alimentan porque se encuentran fuera de su lugar de residencia habitual de aquellos cuya selección del destino se relaciona directamente con la gastronomía (Mitchell y Hall, 2003). En el último caso se encuentran los verdaderos "amantes" de la gastronomía, que viajan teniendo como motivación principal y secundaria de su desplazamiento el contacto y el descubrimiento de una gastronomía diferente, buscando aprender más sobre la misma, relajarse saboreando una buena culinaria, enriquecerse culturalmente, etc. Estos "exploradores de sabores" viajan quilómetros para degustar una especialidad o un plato típico o para probar un buen vino. Estos visitantes son, sin duda, aquellos que se pueden denominar "turistas gastronómicos".

El turismo gastronómico es definido en la literatura como un viaje experiencial a una región gastronómica para recreo o entretenimiento, incluyendo visitas a productores de alimentos, festivales, ferias, eventos, mercados agrícolas, muestras de cocina, degustación de productos o cualquier actividad turística relacionada con la comida (Hall y Sharples, 2003). Se incluyen, por tanto, en esta categoría los viajes cuya motivación principal es de tipo culinario, como experimentar la gastronomía de determinada región, visitar determinado restaurante, catas, rutas gastronómicas, etc. (INE, 2019; Dinamiza, 2019).

El viajero gastronómico español es mayoritariamente mujer (en torno al 53%), con edad comprendida entre los 36 y 46 años (un 63%). Son personas en activo, con formación superior (en torno al 53% poseen estudios superiores o universitarios), que suelen realizar viajes o escapadas a otros destinos nacionales con la intención de degustar su gastronomía. Este turista comparte como estímulo para la realización del viaje no sólo el disfrute culinario sino también motivaciones de tipo social, cultural e incluso medioambiental (Dinamiza, 2019). El turista gastronómico internacional que visita España, presenta un nivel económico alto o muy alto. Generalmente es un cliente que busca experiencias auténticas y de calidad, un nivel de servicio alto y personalizado (Dinamiza, 2017, 2019).

Los turistas que han visitado Valencia por motivos gastronómicos son también mayoritariamente mujeres (cerca de un 53%), de edad superior a 35 años (en torno al 67%), que poseen estudios medios o superiores (35,6% y 42,4% respectivamente), están en activo y que presentan un nivel de renta similar o por encima de la media (49,2% y 31,1% respectivamente). De forma general, todos ellos valoran muy positivamente la gastronomía valenciana (un 4,8 sobre 5), teniendo una buena imagen tanto de la gastronomía como de los establecimientos gastronómicos de Valencia. Además, perciben una alta calidad de los servicios recibidos, quedando satisfechos con la experiencia vivida. Estos turistas aconsejan y recomiendan la gastronomía valenciana a otras personas, mostrando interés por degustarla de nuevo (Sanz-Blas et al., 2017).

2.2. Imagen, satisfacción y lealtad gastronómica

El estudio de la imagen del destino turístico ostenta una gran relevancia en el campo del marketing, debido a que afecta al comportamiento posterior a la visita del turista (Gallarza et al., 2002). La importancia de la noción de la imagen del destino ha generado numerosos trabajos académicos, que conllevan una larga lista de definiciones del concepto (Tasci et al., 2007). Como resultado de la multitud de estudios realizados, no existe un consenso sobre la naturaleza de este constructo, defendiendo algunos autores su plano cognitivo (Echtner & Ritchie, 1993), mientras que otras investigaciones añaden la presencia de elementos afectivos (Baloglu & Brinberg, 1997) e incluso conativos en la percepción del destino (Pike & Ryan, 2004).

Si bien es cierto que la mayoría de los autores afirma el carácter multidimensional del concepto de la imagen, se constata la carencia de una escala universalmente aceptada para su medición (Beerli & Martin, 2004). La literatura turística no es unánime en cuanto a la relación entre la diferentes dimensiones que integran el constructo imagen (Stylos et al., 2016). No obstante, los diversos atributos definidos por los diferentes autores se podrían enmarcar de forma general en las siguientes cuatro categorías: (1) recursos/atracciones naturales y culturales, (2) infraestructuras y contexto socioeconómico, (3) condicionantes sociales y (4) ambiente. Cabe destacar que las primeras dos categorías se relacionan con aspectos funcionales o tangibles a diferencia de las dos últimas que describen componentes psicológicos o intangibles (Gallarza et al., 2002).

En relación a la medición de la imagen gastronómica, la literatura asocia la dimensión cognitiva de la imagen a la percepción de los principales elementos tangibles del producto/servicio, creencias y conocimientos, mientras que la dimensión afectiva se centra en las emociones y sentimientos del visitante (Peštek y Činjarević, 2014; Seo y Yun, 2015; Seo et al., 2017). Lo cierto es que la presencia simultanea de estas dos dimensiones a la hora de medir la imagen gastronómica se ha observado en muy pocos estudios (Peštek y Činjarević, 2014; Seo et al., 2017), siendo lo más habitual desarrollar la dimensión cognitiva en la medición de la imagen (Toudert y Bringas-Rábago, 2019).

Son diversos los trabajos, en diversas tipologías de turismo (de Alba Cabot et al., 2017; Santana et al., 2016; Sanz-Blas y Carvajal, 2014), que justifican la influencia positiva de la imagen sobre la satisfacción, ya sea con la visita al destino o con la experiencia vivida, concibiéndose como un concepto crucial para entender el comportamiento del turista (Chi y Qu 2008; Sanz-Blas y Carvajal, 2014). En relación al turismo gastronómico, todavía son pocos los estudios que examinan cómo la imagen gastronómica influye en la satisfacción del turista (Björk y Kauppinen-Räisänen, 2017; Lertputtarak, 2012; Ling et al., 2010; Ryu et al., 2012; Seo et al., 2017; Toudert y Bringas-Rábago, 2019). De este planteamiento se desprende la primera hipótesis del trabajo:

H1: La imagen gastronómica percibida influye positivamente sobre la satisfacción del turista con su experiencia gastronómica en el destino.

La realización de rutas y actividades gastronómicas en el destino, junto con la propia experiencia culinaria proporcionan ciertos beneficios a los turistas, permitiéndoles en muchos casos escapar de la rutina, aliviar estrés, ambientarse, relajarse, divertirse, relacionarse con otras personas de aficiones similares, adquiriendo todo ello un papel relevante en su satisfacción general con el viaje (De la Torre et al., 2012; Franco et al., 2017; Mazón, 2012), al crear asociaciones en su mente vinculadas a esos buenos ratos que han pasado en el destino (Fandos y Puyuelo, 2011; McBoyle y McBoyle, 2008). Remmington y Yüksel (1998) ponen de manifiesto que la gastronomía de calidad es un factor decisivo en la satisfacción con el viaje, produciendo un recuerdo duradero acerca de la experiencia vivida por los turistas.

Numerosas investigaciones coinciden en que la satisfacción es un antecedente de la lealtad al destino (Chi y Qu, 2008; Gallarza et al., 2019; Prayag y Ryan, 2012; San Martín et al., 2019; Sanz-Blas y Carvajal, 2014). La visita a un destino turístico puede facilitar experiencias positivas a los turistas y como resultado influir sobre sus futuras intenciones de visitarlo y recomendarlo (Gallarza et al., 2019; San Martín et al., 2019).

La relación entre la satisfacción y lealtad al destino también ha sido probada en el contexto gastronómico. Las expectativas que posea el consumidor y su satisfacción respecto a la gastronomía del destino predicen sus niveles de lealtad o fidelidad, conduciendo a la repetición de la conducta de compra, a la recomendación del destino gastronómico a otras personas, a la intención de comprar de nuevo productos gastronómicos de la zona y/o a volver de nuevo al destino en un futuro (Fandos y Puyuelo, 2011; Hui et al., 2007; Kido et al., 2018; Toudert y Bringas-Rábago, 2019). Teniendo en cuenta la evidencia empírica proporcionada, se plantea la siguiente hipótesis:

H2: La satisfacción del turista con su experiencia gastronómica influye positivamente sobre la lealtad del turista a la gastronomía del destino.

La figura 1 recoge las relaciones establecidas previamente.

Imagen 1. Modelo de la investigación

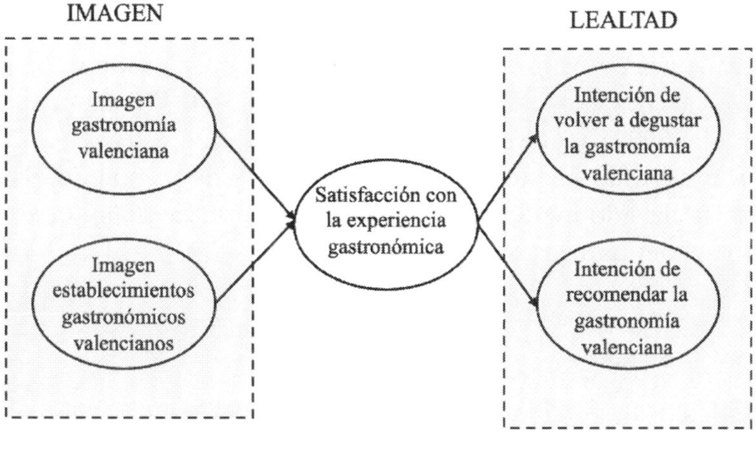

3. METODOLOGÍA

3.1. Selección de la muestra

Nuestro público objetivo son turistas mayores de edad que visitan la provincia de Valencia como destino turístico, siendo la gastronomía un motivo importante o muy importante para visitar la Comunidad, habiendo permanecido más de 24 horas en el destino. Para la obtención de la información se utilizó la entrevista personal con cuestionario estructurado, recogiéndose un total de 320 encuestas válidas.

En cuanto al perfil sociodemográfico de los entrevistados, cabe señalar que un 45% son hombres y un 55% mujeres, situándose la edad media en

44 años. Un amplio porcentaje de los entrevistados poseen estudios medios o superiores (41,2% y 51,9% respectivamente) y un nivel de renta por encima de la media (53%). En cuanto a la ocupación, señalar que este tipo de turismo lo practican principalmente trabajadores por cuenta ajena (38,2%) y propia (27,5%). La gastronomía valenciana esta muy bien valorada por los entrevistados, siendo un 98% los que la consideran buena o muy buena.

3.2. *Medición de las variables*

Todas las escalas utilizadas en la investigación han sido adaptadas de estudios previos, siendo todas ellas de tipo Likert de 5 puntos, desde 1 "totalmente en desacuerdo" hasta 5 "totalmente de acuerdo".

La medición de la imagen toma como base la escala desarrollada por Toudert y Bringas-Rábago (2019), a partir de los trabajos de Altintzoglou et al. (2016) y Seo y Yun (2015) entre otros. La satisfacción se ha medido con una escala desarrollada a partir de los trabajos de Flavián et al. (2006), Janda et al. (2002) y Oliver (1980). La lealtad, que integra la intención de volver a degustar la gastronomía valenciana y de recomendarla a otras personas, se ha sido medida mediante la escala de Zeithaml et al. (1996) adaptada al contexto gastronómico.

3.3. *Análisis de datos*

El análisis de datos llevado a cabo para el contraste de las hipótesis es de tipo descriptivo. En concreto, se emplean tanto análisis univariables (análisis de porcentajes/frecuencias), como bivariables (Correlación de Pearson). Para la realización del análisis de los datos se ha utilizado el programa SPSS 29.0 para Windows.

4. RESULTADOS

4.1. *Imagen de Valencia como destino gastronómico*

La medición de la imagen de Valencia como destino gastronómico integra, por un lado, la imagen que posee el turista de la gastronomía valenciana (tabla 1) y, por otro, la imagen percibida de los establecimientos gastronómicos (tabla 2).

Tabla 1. Imagen de la gastronomía valenciana

La gastronomía valenciana	Indiferente	De acuerdo	Totalmente de acuerdo
Utiliza ingredientes frescos	16,0	62,0	21,0
Es sabrosa	14,0	61,0	25,0
Integra alimentos de la zona	21,0	50,0	27,0
Tiene una presentación atractiva	21,0	47,0	26,0
Es rica y variada	15,0	56,0	25,0
Es original, típica de la zona	27,0	55,0	18,0
Es reconocida, con prestigio	22,0	51,0	23,0
Es saludable	25,0	50,0	25,0
Es segura	30,0	46,0	21,0
Ofrece alimentos de confianza	31,0	45,0	20,0
Es de calidad	29,0	51,0	20,0
Tiene un buen precio	31,0	45,0	16,0
Tiene buena relación calidad/precio	29,0	48,0	19,0

Fuente: Elaboración propia a partir de la información obtenida en el SPSS

En relación a la imagen de la gastronomía valenciana, de todas las afirmaciones mostradas al turista las mejor valoradas por los turistas son que la gastronomía valenciana es sabrosa, con una media de 4,11 sobre 5; que utiliza ingredientes frescos con una media de 4,03; que es rica y variada y que integra alimentos de la zona, con media de 4,02 y que es saludable con media de 4.

Las afirmaciones menos valoradas por los turistas son que ésta ofrece alimentos de confianza (media de 3,83) y que tiene un buen precio (media de 3,68), por lo que para mejorar la imagen de la gastronomía valenciana, se tendrían que tener en cuenta estos aspectos.

Tabla 2. Imagen de los establecimientos gastronómicos

Los establecimientos gastronómicos	Indiferente	De acuerdo	Totalmente de acuerdo
Son abundantes en cuanto a número	12,0	51,0	37,0
Ofrecen amplitud y variedad de producto	30,0	52,0	16,0
Ofrecen una presentación adecuada de sus productos	28,0	50,0	19,0
Ofrecen un servicio rápido	30,0	42,0	11,0

Los establecimientos gastronómicos	Indiferente	De acuerdo	Totalmente de acuerdo
Ofrecen actividades/servicios complementarios al propio producto/servicio	26,0	41,0	7,0
Permiten distintas formas de pago	18,0	36,0	44,0
Ofrecen aparcamiento a sus clientes	26,0	27,0	17,0
Ofrecen información clara y detallada de sus productos/servicios	32,0	41,0	14,0
Ofrecen información adicional sobre otros lugares que visitar, eventos de la ciudad...	29,0	26,0	13,0
Son de fácil localización	31,0	41,0	8,0
Son de fácil acceso	35,0	34,0	8,0
Están bien identificados/señalizados	29,0	39,0	7,0
La temperatura que se disfruta en los mismos es la adecuada	27,0	49,0	17,0
Son lugares seguros	27,0	49,0	18,0
Son lugares confortables	27,0	46,0	21,0
Están limpios y la higiene es la adecuada	25,0	47,0	25,0
Están bien decorados y cuentan con mobiliario adecuado	31,0	47,0	20,0
Cuentan con una contaminación ambiental reducida	39,0	45,0	6,0
Son lugares tranquilos	37,0	38,0	7,0
No están masificados	36,0	35,0	10,0
Permiten relax y descanso	30,0	39,0	10,0
Permiten un ambiente agradable durante el disfrute del servicio	30,0	42,0	12,0

Fuente: Elaboración propia a partir de la información obtenida en el SPSS

En cuanto a la imagen de los establecimientos gastronómicos las mejor valoradas son las que superan de media el 4, siendo que son abundantes en cuanto a número (4,25) y que permiten diferentes formas de pago (efectivo, tarjeta, cheques gourmet...) con una media de 4,22. Señalando como afirmaciones peor valoradas la de que los establecimientos gastronómicos ofrecen actividades/servicios complementarios al propio producto/servicio (espectáculos, animación, zonas de juegos, actividades para niños, hinchables...) con una media de 3,14 y con media de 3,05 que ofrecen información adicional sobre otros lugares que visitar, eventos de la ciudad.....

4.2. Comportamiento del turista tras su experiencia gastronómica en la provincia de Valencia

El comportamiento del turista tras su experiencia turística en Valencia recoge su intención de regresar de nuevo para degustar la gastronomía valenciana, así como de recomendarla a otras personas.

Tabla 3. Lealtad al destino

Lealtad	Media
Tengo la intención de volver a degustar la gastronomía valenciana en otra ocasión	4,12
Diría cosas positivas de la gastronomía valenciana a otras personas	4,56
Aconsejaría a otras personas la gastronomía valenciana	4,65
Recomendaría la gastronomía valenciana a otras personas	4,68
Recomendaría a otras personas hacer turismo en Valencia por su gastronomía	4,54
Total media general de Lealtad	**4,51**

Fuente: Elaboración propia a partir de la información obtenida en el SPSS

Tras analizar las 5 afirmaciones, la mejor valorada ha sido la recomendación de la gastronomía valenciana a otras personas (4,68), siendo la menos valorada la intención de volver a degustar la gastronomía valenciana en otra ocasión (4,12), quizás debido a que planean visitar otro destino turístico.

4.3. Satisfacción del turista con la experiencia gastronómica

La satisfacción del turista con la experiencia gastronómica fue medida valorando los siguientes ítems recogidos en la tabla 4.

Tabla 4. Satisfacción con la experiencia gastronómica

Satisfacción	Media
Estoy satisfecho con mi experiencia gastronómica en la provincia de Valencia	4,88
Estoy satisfecho con mi visita a Valencia	4,02
La elección gastronómica fue acertada	4,01
Me siento bien por haber probado la gastronomía valenciana	4,10
Si volviera de nuevo a Valencia, degustaría de nuevo la gastronomía valenciana	4,85
Total media general de Satisfacción	**4,37**

Fuente: Elaboración propia a partir de la información obtenida en el SPSS

Tal y como se desprende de la tabla 4, los turistas afirman estar muy satisfechos con su experiencia gastronómica por la provincia (4,88), otorgando también una puntuación muy alta a la afirmación de si volvieran de nuevo a Valencia, degustarían de nuevo la gastronomía valenciana (4,85). De forma general, todas las puntuaciones otorgadas a la satisfacción con la experiencia gastronómica son elevadas, ya que todas ellas superan el valor de 4, situándose la media de la variable en 4,37 sobre una escala de 5 puntos.

4.4. Relación imagen-satisfacción-comportamiento post visita

Las tablas 5 y 6 nos permiten medir la relación entre las variables analizadas y conocer el cumplimiento o no de nuestras hipótesis de contraste.

Tabla 5. Correlación de Pearson entre las variables imagen y satisfacción

		Satisfacción
Imagen de la gastronomía	Correlación de Pearson	**0,361**
	Sig. (bilateral)	0,000
Imagen de los establecimientos	Correlación de Pearson	**0,405**
	Sig. (bilateral)	0,000

Fuente: Elaboración propia a partir de la información obtenida en el SPSS

Observamos en la tabla 5 que el coeficiente de correlación se encuentra entre 0 y 1, mostrando los resultados una relación en sentido positivo entre la imagen y la satisfacción. Este resultado permite dar cumplimiento a la hipótesis 1 planteada en la presente investigación, pudiéndose afirmar que a mejor imagen de la gastronomía valenciana (tanto imagen de la gastronomía como imagen de los establecimientos), mayor satisfacción con la experiencia gastronómica.

Tabla 6. Correlación de Pearson entre las variables satisfacción e intención de volver a degustar y de recomendar la gastronomía

		Satisfacción
Intención de volver a degustar la gastronomía	Correlación de Pearson	0,661
	Sig. (bilateral)	0,000
Intención de recomendar la gastronomía	Correlación de Pearson	0,702
	Sig. (bilateral)	0,000

Centrándonos en la relación entre la satisfacción y la lealtad (ver tabla 6), los resultados muestran que existe una alta relación entre ambas variables, confirmándose que cuanto más satisfecho esté el turista con su experiencia gastronómica mayor será su intención de volver a degustarla y de recomendarla a otras personas.

5. CONCLUSIONES

El turismo gastronómico es una de las grandes apuestas para consolidar y potenciar los destinos turísticos, todo ello vinculado a la motivación, por parte de los turistas, de conocer la cultura culinaria de los lugares visitados.

Los resultados soportan la hipótesis planteada respecto a la capacidad de la imagen gastronómica de ejercer un impacto positivo sobre la satisfacción del turista con su experiencia gastronómica. Por tanto, la imagen gastronómica se convierte en un elemento importante para el desarrollo y la potenciación de un destino turístico, pudiéndose considerar clave a la hora de la promoción y la comercialización del destino.

Asimismo, la satisfacción con la experiencia gastronómica influye positivamente en la lealtad del turista hacia el destino visitado, comprendida en su intención de volver a visitarlo, hablar bien del mismo y recomendarlo a otros. De ese modo, la satisfacción con la experiencia gastronómica se convierte en un mediador entre la imagen del destino y la lealtad.

Los resultados obtenidos dan soporte a los argumentos presentados por varios estudios sobre la secuencia imagen–satisfacción–lealtad en el sector turístico (Chi & Qu, 2008; Sanz-Blas y Carvajal, 2014), confirmando su validez también en el contexto del turismo gastronómico.

Las evidencias empíricas permiten plantear una serie de implicaciones tanto para los organismos gestores del turismo en los destinos, como para las empresas gastronómicas locales.

Dado el papel mediador que ejerce la satisfacción en el modelo propuesto, las organizaciones responsables de la gestión de destinos turísticos deben aumentar las medidas referentes a la satisfacción con la experiencia vivida en el destino. Si la experiencia del turista no cumple con sus expectativas, no estará dispuesto ni a volver ni a recomendarlo a otras personas, perdiéndose un número de importante de turistas "gastronómicos" que visitarían un destino por recomendación de otros.

Las organizaciones gestores de destinos turísticos deben potenciar el patrimonio culinario del destino, permitiendo al turista conectar con la cultura local de una forma más experiencial y participativa. Deben vender y promocionar los viajes culinarios y paquetes gastronómicos, impulsando la contratación de tours gastronómicos con visitas a mercados, fábricas o granjas; festivales gastronómicos o enogastrónomicos; compra y degustación de productos locales; actividades de cocina o ferias enogastronómicas. todo ello excelentes ejemplos de esta tendencia que ayuda a poner en valor la gastronomía y los productos locales. Ello requiere, adicionalmente, el uso de diferentes canales de comunicación para ofrecer información detallada a los turistas sobre el patrimonio gastronómico del destino. También deben fomentar, de forma constante, la investigación y la innovación dentro de la oferta de turismo gastronómico, así como la profesionalidad y las buenas prácticas. De ese modo, es posible esperar que aquellos destinos que promuevan la realización de actividades culinarias, tengan más posibilidades de que los turistas gastronómicos vuelvan a visitar el destino y lo recomienden a sus amigos y familiares.

Adicionalmente, señalar que es importante que se potencie una estrecha colaboración entre las instituciones y todos los eslabones necesarios para desarrollar los productos turísticos: los productores agrícolas y ganaderos, los pescadores, los distribuidores, los mercados, los restaurantes, los chefs, los hoteles y las asociaciones sectoriales.

Por su parte, las empresas gastronómicas locales deben ofrecer información clara sobre los componentes de los diferentes platos, y tener alternativas para problemas como alergias e intolerancias alimentarias, y ante todo acercar la cocina al cliente (por ejemplo cocinas abiertas para que sean vistas por los clientes), lo que ayudará tanto a mejorar la percepción de calidad de la comida y de los productos, como a potenciar una relación fluida entre el cocinero y el turista. Muy importante resulta también que estas empresas transformen su negocio gastronómico en un negocio de experiencias, ya que ello permitirá superar las expectativas del turistas, se percibirá valor, lo que repercutirá positivamente en su satisfacción.

6. BIBLIOGRAFÍA

Altintzoglou, T., Heide, M., & Borch, T. (2016). Food souvenirs: buying behaviour of tourists in Norway. British Food Journal, 118(1), 119-131.

Andriotis, K., Agiomirgianakis, G., & Mihiotis, A. (2007). Tourist vacation preferences: the case of mass tourists to Crete. Tourism Analysis, 12(1/2), 51-63.

Armas, R. J. D. (2008). Potencialidad e integración del "turismo del vino" en un destino de sol y playa: el caso de Tenerife. Turismo gastronómico y enoturismo, 6, 199.

Armesto, X. A., & Gómez, B. (2004). Productos agroalimentarios de calidad, turismo y desarrollo local: el caso del Priorat. Cuadernos geográficos, 34, 83-94.

Bagozzi, R., & Yi, Y. (1988). On the evaluation of structural equation models. Journal of the academy of marketing science, 16(1), 74-94.

Baloglu, S., & Brinberg, D. (1997). Affective images of tourism destinations. Journal of travel research, 35(4), 11-15.

Beerli, A., & Martin, J. D. (2004). Factors influencing destination image. Annals of tourism research, 31(3), 657-681.

Björk, P., & Kauppinen-Räisänen, H. (2017). Interested in eating and drinking? How food affects travel satisfaction and the overall holiday experience. Scandinavian Journal of Hospitality and Tourism, 17(1), 9-26.

Bollen, K. (1989). Structural Equations with Latent Variables. New York: John Wiley & Sons.

Chi, C., & Qu, H. (2008). Examining the structural relationships of destination image, tourist satisfaction and destination loyalty: An integrated approach. Tourism management, 29(4), 624-636.

Chin, W. (1998). The partial least squares approach to structural equation modelling. En G. Marcoulides, Modern Methods for Business Research (295-336). Mahwah, NJ: Lawrence Erlbaum Associates.

Cronbach, L. (1951). Coefficient alpha and the internal structure of tests. Psychome-trika, 16(3), 297-334.

de Alba Cabot, J. M., Prats, L., & Coromina, L. (2017). Análisis del comportamiento del turista de negocios en Barcelona. PASOS. Revista de Turismo y Patrimonio Cultural, 15(2), 419-435.

De La Torre, G. M. V., Morales-Fernández, E. J., & Naranjo, L. M. P. (2012). Análisis del turismo gastronómico en la provincia de Córdoba. Tourism & Management Studies, 8, 78-87.

Dinamiza (2017). III Estudio de la demanda de Turismo Gastronómico en España", disponible en: http://dinamizaasesores.es/www/wp-content/uploads/2017/12/Informe-completo-II-Estudio-de-la-demanda-de-turismo-gastron%C3%B3mico-en-Espa%C3%B1a.pdf

Dinamiza (2019). III Estudio de la demanda de Turismo Gastronómico en España", disponible en: https://dinamizaasesores.es/turismo/turismo-gastronomico/lanzamos-el-iii-estudio-de-demanda-de-turismo-gastronomico-en-espana-estudio-2019/

Echtner, C. M., & Ritchie, B. (1993). The measurement of destinations image: an empirical assessment. Journal of Travel Research, 31(4), pp. 3-13.

Echtner, C., & Ritchie, J. (2003). The meaning and measurement of destination image. The Journal of Tourism Studies, 14(1), 37-48.

Falk, R., & Miller, N. (1992). A Primer for Soft Modeling. Akron: University of Akron Press.

Fandos, J. C., & Puyuelo, J. M. (2011). Factores determinantes en el desarrollo de la lealtad a un destino turístico gastronómico. Revista de desarrollo rural y cooperativismo agrario, 14, 49-58.

Flavián, C., Guinaliu, M., & Gurrea, R. (2006). The role played by perceived usability, satisfaction and consumer trust on website loyalty. Information and Management, 43(1), 1-14.

Fornell, C., & Larcker, D. (1981). Evaluating structural equation models with unobservable variables and measurement error. Journal of Marketing Research, 18(February), 39-50.

Franco, M. C., Franco, W. C., Buele, C. V., Bravo, G. M., & Peñafiel, M. A. (2017). Estudio de las motivaciones y satisfacción de la demanda turística en torno a la gastronomía. Caso Manta, Ecuador. ARA: Revista de Investigación en Turismo, 7(1), 29-39.

Gallarza, M. G., Arteaga, F., & Gil-Saura, I. (2019). Customer value in tourism and hospitality: Broadening dimensions and stretching the value-satisfaction-loyalty chain. Tourism Management Perspectives, 31, 254-268.

Gallarza, M. G., Saura, I. G., & García, H. C. (2002). Destination image: Towards a conceptual framework. Annals of Tourism Research, 29(1), 56-78.

Hair Jr, J. F., Sarstedt, M., Ringle, C. M., & Gudergan, S. P. (2017). Advanced issues in partial least squares structural equation modeling. Sage publications.

Hair, J., Ringle, C., & Sarstedt, M. (2011). PLS-SEM: Indeed a silver bullet. Journal of Marketing Theory and Practice, 19(2), 139-152.

Hall, C.M., & Sharples, L. (2003). "The consumption of experiences or the experience of consumption? An introduction to the tourism of taste" en Food tourism around the world. Elsevier Butterworth-Heinemann, Oxford, pp. 1-24.

Henseler, J., Ringle, C. M., & Sarstedt, M. (2015). A new criterion for assessing discriminant validity in variance-based structural equation modeling. Journal of the Academy of Marketing Science, 43(1), 115-135.

Henseler, J., Ringle, C., & Sinkovics, R. (2009). The use of partial least squares path modeling in international marketing. En S. Zou, New Challenges to International Marketing (277–319). Bingley: Emerald.

Hosteltur (2019). El turismo gastronómico incrementa su aportación a la economía española. Disponible en: https://www.hosteltur.com/127283_el-turismo-gastronomico-incrementa-su-aportacion-a-la-economia-espanola.html

Hui, T.; Wan, D., & Ho, A. (2007). Tourists' satisfaction, recommendation and revisiting Singapore. Tourism Management, 28(4), 965-975.

INE (2019). Encuesta de Turismo de Residentes (ETR). Disponible en http://www.ine.es/proyectos/turismo/proyecto_ETR.pdf

Janda, S., Trocchia, P. J., & Gwinner, K. P. (2002). Consumer perceptions of Internet retail service quality. International Journal of Service Industry Management, 13(5), 412-431.

Kido, M. T., Díaz, I. A., & Kido, A. (2018). La satisfacción del comensal como elemento clave del binomio gastronomía-turismo en Tijuana. Estudios sociales (Hermosillo, Son.), 28(51), 1-15.

Lertputtarak, S. (2012). The relationship between destination image, food image, and revisiting Pattaya, Thailand. International Journal of Business and Management, 7(5), 111-121.

Ling, L. Q., Karim, M. S. A., Othman, M., Adzahan, N. M., & Ramachandran, S. (2010). Relationships between Malaysian food image, tourist satisfaction and behavioural intention. World Applied Sciences Journal, 10(10), 164-171.

López-Guzmán, T., & Cañizares, S. M. S. (2012). La gastronomía como motivación para viajar. Un estudio sobre el turismo culinario en Córdoba. PASOS. Revista de turismo y patrimonio cultural, 10(5), 575-584.

Mazón Martínez, T., Colmenares López, M., & Hurtado Sánchez, J. A. (2012). Turismo gastronómico y turismo de masas: la satisfacción de los turistas con la alimentación que reciben en Benidorm. Gran Tour. Revista de Investigaciones Turísticas, 6, pp. 122-141.

Mcboyle, G., & Mcboyle, E. (2008). Distillery Marketing and the Visitor Experience: A Case Study of Scottish Malt Whisky Distilleries. International Journal of Tourism Research, 10, 71-80.

Mitchell, R., & Hall, C. M. (2003). Consuming tourists: food tourism consumer behaviour. In Hall, M. et al. (Ed) Food Tourism Around the World. Development, Management and Markets (60-80). ButterworthHeinemann, Oxford.

Nunnally, J., & Bernstein, I. (1994). Psychometric Theory. New York: McGrawHill.

Oliver, R. (1980). A cognitive model of the antecedents and consequences of satisfaction decisions. Journal of Marketing Research, 17(2), 460-469.

Peštek, A., & Činjarević, M. (2014). Tourist perceived image of local cuisine: the case of Bosnian food culture. British Food Journal, 116(11), 1821-1838.

Petter, S., Straub, D., & Rai, A. (2007). Specifying formative constructs in information systems research. MIS Quarterly, 31(4), 623–656.

Pike, S., & Ryan, C. (2004). Destination positioning analysis through a comparison of cognitive, affective, and conative perceptions. Journal of Travel Research, 42(4), 333-342.

Prayag, G., & Ryan, C. (2012). Antecedents of tourists' loyalty to Mauritius. The role and influence of destination image, place attachment, personal involvement, and satisfaction. Journal of Travel Research, 51(3), 342-356.

Ramírez, S. M. (2013). La gastronomía en el sistema turístico. Buscando nuevos productos, mejorando destinos. El caso de la isla de Fuerteventura. PASOS Revista de Turismo y Patrimonio Cultural, 11(2), 483-494.

Remmington, M., & Yüksel, A. (1998). Tourist satisfaction and food service experience: results of an empirical investigation. Anatolia, 9(1), 37-57.

Ricolfe, J. S. C., Merino, B. R., Marzo, S. V., Ferrandis, M. T. R., & Rodríguez, C. M. (2008). Actitud hacia la gastronomía local de los turistas: dimensiones y segmentación de mercado. PASOS. Revista de Turismo y Patrimonio Cultural, 6(2), 189-198.

Ringle, C., Wende, S., & Will, A. (2008). SmartPLS 2.0 (beta). Disponible en http://www.smartpls.de.

Ryu, K., Lee, H., & Kim, W. (2012). The influence of the quality of the physical environment, food, and service on restaurant image, customer perceived value, customer satisfaction, and behavioral intentions. International Journal of Contemporary Hospitality Management, 24(2), 200-223.

San Martín, H., Herrero, A., & García de los Salmones, M. D. M. (2019). An integrative model of destination brand equity and tourist satisfaction. Current Issues in Tourism, 22(16), 1992-2013.

Santana, J. D. M., Palacio, A. B., & Nazareno, P. (2016). Los efectos del cambio de imagen de un destino turístico antes y después de la visita en la satisfacción y lealtad del turista. Revista de análisis turístico, 21, 22-31.

Sanz-Blas, S.; Buzova, D.; Cervera, A. (2017): Turismo gastronómico en la provincia de Valencia: ¿cómo lo perciben los turistas?. En Paisaje, turismo e innovación: actas del I Congreso" Paisaje, turismo e innovación" (157-168). Tirant lo Blanch, València.

Sanz-Blas, S., & Carvajal, E. (2014). Cruise passengers' experiences in a Mediterranean port of call. The case study of Valencia. Ocean & Coastal Management (102), 307-316.

Schlüter, R. G., & Thiel, D. T. (2008). Gastronomía y turismo en Argentina polo gastronómico Tomás Jofré. Pasos Revista de turismo y patrimonio cultural, 6(2), 249-268.

Seo, S., & Yun, N. (2015). Multi-dimensional scale to measure destination food image: case of Korean food. British Food Journal, 117(12), 2914-2929.

Seo, S., Yun, N., & Kim, O. Y. (2017). Destination food image and intention to eat destination foods: a view from Korea. Current Issues in Tourism, 20(2), 135-156.

Stylos, N., Vassiliadis, C., Bellou, V., & Andronikidis, A. (2016). Destination images, holistic images and personal normative beliefs: predictors of intention to revisit a destination. Tourism Management, 53, 40-60.

Tasci, A., Gartner, W. C., & Cavusgil, S. (2007). Conceptualization and operationalization of destination image. Journal of Hospitality & Tourism Research, 31(2), 194-223.

Toudert, D., & Bringas-Rábago, N. L. (2019). Destination food image, satisfaction and outcomes in a border context: tourists vs excursionists. British Food Journal, 12(5), 1101-1015.

Werts, C., Linn, R., & Jöreskog, K. (1974). Intraclass reliability estimates: Testing structural assumptions. Educational and Psychological Measurement, 34(1), 25-33.

Zeithaml, V.A., Berry, L. L., & Parasuraman, A. (1996). The Behavioural Consequences of Service Quality. Journal of Marketing. 60(2), 31-46.

BLOQUE 3

IMPACTO ECONÓMICO DEL TURISMO GASTRONÓMICO

GASTRONOMÍA: COOPERACIÓN, INDUSTRIA ALIMENTARIA Y TURISMO GASTRONÓMICO

Sara Rodrigo Moriones

Temática: Agentes participantes en la cadena de valor del turismo gastronómico: Industria Alimentaria como apoyo y extensión del mismo.

RESUMEN: El turismo gastronómico y la industria agroalimentaria han operado tradicionalmente de forma independiente, a pesar de suponer conjuntamente más de un tercio del PIB español y casi 20% del empleo. Existen nuevos agentes en la cadena de valor como las herramientas digitales, la entrega a domicilio y el retail que pueden apoyar las sinergias entre ambos sectores de forma que ya no operen de forma linear separada, sino de forma innovadora, circular, flexible y eficiente para aumentar tanto el valor en el consumo alimentario como para potenciar simultáneamente un turismo gastronómico de calidad y desestacionalizado.

Palabras clave: Gastronomía, Industria Alimentaria, Turismo Gastronómico, Cooperación, Sinergias, Delivery, Digitalización, Mercaurantes, Experiencia del Cliente

ABSTRACT: Gastronomic tourism and the agri-food industry have traditionally operated independently, despite jointly accounting for more than a third of Spanish GDP and almost 20% of employment. There are new agents in the value chain such as digital tools, home delivery and retail that can support synergies between both sectors so that they no longer operate in a separate linear way, but in an innovative, circular, flexible and efficient way to increase both the value in food consumption and to simultaneously promote quality and seasonally adjusted gastronomic tourism.

Keywords: Gastronomy, Food Industry, Gastronomic Tourism, Cooperation, Synergies, Delivery, Digitalization, Grocerants, Customer Experience.

1. CONTEXTO GENERAL

En propias palabras de la Presidencia Española en Europa: "*la gastronomía tiene un importante peso en la economía, pues genera un tercio del PIB español y sostiene el 18% del empleo nacional. [...]. Además España lleva batiendo récords de exportaciones del sector agroalimentario en los últimos años y alcanzó en 2022 la cifra histórica de más de 68.000 millones de euros*" (Consejo de la

Union Europea, 2023) y más recientemente confirmado por el director general de TURESPAÑA, Miguel Sanz: "*la interdependencia entre industria alimentaria, hostelería y turismo es crucial para la prosperidad de España*" (TURESPAÑA, 2024)

Es relevante constatar que la industria agroalimentaria como la turística, a pesar de tener un peso muy significativo nuestro país y no suelen abordar conjuntamente estrategias que proporcionen ventajas competitivas compartidas. Esta separación tradicional evita la formación de numerosas sinergias que podrían apoyar a ambas partes ya que, desde una perspectiva amplia, comparten numerosas oportunidades y retos aunque operen de manera muy diferente.

La cooperación dentro del mundo gastronómico (industria agroalimentaria y turística) con la participación de agentes externos, se hace más necesaria que nunca, ya que las formas de trabajar que hemos venido utilizando hasta ahora están quedando obsoletas, con falta de adaptación a nuevos tiempos.

Hay que sustituirlas por otras formas de trabajo quizás más complejas pero flexibles, que hibriden distintas áreas de conocimiento, personas y recursos permitiendo hacer frente a los retos que se presentan. En este sentido, desde hace algún tiempo, ya existen entidades que abogan por trabajar en esta dirección: En Mayo 2020, FIAB presentó un *Plan para la reactivación del sector y la economía española* en el que uno de los ejes estratégicos es "*la puesta en marcha de campañas para aumentar la confianza del consumidor y potenciar el trinomio Alimentación-Gastronomía-Turismo con acciones que fomenten el consumo nacional, el turismo y la promoción de los productos españoles en el extranjero*" (FIAB, 2020) confirmando la necesidad de aunar estos dos sectores tan relevantes de nuestra economía

Existen elementos de reciente aparición que pueden ayudar a sincronizar ambos mundos gastronómicos: industrial y turístico, y que recientemente han cobrado gran relevancia: mercaurantes, entrega a domicilio, comercio electrónico… de manera que se puedan crear nuevas relaciones y formas de acercarse al mercado en este entorno cambiante.

2. RELACIÓN ENTRE INDUSTRIA ALIMENTARIA Y TURISMO GASTRONÓMICO. COMPARATIVA Y PERSPECTIVAS

A priori, parece que la industria agroalimentaria se ha centrado tradicionalmente en el *Qué*: qué ingredientes, procesos, certificaciones de calidad, tipología de envasado, transporte, distribución... y, este *Qué* termina viajando a través de la cadena de valor hasta el consumo y/o áreas más propias del turismo gastronómico cuando termina transformándose en base esencial de la experiencia turística. A través del producto, su cocinado, su presentación en sala, con su historia y enfoque cultural propio, ese alimento, termina resolviéndose ulteriormente en el universo del *Cómo*.

Es evidente que no existen líneas divisorias claras entre el sector agroalimentario y el sector turístico, ni en las propias respuestas *Qué-Cómo* gastronómicas ya que siempre hay solapamiento y puntos de interrelación: restaurantes y food service, PYMES de productos tradicionales, territorios productivos que igualmente son destinos turísticos, etc..., pero, es cierto que industria agroalimentaria y turismo gastronómico, actualmente operan mayoritariamente de forma independiente y tienen sus directrices propias de actuación.

Mientras que la industria alimentaria es expansiva, con producción de alimentos y comercialización de los mismos; PUSH (*de dentro a fuera*), el turismo gastronómico es concentrador; gira en torno a la experiencia y el *Terroir* que lo delimita (PULL: *de fuera a dentro*). De esta forma, aunque operen en el universo de la gastronomía, generan flujos opuestos actuando con dinámicas y estrategias muy diferentes.

El turismo gastronómico desarrolla estrategias PULL de atracción de visitantes y turistas a un espacio concreto con un lugar o geografía y culturas definidas y a los que se les que ofrece hospitalidad a través de restaurantes, hoteles, negocios, productos turísticos diferenciados, incluyendo los alimentarios (productos IPG, DOP...) y, tradicionalmente, la industria agroalimentaria se centra más en estrategias PUSH de producción y venta con un claro enfoque empresarial. Estos productos alimentarios industrializados pueden comercializarse a través de distintos canales: retail, horeca-food service, a través de marca propia o marca de distribución... según la implementación de la estrategia corporativa específica en el mercado hasta el consumidor final.

Hasta la fecha, mientras la industria tradicional se enfoca en sector primario y secundario, el turismo se centra en el terciario o servicio. Mientras la industria sustental la base de la pirámide de Maslow (necesidades fisiológicas y de seguridad); el turismo gastronómico realiza a las personas en las etapas superiores de afiliación, reconocimiento y autorrealización.

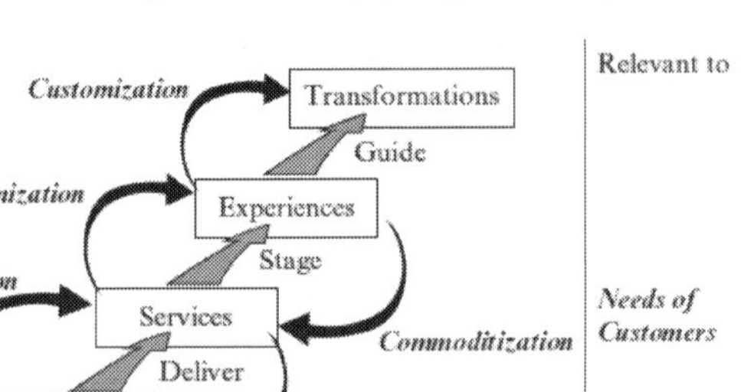

Source: Pine and Gilmore (2011, p. 245).

De forma análoga, la industria ofrece el producto, bien o solución mientras que el turismo proporciona los servicios, la experiencia transformadora definida en la *Economía de la Experiencia* (Pine and Gilmore, 1998).

Partiendo de estas referencias y considerando este periodo de la historia donde los cambios tecnológicos y sociales, políticos y económicos avanzan tan rápido, las líneas de separación entre ambos mundo, son, cada vez, más difusas, permitiendo nuevas arquitecturas entorno a la gastronomía.

Si la contemplamos en su conjunto, se pueden proponer nuevas soluciones a la misma estableciendo nuevas y diferentes relaciones dentro del propio sector y entre ambos, en una nueva simbiosis Industria-Turismo. Este último proporciona memorabilidad, *storytelling*, entretenimiento, escapismo… (valor añadido y mejores precios) mientras que la Industria puede dotar de "músculo" (volumen, consistencia en suministro, atracción de visitantes…) dotando de mayor alcance al turismo gastronómico.

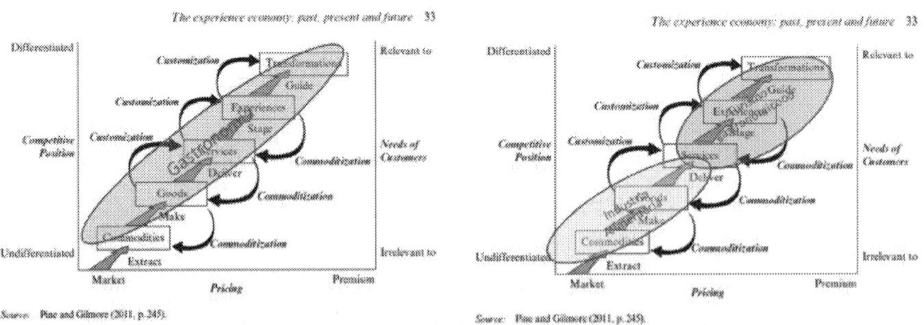

Con esta base de pensamiento, pueden replantearse nuevas sinergias a la forma de operar a través de los canales de distribución, comercio electrónico y la utilización de la digitalización para llegar de forma más efectiva a conectar con un cliente que se convierte indistintamente en consumidor-turista.

3. RETAIL-MERCAURANTE PUSH-PULL

Es evidente que el Retail ha evolucionado significativamente en los últimos años. "*Los centros comerciales se concibieron inicialmente como una simple área de 'shopping', pero con el paso de los años el modelo se ha ido depurando hasta convertirse en espacios de ocio y entretenimiento*" (Garcia C., 2019) ya que deben diferenciarse y ofrecer un valor añadido frente a la amenaza de otros canales como la venta online.

En los últimos meses, se ha acuñado el término Mercaurante o "Grocerant" para esta aproximación mixta de comercialización de producto-ingrediente con plato terminado adaptándose a las tendencias del consumidor actual. Según Inforetail, *"El futuro del retail pasa por la restauración"* (Tello, 2019)

Además, en el espacio de la entrega a domicilio podemos observar un ejemplo de coopeticion entre restauración-food service y distribución-mercaurante. "*Las empresas de Delivery han unido las dos ligas (retail y foodservice) y les ha puesto a competir juntas*" (De la Rica, 2019).

Resulta evidente observar que las cadenas de distribución están tomando acciones en pro de, no solo vender (PUSH) sino de atraer y retener (PULL) a clientes a sus instalaciones y se centran en la experiencia gastronómica como un pilar estratégico para conseguirlo.

4. DELIVERY, AGENTE TRANSVERSAL

4.1. De la comida rápida al universo gastronómico

El delivery es un sector transversal de gran crecimiento gracias a las tendencias de consumo y al apoyo tecnológico. Inicialmente, la entrega a domicilio, se entendía como una extensión de una línea de negocio "fast food" o de restauración "poco sofisticada" como pizzerías, hamburgueserías..., pero poco a poco hemos visto que su solución de entrega inmediata es adoptada también por el retail en su tranformación actual a mercaurante y por restaurantes altamente sofisticados (Fernandez Guadaño M., 2020)

El delivery crea este ambiente "coopetitivo" en el que ya deja de ser un servicio auxiliar de los distintos modelos de restauración y pasa a ser un actor (en algunos casos principal) del proceso gastronómico. Es decir, el flujo ya no es restauración>delivery sino delivery>restauración.

Esto nos da una indicación de que la entrega a domicilio no es solo transversal en su capacidad de relacionarse y trabajar con otros sectores sino que tiene gran potencialidad para generar cambios en la gastronomía por sí mismo. Ya no es una herramienta útil para la gastronomía sino que es un elemento director y creador de tendencias por lo que hay que tenerlo en cuenta en nuestro ecosistema gastronómico como agente de cambio innovador.

4.2. Deslocalización y modularizacón de la gastronomía

Uno de los cambios que ha introducido en el ámbito gastronómico, es la eliminación de los espacios físicos de la generación y disfrute de la propuesta gastronómica. Se genera una nueva situación en la que nos encontramos la "deslocalización de marca, producción y consumo".

Con el auge del delivery, aparecen las denominadas "*ghost kitchen*", *"Dark Kitchen" o "cloud kitchen*", "*virtual kitchen*": locales de restauración enfocados a la entrega a domicilio y asociados a plataformas tecnológicas (Just Eat, Deliveroo, Uber Eats...) que ofrecen sus servicios de forma muy diversa, adaptándose e hibridándose en distintos modelos de negocio.

Esta visión de la modularización de la industria de la restauración, obliga a poner en coordinación distintos agentes especializados en cada área de trabajo. La idea de desarrollo de proyecto gastronómico desde la base y llevado a término por la misma persona y/o empresa parece una forma de trabajo del pasado. Se requieren formas de operar mucho más colaborativas.

Esta forma de mirar el futuro de la restauración desde el Ecommerce-Delivery, también está compartida desde el ángulo opuesto, el de la restauración.

De hecho, según el informe realizado por la Asociación Nacional de Restaurantes resumido por la Escuela de Marketing Gastronómico Escuelamarketingastronomico.net, en el futuro, la industria de restaurantes será un modelo híbrido: "*La conveniencia será una gran prioridad y los consumidores apreciarán todas las opciones que ofrecen los restaurantes para consumir sus productos. Comer fuera del restaurante crecerá en importancia, aumentando el concepto de comida para llevar, delivery e incluso nuevos formatos que aún no se han desarrollado*" y en este sentido la "*Entrega de terceras empresas, restaurantes virtuales, ghost kitchen y otros modelos serán nuevos formatos para atraer a más clientes a consumir en hostelería.* " (Escuelamarketingastronomico.net, 2019)

Es decir, desde la gastronomía y el turismo gastronómico, habrá que evaluar y explorar esta nueva área coopetitiva ya que, no solo surgen agentes desde el retail-mercaurantes sino otros propios de las tecnológicas y entrega a domicilio en este nuevo ecosistema.

5. CLIENTE: CONSUMIDOR Y VISITANTE

5.1. Hogar como centro de ocio

El cliente es el eje sobre el que giran todas las acciones del turismo gastronómico, la industria alimentaria, la distribución, comercio electrónico, entrega a domicilio....y, aunque juegue un rol diferente para todos ellos, resulta el elemento clave sobre el que giran todas las acciones gastronómicas. Aunque el cliente cambia inevitablemente con el tiempo, es la gastronomía la que se adapta utilizando las herramientas y contexto en el que se encuentre.

Por ejemplo, la tendencia del hogar como lugar de entretenimiento, ha ido experimentando un desarrollo importante en los últimos años y las personas dedicamos cada vez más tiempo al ocio en casa. Según el informe de "Tendencias del consumidor 2020" de Nielsen, los españoles "*gastamos más y mejor, probamos nuevas marcas y nos pirra el 'cocooning*'" (Garcia Y., 2020)

Por lo tanto, es esencial diseñar cómo "entrar en la casa del cliente" y definir y transmitir qué le "queremos contar" para cumplir sus expectativas, fidelizarlo y que nos recomiende a su red de contactos aprovechando este canal de comunicación directo que establecemos con él.

5.2. El Consumidor como turista y viceversa

El cliente, se desplaza en su rol de turista-destino a comprador-alimento de forma continua y bidireccional siempre bajo el arco de "*consumidor de productos-experiencias*". La misma persona ocupa un espacio diferente en el planteamiento de cada sector; turístico o alimentario y es necesario tener una visión más holística sobre quién es y qué demanda para poder conectar apropiadamente con él y poder transmitir nuestro mensaje, nuestra propuesta turística, producto alimentario, propósito empresarial...

5.3. Tecnología como elemento conector

El uso tecnológico va a permitir entender mejor a nuestro consumidor-visitante y contar la historia, nuestro relato, de forma más efectiva y personaliza al consumidor-visitante ya que la comunicación será mucho más directa y adaptada al público objetivo. A través de la información recogida, la sugerencia, la conexión,... podemos desarrollar intereses, experiencias, emociones... y fidelizaciones que redunden en un retorno económico significativo.

Según Deloitte, "*La digitalización no es un fin en sí mismo, sino un medio que nos ayuda a innovar y crear una experiencia única para el cliente. Ambos factores permiten obtener unos mayores márgenes económicos, ya que una experiencia que roce lo extraordinario mejora la predisposición de pago. Por este motivo, cuando se abordan proyectos de digitalización orientados al mundo del ocio y turismo y en espacios donde la presencia del cliente es necesaria —parques de ocio, centros comerciales, hoteles, restaurantes y resorts— es fundamental generar experiencias híper-personalizadas. Con ellas, se le ofrece al cliente un trato único y directamente en el propio entorno, con lo que se contribuye a fomentar su engagement o compromiso con la marca. Para generar esta relación sólida y duradera, la visión de Deloitte pasa por dibujar un 'pasillo de la experiencia del cliente', donde se establezca un control sistematizado de todos los puntos de contacto.*" (Abella, s.f.)

El diseño de este "pasillo de la experiencia del cliente" personalizado es relevante tanto para el sector del turismo gastronómico como para el sector alimentario y no solo desde la utilización de la digitalización en sí misma para su implementación en un proyecto concreto, sino por la propia conceptualización inicial del objetivo a alcanzar y la serie de acciones necesarias para hacerlo

6. NUEVO PARADIGMA

6.1. Relación circular

La feria *Future Food-Tech* es una feria enfocada a la *Innovación e Inversión del Tenedor a la mesa* (*Innovation & Investment from Farm to Fork*) ya ha estado tomando acciones para definir nuevas formas de articular los agentes de la gastronomía y la alimentación. En marzo de 2019, esta Feria organizó el evento en San Francisco con el enfoque de *búsqueda de colaboraciones transformadoras que puedan revolucionar el Ecosistema Alimentario* ("*Transformative Collaborations to Revolutionize the Food Ecosystem*") y en octubre del mismo año diseñaron un nuevo encuentro para conectar líderes globales, agentes de innovación e inversores a fin de descifrar el futuro de la alimentación. ("*Connecting Global Leaders, Innovators and Investors to Map Out the Future of Food*").

Los distintos agentes en la cadena de valor, terminan agrupándose, a modo de simbiosis mutualista, en la que la asociación en cluster funcionales incorporará miembros de ambos sectores (turista y manufacturero) en un "Ecosistema Gastronómico". Gracias a las nuevas tecnologías, se desarrollarán sinergias positivas entre los agentes de interés. Se podrán llevar a cabo novedosas acciones globales mediante la utilización de herramientas transversales como el delivery, la digitalización y plataformas que ofrecen retail-mercaurantes y otros.

Estos cluster que incorporan agentes privados (y públicos) propios del sector turístico gastronómico y agroalimentario, serán capaces de dar respuestas híbridas a situaciones complejas de forma más eficiente y adaptada a las nuevas circunstancias ofreciendo mayor valor ya que estarán "más evolucionados".

Utilizando herramientas propias de ambos sectores, se abrirá canales bidireccionales de comunicación con los visitantes y consumidores tanto en el plano digital, como en el plano físico; a través pasillos de experiencia diseñados conjuntamente que aporten valor de forma sólida, coherente y sostenible en el tiempo.

Además, esta asociación simbiótica tendrá estructuras ligeras y cambiantes, con nuevas fórmulas de trabajo más plásticas y líquidas, en las que las interacciones serán menos rígidas, estáticas siendo fácilmente modificables. De esta forma, se generarán marcos de trabajo ágiles para la cooperación circular entre todos los miembros que participan en un determinado proyecto en los que, con una gobernanza adecuada y una apropiada gestión de los objetivos de todos los agentes de interés se alcanzarán resultados que satisfagan al máximo a todos ellos.

ANTIGUO PARADIGMA
Sectores muy relevantes operando separadamente y contacto tangencial.

Fuente: Antiguo Paradigma con Sectores muy relevantes operando separadamente y contacto tangencial. Elaboración propia:

NUEVO PARADIGMA
Colaboración circular entre los distintos agentes de interés de forma coordinada y estrategia común multicanal.

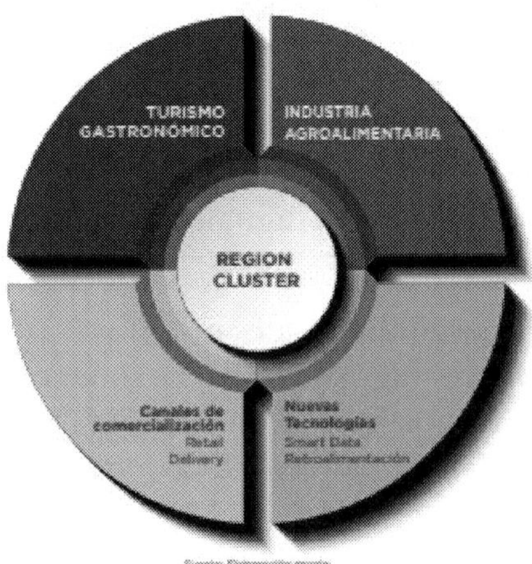

Fuente: Nuevo Paradigma con colaboración circular entre los distintos agentes de interés de forma coordinada y estrategia común multicanal. Elaboración Propia.

Los beneficios de esta asociación simbiótica, son evidentes para ambas partes y todos los nuevos agentes del ecosistema alimentario, pueden ayudarnos a lograr los objetivos.

6.2. Territorio accesible gracias al delivery

En este nuevo entorno, los destinos turísticos y productores agroalimentarios, pueden agruparse y estudiar cómo "deslocalizar el destino turístico" de forma que el delivery actúe de embajador en cada una de las casas a las que se entregue permitiendo ganarse al cliente "a través del estómago".

Esta entrega a domicilio puede centrarse en un producto característico y diferenciador de la zona, enfocado a la oferta que los consumidores asocien con el destino utilizando fórmulas actualizadas a los nuevos tiempos que se apoyen, por ejemplo, en *Ghost Kitchen* para amplificar la presencia en el mercado y poder llegar a cada casa y cliente potencial.

En último término, las regiones, apoyadas desde el sector público y con el motor de la empresa privada y visión del turismo gastronómico, podrían crean marcas 100% digitales apoyadas en estas plataformas de *Ghost Kitchen* para crear una marca nueva orientada al delivery bajo el concepto conjunto producto-destino turístico, quizás inicialmente para el mercado doméstico y nacional.

Bajo esta marca, la industria alimentaria, en coordinación con los agentes turísticos proporcionan las materias primas y productos de V Gama, con los estándares de origen, protocolos de procesado y calidad requeridos para que cumpla las expectativas requeridas, la experiencia sea realmente autentica y de calidad. Esta propuesta gastronómica comienza a elaborar un destino turístico en la mente del consumidor. Lo que consuma en casa será la introducción e inspiración para otra acción posterior.

Esta "segunda experiencia", al visitar la región de proveniencia, vendrá amplificada, será más completa y de nivel superior ya que es donde se desarrollará realmente la emoción en su contexto físico y conectará conceptos, hasta ahora digitales o deslocalizados, con el mundo tangible y real. En cierta manera, el delivery actúa como "realidad virtual" que no sustituye, en ningún caso a la realidad orgánica y auténtica en el territorio. La estrategia deberá aprovechar la ventaja de ambos aspectos diferenciándolos en la mente del consumidor para buscar sinergias y complementariedades entre ambas.

Es decir, se debe despertar el interés y movimiento; ser un polo de atracción y nunca de sustitución de una experiencia por otra. El organismo controlador de este desarrollo y proceso (por ejemplo, un cluster con gobernanza público-privada turístico-gastronómica en englobe empresas en "coopetición"), deberá ser especialmente cuidadosa en este sentido para evitar confusión, simplificación o "comoditación" del destino.

6.3. Retail nos acerca al territorio

Otra forma de llevar el territorio a casa y acercarlo al turista gastronómico potencial, es a través del retail que puede convertirse en otro socio más en nuestro cluster.

La distribución, por su parte, ha visto el auge del delivery y de la venta electrónica avanzando a gran ritmo, especialmente a partir de la pandemia, por lo que, además de desarrollar su plataforma de comercio electrónico, necesitará seguir aportando un elemento diferenciador a través de la experiencia y emociones para fomentar la compra en tienda. En este sentido, es previsible que continúe en su evolución como centro de ocio, mercaurante para incentivar a los clientes el desplazamiento hasta sus instalaciones.

Dado el interés del retail por generar experiencias y atracción de visitantes, la región o grupo empresarial, coordinado a través de cluster y/o modelos público-privados podría asociarse con alguna cadena de supermercado concreta y diseñar conjuntamente experiencias de compra en sus establecimientos. Esta campaña controlada por todos los miembros podrá tener el enfoque push-pull más conveniente para todos los agentes de interés con propuestas más clásicas u originales: con una aproximación más cercana a la tematización de un parque de atracciones a modo de evento *Pop-up*, con *Food-Trucks* y/o feria "turístico-gastronómica" con stands.

De esta forma, se permite al consumidor interactuar con el destino desde la tienda más cercana a su casa siendo ésta una herramienta muy efectiva. Hay que tener en cuenta que esta forma de aproximarse y convencer al turista potencial no es nada desdeñable: existen 3.4 supermercados por cada 1000 habitantes frente a los 1.7 restaurantes. (Profesionalhoreca, 2019) y puede adecuarse fácilmente al perfil socioeconómico del consumidor y cliente potencial.

La experiencia (pre)turística será adaptada a su cesta de la compra, poder adquisitivo y, según análisis Big Data, adaptada al consumidor para su consumo en el propio local-supermercado-feria (como parte del diseño de la experiencia) o para llevar a casa (el plato actúa a modo de *flyer* o *souvenir)*

La ventaja de la utilización de estas herramientas favorecerá a la industria alimentaria, al retail, al delivery, pero, ¿cómo afectará al turismo gastronómico?

6.4. Beneficios para el destino y su turismo gastronómico

El diseño de esta estrategia en paralelo (desarrollo en destino y deslocalizada) es una herramienta poderosísima que permite la sinergia de ambos canales de forma que industria alimentaria y turismo se benefician mutuamente.

El delivery y/o retail pueden actuar de embajadores de marca de forma análoga a lo que los restaurantes tailandeses en el mundo hicieron para Tailandia. Estos restaurantes abiertos por el mundo, han ido dando a conocer la cultura y comida propias del país a la par que han invitado a los comensales a visitarlo. El restaurante no ha sustituido al destino ni ha convencido al comensal para reemplazar una experiencia por otra, sino al contrario: le ha despertado la curiosidad de conocer más, profundizar en el conocimiento de su cultura gastronómica y viajar hasta el origen.

En este sentido, el ciclo de experiencia del cliente se puede ver reforzado en sus diversas etapas gracias a la captación de atención y compra de productos del Territorio que les invitaran a soñar, planificar y visitar un destino Gracias a la retroalimentación que puede recibir de los clientes gracias a las nuevas tecnologías cuando compartan sus experiencias que inviten a soñar a clientes potenciales reiniciando el ciclo nuevamente.

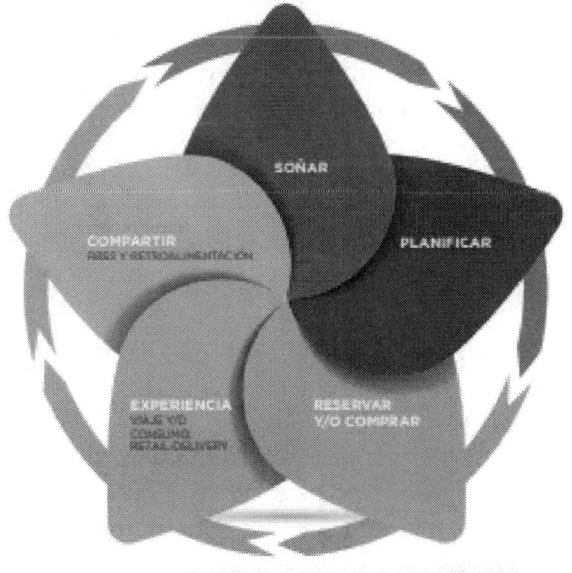

Fuente: Adaptación del Ciclo de Experiencia del Cliente BCC. Elaboracion propia.

Por otro lado, se podrá conocer mucho mejor al cliente target ya que la distribución, comercio electrónico y entrega a domicilio, poseen herramientas tecnológicas de Inteligencia Artificial y *Big Data* para análisis de demanda y mercado muy precisas. Esto permite segmentar consumidores, desarrollar campañas específicas y cuantificar retorno en las acciones.

Estos mismos datos resultantes son de gran valor para el Turismo Gastronómico y para el territorio concreto ya que será capaz de hacer campañas publicitarias mucho más detalladas y concretas en los mercados específicos para personas concretas y, por tanto, mucho más efectivas.

Por ejemplo, las nuevas tecnologías se convertirán en aliadas para la oferta de turismo gastronómico gracias a la fidelización e interacción con el consumidor-visitante a través de registros en Web a "clubs", grupos de clientes, seguimiento de información a través de códigos QR, etc...

La estrategia Destino-Deslocalización (Delivery y/o Retail) puede incluir visitas o vacaciones en la región gracias a sorteos, concursos, acumulación de puntos y premios de estancias en destino, visita a empresas, museos etnográficos... de esta forma, no solo la industria alimentaria sino los restaurantes, hoteles, centros culturales... podrán verse beneficiados posteriormente.

El mismo producto "turístico-alimentario", puede conectar con el destino que esté a kilómetros de distancia del lugar de consumo que, a su vez, puede proporcionar *feedback* útil para el territorio y convertirse en un elemento PULL de atracción al mismo.

Por ejemplo, el "turista deslocalizado" o "pre-turista" podrá, a través de QR, registro en página web, etc... acceder a videos donde se presente la granja en la que se recolectaron los huevos, conocer al pescador de la lonja de la que viene ese marisco, bosques en los que crecen estos ingredientes...; podrá realizar reservas a través de internet para conocer los distintos agentes de la cadena de valor: visitar una explotación del destino, apoyar la economía local del territorio no sólo mediante la compra de productos sino a través del "apadrinamiento" (iniciativas análogas a las de los olivos milenarios) y podrá participar en foros, compartir fotos, hashtags, actuando finalmente como "influencer" para este destino.

.La ventaja adicional de esta forma de trabajar es que este turista, ya ha sido "educado sobre el destino" y estará deseando integrarse y conocer más sobre él; buscará autenticidad y valor... y podrá ser "desestacionalizado en el tiempo."

En este sentido, el diseño estratégico de la Región-Cluster es fundamental ya que estas expectativas deberán ser cubiertas o excedidas una vez pase de consumidor a visitante y se pueda trasladar a la región con impacto significativo. El diseño del pasillo de experiencia del cliente será esencial para acompañar al cliente durante todo el proceso y exceder sus expectativas.

Esta capacidad que tendrá el proyecto para dirigir la demanda y comunicarse con el visitante-consumidor, le otorga un gran poder ya que, desde la perspectiva del turismo gastronómico se pueden diseñar estrategias que controlen el número y tipología de visitantes que se quieren recibir. Se puede organizar una acogida escalonada, sostenible evitando, en paralelo, la turistificación o masificación incontrolada del destino ya que una de las mayores preocupaciones actuales es la concentración excesiva de visitantes que perjudica a la población local.

Este es un interés clave ya que los destinos turísticos buscan "*valor añadido y evitar la masificación*" (Lamet, 2024) y el turismo gastronómico es uno de los métodos "*con más capacidad para romper la estacionalidad*" (Hosteltur Braintrust, 2024)

7. CONCLUSIÓN

La gastronomía en su conjunto, entendida como la combinación sinérgica de Industria Alimentaria y Turismo Gastronómico tiene una capacidad única para desplazarse por la pirámide de Maslow y cubrir los distintos elementos de la Economía de la Experiencia y debe aprovechar esta cualidad única.

Debemos siempre presente esta dualidad de extremos en la que la gastronomía puede ser considerada desde un producto básico "commodity" que cubre necesidades de subsistencia y, al mismo tiempo, un elemento elevado y exclusivo de realización personal.

Atendiendo a esta naturaleza polivalente, y utilizando elementos propios de la industria alimentaria o del turismo gastronómico, debe poder fluir hasta el visitante/consumidor a través de distintos canales convenientemente articulados: restauración o distribución, en la adquisición en tienda directa u online, en el propio territorio o en casa..., de forma que se pueda regular el *qué* y el *cómo* hasta el cliente target de la forma más idónea tanto para él mismo, para las empresas del cluster que conforman la cadena de valor turístico-gastronómica de la oferta y el propio territorio en su conjunto.

Para que este "flujo gastronómico" se pueda realizar conforme a un propósito y visión claras, con unas estrategias, objetivos y recursos disponibles, se requiere de nuevas estructuras más complejas, pero ligeras y flexibles, de gobernanza público-privada, que hibriden mundos agroalimentarios y turístico-gastronómico de forma que canalicen esta oferta gastronómica en la forma y flujo deseados según las circunstancias sociales, económicas que se presenten.

8. REFERENCIAS

Abella, R. (s.f.). *Digitalización, un medio para crear experiencias únicas en los centros de ocio.* Obtenido de www2.deloitte.com/es: https://www2.deloitte.com/es/es/pages/consumer-business/articles/digitalizacion-experiencias-centros-ocio.html

AECOC. (2020). Obtenido de https://www.aecoc.es/: https://www.aecoc.es/

Barranco, J. (9 de 1 de 2017). *Pero, ¿qué es la modernidad líquida?* Obtenido de www.elpais.com: https://www.lavanguardia.com/cultura/20170109/413213624617/modernidad-liquida-zygmunt-bauman.html

BCC. (26 de 3 de 2020). *El delivery o la necesidad de reinventarse ante la pandemia.* Obtenido de www.retocoronavirus.bculinary.com: https://retocoronavirus.bculinary.com/el-delivery-o-la-necesidad-de-reinventarse-ante-la-pandemia/

Consejo de la Union Europea. (19 de 8 de 2023). *España, una potencia gastronómica ligada a la dieta mediterránea.* Obtenido de https://spanish-presidency.consilium.europa.eu/es/noticias/espana-potencia-gastronomica-dieta-mediterranea-ue/

de Haro, J. L. (2 de 5 de 2020). *Donovan (UBS): España no debe intentar mantener con vida a un sector si se sabe que éste no sobrevivirá en la próxima década.* Obtenido de www.eleconomista.es: https://www.eleconomista.es/mercados-cotizaciones/noticias/10515941/04/20/Donovan-USB-Espana-no-debe-intentar-mantener-con-vida-a-un-sector-si-se-sabe-que-este-no-sobrevivira-en-los-proximos-10-anos.html

De la Rica, P. (21 de 5 de 2019). *Llegan los 'grocerants'. 10 hechos que confirman que ya están aquí.* Obtenido de Retail Knowledge AECOC: https://www.aecoc.es/articulos/c84-llegan-los-grocerants-10-hechos-que-confirman-que-ya-estan-aqui/

Delgado, J. T. (2 de 12 de 2019). *Mercadona ya está robando clientes a bares y restaurantes.* Obtenido de El Independiente: https://www.elindependiente.com/economia/2019/12/02/mercadona-ya-es-una-amenaza-real-para-bares-y-restaurantes/

Diez, L. (9 de 11 de 2019). *El éxito del enoturismo en La Rioja debe partir de una visión 360º*. Obtenido de www.nuevecuatrouno.com: https://nuevecuatrouno.com/2019/11/09/dia-internacional-enoturismo-rioja-direccion-general-turismo-amaia-lopez-heredia/

Efe. (25 de 03 de 2020). *El coronavirus 'reinventa' a Deliveroo y Ubereats: de llevar comida a domicilio... a llevarte las compras del mercado.* Obtenido de www.20minutos.es: https://www.20minutos.es/noticia/4204837/0/deliveroo-y-ubereats-entran-en-el-envio-de-compras-en-tiendas-de-barrio-y-puestos-de-mercado-por-el-coronavirus/

Emprendedores. (10 de 12 de 2019). *Se buscan startups revolucionarias para la gastronomía del futuro.* Obtenido de www.emprendedores.es: https://www.emprendedores.es/ayuda-crear-empresa-negocio/a30177940/startups-gastronomia-digitalizacion/

Escuelamarketingastronomico.net. (13 de 11 de 2019). *Tendencias en restaurantes 2030. Así será el restaurante del futuro.* Obtenido de 6 tendencias en restaurantes para 2020-2030_La industria de restaurantes en el futuro será un modelo híbrido.: https://escuelamarketingastronomico.net/tendencias-en-restaurantes-2030-asi-sera-el-restaurante-del-futuro/

Europapress. (11 de 4 de 2019). *Economía.- El 'delivery' crece un 26% en España y dispara las ventas del sector de la comida rápida.* Obtenido de www.lavanguardia.com: https://www.lavanguardia.com/vida/20190411/461587071388/economia–el-delivery-crece-un-26-en-espana-y-dispara-las-ventas-del-sector-de-la-comida-rapida.html

Exceltur. (4 de 2020). Obtenido de www.exceltur.org: https://www.exceltur.org/wp-content/uploads/2020/04/EXCELTUR-Plan-Renacer-Turismo-30042020.pdf

Fernández Guadaño, m. (4 de 5 de 2019). *LA RADIOGRAFÍA DEL TURISMO GASTRONÓMICO EN 2019.* Obtenido de www.Gastroeconomy.com: https://www.gastroeconomy.com/2019/05/la-radiografia-del-turismo-gastronomico-en-2019/

Fernandez Guadaño, M. (8 de 4 de 2020). *DELIVERY, POR QUÉ Y CÓMO LANZAR UN NEGOCIO COMIDA A DOMICILIO A TRAVÉS DE 6 CASOS PRÁCTICOS.* Obtenido de www.gastroeconomy.com: https://www.gastroeconomy.com/2020/04/delivery-lanzar-negocio-comida-domicilio-traves-6-casos-practicos/

FIAB. (2020). Obtenido de www.fiab.es: http://fiab.es/fiab-presentacion/compromisos-fiab/

FIAB. (4 de 5 de 2020). *FIAB presenta un Plan para la reactivación del sector y la economía española.* Obtenido de www.fiab.es: http://fiab.es/fiab-presenta-un-plan-para-la-reactivacion-del-sector-y-la-economia-espanola/

F-Novoa, R. (20 de 3 de 2019). *«Nesting»: el secreto de la felicidad está en tu casa.* Obtenido de ABC salud y fitness: https://www.abc.es/summum/living/salud-fitness/abci-nesting-secreto-felicidad-esta-casa-201801301013_noticia.html?ref=https%3A%2F%2Fwww.google.com%2F

Food Retail. (25 de 11 de 2019). *El boom del delivery y las opciones saludables alientan los mercaurantes.* Obtenido de www.foodretail.es: https://www.foodretail.es/retailers/mercaurante-delivery-platos-saludables-aecoc_0_1386161387.html

Garcia Mendez, I. (4 de 9 de 2019). *Cook Room y SuperGlovo: las dos nuevas apuestas de Oscar Pierre para repetir el éxito de Glovo.* Obtenido de www.emprendedores.es: https://www.emprendedores.es/gestion/a28744066/cook-room-y-superglovo-pierre/

Garcia, C. (17 de 9 de 2019). *De zona de tránsito a punto de encuentro, ¿están los centros comerciales creando tendencia?* Obtenido de www.inforetail.com: https://www.revistainforetail.com/blogretaildetail/de-zona-de-transito-a-punto-de-encuentro-estan-los-centros-comerciales-creando-tendencia/83f5efcf479d806f3ee9858649a28cfc

Garcia, Y. (11 de 2 de 2020). *Así es la cesta de la compra de los españoles: gastamos más y mejor, probamos nuevas marcas y nos pirra el 'cocooning'.* Obtenido de El economista: https://www.eleconomista.es/empresas-finanzas/noticias/10350630/02/20/Asi-es-la-cesta-de-la-compra-de-los-espanoles-gastamos-mas-y-mejor-probamos-nuevas-marcas-y-nos-pirra-el-cocooning.html

GastronomikaLive. (5 de 2020). *Quique Dacosta explica su delivery.* Obtenido de www.sansebastiangastronomika.com: https://www.sansebastiangastronomika.com/2020/05/quique-dacosta-explica-delivery/

Gelski, J. (6 de 12 de 2019). *Storytelling takes top spot in Innova's 2020 trends.* Obtenido de Food business News: https://www.foodbusinessnews.net/articles/15010-storytelling-takes-top-spot-in-innovas-2020-trends

Gispert, B. (27 de 8 de 2020). *Así son las 'dark kitchens' del 'delivery' en España.* Obtenido de www.lavanguardia.com: https://www.lavanguardia.com/economia/20190827/464266225884/glovo-deliveroo-cocinas-funcionamiento-reparto-a-domicilio.html

Hosteltur Braintrust. (6 de 2024). *Modelos turísticos con más capacidad para romper la estacionalidad.* Obtenido de https://www.hosteltur.com/163955_modelos-turisticos-con-mas-capacidad-para-romper-la-estacionalidad.html

Inforetail. (11 de 2 de 2020). *Del mercaurante al 'cocooning': la comodidad cambia el consumo.* Obtenido de Inforetail: https://www.foodretail.es/shoppers/mercaurante-cocooning-comodidad-cambia-consumo_0_1409559048.html

Inforetail. (5 de 5 de 2020). *El miedo al coronavirus rompe las barreras del comercio online.* Obtenido de www.revistainforetail.com: https://www.revistainforetail.com/noticiadet/el-miedo-al-coronavirus-rompe-las-barreras-del-comercio-online/bc6aaae06df2a2c47d861ee3fe7dff29

INSTITUTO TURISMO ESPAÑA. (s.f.). *MEMORIA DE GESTIÓN 2018.* Obtenido de https://www.tourspain.es/es-es/Conozcanos/MemoriasAnuales/Memoria%20TURESPA%C3%91A%202018.pdf

Invertia El Español. (5 de 3 de 2020). *Los restaurantes de El Corte Inglés servirán el cocido del icónico Malacatín.* Obtenido de Invertia El Español: https://www.elespanol.com/invertia/empresas/distribucion/20200305/restaurantes-corte-ingles-serviran-cocido-iconico-malacatin/472453493_0.html

La Publicidad. (10 de 3 de 2020). *Comerciantes de atención. La lucha épica por entrar en nuestra cabeza.* Obtenido de www.lapublicidad.net: https://lapublicidad.net/comerciantes-de-atencion-la-lucha-epica-por-entrar-en-nuestra-cabeza/

La vanguardia. (17 de 7 de 2019). *Carrefour y Glovo se asocian para llevarte la compra a casa en 30 minutos.* Obtenido de www.lavanguardia.com: https://www.lavanguardia.com/economia/20190717/463549492873/carrefour-glovo-compra-30-minutos-espana-repartidores.html

La Vanguardia. (23 de 6 de 2019). *La cocina como patrimonio cultural, un arma ante la banalización turística.* Obtenido de www.lavanguardia.com: https://www.lavanguardia.com/ocio/viajes/20190623/463058526700/la-cocina-como-patrimonio-cultural-un-arma-ante-la-banalizacion-turistica.html

Lamet, J. (19 de 6 de 2024). *Las alcaldesas de Valencia y Castellón prometen un nuevo modelo turístico: "No queremos ser Barcelona".* Obtenido de https://castellonaldia.elmundo.es/castellon/las-alcaldesas-de-valencia-y-castellon-prometen-un-nuevo-modelo-turistico-no-queremos-ser-barcelona-CD20016567

Manson, J. (23 de October de 2019). *'STORYTELLING: WINNING WITH WORDS' HEADS TOP TEN FOOD TRENDS FOR 2020.* Obtenido de Naturalproductsglobal.com: https://www.naturalproductsglobal.com/food-and-drink/storytelling-winning-with-words-heads-top-ten-food-trends-for-2020/

MAPA. (2019). *LISTADO DE DENOMINACIONES DE ORIGEN PROTEGIDAS E INDICACIONES GEOGRÁFICAS PROTEGIDAS DE VINOS REGISTRADAS EN LA UNIÓN EUROPEA.* Obtenido de www.mapa.gov.es: https://www.mapa.gob.es/es/alimentacion/temas/calidad-agroalimentaria/web-listadodops-igpsvinosporccaa-sinresum22012020_tcm30-426473.pdf

MAPA. (1 de 1 de 2019). *LISTADO DE DENOMINACIONES DE ORIGEN PROTEGIDAS E INDICACIONESGEOGRÁFICAS PROTEGIDAS AGROALIMENTARIAS REGISTRADAS EN LA UE.* Obtenido de www.mapa.gov.es: https://www.mapa.gob.es/es/alimentacion/temas/calidad-agroalimentaria/web-listadodops-igpsagroalimporccaa010119_tcm30-426472.pdf

Marketing Analitico. (8 de 11 de 2017). *www.marketing-analitico.com.* Obtenido de https://www.marketing-analitico.com/pln/generacion-millennial-claves-storytelling/

Mauricio García de Quevedo, P. F. (3 de 1 de 2021). *REVISTA ALIMENTARIA*. Obtenido de https://revistaalimentaria.es/opinion/opinion/mauricio-garcia-de-quevedo-es-fundamental-potenciar-el-trinomio-alimentacion-gastronomia-turismo

Maza, C. (12 de 4 de 2020). *"La pandemia no va a cambiar el mundo, va a acelerar lo que ya estaba pasando"*. Obtenido de www.elconfidencial.com: https://www.elconfidencial.com/mundo/europa/2020-04-12/entrevista-neil-melvin-coronavirus-geopolitica_2543415/

McMenemy, L. (24 de 10 de 2017). *Brand Storytelling That Stands Out in the Crowded Food and Beverage Market.* Obtenido de www.skyword.com: https://www.skyword.com/contentstandard/brand-storytelling-stands-crowded-food-beverage-market/

MINISTERIO DE AGRICULTURA PESCA Y ALIMENTACION. (11 de 6 de 2019). *Luis Planas destaca la importancia de la gastronomía española para reforzar la exportación agroalimentaria.* Obtenido de https://www.lamoncloa.gob.es/serviciosdeprensa/notasprensa/agriculTURA/Paginas/index.aspx: https://www.lamoncloa.gob.es/serviciosdeprensa/notasprensa/agricultura/Paginas/2019/110619_informe_gastronom-.aspx

NAGRIFOOD. (2020). *Un referente de innovación colaborativa, una apuesta por la competitividad alimentaria.* Obtenido de https://nagrifoodcluster.com/: https://nagrifoodcluster.com/

OMT y Basque Culinary Center. (2019). Curso Especialista Turismo Gastronómico. En I. Gaztelumenti, *Introducción al Turismo Gastronómico. Módulo 1* (pág. 42). BCC online.

OMT-BCC. (13 de 5 de 2019). *Guía para el desarrollo del turismo gastronómico.* Obtenido de www.unwto.org: https://www.e-unwto.org/doi/pdf/10.18111/9789284420995

OMT-BCC. (28 de 01 de 2020). *Competición. Innovación para transformar el turismo gastronómico.* Obtenido de https://www.gastronomytourismventures.org/: https://www.gastronomytourismventures.org/

OMT-BCC Guia Para el Desarrollo del Turismo Gastronómico. (Mayo de 2019). *Guía para el desarrollo del Turismo Gastronómico.* Obtenido de https://www.e-unwto.org/doi/book/10.18111/9789284420995

Ortega, A. (13 de 4 de 2019). *Tiempos híbridos.* Obtenido de www.elpais.com: https://elpais.com/elpais/2019/04/11/ideas/1554984474_227772.html

Periodista Digital. (26 de 10 de 2019). *Mercadona ya le hace la 'competencia' al bar de la esquina con sus Mercaurantes: adiós a pagar el doble por el menú del día.* Obtenido de Periodista Digital: https://www.periodistadigital.com/magazine/gastronomia/20191026/mercadona-le-competencia-bar-esquina-mercaurantes-adios-pagar-doble-menu-dia-noticia-689404171466/

Plan estratégico de la gastronomía y la alimentación de Euskadi. (21 de 11 de 2017). Obtenido de www.euskadi.eus: https://www.euskadi.eus/contenidos/plan_departamental/pega/es_def/adjuntos/PEGA.pdf

Profesional horeca. (4 de 3 de 2018). *Las cocinas a medida de Glovo llamadas a revolucionar el servicio a domicilio.* Obtenido de www.profesionalhoreca.com: https://www.profesionalhoreca.com/2018/03/04/las-cocinas-a-medida-de-glovo-llamadas-a-revolucionar-el-servicio-a-domicilio/

Profesionalhoreca. (11 de 2019). *El delivery y la comida preparada impulsan la expansión de los mercaurantes.* Obtenido de www.profesionalhoreca.com: https://www.profesionalhoreca.com/2019/11/28/el-delivery-y-la-comida-preparada-impulsan-la-expansion-de-los-mercaurantes/

PWC. (2019). *El Futuro del sector agrícola español.* Obtenido de https://www.pwc.es/es/publicaciones/assets/informe-sector-agricola-espanol.pdf

Reyes, C. (10 de 1 de 2020). *Carrefour amplía su oferta y servicios y se acerca a la restauración.* Obtenido de www.alimarket.es: https://www.alimarket.es/alimentacion/noticia/308539/carrefour-amplia-su-oferta-y-servicios-y-se-acerca-a-la-restauracion

Reyno Gourmet. (27 de 1 de 2020). *Cinco regiones de Francia y España lanzan en FITUR el Proyecto GATURI.* Obtenido de www.reynogourmet.es: http://www.reynogourmet.com/index.php/es/noticias/item/cinco-regiones-de-francia-y-espana-lanzan-en-fitur-el-proyecto-gaturi

Rois, S. (18 de 2 de 2019). *La omnicanalidad en retail tiene 6 niveles y España no está en los primeros.* Obtenido de www.marketing4ecommerce.net: https://marketing4ecommerce.net/omnicanalidad-en-retail-6-niveles-espana-no-esta-en-los-primeros/

Salas, P. (8 de 4 de 2020). *Restaurantes de alta cocina (alguno Michelin) envían comida a domicilio a precio asequible.* Obtenido de www.abc.es: https://www.abc.es/viajar/gastronomia/abci-restaurantes-alta-cocina-alguno-michelin-envian-comida-domicilio precio asequible 202004080152_noticia.html

Schaefer, M. (30 de 10 de 2019). *What Are Ghost Kitchens and Virtual Restaurants?* Obtenido de Euromonitor: https://blog.euromonitor.com/what-are-ghost-kitchens-and-virtual-restaurants/

SODENA. (s.f.). *Invest in Navarra.* Obtenido de www.investinnavarra.com: https://investinnavarra.com/wp-content/uploads/2015/01/Guia-Agroalimentacion.pdf

Subdirección General de Fomento Industrial y Asociativo Agroalimentario. (2019). *Ministerio Agricultura, Pesca y Alimentación.* Obtenido de https://www.mapa.gob.es/es/alimentacion/temas/industria-agroalimentaria/marco-estrategico/

sustainabilityguide. (2020). *Circular Economy.* Obtenido de www.sustainabilityguide.eu: https://sustainabilityguide.eu/sustainability/circular-economy/

Tejo, D. (1 de 6 de 2016). *La nueva pirámide de Maslow: el cambio en las necesidades básicas en el siglo XXI y su influencia en el lifestyle actual.* Obtenido de www.davidtejo.

com: http://davidtejo.com/2016/06/la-nueva-piramide-de-maslow-el-cambio-en-las-necesidades-basicas-en-el-siglo-xxi-y-su-influencia-en-el-lifestyle-actual/

Tello, J. C. (24 de 5 de 2019). *Mercaurante: el futuro del retailer pasa por la restauración.* Obtenido de www.foodretail.es: https://www.foodretail.es/retailers/Mercaurante-futuro-retailer-pasa-restauracion_0_1330666934.html

TIERRA DE SABOR. (s.f.). *GUIA DE ADHESION A LA MARCA TIERRA DE SABOR_RESTAURANTES DE LA TIERRA_CASTILLA Y LEON ES VIDA*. Obtenido de www.tierradesabor.es: http://www.tierradesabor.es/sites/default/files/GUIA_RESTAURANTES_TS.pdf

TURESPAÑA. (28 de 7 de 2024). *Revista Alimentaria Web.* Obtenido de https://revistaalimentaria.es/opinion/servicios/miguel-sanz-castedo-interdependencia-entre-industria-alimentaria-hosteleria-y-turismo-en-espana

LAS FERIAS AGROALIMENTARIAS: DE EVENTO COMERCIAL TRADICIONAL A PRODUCTO TURÍSTICO. EL CASO DE LA PROVINCIA DE LLEIDA: VISITANTES E IMPACTO ECONÓMICO

Jaume Macià Amorós
Eduard Cristóbal Fransi
Daniel Paül Agustí
Universidad de Lleida

Temática: Gastronomía y grandes eventos. Transformación del sector primario en recurso turístico

RESUMEN: En los últimos años, las ferias agroalimentarias han evolucionado hacia productos turísticos, perdiendo parte de su esencia comercial. Estas ferias desempeñan un papel crucial en el desarrollo económico y social, generando empleo y promoviendo el turismo local. En la demarcación de Lleida, las ferias atraen a casi 700.000 visitantes anualmente, con más de 80 eventos programados para 2024. Estas ferias no solo exhiben productos agrícolas y ganaderos, sino que también integran actividades culturales, gastronómicas y turísticas. El estudio analiza el impacto económico, territorial y la experiencia de los visitantes, revelando su importancia para la economía local y la promoción turística.

Palabras clave: Ferias agroalimentarias, desarrollo económico, promoción turística, productos locales, impacto económico.

ABSTRACT: In recent years, agri-food fairs have evolved towards tourist products, losing part of their commercial essence. These fairs play a crucial role in economic and social development, generating employment and promoting local tourism. In the Lleida district, fairs attract almost 700,000 visitors annually, with more than 80 events scheduled for 2024. These fairs not only exhibit agricultural and livestock products, but also integrate cultural, gastronomic and tourist activities. The study analyses the economic and territorial impact and the experience of visitors, revealing its importance for the local economy and tourism promotion.

Keywords: Agri-food fairs, economic development, tourism promotion, local products, economic impact.

Agradecimientos: Este estudio fue subvencionado por el Patronat de Turisme de la Diputació de Lleida.

1. INTRODUCCIÓN

Históricamente, se ha ido produciendo una evolución en el enfoque y la naturaleza de las ferias agroalimentarias, que han pasado de ser eventos comerciales tradicionales a convertirse también en productos turísticos (Köksal et al., 2021). Este cambio ha llevado a la pérdida de su esencia comercial y ha generado una serie de transformaciones en formato y objetivos. Unos objetivos orientados hacia la experiencia turística, un enfoque en la promoción turística local, la ampliación del alcance geográfico y la incorporación de aspectos culturales y turísticos a la oferta de productos.

Las ferias agroalimentarias han adquirido gran importancia en el ámbito de la agricultura, la ganadería, la alimentación y el turismo, ya que se han convertido en eventos fundamentales para todos los actores implicados en estos sectores. Más allá de ser simples sitios de exhibición y comercialización de productos, estas ferias tienen un papel clave en el desarrollo económico, turístico y social de las comunidades donde se celebran; generando empleo, impulsando el crecimiento económico y contribuyendo al desarrollo local (Agudelo-López et al., 2016).

Estas ferias también generan un aumento en la actividad económica de la zona, ya que atraen a un gran número de visitantes, incluyendo a profesionales del sector, compradores, turistas y residentes locales. Este flujo de personas impulsa el consumo y el comercio, beneficiando a los productores y los negocios locales. (Di Gregorio et al., 2022).

En la demarcación de Lleida, estas ferias juegan un papel crucial en la dinamización del sector agroalimentario y la atracción de visitantes, contribuyendo así al posicionamiento de la región como un destino turístico destacado. Su importancia se refleja en que en 2023 casi 700.000 personas visitaron estas ferias y que en 2024 se celebrarán más de 80 ferias agroalimentarias, exactamente 83, repartidas en 72 municipios. Ferias con un largo recorrido histórico como la Fira de Sant Ermengol, una de las ferias más antiguas de Cataluña, con el queso como eje central; las tradicionales ferias ganaderas del Pirineo, las ferias del aceite de la comarca de les Garrigues, las ya tradicionales ferias agrícolas de Sant Josep y Sant Miquel y la dulce feria del Turró i la Xocolata a la Pedra de Agramunt, por destacar algunas.

Estos eventos son una atracción para los turistas que buscan experiencias auténticas y enriquecedoras. Las ferias ofrecen la oportunidad de conocer de cerca a los productores, participar en actividades relacionadas con la alimentación, descubrir productos autóctonos y disfrutar de la cultura local. Esto no sólo beneficia a los sectores turístico y gastronómico, sino que también ayuda a diversificar la oferta turística de la demarcación ya extender la afluencia de visitantes a otras zonas rurales y municipios cercanos. (Amicarelli et al., 2024).

2. OBJETIVOS

El estudio tiene como objetivo analizar el impacto, la distribución territorial y la experiencia de los visitantes en las ferias agroalimentarias en la demarcación de Lleida. Para ello, se han utilizado tres fuentes principales de información: una encuesta realizada a más de 500 asistentes a estas ferias, la explotación del buscador de la página web de la *Guía de ferias*[1]de la Diputació de Lleida y el estudio *Impacte econòmic de les fires a Catalunya* [2].

La encuesta permitirá comprender las percepciones y experiencias de los visitantes en las ferias agroalimentarias durante el año 2023, revelando el atractivo y la satisfacción generada por estos eventos. El buscador de la página web *Guia de fires* de la Diputació de Lleida nos ofrecerá los datos sobre el número de ferias, la temática y la localización. Y la metodología del estudio de (Bosch et al., 2007), junto con la búsqueda de información a través de Internet, nos permitirán calcular el número de visitantes que asisten a las ferias agroalimentarias de la demarcación y el impacto económico que generan.

A través de la realización de este estudio obtendremos una comprensión más profunda y precisa de las ferias agroalimentarias en la demarcación de Lleida, y más concretamente de sus visitantes y el impacto económico que generan. Los resultados podrían ser de gran relevancia para los responsables de políticas, los organizadores de eventos, los productores y otros actores involucrados en el sector agroalimentario, brindando información valiosa para la toma de decisiones, el desarrollo

---

1 https://guiadefires.cat/

2 Bosch, J., García, J., Murillo, C., & Raya, JM (2017). Impacto económico de las ferias en Cataluña. Universidad Pompeu Fabra. Barcelona.

de estrategias y la promoción de un crecimiento sostenible de este tipo de eventos.

3. METODOLOGÍA Y ÁREA DE ESTUDIO

El método utilizado para la realización del estudio ha sido la investigación cuantitativa primaria.

3.1. Encuesta a visitantes

El trabajo de campo principal se ha realizado vía llamadas telefónicas; se ha procedido a contratar los servicios de una empresa especializada, Soporte 24h. Una iniciativa de economía social promovida por ASPID que ofrece servicios de atención telefónica y call center a administraciones públicas y empresas.

La administración, gestión y revisión de la encuesta se ha dirigido desde la Cátedra de Turismo de Interior y de Montaña de la Universitat de Lleida y el Patronat de Turisme de la Diputació de Lleida; así como la información recogida por Suport 24h a partir de las encuestas telefónicas, que se han revisado y depurado para posteriormente analizarlas y extraer las conclusiones pertinentes; recopilando información sobre la asistencia, motivos de visita, gastos, tipos de productos de interés, aspectos a mejorar y medios de comunicación utilizados para conocer las ferias. La estructura de la encuesta se puede consultar en el apartado Anexos.

Entre el 24 de enero y el 27 de marzo de 2024 se contactó con 2015 personas; 1.513 de las cuales no cumplían con el público objetivo solicitado (no habían asistido a ninguna feria agroalimentaria durante el último año), mientras que las 502 restantes eran personas que sí habían asistido a alguna de las ferias agroalimentarias que se habían celebrado durante el año 2023 en la demarcación de Lleida, y que son las que han conformado la muestra a partir de la cual se ha realizado el análisis. La muestra obtenida (502 respuestas) fortalece tanto la validez como la fiabilidad de los resultados. Los resultados obtenidos mediante llamada telefónica también son representativos en lo que respecta al conjunto de la demarcación.

Tabla 1. Número de respuestas obtenidas por comarca. 2024

Comarca	Respuestas	%
Alt Urgell	24	4,8
Alta Ribagorça	6	1,2
Cerdanya	3	0,6
Garrigues	21	4,2
Gósol (Berguedà)	2	0,4
Nogal	44	8,8
Pallars Jussà	15	3,0
Pallars Sobirà	9	1,8
Pla d'Urgell	42	8,4
Segarra	27	5,4
Segrià	240	47,8
Solsonés	15	3,0
Urgell	42	8,4
Val d'Aran	12	2,4
TOTAL	**502**	**100**

Fuente: Elaboración propia a partir de los datos de la encuesta realizada por Suport 24h

3.2. Impacto económico

El impacto económico de las ferias agroalimentarias en la demarcación de Lleida se ha calculado a partir del impacto directo (compra de productos y servicios en las ferias) y el impacto indirecto (restauración y ocio) que generan los visitantes a partir de sus gastos en las ferias agroalimentarias de la demarcación durante el año 2023. Cabe remarcar que este estudio, y la encuesta derivada, se ha centrado en los visitantes. Por tanto, este cálculo no ha tenido en cuenta la parte de impacto económico y fiscal que generan el resto de actores: gastos de inversión, de funcionamiento permanente (sólo para las entidades feriales), de organización y expositores.

Se ha adoptado la metodología empleada en el estudio *Impacte econòmic de les fires a Catalunya*[3]. A partir de la metodología de este estudio y la encuesta sobre el gasto de los visitantes se ha calculado y estimado el impac-

3 Bosch, J., García, J., Murillo, C., & Raya, JM (2017). Impacto económico de las ferias en Cataluña. Universidad Pompeu Fabra. Barcelona.

to económico, directo e indirecto, que generan los visitantes de las ferias agroalimentarias en la demarcación.

3.3. Número de ferias y visitantes

La obtención del número de ferias agroalimentarias que se celebran en la demarcación de Lleida se ha realizado mediante el buscador de la página *Guía de fires*[4] del Patronat de Promoció Econòmica de la Diputació de Lleida. Se han seleccionado aquellas ferias cuya actividad principal es la agricultura, la ganadería, la alimentación o la gastronomía. En total, 83 ferias agroalimentarias repartidas entre 72 municipios de la demarcación de Lleida.

Para la estimación del número de visitantes en las ferias agroalimentarias, ante la escasez de estos datos, hemos tenido que recurrir a una recopilación manual ya menudo individual. Así, la metodología utilizada se ha basado en contactar con administraciones locales y buscar datos a través de páginas web de las ferias y administraciones locales y noticias de medios de comunicación.

Tabla 2. Número de ferias agroalimentarias por comarca. 2024

Comarca	Ferias	%
Alt Urgell	4	4,8
Alta Ribagorça	4	4,8
Cerdanya	2	2,4
Garrigues	11	13,3
Gósol (Berguedà)	0	0,0
Nogal	8	9,6
Pallars Jussà	8	9,6
Pallars Sobirà	8	9,6
Pla d'Urgell	7	8,4
Segarra	3	3,6
Segrià	8	9,6
Solsonés	6	7,2
Urgell	10	12
Val d'Aran	4	4,8
TOTAL	**83**	**100**

Fuente: Elaboración propia a partir de los datos de la Guia de Fires de la Diputació de Lleida

4 https://guiadefires.cat/

3.3.1. Área de estudio

Para realizar el análisis espacial se ha elaborado cartografía temática que nos ha permitido observar la distribución territorial de la oferta de ferias agroalimentarias.

Mapa 1. Comarcas y marcas turísticas de la provincia de Lleida

Fuente: Elaboración propia a partir de la distribución de marcas de la Llei 15/2007, de 5 de diciembre, de l'Agència Catalana de Turisme.

A nivel municipal se han tenido en cuenta los 231 municipios de la demarcación; en el ámbito comarcal las 13 comarcas de la demarcación más el Berguedà, en el caso de esta última sólo se han contabilizado los datos correspondientes al municipio de Gósol; y en el ámbito de marca turística las 3 marcas que corresponden a la demarcación: Tierras de Lleida, Pirineo de Lleida y Aran. Las marcas turísticas son una agrupación de comarcas catalanas que, según la Llei 15/2007, de 5 de diciembre, de la Agència Catalana de Turisme, tienen una identidad turística (en términos de productos turísticos) definida.

La distribución de marcas la define la administración catalana (Llei 15/2007, de 5 de diciembre, de la Agència Catalana de Turisme), y desde su creación ha sufrido varios cambios.

En todo caso, en los límites de la demarcación de Lleida corresponden a tres marcas: las Tierras de Lleida (la mitad sur de la demarcación, con las comarcas de la Segarra, Segrià, Noguera, Garrigues, Urgell y el Pla d'Urgell); el Pirineo de Lleida (la mitad norte de la demarcación, con las comarcas del Solsonès, el Pallars Jussà, el Alt Urgell, la Alta Ribagorça, el Pallars Sobirà, y la parte leridana de la Cerdanya); y, finalmente, se ha delimitado el Aran como una marca diferenciada del resto del Pirineo.

En base a estas marcas turísticas, para el análisis de la información espacial, se ha trabajado con dos territorios diferenciados. Por un lado, las comarcas de las Tierras de Lleida y, por otro, las comarcas de montaña; juntando la marca Pirineo de Lleida con el Aran.

4. ANÁLISIS DE LA OFERTA

4.1. Caracterización

Este 2024, con la celebración de 83 ferias repartidas en 72 municipios, la demarcación de Lleida cuenta con un intenso calendario de ferias agroalimentarias. Estos eventos no sólo reivindican la riqueza agrícola y ganadera de la región, sino que también representan una oportunidad para el turismo rural, cultural y gastronómico, atrayendo a visitantes nacionales e internacionales.

4.1.1. Diversidad de productos y experiencias

Las ferias en Lleida ofrecen a los turistas una amplia gama de productos locales y experiencias únicas. Como ejemplos podemos mencionar:

- Vinos: La Festa de la Verema i el Vi de Verdú, la Fira del Vi del Pirineu, en Talarn, o DVINS, en Agramunt, ofrecen a los visitantes la oportunidad de degustar y conocer los vinos más representativos de la región.

- Aceite de oliva: Ferias como la ya consolidada Feria del Aceite de les Borges Blanques permiten a los turistas descubrir la tradición y la calidad del aceite de oliva virgen extra que se produce en la demarcación.
  - Quesos artesanales: Eventos como la histórica Fira de Sant Ermengol de la Seu d'Urgell, o las más recientes Firacarcolze de Castellnou de Carcolze (el Pont de Bar) y la Mostra de Formatges Artesans de Ponent, en el Palau d'Anglesola, invitan a los visitantes a degustar la gran variedad de quesos artesanales de la demarcación, resaltando las técnicas tradicionales de elaboración de este producto.
  - Turrón y chocolate: La Fira del Turró i la Xocolata a la Pedra de Agramunt es un evento emblemático que celebra la tradición turronera del municipio. Esta feria es una parada obligada para los amantes del dulce, ofreciendo una deliciosa y única experiencia.

4.1.2. Atracción de turismo de negocios

Las ferias agrícolas, como la Fira de Sant Josep de Mollerussa y la Fira Agrària de Sant Miquel de Lleida, son pilares fundamentales para el turismo de negocios de la demarcación enfocado en el sector agrícola. La Fira de Sant Josep, con su enfoque en la agricultura y la maquinaria agrícola, es una de las más importantes de Cataluña, atrayendo a miles de visitantes interesados en las últimas innovaciones del sector. Por otra parte, la Fira Agrària de Sant Miquel se especializa en la agroalimentación y la tecnología agrícola, consolidándose como un evento de referencia en el ámbito agroindustrial.

4.1.3. Eventos culturales y festivos

Muchas ferias agroalimentarias coinciden con festividades religiosas y culturales e integran actividades que enriquecen la experiencia turística. La Fira de Sant Bartomeu de Artesa de Segre, centrada en los productores locales, y la Fira Ramadera de Santa Teresa d'Esterri d'Àneu son ejemplos de eventos que combinan tradición, cultura y economía, ofreciendo a los turistas un calendario lleno de celebraciones y actividades.

4.1.4. Promoción de la alimentación saludable y sostenible

Ferias como la Fira Cuida't de Bellpuig y la recién creada Fira Verdlloc de Bell-lloc destacan la tendencia hacia la alimentación saludable y sostenible. Estos eventos no sólo presentan productos ecológicos, sino que también educan a los visitantes sobre prácticas alimentarias saludables, enriqueciendo la experiencia turística con un enfoque al bienestar y la sostenibilidad.

4.1.5. Innovación y atractivos diversificados

Además de los productos tradicionales, las ferias de Lleida incluyen eventos innovadores como la Viu l'Hort!, de Castellserà, una feria de horticultura que promueve la agricultura urbana y sostenible. La diversidad de estos eventos asegura que los turistas puedan escoger dentro de una amplia oferta de ferias y temáticas, desde la Fira del Trumfo i de la Tòfona de Catalunya, en Solsona, hasta la Fira de Tardor de Sort, ofreciendo una experiencia rica y variada.

Las 83 ferias agroalimentarias que se celebran a lo largo de este 2024 en la demarcación de Lleida no sólo realzan la riqueza agrícola, ganadera y los productos alimenticios de la región, sino que también representan un catalizador para el turismo. Estos eventos ofrecen experiencias auténticas y diversas, promoviendo la cultura, la tradición y la innovación, y consolidando Lleida como un destino atractivo para los amantes de la gastronomía, la cultura y el turismo rural.

4.2. Distribución geográfica

El análisis de la distribución geográfica de las ferias agroalimentarias muestra el reparto de las 83 ferias a lo largo de todo el territorio leridano, resaltando la importancia de éstas en lo que se refiere a la promoción de la riqueza y diversidad de los productos locales y jugando un papel clave en la economía de cada uno de los municipios y comarcas donde se celebran.

Les Garrigues y el Urgell destacan como las comarcas con más ferias, con 11 y 10 eventos respectivamente, representando el 13,3% y el 12% del total. En les Garrigues, la comarca con más tradición oleícola, 9 de las 11 ferias agroalimentarias que se celebran tienen el óleo como temática central. Destacan la Fira de l'Oli de les Borges Blanques y la Fira de l'Oliva Arbequina de Arbeca; ferias donde se da a conocer y se promociona la calidad de su aceite de oliva virgen extra. En el Urgell, eventos como la Fira del Turró i la Xocolata a la Pedra de Agramunt, la Firacóc de Tàrrega o la Festa de la Verema i el Vi de Verdú atraen a numerosos visitantes interesados en la gastronomía y los productos locales.

Las comarcas de la Noguera, el Pallars Jussà, el Pallars Sobirà y el Segrià, con 8 ferias cada una y un peso de casi el 10% por comarca, se organizan ferias muy diversas, que van desde la ganadería y los productos que se derivan, pasando por la fruta, el aceite y el vino, hasta productos como la sal. En la Noguera, destacan eventos como la Fira de la Perdiu de Vilanova de Meià, que acoge el mercado de perdices y de productos de proximidad; la Fira de Sant Bartomeu de Artesa de Segre, antes centrada en el melón y hoy en día en una amplia gama de productos locales y de proximidad; o la Fira d'Artesans i Productes de Proximitat "Lo Ranxo" de Ponts. El Pallars Jussà y Pallars Sobirà, por su parte, organizan ferias que resaltan los productos de montaña, la Fira del Codony de Tremp y la Fira del Bolet de Isona y la Conca Dellà son un buen ejemplo, y sobre todo la ganadería. Entre las dos comarcas se celebran hasta 7 ferias relacionadas con la ganadería, destacando la Fira Ramadera de la Pobleta de Bellveí en la Vall Fosca, la Fira Ramadera de Santa Teresa de Esterri d'Àneu o la Fira Pallars Terra de Corder de Tremp.

En el Segrià las ferias giran en torno a la agricultura y la producción de fruta; ferias como la de higo de Alguaire o del melocotón de Alfarràs son un buen ejemplo, pero si una feria destaca en la comarca es la Fira Agrària de Sant Miquel-Eurofruit, una de las más relevantes e importantes de toda la demarcación, enfocándose en la innovación y el desarrollo agrícola.

En el Pla d'Urgell, con 7 ferias, la importancia de la producción frutícola y agrícola se ve representada en las ferias que se celebran. Ferias en las que se promocionan productos como la manzana, la manzanilla o incluso las calabazas gigantes, y promueven la sostenibilidad y la alimentación saludable. De entre todas, la centenaria Fira de Sant Josep, centrada en la maquinaria agrícola, destaca como uno de los eventos más importantes no sólo de la comarca sino de toda la demarcación.

En el Solsonès, las 6 ferias que se realizan a lo largo del año reivindican productos como la miel, la patata o la trufa, atrayendo a gourmets y visitantes de todo el país. Pero es la Fira de Sant Isidre de Solsona, centrada en la ganadería y la máquina agrícola, la que convoca a un mayor número de visitantes y profesionales.

4.2.1. Comarcas con menor presencia

El Alt Urgell, la Alta Ribagorça y la Val d'Aran tienen una representación menor, con 4 ferias cada una. Sin embargo, sus eventos son igualmente significativos. En el Alt Urgell encontramos una de las ferias más importantes y antiguas del país, la Fira de Sant Ermengol, donde los quesos artesanos del Pirineo tienen un papel destacado. En la Alta Ribagorça, la Fira de la Girella del Pont de Suert destaca por la reivindicación de este embutido típico del Pirineo. Y en el Aran, las ferias ganaderas se han convertido en punto de encuentro de profesionales, curiosos y turistas que disfrutan de las diferentes exhibiciones ganaderas.

La Segarra y la Cerdanya son las comarcas con menos ferias agroalimentarias de la demarcación, con un total de 3 y 2 respectivamente. Sin embargo, son ferias históricas y representativas, que tienen un público fiel y atraen a un volumen de visitantes notorio. En las ferias que se celebran en la Segarra se resaltan productos tradicionales como el pan; es un claro ejemplo la Fira de Sant Isidre i Fira del Pa i el Cereal de Cervera, una feria que pone en valor la tradición cerealística y harinera de la comarca, así como la Fira de l'Ou de Sant Guim de Freixenet, que se organiza en esta localidad desde hace veintiocho años debido a la gran cantidad de granjas de gallinas ponedoras establecidas en el municipio.

En la Cerdanya, las dos únicas ferias agroalimentarias se celebran en el municipio de Bellver de Cerdanya. La Fira Ramadera, con 49 ediciones, está muy arraigada en las comarcas del Pirineo catalán; y la Fira de Sant Llorenç, un certamen muy popular donde una gran cantidad de productores del Pirineo exponen sus elaboraciones, convirtiendo al municipio en un gran mercado de productos alimenticios artesanos del Pirineo.

La distribución de estas ferias a lo largo de la provincia no sólo resalta la diversidad de productos locales, sino que también desempeña un papel fundamental en la atracción de turistas y en el fortalecimiento de la economía regional. Cada comarca, a través de las ferias, ofrece una ventana a sus tradiciones y productos, fomentando un turismo cultural y gastronómico que enriquece la experiencia de los visitantes y dinamiza la economía local.

4.2.2. Terres de Lleida y Pirineu de Lleida i Aran

La demarcación de Lleida se caracteriza por su diversidad geográfica y cultural, lo que se refleja en la distribución y temática de sus ferias agroalimentarias. Como hemos analizado en el apartado anterior, las diferentes comarcas de la demarcación destacan por su intensa actividad ferial, aunque con diferentes enfoques y especializaciones.

Mapa 2. Número de ferias agroalimentarias en las comarcas de las Terres de Lleida. 2024

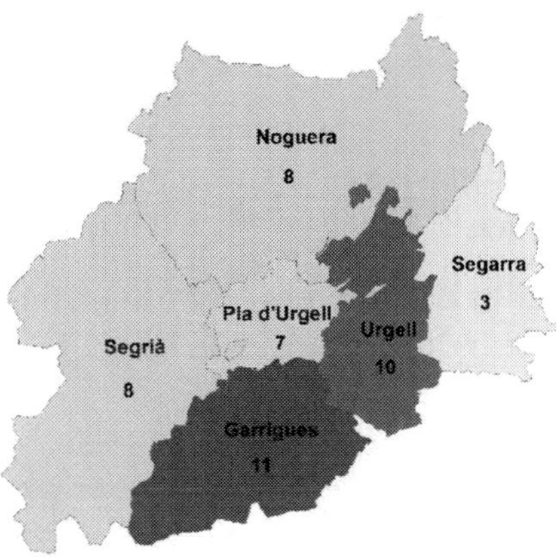

Fuente: Elaboración propia a partir de los datos de la Guia de Fires de la Diputació de Lleida

En las Terres de Lleida es donde se concentra el mayor volumen de ferias agroalimentarias, un total de 46 que representan el 56,6% del total. Las ferias de esta zona se caracterizan por su enfoque en productos agrícolas, con un fuerte énfasis en la fruta y el aceite de oliva, y la maquinaria agrícola y la tecnología agroindustrial.

Mapa 3. Número de ferias agroalimentarias en las comarcas del Pirineu de Lleida i Aran. 2024

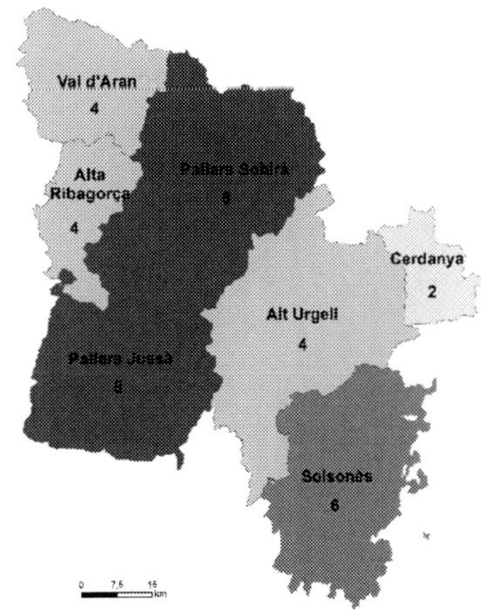

Fuente: Elaboración propia a partir de los datos de la Guía de Ferias de la Diputació de Lleida

En cambio, el Pirineu de Lleida i Aran, con menos ferias, 36 que suponen 43,4% del conjunto, destaca principalmente por su especialización en productos lácteos y la ganadería, reflejando su geografía de montaña y sus tradiciones pastoriles.

Ambas zonas, con sus respectivas ferias, no sólo impulsan la economía local, sino que también preservan y promueven las tradiciones y la cultura de sus comarcas.

El siguiente mapa nos permite observar de forma más gráfica y espacial la distribución territorial de las ferias a lo largo del conjunto de la demarcación a nivel municipal:

Mapa 4. Número de ferias agroalimentarias por municipio en la provincia de Lleida. 2024

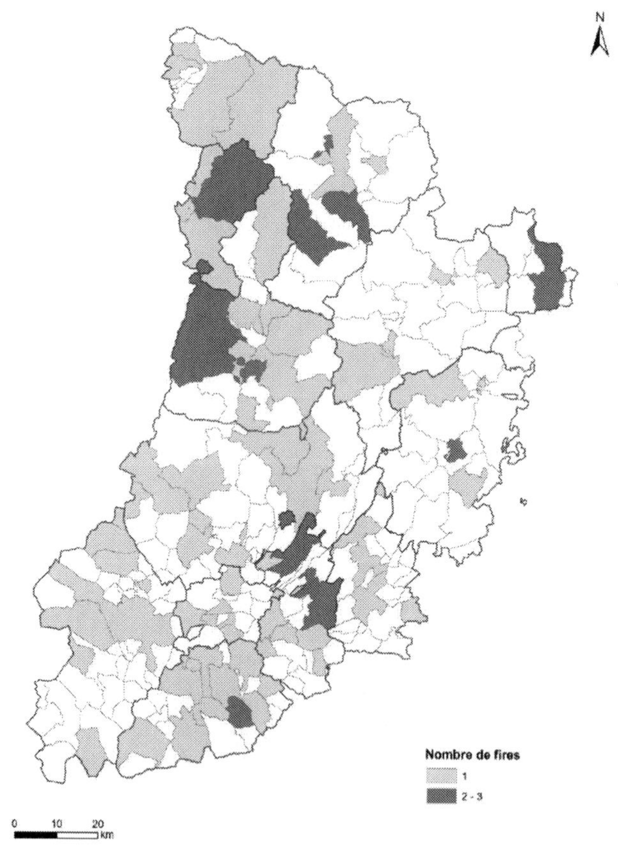

Fuente: Elaboración propia a partir de los datos de la Guia de Fires de la Diputació de Lleida

5. ANÁLISIS DEL NÚMERO DE VISITANTES

Durante el año 2023, las 83 ferias agroalimentarias que se celebraron en la demarcación de Lleida atrajeron a un total de **697.200 visitantes.**

De las 83 ferias, las 10 con mayor afluencia de visitantes concentraron más del 70% del total de asistentes.

Las ferias con un mayor número de visitantes fueron:

1. La Fira de Sant Josep de Mollerussa fue la feria con mayor afluencia, con 138.000 visitantes, lo que representa el 19,8% del total.
2. La segunda feria más visitada fue la Fira Agrària de Sant Miquel – Eurofruit de Lleida, que atrajo a 130.000 personas, que suponen el 18,6% de los visitantes.
3. La Fira de Sant Ermengol de la Seu d'Urgell contó con 70.000 asistentes, equivalentes al 10% del total.
4. La Fira de l'Oli Qualitat Verge Extra de les Borges Blanques recibió 60.000 visitantes, representando el 8.6%.
5. La Fira de Sant Isidre de Solsona tuvo una afluencia de 30.000 personas, lo que representa el 4,3%.
6. La popular Fita del Turró i la Xocolata a la Pedra de Agramunt también atrajo a 30.000 visitantes (4,3%).
7. Firacòc de Tàrrega recibió a 16.200 personas, un 2,3% del total.
8. La Fira de Sant Isidre – Fira del Pa de Cervera, con 15.000 visitantes, representó el 2,2%.
9. La Fira de l'Oli Verd de Maials atrajo a 14.000 personas (2.0%).
10. Por último, la Fira de la Perdiu de Vilanova de Meià, Noguera, tuvo 12.000 visitantes, equivalentes al 1,7%.

Así pues, en estas diez ferias fueron los eventos agroalimentarios más populares de la demarcación. Sin embargo, es importante destacar que el resto de las ferias, aunque no alcanzaron cifras tan altas, también juegan un papel importante. Estas ferias complementan la oferta, promoviendo productos locales y ofreciendo oportunidades únicas para las comunidades locales. En conjunto, todas las ferias contribuyen significativamente al dinamismo económico y cultural de Lleida, reafirmando la importancia de mantener y apoyar estos eventos para el beneficio de toda la demarcación.

5.1. Predominio de las Terres de Lleida

Otra información que nos proporciona este listado es el predominio de las comarcas de las Terres de Lleida en cuanto a la celebración de ferias, consolidando su papel como epicentro de eventos agroalimentarios en la región. No sólo en cuanto al número de ferias, tal y como se ha comentado en el anterior punto sobre el análisis de la distribución territorial de estas ferias, sino también en número de visitantes. Y es que tan sólo una de estas diez ferias, la Fira de Sant Ermengol en la Seu d'Urgell, pertenece a la zona del Pirineo y Aran, mientras que el resto se celebran en municipios de las Tierras de Lleida. Igualmente, todas las ferias, independientemente de su ubicación, son primordiales para la promoción de los productos locales.

5.2. Métodos de registro de visitantes

Es importante destacar la variabilidad en los métodos de registro de visitantes. La mayoría de las ferias agroalimentarias de la demarcación no cuentan con un registro oficial de asistencia, lo que dificulta la obtención de datos precisos sobre la afluencia de público. En cambio, eventos como la Fira de Sant Miquel-Eurofruit de Lleida implementan un sistema de control de acceso mediante entradas de pago o invitaciones, lo que permite un registro detallado de los visitantes.

Este registro oficial proporciona datos valiosos que no sólo facilitan el número real de asistentes a las ferias, sino que también ayudan en la planificación y mejora continua de estos eventos. Por ejemplo, hay que valorar los 130.000 visitantes registrados en el año 2023 en la Fira de Sant Miquel-Eurofruit de Lleida mediante el sistema de control de acceso. La disponibilidad de estos datos precisos sobre el número de asistentes es crucial, entre otros, para atraer a patrocinadores, justificar inversiones públicas y privadas y diseñar estrategias de marketing más efectivas.

No es lo mismo una feria que cuenta con un registro detallado de visitantes que una que no lo controla. Las ferias con sistemas de control de acceso pueden medir la asistencia de forma más precisa y demostrar su impacto con cifras concretas. Esto no sólo fortalece su posición en el mercado, sino que también permite obtener mayor apoyo institucional y financiero. Por tanto, la implementación de sistemas de registro de visitantes debería considerarse una práctica recomendada para todas las ferias, para poder evaluar el impacto que suponen los visitantes de forma más precisa, analizar la evolución del número de visitantes y diseñar un plan de trabajo más concreto.

6. IMPACTO ECONÓMICO

Tal y como se indica en el apartado de la metodología, se ha calculado y estimado el impacto económico, directo e indirecto, que generan los visitantes de las ferias agroalimentarias en la demarcación. En este cálculo no se ha tenido en cuenta el impacto económico y fiscal que generan el resto de actores: gastos de inversión, funcionamiento permanente (sólo para las entidades feriales), organización y expositores.

El impacto económico estimado, directo e indirecto, que han generado los visitantes en las ferias agroalimentarias de la demarcación de Lleida a partir de sus gastos durante el año 2023 fue de **67.229.022,5 €** (considerando los gastos relacionados con la compra de productos y servicios en las ferias, los gastos en restauración y los gastos en ocio).

De forma desglosada:

- El impacto generado por la de compra de productos en las ferias fue de **30.840.428,6€.**
- El impacto generado por los gastos en restauración fue de **20.538.187,7€**
- Por último, el impacto generado por los gastos en ocio (visitas guiadas, espectáculos, ferias...) fue de **15.850.406,3 €**

Gráfico 1. Impacto generado a partir de los gastos de los visitantes en las ferias agroalimentarias de la demarcación de Lleida. 2023

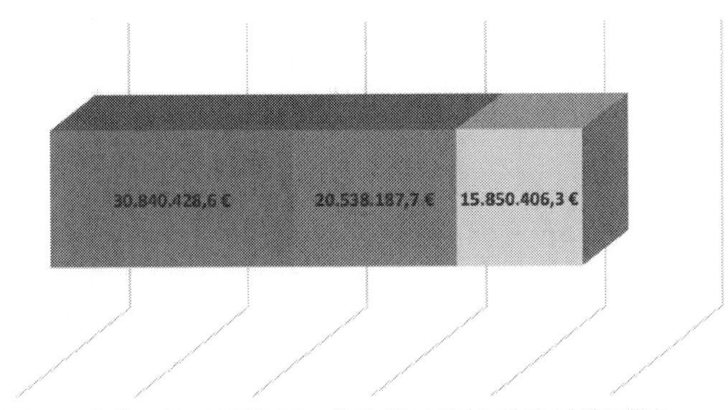

Fuente: Elaboración propia a partir de los datos de la encuesta realizada por Suport 24h y el estudio "Impacto económico de las ferias en Cataluña".

7. RESULTADOS DE LA ENCUESTA

En este apartado se analizarán los resultados obtenidos a partir de la encuesta realizada a los visitantes de las ferias agroalimentarias que se celebraron a lo largo del año 2023 en la demarcación de Lleida. Una encuesta de la que se puede consultar su esquema en el apartado Anexos.

En este análisis se abordarán varios aspectos relacionados con la asistencia a las ferias; el perfil del visitante, los motivos de visita, los gastos realizados, los tipos de productos de interés, aspectos a mejorar, la asistencia, los medios de comunicación utilizados para conocer las ferias, etc. Los resultados obtenidos no sólo representan de forma precisa el comportamiento y las opiniones de los visitantes, sino que también proporcionan una visión integral del impacto y la relevancia de las ferias agroalimentarias en la demarcación de Lleida.

7.1. Perfil del visitante

7.1.1. Clasificación por edades

A partir de los datos recopilados en la encuesta, se observa una distribución bastante equilibrada entre los diferentes grupos de edad de los visitantes en las ferias agroalimentarias de la demarcación de Lleida. La clasificación por edades revela la capacidad de éstos para atraer a una audiencia heterogénea.

El grupo de **menores de 30 años** representa el 33,3% del total de encuestados, con 167 respuestas. Este segmento incluye principalmente a adultos jóvenes, que muestran un interés significativo en las ferias agroalimentarias. Su participación refleja una atracción hacia eventos que combinan tradición con innovación y ocio.

El grupo **de 31 a 60 años** es el más numeroso con un 33,7% y 169 respuestas. Esta franja de edad abarca a adultos en la etapa media de la vida, muchos de los cuales están establecidos en términos de trabajo y de vida familiar. Este grupo tiende a tener mayor poder adquisitivo y muestra un interés en productos de calidad y sostenibles, reflejando una preocupación por la salud y el bienestar.

El grupo de **mayores de 60 años** representa el 33% con 166 respuestas. Este segmento incluye a los adultos que muchos de los cuales pueden estar jubilados. Este grupo muestra un fuerte interés en las ferias agroalimentarias, probablemente debido a una mayor disponibilidad de tiempo, mayor poder adquisitivo y un interés en mantener las tradiciones alimentarias y culturales. Además, valoran la socialización que ofrecen estos eventos y la posibilidad de acceder a productos naturales y artesanales.

Gráfico 2. Perfil del cliente, por edad, de los visitantes a las ferias agroalimentarias de la demarcación de Lleida, 2023.

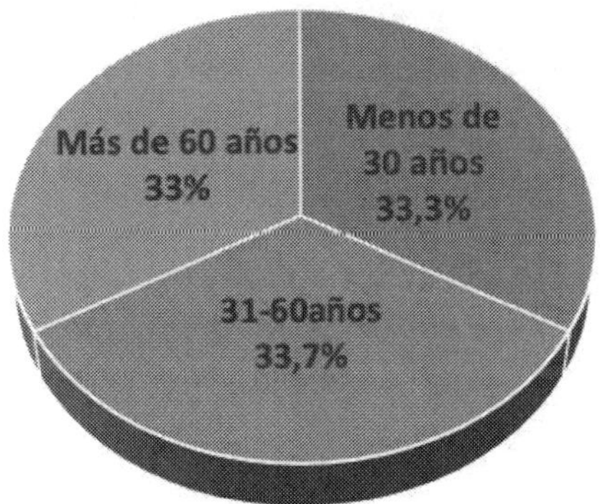

Fuente: Elaboración propia a partir de los datos de la encuesta realizada por Suport 24h

7.1.2. Ingresos

Las respuestas de los asistentes a las ferias agroalimentarias de la demarcación de Lleida sobre sus ingresos mensuales muestran una concentración significativa en el rango de ingresos medios. La mayoría de los encuestados, específicamente el 63,5%, reporta unos ingresos mensuales entre 1.201 y 1.800 euros. Este grupo destaca como el segmento más predominante entre los asistentes. Este dato sugiere que las ferias atraen principalmente a individuos con ingresos moderados.

El siguiente segmento de ingresos más significativo son los visitantes con ingresos entre 1.801 y 2.400 euros, que constituyen el 15,7% de los encuestados. Este rango también indica un nivel de ingresos medio, pero ligeramente superior al grupo predominante.

Un tercer grupo notable es el de los asistentes con ingresos considerados bajos entre 601 y 1.200 euros, que conforman el 15,2% del total.

En cambio, los extremos de la distribución de ingresos muestran una baja representación. Los asistentes con ingresos menores de 600 euros sólo representan el 1,5% del total. De forma similar, aquellos con ingresos superiores a los 4.201 euros representan sólo el 0,4% del total y el 0,5% de las respuestas válidas. Los otros rangos de ingresos altos (2.401-3.000 euros y 3.001-3.600 euros) muestran también bajas representaciones, con un 1,0% y 0,4% del total respectivamente.

Estos datos revelan que las ferias agroalimentarias de la demarcación de Lleida atraen principalmente a asistentes con ingresos medios, especialmente al rango de 1.201 a 1.800 euros. Los ingresos extremos, tan bajos como altos, tienen una mínima representación entre los asistentes. Esto sugiere que las ferias pueden estar orientadas y siendo más accesibles o atractivas para personas con ingresos moderados.

Gráfico 3. Distribución de los visitantes de las ferias agroalimentarias de la demarcación de Lleida según el nivel de ingresos mensuales. 2023

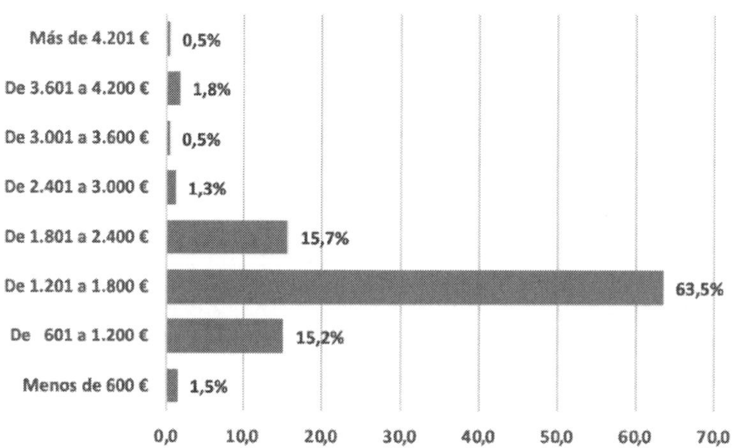

Fuente: Elaboración propia a partir de los datos de la encuesta realizada por Suport 24h

7.1.3. Nivel de estudios

En cuanto al nivel de estudios, los asistentes a las ferias agroalimentarias de Lleida presentan un perfil educativo variado, pero con una clara predominancia de personas con formación técnica y educación secundaria.

El grupo más numeroso es el de los visitantes con formación profesional (grado superior), representando el 48,9% del total de encuestados.

Este dato sugiere que casi la mitad de los asistentes tienen una formación técnica especializada, lo que podría estar relacionado con el interés en los aspectos técnicos y profesionales de las ferias agroalimentarias.

El segundo grupo en tamaño es el de personas que dejaron sus estudios una vez finalizada la educación secundaria, que representan el 27,2% del total. Este porcentaje indica que más de una cuarta parte de los visitantes tiene un nivel educativo medio.

Por otro lado, el 18,5% de los asistentes cuenta con educación superior universitaria, lo que muestra una presencia significativa de personas con educación avanzada en las ferias.

Los grupos con menor representación son aquellos que tan sólo disponen de la educación primaria (3,4%) y los que no tienen estudios (2%). Esto sugiere una baja participación de personas con niveles educativos básicos.

Gráfico 4. Distribución de los visitantes de las ferias agroalimentarias de la demarcación de Lleida según el nivel de estudios. 2023

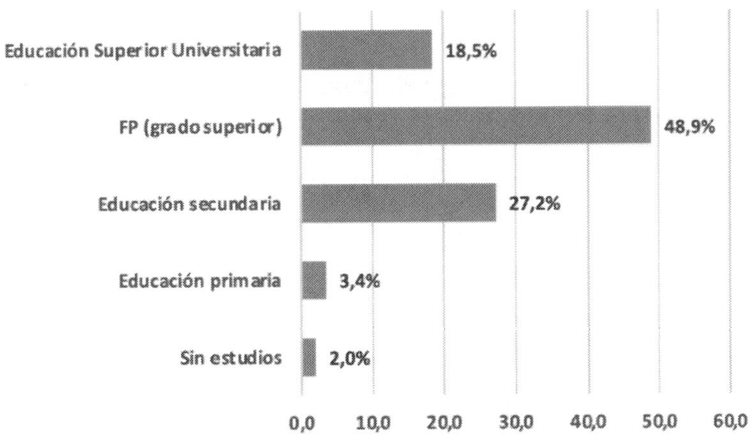

Fuente: Elaboración propia a partir de los datos de la encuesta realizada por Suport 24h

7.2. Asistencia y motivo

La asistencia a las ferias agroalimentarias en Lleida durante el 2023 revela patrones interesantes y diferenciados en el comportamiento de los visitantes. La mayoría de los encuestados (71,3%) asistieron a **una sola feria,** indicando que la participación en estos eventos es una actividad ocasional.

Este alto porcentaje sugiere que las ferias logran atraer a una audiencia amplia, aunque no necesariamente recurrente. La asistencia a una sola feria puede estar influenciada por factores como la proximidad geográfica, la disponibilidad de tiempo y el interés en eventos específicos o productos destacados en una feria particular.

En contraste, el 24,9% de los encuestados asistieron a **dos ferias** en el último año. Este grupo demuestra un mayor compromiso e interés sostenido en las ferias agroalimentarias. La participación en múltiples eventos sugiere un mayor nivel de satisfacción con la experiencia general de la feria y una disposición a explorar diversas ofertas y actividades en diferentes ferias.

Por último, un pequeño porcentaje de encuestados (3,8%) asistieron a **tres o más ferias** en el último año. Este grupo representa a los visitantes más entusiastas y comprometidos, que probablemente valoran altamente las ferias agroalimentarias y encuentran múltiples eventos atractivos y valiosos. La asistencia frecuente a ferias agroalimentarias de la demarcación de este grupo indica un profundo interés en los productos y experiencias ofrecidas en este tipo de eventos.

Gráfico 5. Número de ferias agroalimentarias de la demarcación de Lleida a las que han asistido los visitantes encuestados durante el año 2023

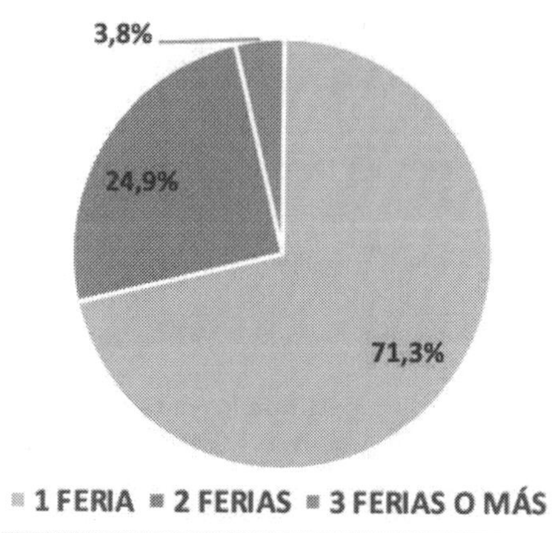

Fuente: Elaboración propia a partir de los datos de la encuesta realizada por Suport 24h

Así pues, mientras que la mayoría de los visitantes asisten ocasionalmente a las ferias agroalimentarias de la demarcación, existe un grupo significativo que muestra un interés repetido y sostenido. Este patrón destaca la importancia de atraer y mantener a los visitantes ocasionales mientras se fomenta el compromiso y la fidelización de los más entusiastas. Las estrategias futuras podrían enfocarse en convertir a los asistentes ocasionales en visitantes recurrentes, subrayando los beneficios y las experiencias únicas de cada feria para aumentar la participación y el interés continuo.

7.2.1. Motivo de asistencia

Los motivos de asistencia en las ferias agroalimentarias de la demarcación son variados y revelan una amplia diversidad de intereses. La mayoría asiste para pasar el día (23%) o por entretenimiento (22,4%), destacan también los motivos de interés cultural (15,5%) y la tradición de asistir anualmente (15,5%). Un 14,1% aprovecha el hecho de que se celebre en su mismo municipio de residencia y un pequeño porcentaje lo hace solo para realizar compras (6,4%) y negocios (3,1%).

Gráfico 6. Motivos de asistencia a las ferias agroalimentarias de la demarcación de Lleida. 2023

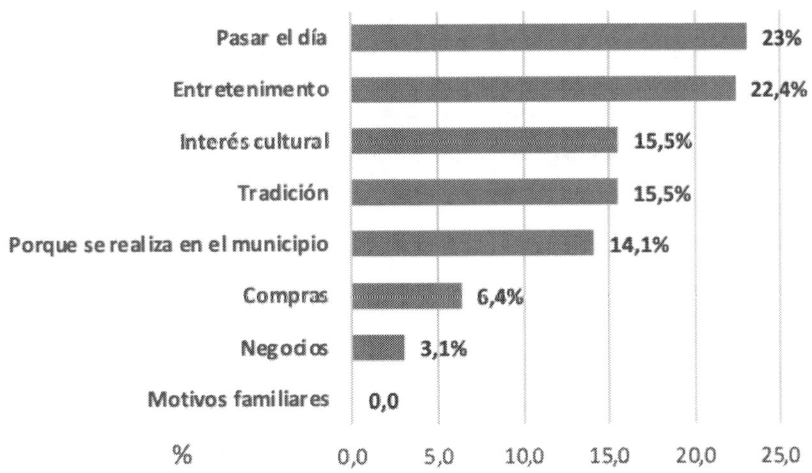

Fuente: Elaboración propia a partir de los datos de la encuesta realizada por Suport 24h

7.3. Ferias con más asistencia

La encuesta a los visitantes de ferias agroalimentarias de la demarcación de Lleida muestra que las 10 ferias más visitadas han sido: la **Fira Agrària**

de Sant Miguel-Eurofruit de Lleida, la más concurrida, con un 37,7% de los encuestados asistiendo a este evento. Le sigue la **Fira de Sant Josep** de Mollerussa, que atrae a un 18,3% de los participantes. En tercer lugar, la **Fira del Turró i la Xocolata a la Pedra** de Agramunt, con un 6,9% de asistencia. Esto muestra un interés notable en este evento, aunque significativamente menor en comparación con las dos primeras ferias. La **Fira de Sant Ermengol-Fira de Formatges Artesans del Pirineu** de la Seu d'Urgell ocupa la cuarta posición con un 3,5%, seguida de cerca por la **Fira de Sant Isidre-Fira del Pa** de Cervera y la **Fira de l'Oli Qualitat Virge Extra** de les Borges Blanques, ambas con un 2,6% y 2,3% respectivamente.

Otras ferias importantes incluyen la **Fira dels Alls-Mercat de Santa Llúcia** de Balaguer (2,3%), la **Fira de Sant Isidre de Solsona** (1,8%), y la **Fira del Trumfo y de la Trufa de Cataluña**, también en Solsona (1,8%). Por último, la **Fira de la Poma** de Barbens cierra la lista de las diez primeras ferias con un 1,4% de participación.

En el apartado específico de análisis y estimación de los asistentes podremos comprobar cómo las cifras globales de asistencia obtenidas mediante el contacto con administraciones locales, la búsqueda de datos a través de páginas web de las ferias y administraciones locales y noticias de medios de comunicación, ofrece unos resultados muy similares a los obtenidos a través de la encuesta.

Tabla 3. Ferias con mayor asistencia por parte de los visitantes encuestados. 2023

Feria	Municipio	Respuestas	%
Fira Agrària de Sant Miquel-Eurofruit	Lleida	251	37,7
Fira de Sant Josep	Mollerussa	122	18,3
Fira del Torró i la Xocolata a la Pedra	Agramunt	46	6,9
Fira de Sant Ermengol	Seu d'Urgell, la	23	3,5
Fira de Sant Isidre-Fira del Pa	Cervera	17	2,6
Fira de l'Oli Qualitat Verge Extra	les Borges Blanques	15	2,3
Fira dels Alls	Balaguer	15	2,3
Fira de Sant Isidre de Solsona	Solsona	12	1,8
Fira del Trumfo i de la Tòfona de Catalunya	Solsona	12	1,8
Fira de la Poma	Barbens	9	1,4

Fuente: Elaboración propia a partir de los datos de la encuesta realizada por Suport 24h

7.4. Fidelidad

La fidelidad de los visitantes a las ferias agroalimentarias de Lleida queda reflejada en la cantidad de veces que se ha asistido a estos eventos. Según las respuestas obtenidas, un 13,2% es la primera vez que asiste a una de las ferias agroalimentarias de la demarcación. Un 37,7% ha visitado en varias ocasiones las mismas ferias, mostrando interés recurrente en las novedades o la satisfacción previa. Mientras un significativo 49,1% de los encuestados asiste a las mismas ferias cada año. Este dato muestra un alto nivel de fidelidad y compromiso entre casi la mitad de los visitantes. Estos asistentes anuales son muy importantes para el éxito continuo de las ferias, ya que su constante presencia sugiere una alta satisfacción con la experiencia ofrecida.

Gráfico 7. Número de veces que ha visitado una o varias ferias agroalimentarias de la demarcación de Lleida. 2023

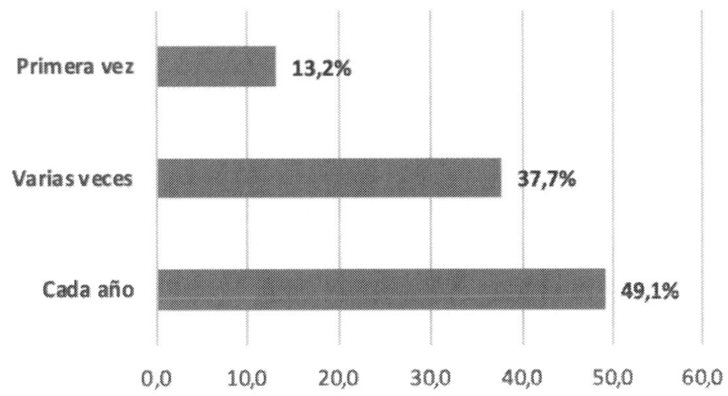

Fuente: Elaboración propia a partir de los datos de la encuesta realizada por Suport 24h

7.5. Productos más buscados

En cuanto a los productos que más buscan los visitantes que asisten a las ferias agroalimentarias de la demarcación de Lleida, los alimenticios y gastronómicos son los que representan mayor demanda, debido a que significan la mitad de las preferencias por parte de los asistentes. Le siguen los productos culturales (17,5), las experiencias turísticas (16,9%) y finalmente la formación técnica y las demostraciones (15,6%). Estos resultados evidencian que el producto en cuestión sobre el que gira la temática principal de este tipo de ferias, y no tanto los productos o actividades que se derivan, son el primer motivo de interés para el público visitante.

Gráfico 8. Producto que busca el visitante en las ferias agroalimentarias de la demarcación de Lleida. 2023

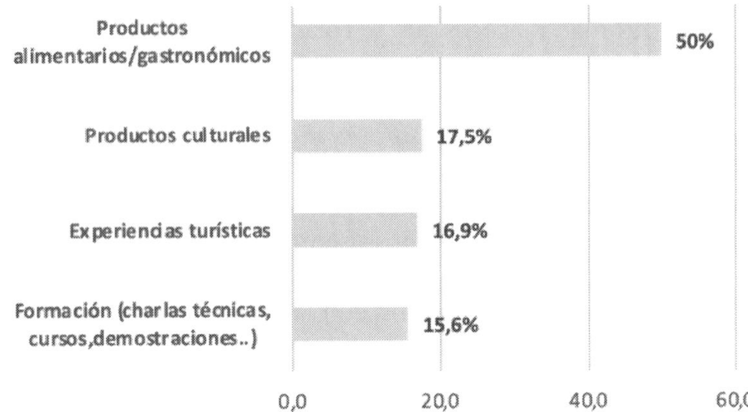

Fuente: Elaboración propia a partir de los datos de la encuesta realizada por Suport 24h

7.6. Gasto medio

El gasto medio global por visitante en las ferias agroalimentarias de la demarcación de Lleida que se celebraron en el año 2023 fue de **96,4 €/persona.** 44,2 € corresponden a gastos realizados directamente en la feria en cuestión, principalmente por la compra de productos. Y los 52,2 € restantes corresponden a gastos de restauración y otros gastos relacionados con el ocio (visitas guiadas, espectáculos, ferias...).

Gráfico 9. Gasto medio por visitante en las ferias agroalimentarias de la demarcación de Lleida. 2023.

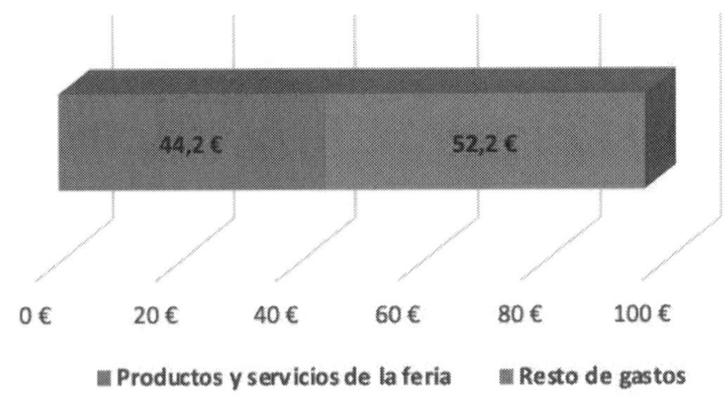

Fuente: Elaboración propia a partir de los datos de la encuesta realizada por Suport 24h

7.7. Canales de información

La forma en que los visitantes se enteran de las ferias agroalimentarias en la demarcación de Lleida destaca la importancia de las relaciones personales y el uso de las redes sociales. Las recomendaciones de amigos y familiares son las más influyentes (42,7%), lo que subraya la confianza depositada en las relaciones cercanas. Las redes sociales (20,4%), siendo el segundo medio más efectivo, muestran cómo la tecnología y las plataformas digitales están revolucionando la forma en que se promocionan e informa sobre los eventos.

Los métodos tradicionales como los carteles en la calle (19,3%) y los medios de comunicación tradicionales (TV, radio y prensa) (17,6%) todavía juegan un papel relevante, aunque menor, en la difusión de la información. Asegurando que la información sobre las ferias llegue a todos los segmentos de población, desde los más jóvenes y digitalmente activos hasta aquellos que confían en métodos más tradicionales de información. Estos datos sugieren que una estrategia de promoción efectiva para las ferias agroalimentarias debería incluir un enfoque combinado que incluya tanto las recomendaciones personales como las herramientas digitales, complementadas con publicidad tradicional para maximizar su alcance y efectividad.

Gráfico 10. Canales de información a través de los cuales el visitante se entera de la celebración de las ferias agroalimentarias de la demarcación de Lleida. 2023

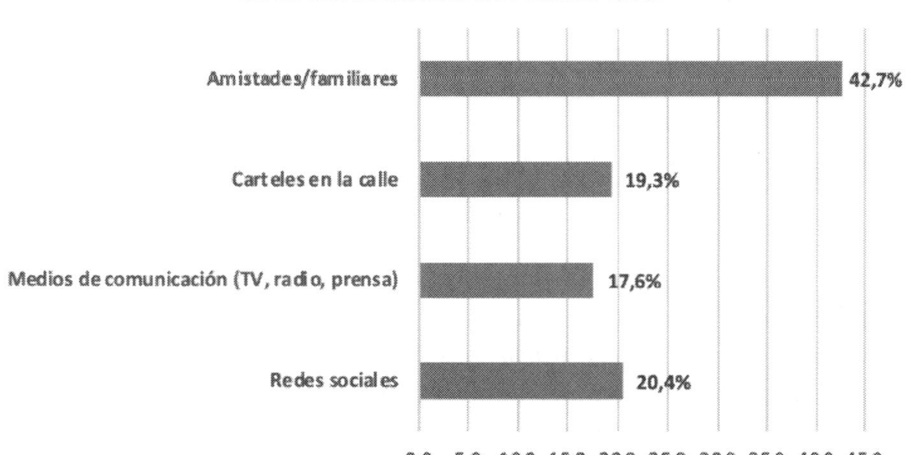

Fuente: Elaboración propia a partir de los datos de la encuesta realizada por Suport 24h

7.8. *Nivel de satisfacción*

Según las respuestas sobre el nivel de satisfacción de los visitantes de las ferias agroalimentarias de la provincia de Lleida:

- Un 93,8% de los encuestados indica estar "muy satisfecho" (puntuación 5 en la escala de 1 a 5), lo que refleja un nivel extremadamente alto de satisfacción general con las ferias agroalimentarias de la demarcación.
- Un 2% ha evaluado la satisfacción con un 4, indicando un considerable grado de satisfacción.
- El 4,2 se mostró "muy insatisfecho" con una puntuación de 1.

Gráfico 11. Nivel de satisfacción de los visitantes con las ferias agroalimentarias de la demarcación de Lleida. 2023

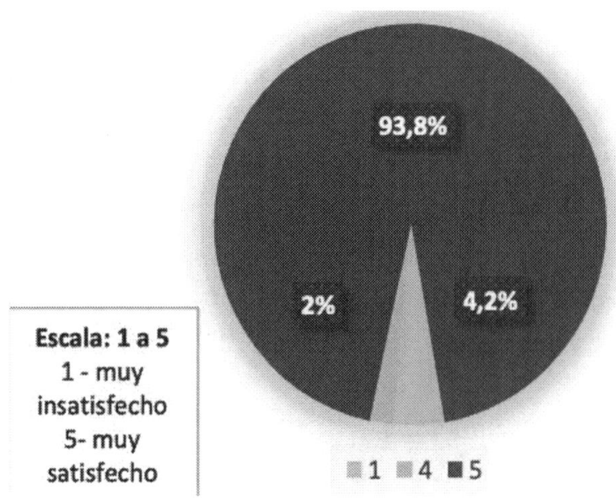

Fuente: Elaboración propia a partir de los datos de la encuesta realizada por Suport 24h

Estos resultados sugieren que la gran mayoría de visitantes están altamente satisfechos con las ferias agroalimentarias de Lleida. La proporción mayoritaria de respuestas positivas (4 y 5) indica que las ferias son percibidas positivamente en términos de organización, calidad de los productos, actividades ofertadas y experiencia general. El pequeño porcentaje de respuestas menos positivas (1) podría reflejar áreas específicas donde se podrían realizar mejoras o aspectos que no cumplieron completamente con las expectativas de algunos visitantes. Por lo general, estos datos subrayan la efectividad y el éxito de las ferias a la vez satisfacer las necesidades y las expectativas de la mayoría de sus asistentes.

7.9. Futuras visitas

Otro dato que demuestra la satisfacción de los visitantes es la intención de visitar una feria agroalimentaria en los próximos 12 meses. Y es que un 98,6% pretende visitar una feria agroalimentaria de la demarcación de Lleida a lo largo de este año. Ya sea en ferias a las que ha asistido anteriormente (41,2%), a una nueva feria (9%) o tanto a ferias a las que ha asistido como a nuevas ferias (48,4%).

Tan sólo un 1,4% de los encuestados no tiene intención de visitar ninguna feria agroalimentaria de la demarcación.

7.10. Aspectos a mejorar

En línea con el elevado nivel de satisfacción, **un 82% de los encuestados no considera necesario mejorar ningún aspecto** de las ferias agroalimentarias de la demarcación de Lleida. Mientras que el 18% restante sí considera que existen áreas en las que hay que realizar mejoras de cara a futuras ediciones.

Dentro de estos aspectos a mejorar se señalan los siguientes:

- Un 20,6% destaca la importancia de **mejorar la accesibilidad,** incluyendo el aparcamiento y la movilidad dentro del evento.
- Un 20,4% considera que **los precios podrían ser más competitivos o accesibles.**
- Un 20% señala la necesidad de **diversificar y aumentar la originalidad de los productos ofrecidos.**
- Un 19,3% sugiere **ampliar y diversificar la oferta de actividades** dentro de las ferias.
- Un 15,4% menciona la **falta de información adecuada** como aspecto a mejorar.
- Un 4,3% opina que **los horarios de las ferias podrían ajustarse** para adaptarse mejor a las necesidades de los visitantes.

Gráfico 12. Aspectos a mejorar de las ferias agroalimentarias de la demarcación de Lleida. 2023

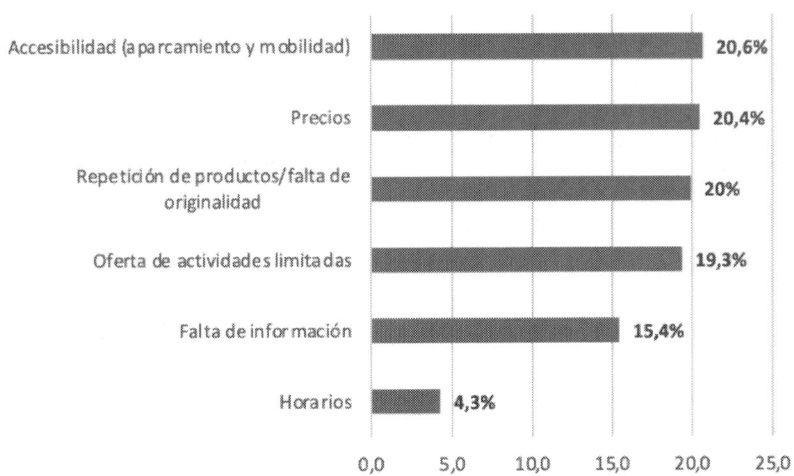

Fuente: Elaboración propia a partir de los datos de la encuesta realizada por Suport 24h

8. CONCLUSIONES

8.1. Conclusiones generales

Los resultados de este trabajo nos llevan a señalar las siguientes implicaciones de las ferias agroalimentarias en el territorio:

1. **Transformación hacia la experiencia turística:** Las ferias agroalimentarias han evolucionado de ser eventos comerciales tradicionales a ser también productos turísticos. Este cambio ha aumentado su importancia como atractivos para los turistas interesados en experiencias auténticas y enriquecedoras, que incluyen degustar productos locales, participar en actividades y conocer de cerca a los productores.

2. **Impacto económico significativo:** Las ferias agroalimentarias atraen a una gran cantidad de visitantes, incluyendo a profesionales del sector, compradores, turistas y residentes locales. Esto crea un flujo económico importante para la región, estimulando el consumo y el comercio local, beneficiando a los productores y los negocios de la zona.

3. **Diversificación y especialización de las ferias:** Las ferias de Lleida ofrecen una amplia gama de productos locales y experiencias úni-

cas; desde vinos, aceite, fruta, quesos artesanales, dulces como el turrón, el chocolate y la miel hasta ferias especializadas con ganadería y agricultura. Esta diversidad no sólo promueve los productos locales, sino que también impulsa el turismo cultural y rural en la región.

4. **Distribución geográfica e impacto territorial:** En las comarcas de las Terres de Lleida es donde encontramos un mayor número de ferias agroalimentarias, centradas principalmente en los productos agrícolas que producen y transforman. Mientras que las comarcas del Pirineo y Aran, centradas en la ganadería y los productos que se derivan, tienen una representación más limitada pero igualmente significativa para la demarcación.
5. **Afluencia de visitantes destacada:** Las ferias agroalimentarias de la demarcación atraen a una cantidad considerable de visitantes. Casi 700.000 visitantes que contribuyen significativamente al dinamismo económico y cultural de Lleida, reafirmando la importancia de mantener y apoyar estos eventos para el beneficio de toda la demarcación.
6. **Promoción de la alimentación saludable y sostenible:** Algunas ferias, como la Fira Cuida't de Bellpuig y la Fira Verd-lloc de Bell-lloc, tienen un enfoque en productos ecológicos y sostenibles, educando a los visitantes sobre prácticas alimentarias saludables y promocionando la sostenibilidad como valor añadido de la experiencia turística.
7. **Contribución al desarrollo local sostenible:** Las ferias agroalimentarias no sólo impulsan la economía local a través del turismo y el comercio, sino que también promueven prácticas agrícolas sostenibles y respetuosas con el medio ambiente.
8. **Impacto en la reputación turística de Lleida:** Las ferias agroalimentarias han contribuido significativamente a posicionar Lleida como un destino turístico destacado en el ámbito gastronómico y cultural. Y no sólo atraen a miles de visitantes, sino que también refuerzan la imagen de la región como un lugar de tradición, calidad y autenticidad en la producción de alimentos y productos artesanales.

8.2. Conclusiones de la encuesta

Los resultados de la encuesta nos permiten apuntar las siguientes conclusiones:

1. **Diversidad en el perfil de visitantes:** Las ferias agroalimentarias de Lleida atraen a una amplia variedad de personas en términos de edad, ingresos y nivel educativo. Esto demuestra su capacidad para atraer a un público diverso, lo que es esencial para su éxito continuo.
2. **Alta satisfacción y fidelidad:** Un 93,8% de los visitantes se declara muy satisfecho y casi la mitad asiste anualmente. Este nivel de satisfacción y lealtad sugiere que las ferias cumplen con las expectativas de los visitantes, lo que es crucial para su sostenibilidad.
3. **Gasto significativo:** Los visitantes gastan de media 96,4 €/persona. Estos gastos incluyen la compra de productos y servicios en las ferias y los gastos relacionados con la restauración y el ocio. Esto subraya el impacto económico positivo que suponen las ferias agroalimentarias de la demarcación.
4. **Importancia de la promoción personal y digital:** Las recomendaciones de amigos y familiares y las redes sociales son las principales fuentes de información sobre las ferias, destacando la importancia de combinar estrategias de promoción tradicionales y digitales para atraer visitantes.
5. **Áreas de mejora identificadas:** Aunque la mayoría de los encuestados están satisfechos, un 18% identifica áreas a mejorar, como la accesibilidad, precios, diversidad de productos y actividades y disponibilidad de información. Abordar estas áreas puede aumentar aún más la satisfacción y participación en las ferias.

Estas conclusiones ayudan a mejorar la planificación y organización de futuras ferias agroalimentarias al identificar áreas de éxito y mejora. Orientan estrategias de marketing más efectivas basadas en las principales fuentes de información utilizadas por los visitantes. Permiten comprender mejor el perfil del visitante, segmentando la audiencia y personalizando ofertas. Proveen información sobre el impacto económico, justificando soporte e inversión. Por último, fomentan la lealtad y la satisfacción del visitante, asegurando la sostenibilidad a largo plazo de las ferias.

9. BIBLIOGRAFÍA

Agudelo-López, M. A., Cesín-Vargas, A., & Thomé-Ortíz, H. (2016). Emblematic foods and tourism: the link between the Bola Cheese from Ocosingo and the regional tourism offer. *Agricultura, sociedad y desarrollo, 13*(1), 131-149.

Amicarelli, V., Bux, C., & Fiore, M. (2024). *Guest editorial: Circular economy in the agri-food, tourism and hospitality industries in the post-pandemic era.* British Food Journal, 126(1), 1-12.

Bosch, J., García, J., Murillo, C., & Raya, J. M. (2017): *Impacte econòmic de les fires a Catalunya.* Universitat Pompeu Fabra. Barcelona.

Di Gregorio, D., Guida, A., Laganà, V. R., Cannavò, S., & Nicolosi, A. (2022). *Agri-food and typical products events: Promotional tools for a territory in southern Italy.* Pirineos, 177, e069.

Guia de Fires del Patronat de Promoció Econòmica de la Diputació de Lleida. Recuperado de: https://guiadefires.cat/cercador/

Köksal, Ö., Aktürk, D., & Gün, S. (2021). *A Research on Producer Reasons for Participation into Agricultural Fairs.* Turkish Journal of Agriculture-Food Science and Technology, 9(12), 2312-2318.

MARCO JURÍDICO PARA LA RESTAURACIÓN EN EL PAÍS VASCO: LA REGULACIÓN DEL TURISMO GASTRONÓMICO EN LA LEY VASCA 13/2016, DE 28 DE JULIO, DE TURÍSMO Y LA GESTIÓN PÚBLICA DE MARCAS EN EL PAÍS VASCO

Eva María López Tubía
ICAGI

RESUMEN: La Ley de Turismo del País Vasco 13/2016, de 28 de julio, regula las actividades turísticas en general, incluida la restauración, estableciendo las condiciones y requisitos para su ejercicio. La Ley 13/2016 del País Vasco establece un marco integral para el desarrollo y la promoción del turismo gastronómico en la región, haciendo hincapié en la calidad, la sostenibilidad y la colaboración entre los distintos agentes implicados. A través de esta ley se busca no solo atraer turistas, sino también preservar y poner en valor la rica tradición culinaria vasca, garantizando al mismo tiempo un desarrollo turístico equilibrado y respetuoso. La gestión pública de marcas turísticas y gastronómicas en el País Vasco es un ejemplo de estrategia integral que abarca desde la creación y desarrollo de marcas hasta su promoción y apoyo a los productores, aunando marketing, formación, sostenibilidad y colaboración. Así, la gastronomía vasca representa un pilar fundamental para el desarrollo económico y cultural del País Vasco.

Palabras claves: Turismo Gastronómico, Planificación, Gestión Turística, Marca Turística

ABSTRACT: The Tourism Law of the Basque Country Law 13/2016, of July 28, regulates tourist activities in general, including restoration, establishing the conditions and requirements for its exercise. Law 13/2016 of the Basque Country establishes a comprehensive framework for the development and promotion of gastronomic tourism in the region, emphasizing quality, sustainability and collaboration between the various agents involved. Through this law, it is seeking not only to attract tourists, but also preserve and value the rich Basque culinary tradition, while guaranteeing a balanced and respectful tourism development at the same time. The public management of tourist and gastronomy brands in the Basque Country is an example of a comprehensive strategy that covers from the creation and development of brands to its promotion and support for producers, by combining marketing, training, sustainability and collaboration. Thus, Basque gastronomy represents a fundamental pillar for the economic and cultural development of the Basque Country.

Keywords: Gastronomic Tourism, Planning, Tourism Management, Tourist Brand

1. EVOLUCIÓN DEL FENÓMENO DEL TURÍSMO GASTRONOMICO EN EL PAIS VASCO. HACIA UN TURISMO GASTRONOMICO SOSTENIBLE

1.1. La tradición gastronómica vasca y su contribución al turismo sostenible en el País Vasco

El País Vasco es conocido mundialmente por su tradición gastronómica y por el gran número de restaurantes galardonados, lo que lo convierte en un destino atractivo para los amantes de la comida o *foodies.* El turismo gastronómico no solo impulsa la economía local, sino que también preserva las tradiciones culinarias y el patrimonio cultural vascos. El turismo gastronómico en el País Vasco ofrece una forma enriquecedora de experimentar la cultura local, combinando la tradición culinaria con la innovación y la calidad, contribuyendo al desarrollo sostenible de la región.

Como afirma RODRIGUEZ-ARANA (2008) el turismo admite diversos enfoques: no sólo jurídicos, sino económicos, sociológicos, geográficos, meteorológicos o incluso dietéticos o gastronómicos.

Cuando se habla de turismo gastronómico se refiere a una modalidad de turismo, como el turismo cultural, el de playa o el de aventura, lo que significa que, como toda forma de turismo, ha de llegar a ser sostenible. El desarrollo turístico sostenible implica una superación de los modelos tradiciones de desarrollo turístico. Según la OMT el turismo sostenible atiende a las necesidades de los turistas actuales y de las regiones receptoras, y al mismo tiempo protege y fomenta las oportunidades para el futuro. Se concibe como una vía hacia la gestión de todos los recursos, de forma que puedan satisfacer las necesidades económicas, sociales y estéticas, respetando al mismo tiempo, la integridad cultural, los procesos ecológicos esenciales, la diversidad biológica y los sistemas que sostienen la vida" (OMT, 1998).

1.1.1. La planificación y gestión del Turismo en el País Vasco: la Estrategia de Turismo 2020-2024 y el Plan Estratégico de Turismo de Euskadi 2025

La planificación y gestión del turismo gastronómico en el País Vasco requiere una estrategia integral que combine el análisis del territorio, el desarrollo de productos turísticos, promoción, formación continua, sostenibilidad y colaboración entre los diferentes actores del sector. La planificación del turismo en el País Vasco se centra en la creación de una oferta diversificada, sostenible y de alta calidad, que permita a los visitantes disfrutar de la rica cultura, gastronomía y naturaleza de la región, mientras se asegura el bienestar de las comunidades locales y la preservación del medio ambiente.

La planificación del turismo en el País Vasco se basa en estrategias bien definidas que buscan equilibrar el desarrollo económico con la preservación cultural y la sostenibilidad medioambiental. Entre las Estrategias y Planes de Desarrollo Turístico destacan la Estrategia de Turismo 2020-2024 y el Plan Estratégico de Turismo de Euskadi 2025.

En la Estrategia de Turismo 2020-2024 se contemplan, entre sus objetivos, el fomento de un turismo sostenible, diversificación de la oferta turística, mejora de la competitividad del sector, y promoción a la innovación. En las denominadas Áreas de Enfoque: se encuentran la Sostenibilidad, —a fin de promover prácticas turísticas que minimicen el impacto ambiental—, la descentralización, —fomentando el turismo en áreas menos visitadas para evitar la saturación de los destinos más populares— y la Innovación, mediante el uso de nuevas tecnologías para mejorar la experiencia turística y la gestión del sector.

Respecto al Plan Estratégico de Turismo de Euskadi 2025, se crean Líneas de Actuación con relación a las materias de Gastronomía y Enoturismo (para potenciar el turismo gastronómico y del vino, destacando la calidad y autenticidad de la oferta), el Turismo Cultural y Patrimonial (a fin de valorar y promocionar el patrimonio cultural y natural del País Vasco) y el Turismo Activo y de Naturaleza (en desarrollo de las infraestructuras y servicios para el turismo de naturaleza y actividades al aire libre).

1.1.2. Colaboración Público-Privada: BasqueTour y las iniciativas privadas en el País Vasco

En el ámbito de las Alianzas Estratégicas, dentro de la Cooperación Público-Privada, se pretende la colaboración entre entidades gubernamentales, empresas privadas, asociaciones de productores y restauradores. Así mismo, se promueven las Redes de Trabajo, con la Creación de redes y plataformas para el intercambio de conocimientos y mejores prácticas.

En cuanto a la materia de Gobernanza, y con relación a los Organismos de Gestión, se promueve la creación de organismos dedicados a la gestión y promoción de las marcas gastronómicas. Y todo ello implementando Políticas Públicas que apoyen la gastronomía como un sector clave para el desarrollo económico y cultural.

En la Comunidad Autónoma del País Vasco se ha creado el organismo Basque Tour, bajo la fórmula de empresa pública, dependiente del Departamento de Desarrollo Económico y Competitividad del Gobierno Vasco, de esta forma se pretende dar a conocer las iniciativas previamente implementadas por el Gobierno Vasco, para convertirlas realmente en un destino turístico sostenible. BasqueTour es una agencia pública de turismo del País Vasco, y como organismo dependiente del Departamento de Desarrollo Económico y Competitividad del Gobierno Vasco, su principal objetivo es promover y desarrollar el turismo en la región, posicionando al País Vasco como un destino atractivo a nivel nacional e internacional. Con relación a la Sostenibilidad y Calidad, desde BasqueTour se promueven prácticas de turismo sostenible, a fin de minimizar el impacto ambiental y social del turismo, y de preservar el patrimonio natural y cultural del País Vasco.

BasqueTour fomenta la innovación en el sector turístico, apoyando el desarrollo de nuevos productos y servicios que mejoren la experiencia del visitante. Desde BasqueTour se desarrollan y promocionan Productos Turísticos, Rutas y experiencias turísticas que muestran la diversidad y riqueza del País Vasco, por ejemplo, en las rutas del vino de la Rioja Alavesa, donde se fomenta también el turismo gastronómico, turismo cultural y el turismo de naturaleza.

Entre las funciones y objetivos de BasqueTour destaca la Promoción Turística, mediante la utilización del Marketing y la Publicidad. De esta forma, desde BasqueTour se realizan campañas de marketing y publicidad para destacar los atractivos turísticos del País Vasco, incluyendo su cultura, gastronomía, naturaleza, patrimonio y eventos de fiestas populares o euskal jaiak. Además, BasqueTour representa al País Vasco con un estand propio en Ferias y eventos turísticos internacionales para atraer visitantes y fomentar colaboraciones con operadores turísticos.

En cuanto al Fomento del Turismo Internacional, BasqueTour también se identifica como marca propia y trabaja en mercados prioritarios para atraer turistas internacionales, adaptando su oferta y estrategias a las demandas y preferencias de estos mercados. BasqueTour establece además colaboraciones con organizaciones turísticas internacionales para intercambiar buenas prácticas y promover el País Vasco en el extranjero.

Para el Apoyo al Sector Turístico BasqueTour ofrece asesoramiento y programas de formación a empresas y profesionales del sector turístico, con el fin de mejorar su competitividad y sostenibilidad. Y se coordina con otras instituciones y agentes turísticos para desarrollar estrategias conjuntas que beneficien al sector en su conjunto. Se incide especialmente en la formación y el apoyo a las empresas del sector, de forma que BasqueTour para mejorar la calidad de su oferta de Certificaciones de Calidad, trabaja en la implementación de estándares de calidad en los servicios turísticos.

Gracias a las iniciativas y programas de BasqueTour, el País Vasco ha visto un crecimiento significativo en el número de visitantes y en la diversificación de su oferta turística. La Comunidad Autónoma del País Vasco se ha consolidado como un destino de referencia por su riqueza cultural, su gastronomía de alta calidad, sus paisajes naturales y su patrimonio histórico, contribuyendo así al desarrollo económico y social del País Vasco.

1.1.3. La planificación y gestión del turismo sostenible y los recursos turísticos gastronómicos en el País Vasco

Una de las funciones más importantes de la gestión turística es la protección del patrimonio de forma responsable, con efectos cautelares de la materia prima que el turismo contiene, yendo más allá de proteger la identidad e integridad de los pueblos. (GUISASOLA LERMA, 2000)

En primer lugar, en la planificación y gestión del turismo se ha de realizar un Diagnóstico y Análisis del Territorio, con identificación de Recursos Gastronómicos: con mapas de restaurantes, mercados, productores locales, eventos culinarios y rutas gastronómicas. Y es importante realizar una Evaluación de la Capacidad de Carga, lo que significa fijar el límite sostenible de visitantes que pueden ser atendidos sin afectar negativamente los recursos locales y la calidad de vida de los residentes. Así mismo, se realiza un análisis de la Demanda Turística, con estudios de los perfiles de turistas, sus preferencias y comportamientos.

En segundo lugar, se contempla el Desarrollo de Productos Turísticos Gastronómicos mediante la creación de Rutas Gastronómicas. De esta forma se diseñan itinerarios que incluyen visitas a restaurantes, bodegas, mercados y productores locales, y talleres de cocina, catas de vino y experiencias de maridaje, como Experiencias Gastronómicas Únicas. Así se ofertan la Ruta del Vino de Rioja Alavesa, con in recorrido por bodegas y viñedos que permite a los visitantes descubrir los vinos y la cultura vinícola de la región. Y la Feria del Pintxo de Hondarribia, evento anual que celebra uno de los elementos más característicos de la gastronomía vasca, los pintxos.

En tercer lugar, se pretende la Promoción y Marketing a través del Branding Territorial, con la creación de una Marca que identifique al País Vasco como un destino gastronómico de primer nivel. También se promueve la participación en Ferias Internacionales con la Promoción del turismo gastronómico vasco en ferias y eventos turísticos internacionales.

Y a su vez, las Campañas de Promoción, con el uso de medios tradicionales y digitales para promocionar la oferta gastronómica, incluyendo colaboraciones con influencers y chefs reconocidos. Así se ha nombrado Embajadores Gastronómicos de la OMT a los chefs Juan Mari y Helena Arzak. En último lugar, se contempla la Formación y Capacitación de Personal, mediante la formación continua para los profesionales del sector gastronómico en temas de atención al cliente, idiomas y marketing Y finalmente, el Fomento de la Innovación con apoyo a la innovación culinaria y a la creación de nuevos productos y servicios gastronómicos

Con respecto al fomento de la Gastronomía Sostenible, se lleva la Promoción de prácticas culinarias que respeten el medio ambiente, como el uso de productos locales y de temporada. Se promueve la innovación y la mejora continua en el sector turístico, fomentando la adopción de buenas prácticas y el uso de nuevas tecnologías para mejorar la experiencia del turista y la gestión empresarial. Y se enfatiza la importancia de la sostenibilidad y la responsabilidad social en las actividades turísticas, promoviendo prácticas respetuosas con el medio ambiente y con las comunidades locales. Se promueve la innovación y la mejora continua en el sector turístico, fomentando la adopción de buenas prácticas y el uso de nuevas tecnologías para mejorar la experiencia del turista y la gestión empresarial. Con relación a la inclusión y accesibilidad, se promueve el desarrollo de iniciativas que aseguren que todas las personas puedan disfrutar de la oferta gastronómica, independientemente de sus capacidades o situación económica.

1.2. El marco jurídico de la restauración en el País Vasco

El marco jurídico de la restauración en el País Vasco está regulado por diversas normativas que van desde aspectos de sanidad, seguridad alimentaria, licencias de apertura, hasta horarios comerciales y protección del consumidor.

En primer lugar, la Ley de Turismo del País Vasco (Ley 13/2016, de 28 de julio) regula las actividades turísticas en general, incluyendo la restauración, estableciendo las condiciones y requisitos para su ejercicio.

El Decreto 101/2018, de 3 de julio de viviendas y habitaciones de viviendas particulares para uso turístico, en desarrollo de la Ley de Turismo, regula con mayor detalle las categorías de establecimientos, requisitos técnicos y de calidad, derechos y obligaciones de los prestadores de servicios turísticos, modificando el Decreto 199/2013. de 16 de abril, de apartamentos turísticos.

Además, cada municipio en el País Vasco suele tener sus propias ordenanzas municipales, reguladoras de aspectos específicos de la restauración, como horarios de apertura, terrazas, ruidos, licencias de actividad, etc.

Por otra parte, se ha de tener en cuenta la Ley de Seguridad Alimentaria y Nutrición, Ley 17/2011, de 5 de julio, ley estatal, aplicable en el País Vasco, que establece las bases para garantizar la seguridad alimentaria, la protección de la salud pública y la adecuada información al consumidor. Y sobre la Normativa de protección de los consumidores es de aplicación la Ley General para la Defensa de los Consumidores y Usuarios (Real Decreto Legislativo 1/2007, de 16 de noviembre), que garantiza los derechos de los consumidores en materia de información, protección y reclamaciones. En cuanto a la Normativa de higiene de los productos alimenticios, es de aplicación el Reglamento (CE) 852/2004 del Parlamento Europeo y del Consejo de 29 de abril de 2004), siendo la normativa europea la que establece los requisitos en materia de higiene para los operadores de empresas alimentarias.

Además, se ha de cumplir la Normativa laboral y de prevención de riesgos laborales recogida en el texto refundido de la Ley del Estatuto de los Trabajadores (RD Legislativo 2/2015 de 23 de octubre), la Ley de Prevención de Riesgos Laborales 31/1995, de 8 de noviembre, y convenios colectivos específicos del sector de la hostelería. También se ha de tener en cuenta la Normativa fiscal puesto que las actividades de restauración están sujetas a diversas obligaciones fiscales, tanto a nivel estatal (Impuesto sobre el Valor Añadido, Impuesto sobre Sociedades, etc.) como autonómico, foral y local, destacando la implantación del sistema Tiketbai. Este marco jurídico tiene como objetivo asegurar que las actividades de restauración se desarrollen de manera segura, respetuosa con los derechos de los consumidores y en cumplimiento de las normativas sanitarias y de calidad establecidas.

1.3. La Unión Europea, ejemplo de fomento de los destinos turísticos gastronómicos sostenibles

En Europa, una serie de destinos, —especialmente en algunas zonas costeras e islas del sur de Europa, ciertas zonas montañosas y determinadas ciudades—, han padecido los efectos negativos de un desarrollo turístico, cuyos niveles rebasan su capacidad de acogida. El turismo sostenible desempeña un papel esencial en la preservación y la rehabilitación del patrimonio cultural y natural en un número creciente de ámbitos, que abarcan desde el arte a la gastronomía local, pasando por los oficios o la preservación de la Biodiversidad. La Comunidad autónoma del País Vasco o Euskadi presenta las típicas zonas de agricultura de montaña, con un paisaje y problemática similar a territorios como el Valle de Aosta en Italia, por lo que en la década de los ochenta del siglo pasado, el Gobierno Vasco realizó su primer estudio con relación al turismo, en zonas de agricultura marginal y en riesgo de despoblación, a fin de mantener las pequeñas explotaciones agrícolas en zonas desfavorecidas, puesto que preservan el paisaje y el entorno rural, además de producir alimentos. En Europa no se renuncia a su propio modelo de agricultura familiar, y el agroturismo es la solución para preservar la población agraria y el mundo rural mediante inversiones de carácter no agrícola.

2. LEGISLACION TURISTICA VASCA REGULADORA DE LAS ACTIVIDADES TURISTICAS DE RESTAURACION

2.1. La Ley vasca 13/2016, de 28 de junio, de turismo. Principios generales

La Ley 13/2016, de 28 de julio, de Turismo del País Vasco, aborda varios aspectos clave del turismo en la región, incluyendo el turismo gastronómico, que es una de las formas más destacadas de atracción turística en el País Vasco debido a su rica tradición culinaria.

La Ley 13/2016 tiene como objetivo fomentar un turismo sostenible y de calidad que potencie la riqueza cultural, natural y gastronómica del País Vasco. La ley promueve la coordinación entre las Administraciones Públicas y los diferentes agentes del sector turístico para desarrollar un turismo que respete el medio ambiente, la identidad cultural y la calidad de vida de los residentes.

Así, la Ley 13/2016 pretende la integración de criterios de sostenibilidad en el desarrollo del turismo gastronómico. Esto incluye la promoción de prácticas sostenibles en la producción y consumo de alimentos, así como la reducción de impactos negativos sobre el medio ambiente y la comunidad local.

2.2. Definición y Promoción del Turismo Gastronómico en la Ley Vasca 13/2016 de 28 de junio. Instrumentos de Promoción

El turismo gastronómico se define en la ley como una modalidad turística que busca conocer, disfrutar y aprender sobre la cocina y los productos alimentarios del País Vasco. La Ley 13/2016 establece varios instrumentos y acciones para la promoción del turismo gastronómico. La ley hace énfasis en la promoción de la gastronomía local como un elemento diferenciador y de gran valor añadido para la oferta turística vasca. Y la Colaboración Público-Privada a través del fomento de la colaboración entre las Administraciones públicas y las empresas del sector gastronómico para desarrollar proyectos que realcen la oferta turística gastronómica.

Además, se contempla el Desarrollo de Rutas Gastronómicas, mediante el fomento de la creación de rutas gastronómicas que incluyan visitas a restaurantes, bodegas, sidrerías y mercados y otros lugares relacionados con la producción y consumo de alimentos locales. Además se produce el apoyo a Eventos Gastronómicos con el impulso de la organización de eventos como ferias, festivales y concursos culinarios que promuevan la gastronomía vasca y atraigan a turistas nacionales e internacionales.

Finalmente, se promueve la Formación y Capacitación de profesionales del turismo y la hostelería en el ámbito de la gastronomía, asegurando así un alto nivel de calidad en la atención a los turistas.

2.3. El Decreto 112/2019, de 16 de julio, regulador del registro de empresas y actividades turísticas en el País Vasco

El Decreto 112/2019, de 16 de julio, regula el registro de empresas y actividades turísticas en Euskadi, estableciendo un marco legal para garantiza la calidad y la transparencia en el sector turístico del País Vasco. El objetivo principal del Decreto 112/2019 es regular la inscripción, modificación y cancelación de empresas y actividades turísticas en el Registro de Empresas y Actividades Turísticas de Euskadi (REAT). Este registro es esencial para el control y la promoción de la oferta turística en el País Vasco, asegurando que todas las actividades se desarrollen conforme a la normativa vigente.

El decreto se aplica a todas las empresas y actividades turísticas que operen en el País Vasco, incluyendo Alojamientos turísticos (hoteles, apartamentos, campings, casas rurales, etc.), Agencias de viajes Empresas de intermediación turística Empresas de turismo activo, y otros servicios turísticos definidos en la normativa.

El decreto establece los requisitos y el procedimiento para la inscripción inicial de las empresas y actividades turísticas en el REAT. Los interesados deben presentar una solicitud que incluya: Datos identificativos, con Información básica sobre la empresa o actividad: Documentación acreditativa (Certificados y permisos necesarios para operar) y la Declaración responsable, es decir el compromiso de cumplir con la normativa aplicable. Las empresas y actividades inscritas en el REAT deben cumplir con una serie de obligaciones, como mantener actualizada la información en el registro Garantizar que sus servicios cumplen con los estándares de calidad y seguridad e incluir en su publicidad el número de registro, asegurando la transparencia para los consumidores.

Cualquier modificación significativa en la empresa o actividad (como cambio de titularidad, modificación de la capacidad, cambio de ubicación, etc.) debe ser notificada y registrada en el REAT mediante un procedimiento similar al de la inscripción inicial. La cancelación de la inscripción en el REAT puede solicitarse voluntariamente por la empresa o puede ser realizada de oficio por la administración en casos de incumplimiento grave de la normativa. El Decreto otorga a la administración la facultad de realizar inspecciones y controles para verificar el cumplimiento de la normativa. En caso de incumplimientos, se pueden imponer sanciones que van desde multas hasta la cancelación de la inscripción en el REAT.

3. LA CREACIÓN DE MARCAS GASTRONÓMICAS EN EL PAIS VASCO

3.1. La gestión pública de marcas gastronómicas en el País Vasco

La gestión pública de marcas gastronómicas en el País Vasco se centra en el fortalecimiento y promoción de la identidad culinaria de la región. El objetivo es posicionar al País Vasco como un destino gastronómico de referencia a nivel internacional, aprovechando su rica tradición culinaria y su excelencia en la cocina En el Desarrollo de Marcas y Sellos de Calidad destaca el fomento del reconocimiento de las Denominaciones de Origen (D.O.) para productos locales. Y la creación de Sellos de Calidad que garanticen la autenticidad y excelencia de los productos vascos, como el Eusko Label. Se pretende la identificación de productos típicos como el Queso Idiazabal, el vino de Rioja Alavesa, sidra vasca, el txakolí de Getaria, las anchoas de Getaria, o platos tradicionales como el bacalao a la vizcaína, marmitako, txangurro, etc, que pueden ser también presentados en pequeñas raciones o pintxos.

Dentro de la promoción y el marketing, se encuentran las campañas de Promoción. Así, es posible contar con campañas en medios nacionales e internacionales que destaquen la oferta gastronómica del País Vasco. Con Marketing Digital, mediante la Utilización de redes sociales, blogs y sitios web para promover la gastronomía vasca. Y la celebración de Eventos Promocionales, con participación en ferias internacionales de turismo y gastronomía, así como la organización de eventos propios. En cuanto a las Colaboraciones, se buscan alianzas con chefs reconocidos, influencers y celebridades del mundo gastronómico para aumentar la visibilidad de las marcas.

Dentro de las estrategias de Branding se pretende el desarrollo de una identidad visual coherente y una narrativa atractiva que comunique los valores y la historia de la gastronomía vasca. Cómo Prácticas Sostenibles se encuentran la producción ecológica, con promoción de métodos de producción sostenibles y ecológicos y la reducción de desperdicios: con iniciativas para minimizar el desperdicio de alimentos en la cadena de producción y consumo.

Con relación a la responsabilidad Social se promueven Programas que aseguren la participación de todas las comunidades en la promoción y disfrute de la gastronomía vasca, e iniciativas para educar a la población local y a los turistas sobre la importancia cultural y económica de la gastronomía.

3.2. Ejemplos de gestión pública de marcas gastronómicas en el País Vasco: Eusko Label

La gestión pública de marcas gastronómicas no solo contribuye a la preservación del patrimonio cultural y la identidad de una región, sino que también es una herramienta para el desarrollo económico y turístico. Las estrategias efectivas deben ser integrales, incluyendo promoción, infraestructura, educación, y colaboración, y adaptadas a las particularidades de cada región. En la Comunidad autónoma del País Vasco se ha creado el denominado Euskolabel o sello de calidad que certifica la autenticidad y excelencia de productos agroalimentarios vascos.

El Eusko Label es una marca de calidad que certifica la procedencia y calidad de diversos productos agroalimentarios del País Vasco (Euskadi) en España. Esta etiqueta es gestionada por la Fundación HAZI, que promueve la sostenibilidad y competitividad de los sectores agrícolas, alimentarios y de desarrollo rural de la región.

Los productos que llevan la etiqueta Eusko Label deben cumplir con estrictos estándares de calidad y están sujetos a rigurosos controles durante todas las etapas de su producción y procesamiento. Algunos de los productos que pueden llevar esta etiqueta incluyen Productos frescos —como verduras y frutas—, productos lácteos (como leche y queso), Carne y aves de corral, Pescado y mariscos y Alimentos procesados como pasteles y conservas.

El objetivo de la etiqueta Eusko Label es asegurar que los consumidores obtengan productos de alta calidad, producidos de manera que respeten las tradiciones locales y el medio ambiente.

3.2.1. Denominaciones de Origen: la protección de productos como el Queso Idiazabal y el vino de Rioja Alavesa y la angula de Aguinaga.

Las Denominaciones de Origen (DO) son sistemas de certificación que garantizan la calidad y origen geográfico de ciertos productos agrícolas y alimentarios, protegiendo sus características únicas vinculadas a la región donde se producen. En el País Vasco, dos ejemplos destacados son el Queso Idiazabal y el vino de Rioja Alavesa. Las denominaciones de origen garantizan la calidad y autenticidad de los productos, y protegen el patrimonio cultural y las tradiciones agrícolas de la región, asegurando que los métodos de producción tradicionales se mantengan y se respeten.

a) Denominación Queso Idiazabal

El Queso Idiazabal cuenta con una Denominación de Origen Protegida (DOP) que asegura su calidad y autenticidad. Este queso se elabora con leche cruda de ovejas de las razas latxa y carranzana. Algunas características clave del Queso Idiazabal son: Origen geográfico (las regiones de Álava, Guipúzcoa, Vizcaya y Navarra), Proceso de producción (leche utilizada debe ser cruda y sin pasteurizar, y el queso debe madurar un mínimo de dos meses) y características de sabor intenso y ligeramente picante, con una textura firme y compacta, puede ser ahumado o sin ahumar.

b) Denominación de Origen Vino de Rioja Alavesa

El vino de Rioja Alavesa está protegido por la Denominación de Origen Calificada (DOCa) Rioja, una de las más prestigiosas de España. La subzona de Rioja Alavesa es conocida por producir vinos de alta calidad con características específicas: Origen geográfico en la parte sur de Álava, en la Comunidad Autónoma del País Vasco, Variedades de uva (Tempranillo, aunque también se utilizan Garnacha, Graciano y Mazuelo). Los vinos de Rioja Alavesa suelen ser equilibrados, con una buena acidez y una gran capacidad de envejecimiento. Los vinos jóvenes suelen ser afrutados y frescos, mientras que los crianzas, reservas y grandes reservas presentan más complejidad y notas de roble.

c) Angula de Aguinaga

La Angula de Aguinaga no cuenta con una Denominación de Origen Protegida (DOP) específica. Sin embargo, la localidad de Aguinaga, situada en el municipio de Usurbil en Guipúzcoa, País Vasco, es muy reconocida por la pesca y la comercialización de angulas. La angula es la cría de la anguila europea (Anguilla anguilla) y es muy apreciada en la gastronomía, especialmente en el País Vasco. Aguinaga ha sido tradicionalmente uno de los principales lugares de captura y preparación de angulas. Las angulas se pescan en ríos y estuarios utilizando técnicas tradicionales. Una vez capturadas, se cocinan de forma típica, en cazuelas de barro, con ajo, guindilla y aceite de oliva. Las angulas de Aguinaga son muy apreciadas, por su frescura y sabor, características que las han hecho famosas en la gastronomía local e internacional. Además, con relación a la tradición de Aguinaga de cocinar las angulas, destaca el curioso fenómeno de "La Gula del Norte", un producto que surgió como alternativa a las angulas, por su elevado precio. La Gula del Norte es un sucedáneo hecho principalmente de surimi (pescado blanco procesado) y es ya muy popular, debido a su parecido en textura y sabor con las angulas, pero a un precio mucho más accesible. Y, aunque la Angula de Aguinaga no tenga una Denominación de Origen oficial, la localidad es reconocida por su tradición y calidad en la pesca y preparación de este preciado manjar.

3.2.2. Basque Culinary Center: Centro de referencia en formación e innovación gastronómica en el País Vasco

El Basque Culinary Center (BCC) destaca por su enfoque integral, abarcando la educación, la investigación, la innovación y la promoción de la cultura gastronómica. Su impacto se refleja en la formación de profesionales altamente cualificados y en la contribución al avance de la gastronomía a nivel global. El Basque Culinary Center es una institución de referencia en formación e innovación gastronómica, situada en San Sebastián, en el País Vasco, España. Fundado en 2009, el BCC es una de las primeras facultades universitarias de ciencias gastronómicas en el mundo y se ha convertido en un referente global en el ámbito de la gastronomía y la investigación culinaria.

El Basque Culinary Center ofrece un Grado en Gastronomía y Artes Culinarias, que combina formación teórica y práctica en cocina, gestión de restaurantes, y ciencias de la alimentación. También hay Programas de Posgrado, másteres y programas de especialización en áreas como innovación y gestión de restaurantes, pastelería, sommellerie, y Cursos Cortos y Formación Continua.

También es un Centro de Investigación e Innovación en Alimentación y Gastronomía, el BCC cuenta con un centro dedicado a la investigación en alimentación, que trabaja en colaboración con empresas, instituciones y otros centros de investigación para desarrollar nuevos productos, tecnologías y metodologías culinarias. El BCC participa en numerosos proyectos de investigación que buscan avanzar en el conocimiento y las prácticas en el campo de la gastronomía, y organiza eventos, conferencias y congresos que reúnen a expertos y profesionales de la gastronomía de todo el mundo para compartir conocimientos y experiencias. El BCC mantiene una red de colaboración con universidades, centros de investigación y organizaciones gastronómicas de todo el mundo, fomentando el intercambio académico y profesional, y promueve prácticas sostenibles en la gastronomía, tanto en la producción de alimentos como en la gestión de establecimientos. Además, el BCC colabora en proyectos que buscan mejorar la calidad de vida y la educación alimentaria en diversas comunidades.

3.2.3. El futuro gastronómico: Alianzas estratégicas, red de cooperación y otras actividades gastronómicas en el País Vasco

En este momento, en el País Vasco, se está creando una importante Red de cooperación entre los diferentes actores del sector gastronómico y turístico. Y además de las ya existentes Alianzas Estratégicas, se están firmando acuerdos de colaboración entre el sector público, las empresas privadas, las asociaciones locales y el Basque Culinary Center, como Institución académica de referencia mundial en el ámbito de la gastronomía, lo que fomenta la innovación y la formación de alta calidad en las actividades gastronómicas.

4. BIBLIOGRAFÍA

Aragón Cánovas, F.J. Melgosa, F. (2013): Gastronomía y calidad en una Europa globalizada, Revista de derecho de la Unión Europea, 24: 201-234

Barzallo Neira, C. (2022): "Turismo gastronómico". Tipologías de interés especial en Turismo de Interior: coord. Pulido Fernández, Durán Román, 193-201.

García Saura, P. J. (2006): "Integración del medio ambiente en el turismo" Revista Aragonesa de Administración Pública, 29: 381-428

Guisasola Lerma, C. (2000): "Turismo cultural y preservación del patrimonio histórico y su entorno", Turismo. Comercialización de productos, gestión de organizaciones, aeropuertos y protección de la naturaleza, II Congreso Universidad y Empresa, Tirant lo Blanch, Valencia, 699-700.

Feo Parrondo M. (2005): "Turismo gastronómico en Asturias", Cuadernos de Turismo, 15: 77-96.

Organización Mundial del Turismo, OMT (2015): El turismo en la Agenda 2030. https://www.unwto.org/es/turismo-agenda-2030

Organización Mundial del Turismo (OMT) y Red Española del Pacto Mundial de Naciones Unidas. (2016): El sector turístico y los Objetivos de Desarrollo Sostenible. OMT y Red Española del Pacto Mundial de Naciones Unidas. http://www.comunidadism.es/wp-content/uploads/downloads/2016/09/Turismo-y-ods.pdf

Razquín Lizanaga, M. (1999): El marco jurídico de la restauración. Revista Aragonesa de Administración Pública, 3: 419-435.

Rodríguez-Arana Muñoz, J. (2008): Sobre la distribución de competencias en materia de turismo, Revista Aragonesa de Administración Pública, 32: 370-371. https://www.un.org/sg/es

AGROTURISMO EN LAS COMUNIDADES AUTÓNOMAS DEL ARCO MEDITERRÁNEO ESPAÑOL: UN ANÁLISIS COMPARATIVO DE SU OFERTA

Juan Vicente García Ruiz
Laura Ibáñez Vives
Vicent Tortosa Edo
Emilio Domínguez Escrig
Francisco Fermín Mallén Broch
Miguel Ángel Moliner Tena
Universitat Jaume I

RESUMEN: La presente investigación se alinea con la literatura centrada en el agroturismo, al mostrar las principales cuestiones relacionadas con dicho tópico tratadas de manera académica en los últimos años. Además, la investigación realiza un análisis de datos agregados de las comunidades autónomas consideradas, Cataluña, Comunidad Valenciana, Islas Baleares y Región de Murcia, sobre el número de experiencias y empresas agroturísticas existentes, el tipo de producto agrario en el que se centra la experiencia y la tipología de agroturismo ofrecido basado en el contacto entre el turista y la actividad agraria. Finalmente, también se analizan las redes sociales utilizadas por las explotaciones que forman el estudio. Cabe mencionar, como principal contribución académica de la investigación, el análisis comparativo realizado, entre las comunidades autónomas del estudio, de los principales resultados alcanzados.

A partir del análisis de 246 experiencias agroturísticas ofertadas por un total de 181 empresas del sector agrario, los resultados muestran el mayor protagonismo de Cataluña y la Comunidad Valenciana en la oferta de actividades agroturísticas, así como del enoturismo como principal tipología según el producto con el que se relaciona la actividad turística. Así mismo, las actividades indirectas son las que predominan en todas las comunidades autónomas consideradas, si bien en Cataluña tienen un destacado papel las actividades pasivas. Cabe mencionar que las redes sociales Facebook e Instagram son las más frecuentes en las explotaciones analizadas. La investigación finaliza con las conclusiones del estudio, sus limitaciones y futuras líneas de investigación.

Palabras clave: agroturismo, turismo rural, enoturismo, oleoturismo

ABSTRACT: The present research is aligned with the literature on agrotourism, by showing the main issues related to this topic that have been dealt with academically in recent years. Furthermore, the research analyses aggregated data from the regions considered, Catalonia, Valencia, the Balearic Islands and the Region of Murcia, on the number of existing agrotourism experiences and companies, the type of agricultural product on which the experience is focused and the type of agrotourism offered based on the contact between the tourist and the agricultural activity. Finally, the social networks used by the farms included in the study are also analysed. It is worth mentioning, as the main academic contribution of the research, the comparative analysis carried out, among the autonomous communities of the study, of the main results achieved.

Based on the analysis of 246 agrotourism experiences offered by a total of 181 firms in the agricultural sector, the results show the greater prominence of Catalonia and the Valencian Community in the offer of agrotourism activities, as well as wine tourism as the main typology according to the product to which the tourist activity is related. Likewise, indirect activities are predominant in all the Autonomous Communities considered, although in Catalonia passive activities play an important role. It is worth mentioning that the social networks Facebook and Instagram are the most frequent on the farms analysed. The research ends with the conclusions of the study, its limitations and future lines of research.

Keywords: agrotourism, rural tourism, wine tourism, olive oil tourism

1. INTRODUCCIÓN

Desde hace décadas el espacio rural constituye un recurso valioso para la actividad turística, al erigirse en contrapeso del acelerado ritmo de la vida urbana (Espinosa y Calleja, 2023). Para las propias zonas rurales la actividad turística es una alternativa con la que mitigar los problemas de viabilidad económica de sus tradicionales actividades productivas, el estancamiento de la productividad laboral, los bajos niveles salariales y las menores tasas de crecimiento del valor añadido de sus productos. Así mismo, la actividad turística en el ámbito rural puede reducir el fenómeno de la emigración hacia las ciudades de la población más joven y mejor formada y, con ello, minorar la tendencia de creciente despoblamiento de sus municipios. En esta línea, el desarrollo de la actividad turística en las zonas rurales puede contribuir al aumento del bienestar de su población (Romanenko et al., 2020). Por todo ello, diferentes autores estiman que el turismo ha contribuido de manera significativa al desarrollo de las zonas rurales desde los inicios del presente siglo (p.e. Chatzigerogiou et al., 2009).

En el ámbito del turismo rural, cabe mencionar el creciente protagonismo práctico y académico del llamado agroturismo, definido como la oferta de un producto turístico basado en la actividad agraria de una empresa situada en una zona rural (Tanina et al., 2020). Dicha tipología de turismo puede ser decisiva para las empresas del sector agroalimentario en los retos que deben hacer frente: la sostenibilidad medioambiental, sociocultural y económica (Anthopoulou, 2008).

Ahora bien, la proliferación de actividades turísticas en las explotaciones agrarias supone una creciente presión competitiva por atraer a más visitantes y que además tengan una mayor capacidad adquisitiva. En general, los turistas rurales buscan nuevas experiencias que vayan más allá de la visita (con posible alojamiento) de una explotación agraria (Albacete-Saez et al., 2007; Sigala, 2003). Por dicho motivo, para las explotaciones resulta necesario ofrecer actividades agroturísticas de distinta naturaleza que complementen su actividad agraria (Stanciu et al., 2023): actividades de carácter educativo, cultural, histórico, artístico, deportivo, de aventura, entre otras, con las que sorprender al turista y poder diferenciarse de otras ofertas agroturísticas desarrolladas por explotaciones competidoras.

El presente trabajo se alinea con la literatura centrada en el agroturismo, al mostrar las principales cuestiones relacionadas con dicho tópico que han sido tratadas de manera académica en los últimos años. Así mismo, la investigación realiza un análisis de datos agregados según la tipología de producto agroturístico, siguiendo a Phillip et al. (2010); según el número de empresas y experiencias agroturística ofertadas; y según el tipo de producto agrario que se relaciona con la experiencia. También se analizan las principales redes sociales utilizadas por cada una de las explotaciones que forman el estudio. Cabe mencionar, como principal contribución académica de la investigación, el análisis comparativo realizado, entre las comunidades autónomas consideradas en el estudio, de los principales resultados alcanzados.

La investigación aborda un gap académico al plantear las siguientes cuestiones a investigar: 1) ¿Cuáles son las posibles diferencias que existentes según el número de empresas y experiencias agroturísticas ofertadas en cada comunidad autónoma?; 2) ¿Cuáles son las posibles diferencias que se dan, de manera agregada y entre comunidades autónomas, según el producto agrario con que se relaciona la actividad agroturística?; 3) ¿Cuáles son las posibles diferencias existentes, de manera agregada y entre comunidades autónomas, según la tipología basada en el modo de contacto del turista con la actividad agraria de la explotación?; y 4) ¿Cuáles son las posibles diferencias que se dan, de manera agregada y entre comunidades autónomas, según las redes sociales más utilizadas?

El estudio realiza un análisis del número de observaciones y porcentajes (técnica estadística descriptiva) para comprobar la posible existencia de diferencias según los criterios considerados

en las cuestiones a investigar. Para ello, el presente trabajo se centra en explotaciones agrarias ubicadas en una de las provincias de las siguientes comunidades autónomas del llamado arco mediterráneo español: Baleares, Cataluña, Comunidad Valenciana y Región de Murcia. Todas ellas con un clima y una tipología de actividad agraria muy similar.

Finalmente, la investigación realiza las siguientes contribuciones en el ámbito académico: 1) enriquece la literatura centrada en el agroturismo, al mostrar la variedad de actividades turísticas, que van más allá de la visita u hospedaje, que se ofrecen en explotaciones agrarias ubicadas en una amplia área geográfica; 2) analiza de manera cuantitativa las posibles diferencias que se dan, según distintos criterios de clasificación, en las explotaciones agroturísticas consideradas; 3) argumenta las posibles razones de las diferencias mostradas a partir del tratamiento estadístico de los resultados.

El presente artículo se estructura de la siguiente manera: en primer lugar, se centra en la revisión de la literatura, para delimitar conceptualmente el término agroturismo, tratar sus principales consecuencias y considerar una de las tipologías de actividades agroturísticas con mayor notoriedad académica. Tras ello, se describe la metodología cuantitativa considerada, seguido por el análisis de los resultados. El artículo finaliza con las principales conclusiones, limitaciones y futuras líneas de investigación.

2. REVISIÓN DE LA LITERATURA

2.1. Agroturismo: delimitación conceptual

La industria del turismo ha contribuido en gran medida al desarrollo de las zonas rurales en un contexto agrícola caracterizado por el estancamiento de la productividad laboral, la reducción de los salarios en términos reales y las bajas tasas de crecimiento de valor añadido de los productos agroalimentarios (Romanenko et al., 2020). En dicho ámbito rural, el número de explotaciones agrarias que han incorporado actividades turísticas, descritas con el término agroturismo, ha aumentado rápidamente en muchas regiones europeas durante el presente siglo (Streifeneder y Dax, 2020).

La diferencia conceptual existente entre los términos turismo rural y agroturismo ha sido motivo de consideración académica desde su tratamiento inicial en la literatura. Así, parece haberse llegado al consenso de que el turismo rural es un concepto más amplio (Phillip et al., 2010), al referirse a viajes individuales o grupales de ciudadanos hacia una zona rural que tiene el potencial de ofrecer productos turísticos. Sin embargo, agroturismo es una tipología o subconjunto de turismo rural que implica la oferta de un producto turístico por parte de una empresa que desarrolla una actividad propia del sector agrario (Tanina et al., 2020). De acuerdo con estos autores, la calidad y principales características del producto turístico propuesto dependen en gran medida de los recursos específicos que tiene la zona rural donde se encuentra la explotación que lo ofrece y del enfoque subjetivo y motivaciones de sus responsables. Otra destacada definición del término es la ofrecida por Van Zyl et al. (2021), para quienes agroturismo es una modalidad de vacaciones que implica visitar una explotación agraria con fines de entretenimiento, educativos y comerciales. Asimismo, para Campbell y Kubickova (2020) el agroturismo es un modelo que permite a los agricultores y ganaderos ofrecer actividades para los visitantes como una alternativa económica de la desarrollada tradicionalmente en su explotación. En la misma línea, diferentes autores definen que el agroturismo es una actividad ofrecida en una granja, rancho o explotación agrícola que proporciona disfrute a los turistas a la vez que genera ingresos para el propietario (Kim et al., 2019). Finalmente, el término agroturismo se refiere a los productos turísticos que están estrecha o directamente relacionados con el entorno agrario, los productos o las estancias en sus explotaciones (Abadi y Khakzand, 2022; Mahmoodi et al., 2022; Santeramo y Barbieri, 2017). El agroturismo permite al turista poder disfrutar de actividades que se relacionan de manera directa o indirecta con la actividad agraria y la propia explotación que se visita (Ndhlovu y Dube, 2023).

Otro tópico tratado en la literatura centrada en el agroturismo es el análisis de las posibles consecuencias positivas que el agroturismo puede aportar a los propietarios de las explotaciones donde se ofrece esta tipología de turismo y, en general, a la población de las zonas rurales donde se sitúan (Quella et al., 2023). Así, los insuficientes ingresos procedentes de la agricultura o ganadería representan una importante motivación para iniciar la actividad agroturística (Dubois et al., 2017). Puede, asimismo, favorecer el uso de recursos agrarios infrautilizados y diversificar los riesgos que asume una explotación agraria (Fuller, 1990; Veek et al., 2006). Además, el agroturismo puede ayudar a impulsar las economías locales aliviando el problema del desempleo, incrementar los ingresos impositivos de los poderes públicos y estimular otros negocios locales que pueden beneficiarse de la llegada de turistas (Andereck and Vogt, 2000; Barbieri, 2009; Sharpley, 2007; Veeck et al., 2006). Una corriente de esta literatura también ha tratado los beneficios no económicos que pueden derivarse del agroturismo, como la preservación del patrimonio local, la conservación del mundo rural y las ventajas medioambientales de mantener actividades tradicionales más respetuosas con el medio ambiente o fomentar cadenas de distribución más cortas para hacer llegar los productos agroalimentarios al consumidor final (Stanciu et al., 2023; Tew y Barbieri, 2012).

Ahora bien, las posibles consecuencias negativas que supone la oferta de productos agroturísticos también han sido motivo de tratamiento académico. Diferentes autores argumentan que el agroturismo, como cualquier otra modalidad turística, tiene un impacto negativo sobre el medio ambiente y el entorno donde se ofrece (Bhatta y Ohe, 2020). La excesiva mercantilización turística y la aglomeración de visitantes en un mismo espacio rural, donde se ubica la explotación que ofrece actividades agroturísticas, puede llevar a la oposición de la población que reside en la zona al percibir que no se les compensa de manera suficiente por los costes que asocian a dicha actividad (Nguyen, 2018).

En relación con la demanda de productos agroturísticos, diferentes contribuciones académicas argumentan que su tendencia creciente se debe al interés que una parte de la ciudadanía tiene por realizar turismo en el ámbito rural y, a su vez, por consumir alimentos de origen local (Bagi & Reeder, 2012; Carpio et al., 2008; Chase & Grubinger, 2014; Quella et al., 2023). Así, el agroturismo permite a las personas que viven en la ciudad y que no tienen contacto directo con la agricultura o ganadería poder conocer la vida cotidiana de una explotación agraria y experimentar de primera mano las prácticas/productos que en dicha explotación se dan (Streifeneder et al., 2023).

Finalmente, cabe mencionar que un corpus de trabajos centrados en el tópico del agroturismo ha tratado de analizar la variedad de actividades que conforman dicha tipología de turismo. De hecho, la justificación de dicho tratamiento en la literatura puede basarse en el argumento de que el agroturismo ha evolucionado hacia una confluencia de diferentes actividades y experiencias que una explotación agraria ofrece para satisfacer al turista (Akay, 2020; Chase et al., 2018; Streifeneder, 2016). En esta corriente académica merece destacarse por su notoriedad y relevancia académica la tipología mostrada por Phillip et al. (2010), motivo de análisis en el siguiente apartado.

2.2. Tipología de actividades agroturísticas

En sus inicios las explotaciones agrarias ofrecían como principal producto agroturístico el servicio de hospedaje y/o restauración para atraer la visita de los turistas a sus instalaciones. Sin embargo, en los últimos años han proliferado las explotaciones que ofrecen novedosos servicios como productos agroturísticos adicionales, entre los que puede destacarse (Bhatta y Ohe, 2020): talleres educativos-formativos basados en las actividades agrarias que se dan en la propia explotación; eventos y experiencias culturales; actividades relacionadas con el patrimonio natural y cultural de la zona donde se ubica la explotación; actividades deportivas (como la equitación o ciclismo); o actividades para mejorar la salud física, mental y espiritual del turista.

El presente trabajo se centra, por su creciente relevancia práctica y académica, en estas novedosas actividades agroturísticas, que no suponen el mero hospedaje o servicio de restauración en la propia explotación. Se consideran actividades turísticas de índole educativa, cultural, artística, deportiva, espiritual, de aventura, entre otras, que han irrumpido con fuerza en el sector como manera de diferenciarse ante la presión competitiva existente. Para tal fin, se sigue la clasificación que Phillip et al. (2010) hacen en función del tipo de contacto que tiene el visitante de la explotación agraria al participar en una actividad agroturística. En concreto, estos autores distinguen la siguiente tipología: 1) actividades de contacto directo con la tradicional actividad agraria desarrollada en la explotación; 2) actividades de contacto indirecto con dicha actividad agraria tradicional; y 3) actividades de contacto pasivo con la actividad agraria.

La oferta agroturística de contacto directo supone que el desempeño de la actividad agraria es una característica o rasgo tangible de la experiencia turística experimentada por el visitante de la explotación (por ejemplo, una actividad educativa en la que el turista participa en la propia cosecha del cultivo o en la elaboración del producto). El contacto indirecto indica una conexión secundaria de la experiencia turística con la actividad agraria (por ejemplo, una marcha cicloturista por la explotación con la explicación del tipo de cultivo que se da en ella). Finalmente, el contacto pasivo se da cuando la actividad turística y la agraria funcionan de forma independiente y sólo tienen en común la ubicación de la explotación (por ejemplo, cuando el turista presencia actividades culturales en dicho espacio).

Ahora bien, los posibles beneficios asociados a la oferta de nuevos tipos de actividades agroturísticas pueden verse erosionados por la posible imagen confusa e incluso engañosa que puede tener el turista (Dubois et al., 2017). En concreto, éste puede tener una imagen distorsionada de la función original de la explotación (Quendler, 2019), especialmente si se aleja de su tradicional actividad agraria, lo que puede dañar la credibilidad que le otorga en su conjunto a la propia explotación (Streifeneder et al., 2023). De hecho, la posible percepción de pérdida de autenticidad puede tener consecuencias negativas en términos de menor satisfacción del visitante y, con ello, en el logro de los objetivos empresariales planteados por la explotación agraria. Sin embargo, dicho argumento es cuestionado por algunos autores (Chhabra, Healy, y Sills, 2003; Xu et al., 2022), centrados en otras tipologías de productos turísticos, al expresar que la percepción de falta de autenticidad en la oferta de un producto turístico no preocupa a los turistas cuando perciben que dicho producto supone una experiencia novedosa, positiva y agradable.

La presente investigación se alinea con la corriente académica centrada en los nuevos productos agroturísticos que han surgido en los últimos años para atraer al visitante a la explotación agraria. En concreto, el trabajo analiza las posibles diferencias que pueden darse según diferentes tipologías y características asociadas con la experiencia agroturística o la explotación donde se ofrece. Para tal fin, se sigue una metodología cuantitativa, que será motivo de mayor comentario en el siguiente apartado.

3. METODOLOGÍA

Las empresas analizadas en el presente estudio, un total de 181, que ofrecen actividades agroturísticas fueron escogidas fruto del proceso de búsqueda realizado durante 6 meses, segundo semestre del año 2023, en Internet y en redes sociales a partir de considerar las siguientes palabras clave:

- Agroturismo;
- Turismo: rural, agrícola, ganadero, de pastoreo, de apicultura, hortofrutícola;
- Experiencia o visita: rural, a una granja, bodega, almazara, huerto, campo.

Así mismo, se consultaron las páginas web y redes sociales de explotaciones agrarias, en cada una de las provincias objeto del estudio, que ofrecen un producto bajo la marca de una Denominación de Origen (D.O.) o de una Indicación Geográfica Protegida (I.G.P.).

En definitiva, en la presente investigación se analizan datos correspondientes a cuatro comunidades autónomas, todas ellas en el llamado arco mediterráneo español, como son: Cataluña, Comunidad Valenciana, Islas Baleares y Región de Murcia. En total, las empresas del estudio ofrecen un total de 246 experiencias agroturísticas diferentes. Productos agroturísticos que van más allá del mero hospedaje o servicio de restauración en la explotación considerada. En primer lugar, se analizan los datos agregados de las cuatro comunidades autónomas y después se hace una comparativa de los principales resultados en cada una de ellas.

El análisis descriptivo se ha realizado con SPSS v.29 y los principales resultados se presentan a continuación.

4. RESULTADOS

A continuación, se muestran los principales resultados obtenidos en cuanto a número de experiencias y empresas agroturísticas, prestando especial atención a su clasificación en función del producto que centra la actividad, así como siguiendo los criterios de clasificación de Phillip et al. (2010). Por último, se indican las principales redes sociales utilizadas por cada una de las empresas que conforman el estudio.

En una primera aproximación, tal como se ha indicado en líneas anteriores, se presentan los resultados correspondientes al total de experiencias recogidas, para distinguir más adelante cómo se clasifican las actividades y cuáles son las redes sociales más utilizadas en cada comunidad autónoma.

4.1. Total de la muestra

Tabla 1. Número de experiencias por CCAA

	Número	**%**
Cataluña	111	45,1%
Comunidad Valenciana	95	38,6%
Baleares	20	8,1%
Murcia	20	8,1%
Total	246	100,0%

En la presente tabla se muestran el número de experiencias relacionadas con el agroturismo ofertadas por empresas ubicadas en comunidades autónomas situadas en el arco mediterráneo español. Existen empresas especializadas en una única actividad mientras que otras ofrecen una variedad más amplia de servicios agroturísticos. En el caso de ofrecer varias actividades, cada una de ellas se ha contabilizado como una experiencia diferente. Aquellas empresas que aglutinan un mayor número de experiencias son Cataluña y la Comunidad Valenciana. Entre las dos, suman el 83,7% de las experiencias detectadas, siendo Cataluña, con un 45,1%, la comunidad en la que se pueden encontrar un mayor número de experiencias. En el caso de Baleares y la Región de Murcia, las cifras señalan que en cada una de ellas encontramos el 8,1% de las experiencias ofertadas.

Tabla 2. Número de empresas por CCAA

	Número	%
Cataluña	79	43,6%
Comunidad Valenciana	63	34,8%
Baleares	19	10,5%
Murcia	20	11,0%
Total	181	100,0%

La Tabla 2 muestra el número de empresas que ofrecen experiencias de agroturismo. En total, se han detectado 181 empresas diferentes que tienen una oferta relacionada con el agroturismo. El mayor número de empresas se sitúa en Cataluña (43,6%), seguido de la Comunidad Valenciana (34,8%). La Región de Murcia (11%) y Baleares (10,5%) muestran un número de empresas similares.

Tabla 3. Número de experiencias por tipología

	Número	%
Enoturismo	148	60,2%
Oleoturismo	30	12,2%
Otras	68	27,6%
Total	246	100,0%

En cuanto a las características de las experiencias ofrecidas, la Tabla 3 muestra la tipología de las 246 propuestas analizadas. Tras analizar la descripción de cada una de las experiencias publicadas por las empresas, se han clasificado en función del producto agrario con el que se relacionan. Como puede observarse, la gran mayoría de experiencias son propias de enoturismo, en el que entran todas aquellas propuestas en las que el vino es el protagonista o forma parte del marco en el que se desarrolla la actividad. El siguiente tipo de experiencias más relevantes por número se relacionan con el oleoturismo. Se han detectado un 12,2% de acciones agroturísticas vinculadas con la promoción del aceite de oliva. Finalmente, el grupo "otras" incluye todas aquellas experiencias agroturísticas que se relacionan con otros productos. Por ejemplo, dentro de esta categoría se agrupan experiencias relacionadas con la apicultura, ganadería, cítricos, arroz, horchata, licores, hortalizas, etc.

Tabla 4. Número de experiencias por tipología (clasificación de Phillip et al. 2010)

	Número	%
Directo	43	17,5%
Indirecto	170	69,1%
Pasivo	31	12,6%
ND	2	0,8%
Total	246	100,0%

En la Tabla 4 se clasifican las experiencias detectadas en función de las características de la clasificación propuesta por Phillip et al. (2010) en la que las experiencias se diferencian entre directas, indirectas y pasivas en función del tipo de contacto que el turista tiene con la actividad agraria cuando recibe un servicio agroturístico. La mayoría de las experiencias detectadas se agrupan dentro de la categoría de experiencias indirectas (69,1%). En esta categoría muchas actividades incluyen visitas a las instalaciones, explicaciones sobre el proceso de producción, o actuaciones artísticas, que van acompañadas de catas o degustaciones de los productos. Por otro lado, las experiencias directas representan el 17,5%. En este bloque se incluyen experiencias en las que los turistas participan en la recolección, producción o transformación de los productos, por ejemplo recolectando naranjas, pisando uvas o haciendo pan. Por último, el 12,6% son experiencias pasivas. Este grupo incluye acciones en las que las explotaciones agrarias simplemente representan el espacio en el que se desarrolla una acción en la que la actividad agraria y su producto no juega un papel relevante. Algunos ejemplos podrían ser actividades nocturnas para divisar murciélagos, shows de improvisación o actividades de teambuilding. Cabe señalar que en un par de casos, la falta de información ha impedido clasificar la experiencia.

Tabla 5. Presencia en redes sociales

	Número	%
Facebook	169	93,4%
Twitter	86	47,5%
Instagram	148	81,8%

	Número	%
Youtube	46	25,4%
Pinterest	12	6,6%
TikTok	2	1,1%
Whatsapp	16	8,8%
Otras	40	22,1%

En cuanto a la utilización de redes sociales (Tabla 5), el análisis se ha realizado en función del número de empresas. De las 181 empresas diferentes detectadas, se ha observado que Facebook es la red social más usada (el 93,4% de las empresas la utiliza), seguida por Instagram (81,8%) y Twitter (47,5%). En la categoría "otras" se han incluido otras redes sociales no identificadas en las categorías mostradas en la tabla, destacando la utilización de Linkedin o Tripadvisor.

4.2. Detalle por CCAA

Tabla 6. Porcentaje de experiencias por tipología

Cataluña		Comunidad Valenciana	Murcia	Baleares
Enoturismo	81,1%	48,4%	20,0%	40,0%
Oleoturismo	7,2%	17,9%	20,0%	5,0%
Otras	11,7%	33,7%	60,0%	55,0%
Total	100,0%	100,0%	100,0%	100,0%

Centrando el análisis por comunidades autónomas, se observan algunas diferencias. Cataluña aglutina el mayor número de ofertas en el enoturismo (81,1%). La Comunidad Valenciana también tiene el enoturismo como oferta principal, aunque el número de experiencias bajan al 48,4%. En esta comunidad gana importancia el oleoturismo (17,9%) y el 33,7% de la oferta se diversifica entre diferentes productos agroturísticos. En el caso de Baleares, las experiencias de

enoturismo representan el 40,0% de la oferta, correspondiendo el 55% a otros productos y solo el 5% al turismo vinculado al aceite de oliva. Finalmente, la Región de Murcia cuenta con una oferta diversificada (el 60,0% de la oferta se relaciona con otros productos agrícolas), mientras que el enoturismo y el oleoturismo representan el 20,0% de las experiencias ofertadas.

Tabla 7. Número de experiencias por tipología (clasificación de Phillip et al. 2010)

	Cataluña	Comunidad Valenciana	Murcia	Baleares
Directo	12,6%	16,8%	25,0%	40,0%
Indirecto	63,1%	80,0%	65,0%	55,0%
Pasivo	23,4%	2,1%	10,0%	5,0%
ND	0,9%	1,1%	0,0%	0,0%
Total	100,0%	100,0%	100,0%	100,0%

En la Tabla 7 se ofrece el detalle de las experiencias de agroturismo según la clasificación de Phillip et al. (2010) desglosando los resultados por comunidad autónoma. Puede observarse que la mayoría de las experiencias son indirectas en todas las comunidades, en un rango que oscila entre el 80,0% en el caso de la Comunidad Valenciana al 55% de Baleares. Esta última comunidad es la que más experiencias directas ofrece (40%), siendo Cataluña la que menos (12,6%). Finalmente, en cuanto a experiencias pasivas, Cataluña es la comunidad que más experiencias de este tipo ofrece (23,4%) y la Comunidad Valenciana la que menos alternativas de este tipo tiene (2,1%).

Tabla 8. Presencia en redes sociales

	Cataluña	Comunidad Valenciana	Murcia	Baleares
Facebook	97,5%	92,1%	80,0%	94,7%
Twitter	72,2%	31,7%	25,0%	21,1%
Instagram	92,4%	68,3%	70,0%	94,7%
Youtube	27,8%	23,8%	25,0%	21,1%
Pinterest	8,9%	4,8%	10,0%	0,0%
TikTok	0,0%	1,6%	5,0%	0,0%
Whatsapp	6,3%	1,6%	40,0%	10,5%
Otras	31,6%	11,1%	30,0%	10,5%

En cuanto al desglose de la utilización de redes sociales según la comunidad autónoma, no se observan diferencias muy destacables entre las mismas. En todas ellas, la red más utilizada es Facebook, seguida de Instagram, Twitter y Youtube. Como dato destacable, señalar la mayor utilización de Twitter en Cataluña (72,2%), por encima del resto de comunidades.

5. CONCLUSIONES

5.1. Contribución académica

La actividad agroturística es una clara alternativa con la que las zonas rurales pueden reducir los principales problemas económicos que les afectan: las dificultades de viabilidad de sus tradicionales actividades agrarias, el estancamiento de la productividad laboral, los bajos niveles salariales y las menores tasas de crecimiento del valor añadido de los productos agrarios. Así

mismo, en el ámbito sociológico, el agroturismo puede reducir el fenómeno de la emigración hacia las ciudades de la población más joven y mejor formada y, con ello, mitigar el creciente despoblamiento de los municipios en las zonas rurales. Por todo ello, el agroturismo está teniendo un destacado protagonismo en el ámbito práctico.

Así, la creciente presión competitiva que se está dando en el sector parece explicar la proliferación de explotaciones agrarias que presentan novedades en las experiencias agroturísticas ofertadas, yendo más allá del tradicional servicio de hospedaje o restauración. Con el propósito de clasificar dicha variedad de actividades agroturísticas destaca la tipología mostrada por Phillip et al. (2010), quienes diferencian las experiencias agroturísticas según el tipo de contacto (directo, indirecto o pasivo) que tiene el turista con la actividad agraria que se desarrolla en la explotación visitada.

A pesar del destacado tratamiento académico que el agroturismo ha tenido en los últimos años, hasta el momento no se ha dado un análisis cuantitativo que compare datos, agregados y entre distintas regiones o comunidades autónomas de un mismo país, relacionados con dicha tipología de turismo. La presente investigación aborda dicho gap académico al plantear como cuestiones a investigar: 1) ¿Cuáles son las posibles diferencias existentes según el número de empresas y experiencias agroturísticas ofertadas en cada comunidad autónoma?; 2) ¿Cuáles son las posibles diferencias que se dan, de manera agregada y entre comunidades autónomas, según el producto agrario con que se relaciona la actividad agroturística?; 3) ¿Cuáles son las posibles diferencias existentes, de manera agregada y entre comunidades autónomas, según la tipología basada en el modo de contacto del turista con la actividad agraria de la explotación?; y 4) ¿Cuáles son las posibles diferencias que se dan, de manera agregada y entre comunidades autónomas, según las redes sociales más utilizadas? Para tal fin, la investigación se centra en explotaciones agrarias ubicadas en una de las provincias de las siguientes comunidades autónomas del llamado arco mediterráneo español: Baleares, Cataluña, Comunidad Valenciana y Región de Murcia.

Como resultados más destacados que permiten responder a la primera de las cuestiones de la investigación cabe destacar que Cataluña y la Comunidad Valenciana son las comunidades autónomas con mayor porcentaje, del total de la muestra, de número de experiencias agroturísticas (45% en Cataluña; 38,6% en la Comunidad Valenciana) y de número de empresas que ofrecen dichas experiencias (43,6% en Cataluña; 34,8% en la Comunidad Valenciana). Estos datos pueden explicarse por el mayor número de explotaciones agrarias que tienen dichas comunidades autónomas en relación con las otras dos comunidades autónomas del estudio (Ministerio de Agricultura, Pesca y Alimentación, 2023).

Respecto a la segunda cuestión a investigar planteada, los resultados muestran que el enoturismo, actividad turística relacionada con el vino y los viñedos, es la que tiene un mayor porcentaje, a nivel agregado y en dos de las cuatro comunidades autónomas del estudio (Cataluña y Comunidad Valenciana). Dicha tipología de actividad es la que presenta mayor número de DOP en dichas comunidades autónomas (Ministerio de Agricultura, Pesca y Alimentación, 2024), marcas asociadas a productos agrarios de calidad, y empresas con una mayor capacidad financiera y enfoque innovador. Estos rasgos pueden explicar la mayor apuesta por diversificar su actividad, incorporando la oferta de nuevas experiencias agroturísticas. Por el contrario, en las Islas Baleares tienen mayor presencia actividades agroturísticas relacionadas con la producción de quesos o con la agricultura ecológica. En el caso de la Región de Murcia, las nuevas experiencias de agroturismo se asocian en mayor medida con explotaciones dedicadas a la producción hortofrutícola. Ambos resultados parecen explicarse por la tipología de actividad agraria y ganadera característica en cada una de estas comunidades autónomas.

En relación con la tercera de las cuestiones planteadas, relacionada con las posibles diferencias existentes en la oferta de experiencias agroturísticas siguiendo la tipología de Phillip et al. (2010), destaca como resultado agregado el mayor porcentaje de actividades agroturísticas donde el

visitante tiene una relación indirecta con la tradicional actividad agraria de la explotación. Este tipo de actividades donde el turista no participa en la actividad agraria suelen darse en mayor número y para más público al ser menos costosas en términos económicos. En el caso de las experiencias agroturísticas directas, donde el visitante interviene en la actividad agraria, destaca que siendo la segunda modalidad más frecuente, el porcentaje llega hasta el 25% del total en la Región de Murcia, y hasta el 40% del total en las Islas Baleares. La experiencia agroturística que predomina en cada caso, recogida de productos hortofrutícolas en el caso de la Región de Murcia y elaboración de quesos en el caso de las Islas Baleares, parecen explicar dichos resultados. Finalmente, es destacable el hecho de que en Cataluña la segunda modalidad de actividad agroturística, de acuerdo con la tipología de Phillip et al. (2010), es la de tipo pasivo. Dicha modalidad se caracteriza porque la actividad turística y la agraria funcionan de manera independiente y sólo tienen en común la ubicación de la explotación. Este resultado puede explicarse por el hecho de que en dicha comunidad autónoma la presión competitiva por atraer turistas a la explotación agraria, especialmente entre bodegas de vino, es mayor y desde hace más tiempo. La manera que tienen dichas explotaciones de diferenciarse es ofreciendo nuevas experiencias relacionadas con el arte, la historia, la cultura, la música o los deportes de aventura y riesgo, entre otras. A mayor presión competitiva, las empresas que quieren ofrecer actividades agroturísticas deben diferenciarse ofreciendo alternativas más originales para atraer a más visitantes a sus explotaciones (Stanciu et al., 2023).

Finalmente, respecto a la cuestión planteada sobre el uso de redes sociales por parte de las explotaciones consideradas en el estudio, tanto en los resultados agregados como en el de las distintas comunidades autónomas es mayor el uso de Facebook (93.4% del total de observaciones) e Instagram (47.5% del total de observaciones). La elección de ambas redes sociales por parte de la gran mayoría de las empresas del estudio es lógica al ser las dos redes sociales, tras Whatsapp, más utilizadas por la población en España (WeareSocial Spain, 2024). La mayor utilización de Twitter y de otras redes sociales en Cataluña puede explicarse de nuevo por la mayor presión competitiva y grado de profesionalización en la oferta de actividades agroturísticas que parece darse en dicha comunidad autónoma.

En definitiva, los resultados analizados en la investigación contribuyen académicamente al: 1) enriquecer la literatura centrada en el agroturismo, mostrando la variedad de actividades turísticas, que van más allá de la visita u hospedaje, que se ofrecen en explotaciones agrarias ubicadas en una amplia área geográfica; 2) analizar de manera cuantitativa las posibles diferencias que se dan, según distintos criterios de clasificación, en las explotaciones agroturísticas consideradas; 3) argumentar las posibles razones de las diferencias mostradas a partir del tratamiento estadístico de los resultados.

5.2. Implicaciones prácticas

El presente artículo tiene algunas implicaciones prácticas para las empresas agrarias y las autoridades de las comunidades autónomas consideradas. En primer lugar, es aconsejable que las explotaciones agrarias que no ofrecen actividades agroturísticas consideren la creciente presencia de explotaciones que han decidido apostar por diversificar su propuesta de actividades y posibilitar con experiencias agroturísticas la visita de posibles consumidores de sus productos. Como bien se ha mostrado en el presente trabajo, según la mayoría de contribuciones académicos las consecuencias positivas asociadas a dicha experiencias, para la propia explotación y para la zona rural donde se ubica, son mayores que las negativas.

Además, la investigación muestra como ante una mayor presión competitiva en la oferta de experiencias agroturísticas, las explotaciones tratan de diferenciarse a través de experiencias creativas de tipo pasivo, siguiendo la clasificación de Phillip et al. (2010), con el propósito de atraer a más turistas. Ahora bien, la oferta de esta tipología de experiencias puede desvirtuar el

sentido de la actividad agraria tradicional desarrollada en la explotación. Las consecuencias que este fenómeno puede tener en la valoración del visitante es un tópico que debería ser motivo de investigación en un futuro.

Finalmente, los poderes públicos deben jugar un papel relevante en la promoción de las actividades agroturísticas. Favorecer con ayudas públicas (subvenciones de proyectos, facilidades de financiación, promoción/ comunicación en medios digitales y offline) a las explotaciones que con la oferta de dichas actividades agroturísticas pueden favorecer el desarrollo económico y social de las zonas rurales.

5.3. Limitaciones y futuras líneas de investigación

La investigación desarrollada tiene distintas limitaciones que invitan a considerar sus principales conclusiones con la necesaria precaución. En primer lugar, la metodología seguida para obtener los datos de las empresas y de las experiencias agroturísticas consideradas se basa en la información que dichas empresas muestran en sus páginas web y redes sociales, por lo que está sujeta a posibles errores e imprecisiones. Además, la investigación se centra en cuatro comunidades autónomas de un mismo país, lo que puede limitar la generalización de los resultados logrados. Así mismo, otra limitación está relacionada con la naturaleza no longitudinal en el diseño del estudio. La investigación debería replicarse en otros momentos del tiempo.

Entre las futuras líneas de investigación, entendemos que tiene interés académico poder analizar las posibles razones que tienen los propietarios de explotaciones agrarias para ofrecer o no experiencias agroturísticas. Los principales factores que favorecen o dificultan dicha oferta. Así mismo, sería aconsejable analizar con mayor profundidad los factores asociados con la experiencia agroturística, por ejemplo su tipología según Phillip et al. (2010), que pueden ser decisivos en el logro de una mayor satisfacción y lealtad en el turista que visita la explotación agraria. Valorar, por ejemplo, si las experiencias pasivas pueden llevar a que el turista perciba una pérdida de autenticidad y, con ello, tenga una menor satisfacción con la experiencia agroturística recibida. Además, estas líneas de investigación pueden acometerse con mayor detalle en función del producto relacionado con la experiencia agroturística (por ejemplo, enoturismo). Finalmente, futuras investigaciones deberían considerar diferentes tipologías de propietarios y de turistas, con distintos perfiles sociodemográficos, de diferentes regiones y países, como posibles factores explicativos de sus actitudes y comportamientos en relación con la oferta y demanda de experiencias agroturísticas.

6. REFERENCIAS BIBLIOGRÁFICAS

Abadi, A., & Khakzand, M. (2022). Extracting the qualitative dimensions of agritourism for the sustainable development of Charqoli village in Iran: The promotion of vernacular entrepreneurship and environment-oriented preservation perspectives. *Environment, Development and Sustainability*, 24(11): 12609-12671.

Akay, B. (2020). Examining the rural tourism experiences of tourists in emerging rural tourism destination: burdur province, Turkey. *GeoJournal of Tourism and Geosites*, 29(2), 534-544.

Albacete-Saez, C., Fuentes-Fuentes, M.M., & Llorens-Montes, F.J. (2007). Service quality measurement in rural accommodation. *Annals of Tourism Research*, 34(1): 45-65.

Andereck, K. L., & Vogt, C. A. (2000). The relationship between residents' attitudes toward tourism and tourism development options. *Journal of Travel Research*, 39(1): 27–36.

Anthopoulou, Th., (2008). Women of countryside and food, Vol. 1. Athens, Gutenberg.

Bagi FS, Singh F, Reeder RJ, & Richard J. (2012). Factors affecting farmer participation in agritourism. *Agricultural and Resource Economics Review*, 41(2): 189-199.

Barbieri, C. (2009). A comparison of agritourism and other farm entrepreneurs: Implications for future tourism and sociological research on agritourism. In: D. B. Klenosky, C. LB. Fisher (Eds.), Proceedings of the 2008 Northeastern Recreation Research Symposium (pp. 343–349). Bolton Landing, NY Gen. Tech. Rep. NRS-P-42. Newtown Square, PA: US Department of Agriculture, Forest Service, Northern Research Station.

Bhatta K, Itagaki K, & Ohe Y. (2019). Determinant factors of farmers' willingness to start agritourism in rural Nepal. *Open Agriculture*, 4(1): 431-445.

Campbell, J. M., & Kubickova, M. (2020). Agritourism microbusinesses within a developing country economy: A resource-based view. *Journal of Destination Marketing & Management*, 17, 100460.

Carpio, C. E., Wohlgenant, M. K., & Boonsaeng, T. (2008). The demand for agritourism in the United States. *Journal of Agricultural and Resource Economics*, 33(2), 254–269.

Chase, L. C., & Grubinger, V. (2014). Food, farms, and community: Exploring food systems. Lebanon, NH: University Press of New England.

Chase, L. C., Stewart, M., Schilling, B., Smith, B., & Walk, M. (2018). Agritourism: Toward a conceptual framework for industry analysis. *Journal of Agriculture, Food Systems, and Community Development*, 8(1), 13–19.

Chatzigeorgiou, C., Christou, E., Kassianidis, P., & Sigala, M. (2009). Examining the relationship between emotions, customer satisfaction and future behavioral intentions in agrotourism. *Tourismos: An International Multidisciplinary Journal of Tourism*, 4(4): 145-161.

Dubois C, Cawley M, Schmitz S (2017) The tourist on the farm: A 'muddled' image. *Tour Management*, 59: 298–311

Espinosa, A., & Calleja, M. (2023). Responsabilidad medioambiental de los agentes turísticos. Propuestas de ecoagroturismo en España.

Fuller, A. M. (1990). From part-time farming to pluriactivity: A decade of change in rural Europe.

Journal of Rural Studies, 6(4): 361–373.

Kim, S., Lee, S. K., Lee, D., Jeong, J., & Moon, J. (2019). The effect of agritourism experience on consumers' future food purchase patterns. *Tourism Management*, 70: 144-152.

Mahmoodi, M., Roman, M., & Prus, P. (2022). Features and challenges of agritourism: Evidence from Iran and Poland. *Sustainability*, 14, 4555.

Ministerio de Agricultura, Pesca y Alimentación (2023). Indicadores Territoriales por Comunidades Autónomas. Disponible en: https://www.mapa.gob.es/es/ministerio/servicios/analisis-y-prospectiva/serie-indicadores/AyP_serie_Territorial.aspx

Ministerio de Agricultura, Pesca y Alimentación (2024). Denominaciones de Origen e Indicaciones Geográficas Protegidas. Disponible en: https://www.mapa.gob.es/es/alimentacion/temas/calidad-diferenciada/dop-igp/Default.aspx

Ndhlovu, E., & Dube, K. (2024). Agritourism and sustainability: A global bibliometric analysis of the state of research and dominant issues. *Journal of Outdoor Recreation and Tourism*, 46, 100746.

Nguyen T N H. (2018). The attitudes of residents towards agrotourism impacts and its effects on participation in agrotourism development: The case study of Vietnam. African Journal of Hospitality, Tourism and Leisure.2018;7(4), 1-18.

Phillip, S., Hunter, C., & Blackstock, K. (2010). A typology for defining agritourism. *Tourism Management*, 31(6), 754-758.

Quella, L., Chase, L., Conner, D., Reynolds, T. W., & Schmidt C. (2023). Perceived success in agritourism: Results from a study of US agritourism operators. *The Journal of Rural and Community Development*, 18(1), 140–158.

Romanenko, Y. O., Boiko, V. O., Shevchuk, S. M., Barabanova, V. V., & Karpinska, N. V. (2020). Rural development by stimulating agro-tourism activities. *International Journal of Management (IJM)*, 11(4), 605-613.

Santeramo, F. G., & Barbieri, C. (2017). On the demand for agritourism: A cursory review of methodologies and practice. *Tourism Planning & Development*, 14(1), 139-148.

Sharpley, R. (2007). Flagship attractions and sustainable rural tourism development: The case of the Alnwick Garden, England. *Journal of Sustainable Tourism*, 15(2), 125–143.

Sigala, M. (2003). Competing in the Virtual Marketspace: a strategic model for developing e-commerce in the hotel industry. International Journal of Hospitality Information Technology, 3(1), 43-60.

Stanciu, M., Popescu, A., & Stanciu, C. (2023). Rural tourism, agrotourism and ecotourism in Romania: current research status and future trends. Scientific Papers Series Management, Economic Engineering in Agriculture & Rural Development, 23(1), 745-758.

Streifeneder T (2016). Agriculture first: Assessing European policies and scientific typologies to define authentic agritourism and differentiate it from countryside tourism. *Tour Manag Perspect* 20:251– 264..

Streifeneder T & Dax T (2020) Agritourism in Europe: enabling factors and current developments of sustainable on-farm tourism in rural areas. In: Kala D,

Bagri SC (eds) Global opportunities and challenges for rural and mountain tourism, pp 40–58.

Streifeneder, T., Hoffmann, C., & Corradini, P. (2023). The future of agritourism? A review of current trends of touristic commercialisation in rural areas. *The Annals of Regional Science,* 71(1), 93-119.

Tanina, A., Konyshev, E., & Tsahaeva, K. (2020). Agritourism development model in digital economy. In Proceedings of the 2nd International Scientific Conference on Innovations in Digital Economy, 1-6.

Tew, C., & Barbieri, C. (2012). The perceived benefits of agritourism: The provider's perspective.

Tourism Management, 33(1), 215–224.

Van Zyl, C. C., Merwe, & Van Der, P. (2021). The motives of South African farmers for offering agri-tourism. *Open Agriculture,* 6, 537–548.

Veeck, G., Che, D., & Veeck, A. (2006). America's changing farmscape: A study of agricultural tourism in Michigan. *The Professional Geographer,* 58(3), 235–248.

WeareSocial Spain (2024). Disponible en: https://wearesocial.com/es/blog/2024/01/digital-2024/

EL TURISMO GASTRÓNOMICO DE PROXIMIDAD: VENTAJAS Y RETOS

Elisa Povedano Marrugat
Universidad Carlos III de Madrid

RESUMEN: España es un país con un gran patrimonio cultural, natural e inmaterial. El patrimonio es nuestra esencia y entre los elementos patrimoniales, está sin duda la gastronomía, que además es uno de los valores turísticos que se demandan cada día más. La gastronomía es un elemento cultural que tiene una clara marca identitaria y por supuesto, debe conservar su autenticidad, siendo este aspecto cada vez más relevante; además es un recurso de gran potencial y debe dotársele de los elementos que pueden llevar a ese mundo sensorial y lo vincula claramente con el territorio, por este motivo, consideramos de importancia la potenciación del turismo gastronómico de proximidad o de km 0. En este artículo explicamos la importancia de estos tres puntales: patrimonio, turismo y gastronomía, así como qué es el turismo gastronómico de proximidad, cuáles son sus posibilidades —ventajas y aspectos positivos—, la relación que existe entre este turismo y los Objetivos de Desarrollo Sostenible (ODS) y también cuáles son los retos —problemáticas a resolver— a los que se enfrenta este tipo de turismo, tan vinculado a la identidad, al paisaje, al territorio y, por supuesto, a la población local, al que está indisolublemente unido.

Palabras clave: Gastronomía, proximidad, sostenibilidad, ODS, patrimonio, turismo.

ABSTRACT: Spain is a country with a great cultural, natural and intangible heritage. Heritage is our essence and among the heritage elements is undoubtedly gastronomy, which is also one of the tourist values that are increasingly in demand. Gastronomy is a cultural element that has a clear identity mark and, of course, must preserve its authenticity, this aspect being increasingly relevant; it is also a resource of great potential and must be provided with the elements that can lead to that sensory world and clearly links it with the territory, for this reason, we consider of importance the promotion of gastronomic tourism of proximity or km 0. In this article we explain the importance of these three pillars: heritage, tourism and gastronomy, as well as what is proximity gastronomic tourism, what are its possibilities —advantages and positive aspects—, the relationship between this tourism and the Sustainable Development Goals (SDGs) and also what are the challenges-problems to solve-faced by this type of tourism, so linked to the identity, the landscape, the territory and, of course, the local population, to which it is inextricably linked.

Keywords: Gastronomy, proximity, sustainability, SDGs, heritage, tourism.

1. INTRODUCCIÓN

La cultura es esencial en nuestras vidas, porque es nuestro alimento espiritual, habla de nosotros, nos define y nos explica. Se entiende como un todo en el que se une al individuo con el lugar, con el territorio, aquello que Miguel de Unamuno definió como paisaje y paisanaje. Para Unamuno el paisano eran los "hombres del país, del pago, de la patria que en el paisaje se revela y simboliza...", "El espíritu, el pneuma[1], el alma histórica no se hace si no sobre el ánima, la psique, el alma natural, geográfica y geológica si se quiere." (Unamuno, 1933). Por tanto, el paisaje nos conforma, nos configura y nos da vida.

El patrimonio cultural y natural es esa esencia del paisaje y del paisanaje. Como explicita el Instituto Geográfico Nacional:

> "El patrimonio de un país está constituido por un conjunto de bienes y de valores, que pueden ser tanto de índole natural como cultural. Éstos han ido pasando de generación en generación, y producen a la sociedad diversos beneficios: económicos, culturales, espirituales o incluso pueden constituir un elemento de identidad. Por todo ello, las sociedades están cada vez más sensibilizadas para salvaguardarlos y garantizar su transmisión a las futuras generaciones.

Aunque la diferenciación es a veces un poco arbitraria, se suele considerar dentro del patrimonio cultural al conjunto de elementos creados por la sociedad; mientras que el patrimonio natural es aquel cuya existencia o rasgos esenciales son independientes de la intervención humana." (Instituto Geográfico Nacional).

Incidiendo en la idea, la UNESCO define el patrimonio como

> "el legado que heredamos del pasado, con el que vivimos hoy en día, y que transmitiremos a las generaciones futuras. Nuestro patrimonio cultural y natural constituye una fuente irremplazable de vida y de inspiración" (UNESCO, s.f.).

Siempre he defendido que el "patrimonio cultural" y añado el patrimonio natural "debería ser considerado un elemento imprescindible en nuestras vidas" y hay que hablar de él desde distintos ángulos o puntos de vista, porque forma parte de nuestro legado, que heredamos y transmitimos y además es parte de nuestra sociedad y economía. "Este último punto es

---

1 Según la RAE es en filosofía el aliento "racional que, en la filosofía estoica, informa y ordena el universo".

uno de los que engarzan el patrimonio cultural con el turismo" (Povedano Marrugat, 2022) y lo mismo sucede con el patrimonio natural.

Y cuando hablamos de patrimonio y turismo algo debe quedar claro. Sin patrimonio no hay turismo, pero sí existe el patrimonio sin turismo. Hace poco se publicó en Nexotur un artículo con un titular que, desde mi punto de vista, es incorrecto y además preocupante: "La industria turística y el interés turístico pueden crear patrimonio" (CONEXO, 2024), y en el artículo se decía:

> "El patrimonio no está ahí desde siempre, es una construcción social y el turismo crea patrimonio y lo transforma" (CONEXO, 2024).

Indudablemente es una expresión desafortunada, porque, aunque entendamos que el patrimonio es una construcción social, el turismo no ha creado el patrimonio, este ya existía y si olvidamos esta idea, podemos llegar a incongruencias y crear más problemas en el patrimonio de los que ya existen.

Por ello, debo insistir en que debemos conseguir una mayor concienciación desde las escuelas y en todos los sectores para la apreciación del patrimonio y por tanto de su cuidado, conservación y mantenimiento.

Y es nuestra responsabilidad que el turismo no afecte al patrimonio de una manera negativa, porque, "…el turismo cultural ya no es un nicho de mercado ligado a una minoría, sino que ha pasado a convertirse en un potente atractivo para la demanda". (Durán Salado, 2023) y sin medidas de control y sin pensar en sostenibilidad —con objetivos a largo plazo— (Hernández Mateo & Povedano Marrugat, 2022) y respeto puede llegar a dañar ese patrimonio.

Este preámbulo creo que es necesario para comprender cuáles son las líneas rojas que no debemos traspasar a la hora de trabajar en nuestro patrimonio desde la perspectiva turística.

2. GASTRONOMÍA, PATRIMONIO Y ODS

La gastronomía forma parte de nuestro patrimonio sin duda alguna, pero también es un elemento necesario en el turismo.

> "Cuando se habla de gastronomía, de hecho, no se entiende únicamente el conjunto de alimentos o platos típicos de una localidad, sino que se abarca un concepto mucho más amplio que incluye las costumbres alimentarias, las tradiciones, los procesos, las personas y los estilos de

> vida que se definen alrededor de la misma" (Di Clemente, Hernández Mogollón, & López-Guzmán, 2014).

La gastronomía es un elemento cultural que tiene una clara marca identitaria y por supuesto, debe conservar su autenticidad. En un mundo globalizado, este aspecto es cada vez más importante y la conservación de estos valores es imprescindible para la preservación de nuestra identidad y forma parte de ese otro mundo más económico que es el del turismo, porque en "...esta nueva tendencia del mercado turístico, la identidad y la autenticidad de un territorio se posicionan como los principales atractivos para el turista moderno." (Di Clemente, Hernández Mogollón, & López-Guzmán, 2014). Y a ello hay que añadir otras cuestiones que también son vitales, como la calidad, la satisfacción, y la experiencia vivida, que en gran número de ocasiones colisiona con la idea del turismo de masas, que, difícilmente, puede ser experiencial o vivencial.

Sin duda, la gastronomía es un recurso de gran potencial, sobre todo si sabe dotársele de los elementos que pueden llevar a ese mundo sensorial y lo vincula especialmente al territorio.

Esta es una de las razones por las que consideramos que la gastronomía y la tradición cultural van unidas y con ellas se consigue, por un lado, alejarse de la *MacDonalización* y recuperar la gastronomía local, por el otro.

Esto además se debe hacer tanto desde el punto de vista turístico, como desde la población local, porque son mejoras conjuntas: volver a los hábitos alimenticios, incorporando productos de temporada, productos más ecológicos —aunque suelen ser más caros— y, sobre todo, trabajar con productos de la zona.

El problema es que una vida más agitada produce la necesidad de hacer comidas más rápidas y con alimentos no adecuados. Esta vida a contratiempo puede ser la que esté llevando a algunos turistas a la búsqueda de nuevas vivencias gastronómicas, diferentes y más apetitosas.

Por tanto, no hay duda alguna que la gastronomía es un atractivo turístico y patrimonial y el paradigma puede verse en la *Dieta mediterránea,* que es desde 2013 patrimonio inmaterial de la Humanidad y en la que son corresponsables además de España, países como Chipre, Croacia, Grecia, Italia, Marruecos y Portugal.

Antes de que esto sucediera, ya se estaban realizando estudios en los que se consideraba que este reconocimiento podría ser clave para dar oportunidades turísticas a ciertas zonas (Castells, 2008).

Después de la declaración de 2013 de patrimonio inmaterial de la Humanidad, España fue declarada en 2019 como el país más saludable del mundo, según un estudio de *Bloomberg Healthiest Country Index*, que asegura que España se confirma como destino gastronómico mundial de referencia (Cinco días, 2019) (World Population Review, s.f.).

La Dieta mediterránea como patrimonio inmaterial de la Humanidad nos remarca la importancia de estas declaraciones para los lugares en los que interviene, pero además, nos da una nueva visión de cómo la Agenda 2030 también participa en estos patrimonios y cómo los Objetivos de Desarrollo Sostenible (ODS) se encuentran en estas declaraciones, pues como se puede leer en la Dieta Mediterránea, en ella aparecen el ODS 2: Hambre Cero; el ODS 5: Igualdad de género; el ODS 14: Vida submarina; el ODS 15: vida de ecosistemas terrestres; y por último, el ODS 17: Alianzas para los Objetivos (UNESCO, s.f.).

Si exploramos un poco más en profundidad uno de estos ODS, como por ejemplo el objetivo 15, podemos comprobar cuales son algunas de las metas dentro de este objetivo, que están relacionados con el mundo agroalimentario, ganadero y los recursos naturales vinculados al mundo gastronómico:

> "**15.4**. Para 2030, velar por la conservación de los ecosistemas montañosos, incluida su diversidad biológica, a fin de mejorar su capacidad de proporcionar beneficios esenciales para el desarrollo sostenible.
>
> **15.5**. Adoptar medidas urgentes y significativas para reducir la degradación de los hábitats naturales, detener la pérdida de la diversidad biológica y, **para 2020, proteger las especies amenazadas y evitar su extinción.**
>
> **15.7**. Adoptar medidas urgentes para poner fin a la caza furtiva y el tráfico de especies protegidas de flora y fauna y abordar la demanda y la oferta ilegales de productos silvestres.
>
> **15.9. Para 2020, integrar los valores de los ecosistemas y la diversidad biológica en la planificación nacional y local, los procesos de desarrollo, las estrategias de reducción de la pobreza y la contabilidad.**
>
> **15.a**. Movilizar y aumentar de manera significativa los recursos financieros procedentes de todas las fuentes para conservar y utilizar de forma sostenible la diversidad biológica y los ecosistemas.
>
> **15.c**. Aumentar el apoyo mundial a la lucha contra la caza furtiva y el tráfico de especies protegidas, en particular aumentando la capacidad de las comunidades locales para promover oportunidades de subsistencia sostenibles. Indudablemente las sinergias están claras cuando nos referimos al turismo y a la gastronomía y cada vez más se percibe esta interconexión desde el mundo empresarial y el mundo académico" (UNESCO, s.f.).

Como se puede comprobar[2], no todos los aspectos de estas metas se han conseguido, porque algunos se habían planteado para el 2020 y probablemente tampoco se hayan alcanzado por completo al llegar a 2030. Evidentemente es un problema, pero a pesar de ello, debemos conseguir la concienciación y de esta manera avanzar al unísono, que quizás es lo más complicado, pues los intereses de unos pocos priman a los del resto en demasiadas ocasiones y es algo que debemos contemplar, estudiar, valorar y contrarrestar cuando sea necesario, aunque seamos o intentemos ser lo más optimistas posible.

Pero volvamos a la gastronomía, al patrimonio gastronómico y al turismo, porque la gastronomía lleva un tiempo tomando importancia como un elemento determinante para hacer turismo, o lo que es lo mismo para realizar un viaje (Di Clemente, Hernández Mogollón, & López-Guzmán, 2014). La gastronomía forma parte del patrimonio cultural e intangible y además se utiliza como un recurso turístico.

En este sentido, si analizamos el reciente estudio sobre la demanda del turismo gastronómico que ha elaborado Dinamiza (Dinamiza asesores, 2023) en enero de 2023, "9 de cada 10 viajeros españoles realizan escapadas gastronómicas" y este tipo de turismo está muy vinculado al disfrute con la familia o con los amigos y además señala que el "binomio turismo y gastronomía se presenta como una alianza clave para el impulso de la sostenibilidad y competitividad en los destinos" (Dinamiza asesores, 2023).

Es decir, gastronomía, turismo y sostenibilidad se plantean como puntos fuertes de esta colaboración, aunque insistiría en que la sostenibilidad se debe entender desde el punto de vista del patrimonio y no de la economía (Povedano Marrugat & Hinojosa Aguilera, 2018), porque, sin duda alguna, hay muchas diferencias dependiendo del aspecto que observemos. Y dentro de esta idea, deberíamos hablar de resiliencia (Stockholm Resilience Centre, s.f.), (Adams, 2022), como un aspecto más de este trío (mundo gastronómico, turístico y necesidad).

3. LA GASTRONOMÍA Y EL TURISMO EN ESPAÑA

España es un país con una gran gastronomía. Ya hemos expuesto que la dieta mediterránea, de la que nuestro país es un activo, ha sido reconocida

---

[2] He señalado en negrita aquellos puntos que tenían como fecha de cumplimiento 2020.

como patrimonio inmaterial de la Humanidad por la UNESCO, y que desde 2019 España se confirma como destino gastronómico mundial de referencia (Cinco días, 2019). Esto implica que la gastronomía es uno de nuestros puntos fuertes desde el punto de vista del turismo y del patrimonio.

Por ello, debemos analizar cómo son en la actualidad los destinos gastronómicos. Si observamos el informe de 2023 de Dinamiza Asesores, podemos ver la distribución de estos en España. Por ejemplo, a nivel autonómico y provincial, el País Vasco lidera el ranking de las Comunidades Autónomas favoritas de los españoles, y en segundo y tercer lugar se encuentran Andalucía y Galicia. Por otro lado, si estudiamos el nivel provincial, los destinos favoritos son, primero, Asturias, seguido de Gipuzkoa y A Coruña (Dinamiza asesores, 2023).

También esta asesoría ha realizado el estudio de los destinos preferidos de la demanda nacional para realizar diferentes actividades vinculadas a la gastronomía y estarían en este orden, comenzando por la mayor prioridad:

> Para ir de tapas: Andalucía, País Vasco y Castilla y León.
>
> Para comer en buenos restaurantes: Madrid, País Vasco y Cataluña.
>
> Para visitar bodegas (enoturismo): La Rioja, Castilla y León y Andalucía.
>
> Para comprar productos locales: Andalucía, Asturias y Galicia.
>
> Para visitar mercados gastronómicos: Madrid, Cataluña y Galicia.
>
> Para participar en fiestas y eventos gastronómicos: Galicia, Andalucía y Madrid.
>
> Para comprar productos ecológicos: Andalucía, Murcia y Cataluña.
>
> Para hacer oleoturismo: Andalucía, Castilla-La Mancha y Extremadura (Dinamiza asesores, 2023).

Analizando estos datos, se puede apreciar que los destinos que se consideran más atractivos son los que más han apostado por la gastronomía como línea estratégica dentro de su modelo turístico y que van más allá, confeccionando planes de desarrollo y potenciando la creación de productos de turismo gastronómico (Dinamiza asesores, 2023).

Además, dentro de este estudio se percibe que lo que más valora el turista es la identidad propia y del territorio y evidentemente al producto local, en definitiva, lo que se busca es la autenticidad por encima de todo y por ende el patrimonio. De aquí la potenciación que se le está dando a la gastronomía de proximidad.

> "El producto local es el elemento central que aparece como la "salida sostenible" que puede preservar la cultura local, sus proveedores, el medio ambiente, la economía y también sirve como elemento fundamental de resignificación de los platos tradicionales y extranjeros que están cada vez más presentes en la ciudad. Se transmite una idea de identidad y sostenibilidad basada en el producto" (Alvarenga Nascimiento, 2024).

4. GASTRONOMÍA DE PROXIMIDAD O KM 0

Centrados en la cuestión del patrimonio gastronómico, pasemos a otro elemento importante, que debe ponerse en valor y promocionarse de manera activa, y que es una de las cuestiones que analizamos. ¿Qué es la gastronomía de kilómetro cero o de proximidad?

Este tipo de gastronomía está vinculada a una filosofía de vida. En esa forma de vida y planteamientos esenciales, lo que se estima especialmente son los valores ecológicos y, como hemos comentado antes, desde el punto de vista patrimonial, la autenticidad.

Por tanto, lo que se pretende con esta tendencia relacionada con la alimentación y la gastronomía es la concienciación de la población sobre el consumo de productos saludables, promoviendo mecanismos de producción sostenibles que garanticen la continuidad de los recursos alimentarios y que, por tanto, puedan seguir beneficiándose de ellos las generaciones futuras.

4.1. Ventajas de la gastronomía de proximidad o km 0

Lo que se demanda a estos productos es que tengan un bajo impacto en el medio ambiente —ya que no contienen elementos químicos en su cadena de producción—, que respeten la estacionalidad y que reduzcan al máximo la distancia a los consumidores —radio de 100 km—. Es decir, son productos locales, sanos, que mantienen sus propiedades organolépticas y constituyen un gran recurso nutricional. A todo esto, se añade que la comercialización de estos productos genera beneficios para los productores locales, mejorando la economía interna del territorio (Vanegas, 2020).

Estos productos además deben de tener una serie de características que son beneficiosas para el medio ambiente. Estas características pueden resumirse en ocho:

a) Excepcionalidad tanto en sabor como en calidad, ya que se recogen en su punto óptimo de maduración y se trasladan a distancias pequeñas o medias, por lo que consigue mantener esa calidad, sabor y frescura al llegar a destino.

b) Beneficia a la economía local, pues al obtenerse y venderse en la zona colaboran con el desarrollo de la economía del entorno, puede y debe favorecer a los productores y empresas locales, con lo que ello supone.

c) La huella de carbono se reduce. Se transporta a lugares cercanos y eso minimiza las emisiones menores.

d) Un consumo responsable y también sostenible, porque al comprar estos productos se está haciendo un uso más responsable y normalmente conlleva una implicación de los compradores en la idea de la sostenibilidad.

e) Los productos son de temporada y conservan las propiedades y nutrientes adecuados, por tanto, son más frescos, con el consiguiente beneficio a la salud.

f) Al comprar y utilizar el producto tienes un conocimiento completo de su origen, calidad y trazabilidad, por lo que se tiene mayor certeza de que son alimentos seguros y saludables.

g) El fomento de estos productos locales y de su gastronomía conlleva una mayor preservación, apreciación y concienciación sobre este patrimonio culinario.

h) La experiencia de compra es más personalizada y cercana, consiguiendo un mayor conocimiento del origen (Km. 0 Slow food, s.f.).

El kilómetro cero está además relacionado con el movimiento *slow food*, que se creó en 1986, pero que a España llegó en los 2000 y que pretende defender la cocina local. Y, por otro lado, están relacionados con los restaurantes que utilizan los productos de kilómetro cero.

Para salvaguardar estas ideas, se han creado fórmulas que mantienen esta realidad que está cada vez más activa. Una de estas fórmulas es el certificado KM 0, que asegura que el producto cumpla los requisitos y que nos refrenda su calidad, proximidad y sostenibilidad.

Este certificado se asocia a otros aspectos que son importantes para el producto y el comercio local y también participa en los ODS. El kilómetro cero no es la única alternativa, pero puede ser una buena herramienta de trabajo para la conservación del patrimonio y para un turismo más responsable.

> "Otra de las grandes bazas que destacan los expertos es que la alimentación de proximidad ayuda a que la población se interese por lo que come y cómo se obtiene. "Algo que viene de fuera suele dar igual, pero los productos locales fomentan una conciencia ciudadana que se interesa por el origen de las cosas, lo que tiene un valor pedagógico", apunta Lassaletta[3]" (Maldita.es, 2021/2024).

Se podría indicar que no hay pruebas científicas de los beneficios de este tipo de gastronomía, pero "lo que sí es cierto es que el producto de proximidad "no necesita cámaras frigoríficas especiales, además los fitoquímicos, carotenos, pigmentos que dan color, y que la planta desarrolla de manera natural estarían en su momento óptimo"", como defienden algunos nutricionistas, como Elena Roura, de la Fundación Alicia (Sant Fruitós de Bages, Barcelona) (Conde, 2022). Esta nutricionista también hacía hincapié en un artículo "que se sabe muy poco de estacionalidad y que es un concepto muy ligado a la proximidad que la gente desconoce. Concede que es lícito comer de vez en cuando lo que no tenemos cerca, pero defiende que la proximidad debería ser la tónica habitual para acostumbrarnos "a no comer solo lo que nos gusta"" (Conde, 2022).

> "En el ámbito biológico-ambiental, más allá de disminuir el CO2 acortando el transporte, la bióloga Anna Espelt señala que los ingredientes mejor adaptados al entorno favorecen la naturaleza de la zona. Esto "es un valor añadido que no todo el mundo conoce", concluye". (Conde, 2022).

En esta línea de ideas, Edgar Morin citando a Matthieu Calame señalaba en 2011 que los daños causados por la agricultura y ganadería industrializada están ligados, sin ningún lugar a dudas, al negocio internacionalizado de la alimentación

> "que hace circular los productos de un continente a otro, pagando el precio de unos transportes aéreos y por carretera que consumen una gran cantidad de energía y producen una gran cantidad de CO2; el de una economía planetarizada guiada únicamente por el lucro, en la cual los enriquecimientos producen nuevos empobrecimientos y nuevas proletarizaciones, en la cual los avances técnicos y económicos provocan nuevas regresiones morales y psíquicas, en la cual perdemos en calidad lo que ganamos en cantidad, en la cual una racionalidad económica parcial provoca una irracionalidad económica global." (Morin, 2011)

---

[3] Luis Lassaletta, es investigador en agricultura sostenible en el Centro de Estudios e Investigación para la Gestión de Riesgos Agrarios y Medioambientales (CEIGRAM).

Un problema que sigue estando presente en un mundo globalizado como el nuestro, pero que, con la agricultura, ganadería y por supuesto, gastronomía de proximidad, se intenta minimizar, aunque esto es todavía una utopía.

Indudablemente, la idea de la gastronomía de proximidad, del Km 0 o del *slow food* son planteamientos que se están tomando cada vez más en serio tanto desde el punto de vista del patrimonio gastronómico, como de la gastronomía o del turismo gastronómico.

Si analizamos las noticias de los últimos años, podemos apreciar cómo tanto en España como fuera de ella este asunto tiende a tomar cada vez más importancia. Y pongo algunos ejemplos:

- 20 minutos: "El producto de proximidad de la Comunidad de Madrid, la nueva apuesta de Rutas Gastronómicas de Km. 0", en *20 minutos,* 11 de febrero de 2022 (20 minutos, 2022).
- Gobierno de Salta: "Salta se suma con "Km 0" a la tendencia mundial de turismo gastronómico", en *Salta Gobierno,* 15 de junio de 2022 (Gobierno de Salta, 2022).
- The Reason Behind: "Los productos de proximidad invaden la gastronomía asturiana", en *The Reason behind,* 15 de julio de 2022 (The Reason Behind, 2022).
- Gaceta: "B-Travel propone redescubrir la gastronomía de kilómetro 0", en *Gaceta del turismo.com,* 23 de febrero de 2024 (Gaceta, 2024).

Estas noticias nos muestran un interés en esta década por este proyecto, como un elemento que puede incidir en el tipo de turismo gastronómico y en una nueva economía, la economía circular, hacia la que nos podríamos (y quizás deberíamos) estar dirigiendo.

No podemos llegar a la conclusión de que la iniciativa km 0 es la única solución o que no se pueden derivar problemas de su aplicación, pero lo cierto, es que sí puede ser un elemento importante para ir hacia una vida y un turismo más responsable; que debemos poner en valor y que debemos saber cuándo y dónde podemos comenzar nuestra labor para esa mejora de nuestra calidad de vida.

4.2. Problemáticas y retos de la gastronomía de proximidad

Evidentemente hay muchas cuestiones por resolver para que la gastronomía de km 0 o de proximidad se convierta en una de las soluciones y además no creemos que pueda ser factible de aquí a unos años, aunque se pueden ir avanzando lentamente en el camino hacia una gastronomía más sostenible.

Centrándonos en la actualidad, debemos analizar algunos de los problemas que pueden surgir ante este nuevo reto, porque hay que resaltar que estos productos son más caros, más difíciles de producir y todavía no hay suficientes productores, ni suficientes productos, por lo que será más difícil su abastecimiento. A esto se añade que la mayoría de las administraciones públicas, aunque potencian este tipo de turismo gastronómico, no lo facilitan administrativamente, pues todavía está por normativizar todo lo relacionado con la compra a pequeños productores que no tienen las facilidades administrativas que requiere la propia administración: tipo de contratación, permisos, facturas, entre otros.

Por otro lado, se debe pensar también en que las producciones son más pequeñas, por lo que no está al alcance de todos, pero sí debería trabajarse en un mayor control de aquellos que comercializan este tipo de producto, pues a veces, se lleva a engaño al consumidor.

En otro orden de cosas, también nos podríamos preguntar si este tipo de producción puede ayudar en la España vaciada o en zonas remotas, si podría beneficiar, porque, en cierta manera, para este productor puede ser una necesidad trabajar con su entorno, pero siempre y cuando no tenga una gran producción, por ejemplo; o, asimismo pueden pensar o saber que no está tan bien remunerado como debiera. Estas son algunas cuestiones que pueden surgir cuando departimos sobre el kilómetro cero, pero, probablemente, haya otras cuestiones que deban seguir investigándose, porque la dicotomía se produce entre el consumo corriente y el turismo gastronómico.

Se puede decir y con razón, que, a veces, en la idea del km 0 hay mucho de "postureo", de moda, o que está sobrevalorado, o incluso que no puede haber tanta producción de kilómetro cero para alimentar a España, en este caso concreto. Todos estos datos son ciertos, pero eso no quiere decir que no intentemos acercarnos a este tipo de producción y mejorar la calidad gastronómica, que ya, de por sí, es excelente en nuestro país y eso mejorará asimismo nuestro patrimonio gastronómico, cultural y natural y optimizará el turismo de calidad. Ciertamente estamos hablando de turismo gastronómico y de patrimonio gastronómico, no de solucionar el problema alimentario, porque este sería un tema interesante y controvertido, que excede de nuestras páginas.

Lo cierto es que

"La alimentación de proximidad, además, ayuda a incentivar los agrosistemas españoles, impide el despoblamiento del medio rural "favoreciendo que agricultoras y agricultores se queden" y fomenta un impacto social positivo en el mundo rural y urbano" (Maldita.es, 2021/2024).

5. CONCLUSIÓN

El patrimonio y el turismo cultural debe ser sostenible y responsable, debe contar con la población local y ser auténtico, debe ahondar en la concienciación, debe respetar el medio ambiente y debe potenciar una gestión adecuada.

En este trabajo, hemos visto como el turismo relacionado con la gastronomía es un aliciente más para un turismo cultural de calidad. Debemos cuidar nuestro entorno y la preocupación por el mismo.

El turismo gastronómico de proximidad puede ser relevante y debe enfocarse hacia la responsabilidad y la sostenibilidad. Todavía tiene problemas que debe resolver, pero tiene muchos aspectos positivos con los que combatir los retos a los que se enfrenta. Debe luchar contra la incomprensión, contra las normativas que impiden que se pueda llevar a cabo con normalidad, contra la falsedad o falseamiento de procedencias, contra el "negocio internacionalizado de la alimentación". Y debe hacerlo con las herramientas de la autenticidad, la población local, una gestión adecuada y clara, las ODS, buenos proyectos, estudios científicos claros que ayuden a entender mejor sus beneficios, una economía circular, un patrimonio y un turismo responsable y sostenible, que se aleje del turismo de masas.

Patrimonio, turismo, gastronomía, economía circular.... son aspectos que debemos valorar y trabajar cada vez más desde la academia y desde el sector turístico.

Consideramos necesario que se siga potenciando este tipo de turismo gastronómico, siempre y cuando se tengan en cuenta las consideraciones que siempre hacemos respecto al patrimonio: respeto, responsabilidad, autenticidad, conservación, mantenimiento y sostenibilidad.

6. BIBLIOGRAFÍA

Adams, C. (2022). Patrimonios recuperados para el turismo. Renovación de entornos y regeneración socioeconómica. *Estudios turísticos*(224), 69-79.

Alvarenga Nascimiento, M. (2024). Restaurantes sostenibles y turismo en Barcelona: identidad y sostenibilidad en la cocina local". En F. G. Zuñiga, *Patrimonio alimentario, turismo y políticas públicas. Etnografías entre lo local y lo global* (pág. 232). México: Secretaría de Cultura. Instituto Nacional de Antropología e Historia.

Castells, M. (2008). El Reconocimiento Internacional de la Dieta Mediterránea como Patrimonio Inmaterial: Oportunidades para el Turismo Gastronómico Balear. *Boletín Gestión Cultural.*

Di Clemente, E., Hernández Mogollón, J., & López-Guzmán, T. (2014). La gastronomía como patrimonio cultural y motor del desarrollo turístico. Un análisis DAFO por Extremadura. *Tejuelo: Didáctica de la Lengua y la Literatura. Educación*(9), 817-833.

Durán Salado, M. I. (2023). Paisajes culturales y turismo sostenible: el caso de la Ensenada de Bolonia. En J. M. Morillas Alcázar, *El Observatorio en Turismo Patrimonial Sostenible en Andalucía: análisis, diagnóstico, adecuación e innovación y transferencia* (págs. 81-92). Madrid: Complutense.

Hernández Mateo, F. D., & Povedano Marrugat, E. (1 de septiembre de 2022). Patrimonio cultural y patrimonio natural, una relación vista a través del Centro de Arte del Paisaje Español Contemporáneo "Antonio Povedano" de Priego de Córdoba. *Práctica Urbanística*(178).

Morin, E. (2011). *La vía para el futuro de la humanidad.* Madrid: Espasa.

Povedano Marrugat, E., & Hinojosa Aguilera, M. (2018). El patrimonio cultural y el turismo responsable. En M. C. Fernández-Laso, & J.R. Sarmiento Guede (coord.), *Patrimonio Cultural y Marketing Digital* (págs. 59-76). Madrid: Dykinson.

Povedano Marrugat, E. (2022). Patrimonio cultural: sostenibilidad y responsabilidad turística". *Estudios Turísticos*(224), 31-41.

Unamuno, M. d. (22 de Agosto de 1933). País, paisaje y paisanaje. *Ahora.*

Vanegas, D. A. (2020). The importance of 'Km 0' products in Restaurants linked to cooking groups: case of the province of Girona. En P. (. Miquel Solà (Ed.), *IV Conference of Pre-doctoral Researchers Abstract Book. Volume VI.* Girona: Universitat de Girona.

Páginas webs y hemerografía

20 minutos. (11 de febrero de 2022). El producto de proximidad de la Comunidad de Madrid, la nueva apuesta de Rutas Gastronómicas de Km. 0". *20 Minutos.*

Cinco días. (22 de Junio de 2019). España, país más saludable del mundo por su alimentación. *Cinco Días.* Obtenido de https://cincodias.elpais.com/cincodias/2019/06/22/fortunas/1561191785_029531.html#

Conde, I. (4 de Abril de 2022). *¿Está sobrevalorado el Km 0?* Obtenido de Gastroactitud: https://www.gastroactitud.com/pista/el-km-0/

CONEXO. (6 de junio de 2024). "La industria turística y el interés turístico pueden crear patrimonio". *Nexotur.*

Dinamiza asesores. (30 de Enero de 2023). *IV Estudio de demanda de turismo gastronómico en España.* Obtenido de Dinamiza asesores: https://dinamizaasesores.es/iv-estudio-de-demanda-de-turismo-gastronomico-en-espana/

Gaceta. (23 de 02 de 2024). *"B-Travel propone descubrir la gastronomía de kilómetro 0".* Obtenido de https://gacetadelturismo.com/ferias/b-travel-propone-redescubrir-la-gastronomia-de-kilometro-cero/

Gobierno de Salta. (13 de junio de 2022). *Salta se suma con "Km 0" a la tendencia mundial de turismo gastronómico.* Obtenido de Salta Gobierno: https://www.salta.gob.ar/prensa/noticias/salta-se-suma-con-km-0-a-la-tendencia-mundial-de-turismo-gastronomico-82974

Instituto Geográfico Nacional. (s.f.). *Patrimonio natural y cultural.* Obtenido de https://www.ign.es/espmap/mapas_patri_bach/pdf/Patri_Mapa_01_texto.pdf

Km. 0 Slow food. (s.f.). Obtenido de https://km0oficial.es/comprar-productos-proximidad/

Maldita.es. (2021/2024). *¿Por qué es importante consumir alimentos de proximidad?* Obtenido de Maldita.es: https://maldita.es/alimentacion/20210923/importante-consumir-alimentos-proximidad/

Stockholm Resilience Centre. (s.f.). *Stockholm Resilience Centre.* Obtenido de Stockholm Resilience Centre: https://www.stockholmresilience.org

The Reason Behind. (15 de 07 de 2022). *Los productos de proximidad invaden la gastronomía asturiana.* Recuperado el 2024, de The Reason Behind: https://thereasonbehind.es/productos-km-0-asturias/

UNESCO. (s.f.). *Objetivos de Desarrollo Sostenible.* Obtenido de https://www.un.org/sustainabledevelopment/es/objetivos-de-desarrollo-sostenible/

UNESCO. (s.f.). *Patrimonio mundial.* Obtenido de https://www.unesco.org/es/world-heritage

World Population Review. (s.f.). *World Population Review.* Obtenido de World Population Review: https://worldpopulationreview.com/country-rankings/healthiest-countries

BLOQUE 4

TURISMO GASTRONÓMICO Y TECNOLOGÍAS

HACIA UN CLASIFICADOR GASTRONÓMICO A TRAVÉS DEL COLOR PARA ENTENDER EL COMPORTAMIENTO DEL TURISTA GASTRONÓMICO

VICENTE CASALES-GARCÍA
LUIS GONZALEZ-ABRIL
Universidad de Sevilla

ISMAEL SANZ
LLEDÓ MUSEROS
Universitat Jaume I

RESUMEN: La comida es un factor importante a la hora de elegir un destino turístico, y las imágenes culinarias son una herramienta fundamental en el marketing gastronómico. Este trabajo presenta un enfoque para analizar el uso del color en imágenes de comida basado en un conjunto de datos de más de 22000 recetas procedentes de un sitio web. Este sitio incluye imágenes de los platos finales y puntuaciones que indican lo bien valorada que fue la receta por los usuarios.

En primer lugar, se infiere el tipo de cocina específica de cada receta utilizando un modelo de lenguaje natural grande (LLM). A continuación, se determinan los colores principales de las imágenes de los platos y se determina la etiqueta de color de cada uno de ellos utilizando un modelo cualitativo de color (QCD). Por último, se buscan relaciones estadísticamente significativas entre puntuaciones, colores y tipos de cocina. Los resultados preliminares muestran algunas evidencias relevantes para el marketing turístico, como que las cocinas que producen platos más coloridos tienden a obtener mejores puntuaciones.

Palabras clave: Gastronomía, Recetas, Color de las imágenes, Procesamiento del Lenguaje Natural, Turismo, Kruskal-Wallis

ABSTRACT: Food is an important factor when choosing a touristic destination, and culinary images are a fundamental tool in gastronomic marketing. This paper presents an approach to analyze the use of color in food images based on a dataset of more than 22000 recipes coming from a recipe website, including images of the final dishes and scores that indicate how well the recipe was valued by users.

First, the specific cuisine of each recipe is inferred by using an LLM. The main colors of the dish images are determined, which are quantized using a qualitative color model. Finally, statistically significant relationships are sought between scores, colors and cuisine labels. Our preliminary results show some relevant results for tourist marketing, such that cuisines that produce more colorful dishes tend to get better scores.

Keywords: Gastronomy, Recipes, Color of images, Natural Language Processing, Tourism, Kruskal-Wallis

1. INTRODUCCIÓN

La alimentación es crucial en el marketing de los destinos turísticos, que buscan diferenciarse de los demás. Se marcan a sí mismos destacando su cultura, naturaleza y costumbres locales. Al integrar la gastronomía en las estrategias de marketing, los destinos muestran su diversidad culinaria y estrechan lazos con los visitantes (Ka Pou Sio & Fredline 2024). La gastronomía es un elemento clave de esta estrategia de marca. Ofrece a los viajeros una muestra de la identidad de un lugar, desde sus platos emblemáticos hasta los festivales gastronómicos; alternativamente, ofrecer comida de diversas cocinas puede enfatizar la apertura multicultural de un destino (Lai et al., 2019).

La cocina es un componente importante de la identidad cultural. Como establece la Convención para la Salvaguardia del Patrimonio Cultural Inmaterial de la Organización de las Naciones Unidas para la Educación, la Ciencia y la Cultura (UNESCO) de 2003, muchas naciones, entre ellas España, Francia, Grecia, Italia y México, tratan de salvaguardar sus costumbres culinarias y gastronómicas.

Según Ducasse (2004: 230-231), la UNESCO inscribió la alta cocina francesa en la lista del Patrimonio Cultural Inmaterial de la Humanidad también en 2010 (véase Tabla 1).

Tabla 1: Lista representativa del Patrimonio Cultural Inmaterial de la Humanidad

Año	País	Patrimonio Cultural Inmaterial de la Humanidad
2010	México Francia	• Cocina tradicional mexicana-ancestral, cultura comunitaria permanente, el paradigma Michoacán • Comida gastronómica de los franceses
2011	Turquía	• Tradición ceremonial Ke¸skek
2013	Georgia República de Corea Chipre, Croacia, España, Grecia, Italia, Marruecos, Portugal Turquía Japón	• Antiguo método georgiano tradicional de elaboración del vino Qvevri • Kimjang, hacer y compartir kimchi • Dieta mediterránea Chipre, Croacia, España, Grecia, Italia, Marruecos, Portugal • Cultura y tradición turcas del café • Washoku, cultura dietética tradicional de los japoneses, sobre todo para celebrar el Año Nuevo

Año	País	Patrimonio Cultural Inmaterial de la Humanidad
2014	Marruecos Armenia	• Argán, prácticas y saber hacer en torno al árbol de argán • Lavash, preparación, significado y aspecto del pan tradicional como expresión de la cultura
2015	Emiratos Árabes Unidos, Arabia Saudí, Omán Qatar República de Corea	• El café árabe, símbolo de generosidad • Tradición de hacer kimchi en la República Popular Democrática de Corea
2016	Azerbaiyán, Irán, Kazajstán, Kirguistán-tan, Turquía Tayikistán Uzbekistán	• Hacer pan plano y compartir la cultura: Lavash, Katyrma, Jupka, Yufka • Oshi Palav, una comida tradicional y sus contextos sociales y culturales en Tayikistán Cultura y tradición Palov
2017	Italia Azerbaiyán Malaui	• El Arte 'Pizzaiuolo' Napolitano • La tradición de hacer y compartir dolma, una seña de identidad cultural Nsima, tradición culinaria de Malaui
2020	Singapur Malta Algeria, Mauritania, Maruecos, Tunes Serbia	• La cultura de los buhoneros en Singapur, las comidas comunitarias y las prácticas culinarias en un contexto urbano multicultural. • Il-Ftira, arte culinario y cultura del pan de masa madre aplastada en Malta Conocimiento, saber hacer y prácticas relacionadas con la producción y el consumo de cuscús • Zlakusa pottery making, fabricación de cerámica de rueda manual en el pueblo de
2021	Kenia Senegal	• Éxito de la promoción de los alimentos tradicionales y la salvaguardia de las tradicionales en Kenia • Ceebu J``en, a arte culinario de Senegal

La inscripción de estos países en la lista de la UNESCO los consolida como destinos turísticos gastronómicos. Sin embargo, algunas gastronomías consolidadas y premiadas no están presentes en esta lista, como la cocina china, la peruana o la india.

Definir una cocina es complejo, ya que se trata de una construcción social sujeta a una mirada de influencias. Los elementos culturales se consideran esenciales para comprender el comportamiento intercultural de los consumidores (Soares et al., 2007). Dentro de un grupo social, la cultura determina cómo es la comida y si se acepta como "buena" (J. Mäkelä, 2009). En cualquier caso, un elemento intrínseco de una cocina es el color. El uso del color en la comida está definido culturalmente, y la forma en que los colores se asocian a las distintas culturas varía mucho (Madden et al., 2000). Por ejemplo, los consumidores estadounidenses identifican el azul con la riqueza, la seguridad y la confianza, mientras que relacionan el naranja con los productos baratos. Del mismo modo, los individuos de Japón, China y Corea asocian el morado con bienes caros (Seo & Yun, 2015), pero el contexto tambien importa. En una investigación transcultural de envases de patatas fritas, por ejemplo, los resultados revelaron asociaciones universales entre los artículos y sus colores, como el rojo con el tomate y el verde con el pepino (Velasco et al., 2014).

Por otro lado, cuando se trata de comida, hay casos en los que el comportamiento de las personas está influenciado por la cultura, particularmente la primera vez que se prueba un plato (Casales García, 2023).

Además, los puntos de vista, comportamientos y disposiciones de las personas están moldeados por normas y creencias culturales (Markus & Kitayama, 1991). Aunque no existe una definición consensuada de marketing sensorial cultural (Lee & Lopetcharat, 2017), se entiende por cultura el significado del arte, los símbolos y las percepciones de las personas sobre las razones de sus comportamientos compartidos (Banks & Banks, 1989). Además, un grupo de individuos puede ser reconocido por su lenguaje compartido, posesiones, obras de arte, ideas y sistemas de valores (Sojka & Tansuhaj, 1995).

Las variaciones de color de los alimentos pueden tener una influencia significativa en las preferencias alimentarias y las evaluaciones de calidad (Bruhn et al., 1991; Crisosto et al., 2003; Schifferstein et al., 2019), porque las variaciones de color reflejan no solo atributos del producto como la frescura, la madurez o el contenido de nutrientes (De Groote & Kimenju, 2008; Leksrisompong et al., 2012), sino también cualidades sensoriales (Schifferstein et al., 2019). Es probable que las expectativas de los consumidores se vean aún más afectadas por las variaciones de color (Schifferstein et al., 2019). Por ejemplo, a excepción de ciertas variaciones regionales peculiares donde los tomates verdes son un elemento básico de la dieta tradicional, como en México, los consumidores pueden asumir que un tomate que es blanco o verde en lugar de rojo es inmaduro. Además, el comprador puede creer que el alimento se está estropeando si el color de la verdura se vuelve más oscuro o si tiene manchas marrones (Lee et al., 2013; Schifferstein et al., 2019). Por lo tanto, las cocinas tradicionales tienen ingredientes únicos que determinan el color de los alimentos, como, el caso del tomate en México o las papas en Perú. En resumen, el consumo de alimentos es un comportamiento complicado que incorpora la toma de decisiones humanas influenciadas por una serie de elementos, tales como características culturales, sociales, psicológicas y de aceptabilidad sensorial (Köster, 2009; Sobal & Bisogni, 2009).

Este trabajo presenta los primeros pasos para determinar las preferencias de los usuarios por una cocina específica y determinar si las imágenes de cada plato de una cocina, teniendo en cuenta los colores predominantes del plato final, pueden influir en estas preferencias. Este estudio forma parte del trabajo preliminar realizado con el conjunto de datos construido en este trabajo para desarrollar un clasificador de cocinas utilizando un modelo de descripción cualitativa de la información de los platos de cada gastronomía.

El resto de este artículo se estructura de la siguiente manera: en la siguiente sección se explica la metodología, a continuación, la experimentación inicial y, por último, en la sección de los resultados, se presentan algunas ideas para el debate y finalmente conclusiones y trabajos futuros.

2. METODOLOGÍA

Este estudio utiliza un conjunto de datos de recetas (Corretja & Gimeno, 2020) extraídos de un sitio web[1]. Este conjunto de datos contiene el nombre de la receta, los ingredientes y una puntuación otorgada por los usuarios del sitio web a cada receta. El conjunto de datos tiene recetas con y sin imágenes de los platos resultantes, y para el estudio se excluyeron las recetas sin imágenes asociadas. El conjunto de datos final contiene 14.571 recetas correspondientes a 41 tipos de cocinas (por ejemplo, recetas mexicanas, españolas, etc.).

En esta sección se presenta cómo se procesa este conjunto de datos de recetas y se enriquece con más información, como el tipo de cocina del plato según la procedencia de la receta (mexicana, japonesa, española, etc.) y los cinco colores predominantes de las imágenes de cada plato asociadas a cada receta. Al final de todo el proceso se obtiene un conjunto de datos con la siguiente información:

- Título de la receta
- URL de la receta en la web
- Ingredientes de la receta
- Pasos de preparación de la receta
- Puntuación global de la receta dada por los usuarios que visitan la web

---

1 https://www.recetasgratis.net

- Foto del plato cocinado con la receta
- Comentarios de los usuarios, incluidas las puntuaciones individuales
- Tipo de cocina inferida de la receta según su procedencia (mexicana, japonesa, española, alemana, etc.)
- Los cinco colores predominantes de las fotos de cada plato.

2.1. Visión general del modelo de descripción cualitativa del color

Para determinar los 5 colores predominantes de cada plato se utiliza el modelo de descripción cualitativa del color *QCD* (Z. Falomir, et al., 2015). Este modelo define un sistema de referencia en el espacio de color HSL para la descripción cualitativa del color, que se construye según la Figura 1 y se define como:

$$QC_{RS} = \{uH, uS, uL, QC_{NAME\,1..5}, QC_{INT\,1..5}\}$$

donde *uH* es la unidad de tinte (*hue*); *uS* es la unidad de saturación; *uL* es la unidad de luminosidad; $QCNAME_{1..5}$ se refiere a los nombres de los colores; y $QCINT_{1..5}$ se refiere a los intervalos de las coordenadas HSL asociadas a cada color. Los *QCNAME* y *QCINT* se han definido como:

$$QC_{NAME1} = \{black, darkgrey, grey, lightgrey, white\}$$

$$Q_{CINT1} = \{[0, 20), [20, 30), [30, 50), [50, 75), [75, 100) \in uL \mid \forall\, uH \wedge uS \in [0, 20]\}$$

$$QC_{NAME2} = \{red, orange, yellow, green, turquoise, blue, purple, pink\}$$

$$QC_{INT2} = \{(335, 360] \wedge [0, 20], (20, 50], (50, 80], (80, 160], (160, 200], (200, 260], (260, 300], (300, 335] \in uH \mid uS \in (50, 100] \wedge uL \in (40, 55]\}$$

$$QC_{NAME3} = \{pale\text{-}red, pale\text{-}orange, pale\text{-}yellow, ..., pale\text{-}blue, pale\text{-}purple, pale\text{-}pink\}$$

$$QC_{INT3} = \{\forall\, QC_{INT2} \mid uS \in (20, 50] \wedge uL \in (40, 55]\}$$

$$QC_{NAME4} = \{light\text{-}red, light\text{-}orange, light\text{-}yellow, \ldots, light\text{-}blue, light\text{-}purple, light\text{-}pink\}$$

$$QC_{INT4} = \{\forall\, QC_{INT2} \mid uS \in (50, 100] \wedge uL \in (55, 100]\}$$

$$QC_{NAME5} = \{dark\text{-}red, dark\text{-}orange, dark\text{-}yellow, ..., dark\text{-}blue, dark\text{-}purple, dark\text{-}pink\}$$

$$QC_{INT5} = \{\forall\, QC_{INT2} \mid uS \in (50, 100] \wedge uL \in (20, 40]\}$$

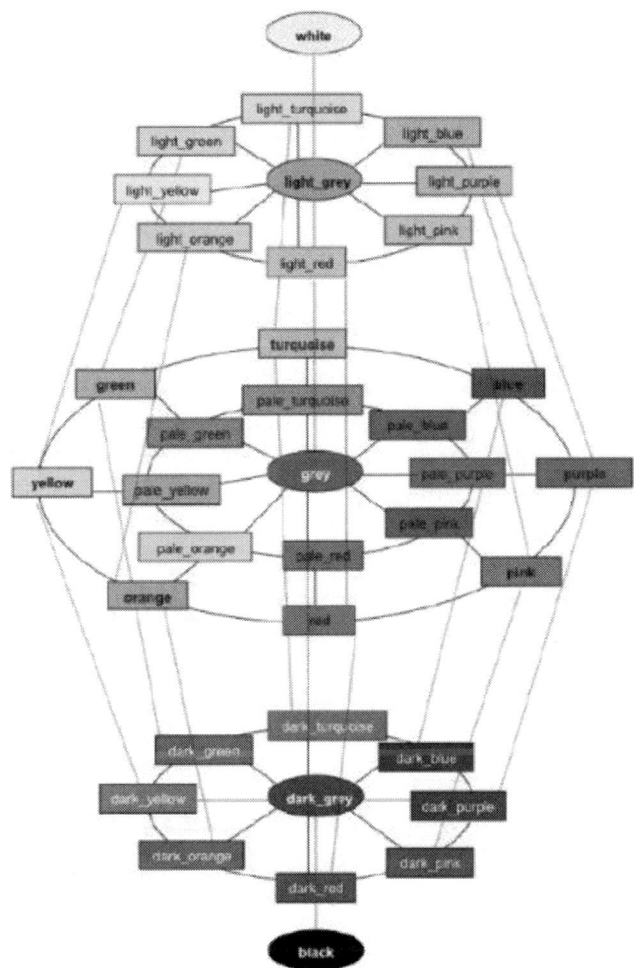

Figure 1: Modelo de color QCD

Tras experimentar con este modelo (Sanz, Museros, Falomir, Z., y Gonzalez-Abril, L., 2015) se determinó que los usuarios no diferencian entre colores pálidos (*pale*) y claros (*light*), por lo que la distinción se puede abandonar y crear nuevo adjetivo "pálido-claro" (*pale-light*) que es el utilizado para este trabajo.

2.2. *Proceso de enriquecimiento de datos*

Para obtener los datos necesarios, descritos al principio de esta sección, es necesario ejecutar dos pasos: extraer la paleta de colores predominantes en una receta e inferir la cocina de una receta.

Para la primera tarea, se analiza una fotografía de la receta terminada, obtenida de la página de la receta en el sitio web original. Se aplica un algoritmo de corte medio a los colores RGB de la imagen para obtener los cinco colores predominantes; a continuación, se discretizan los colores resultantes y se obtienen los correspondientes nombres de color (*QCLAB*). Obsérvese que sólo se utilizan en el estudio las etiquetas de color (los nombres de los colores), y no otras características de la imagen.

El tipo de cocina de cada receta se infiere utilizando *0-shot prompting* con un modelo *LLM* (Llama 3 AI@Meta, 2024), basándose únicamente en el nombre de la receta. Para validar los resultados proporcionados por el *LLM*, se utiliza un subconjunto del conjunto de datos para realizar una comprobación manual de los tipos de cocinas inferidas, con resultados satisfactorios en comparación con los métodos existentes (que normalmente se basan en la lista de ingredientes).

3. EXPERIMENTACIÓN Y RESULTADOS

Finalmente, el conjunto de datos analizado contiene 14732 recetas de 41 tipos de cocinas. En el conjunto de datos aparecen 26 colores QCD diferentes (véase la Figura 2).

Como primeros pasos para estudiar qué cocina gusta más a los clientes y cómo influyen los colores en las preferencias de los usuarios, el conjunto de datos resultante de la sección anterior se ha procesado y analizado con el programa SPSS versión 29. En primer lugar, se ha realizado un análisis descriptivo de la puntuación dada por los clientes a las recetas. En la Figura 2 se pueden observar los 41 tipos de cocinas diferentes (africana, británica, china, francesa, italiana, japonesa, mexicana, tailandesa, española, etc.). En esta figura, la línea representa el rango de valores de la puntuación ([mínimo, máximo]) para cada cocina. También se proporcionan los principales colores QCD ordenados de mayor a menor frecuencia en las líneas de cada cocina. Cabe destacar que las cocinas africana, británica y sueca tienen una puntuación más baja (véase la Figura 2) que el resto de tipos de cocinas.

En este trabajo, respecto al color en la cocina, el objetivo principal es validar la siguiente hipótesis:

Hipótesis: El color de la cocina afecta a la valoración de sus recetas.

Para ello, se realiza un test de Kruskal-Wallis que proporciona los resultados mostrados en la Tabla 2.

Tabla 2: Resultados del test Kruskal-Wallis

Number of data	14732
Value of Statistic	115.979
Grade of Freedom	25
Asymptotic Sig. (2-sided test)	< 0.000

Kruskal-Wallis Test

En esta tabla se observa que hay diferencias estadísticamente significativas entre la puntuación de las recetas y los colores del tipo de cocina, puesto que $p< 0,0005$. Al hacer una comparación por pares de colores, se observa que en 48 pares de (26) = 325 en total, se han encontrado diferencias significativas con un nivel de significación $\alpha = 0,001$.

La tabla 3 muestra algunos pares en los que se han encontrado diferencias significativas con un nivel de significación $\alpha = 0,0001$. Además, con esta tabla y el *box-plot* dado en la Figura 3, se puede analizar qué colores son mejor puntuados por los usuarios. En esta figura, los colores *dark-purple*, *green*, *pink*, *palelight-turquoise* y *purple* aparecen sólo una vez en el conjunto de datos.

Tabla 3: Comparaciones múltiples por pares. Las columnas muestran los diferentes colores, el estadístico de prueba, el error estándar, el error estándar de prueba y el valor *p*

Pairwise	Test	Std. Error	Std. Test	*p*-value
orange ↔ gray	1536.7	219.7	6.994	0.0000
orange ↔ white	-1429.1	224.1	-6.378	0.0000
dark_orange ↔ gray	-654.3	110.5	-5.920	0.0000
orange ↔ black	1247.1	239.0	5.218	0.0000
orange ↔ palelight_orange	-1055.6	220.5	-4.787	0.0000
dark_orange ↔ white	-546.7	118.9	-4.596	0.0000
dark_green ↔ gray	-2213.9	546.5	-4.051	0.0001
orange ↔ dark_orange	882.4	221.4	3.986	0.0001
orange ↔ dark_red	1468.2	381.9	3.845	0.0001
dark_green ↔ white	-2106.3	548.3	-3.842	0.0001
orange ↔ palelight_yellow	-987.9	279.8	-3.531	0.0004
dark_green ↔ dark_red	-2145.4	629.5	-3.408	0.0007
orange ↔ palelight_red	-1962.9	601.3	-3.264	0.0011

Además, en la Tabla 3 y la Figura 3, se observa que el color *orange* tiene una puntuación inferior a *white*, *palelight-yellow*, *palelight-orange* y *palelight-red*. Por últim el color *dark-green* tiene menos puntuación que *white*, *dark-red* y *gray*.

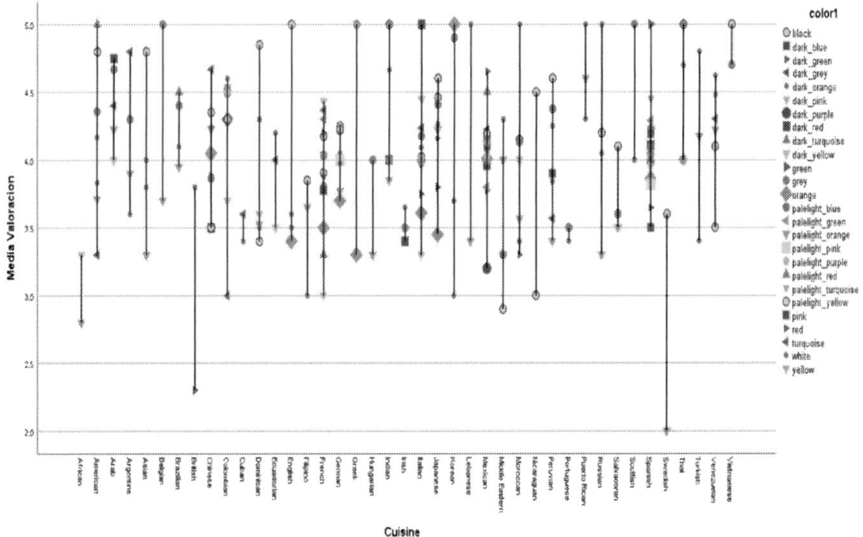

Figura 2: Descripción de tipos de cocina y colores de las mismas.

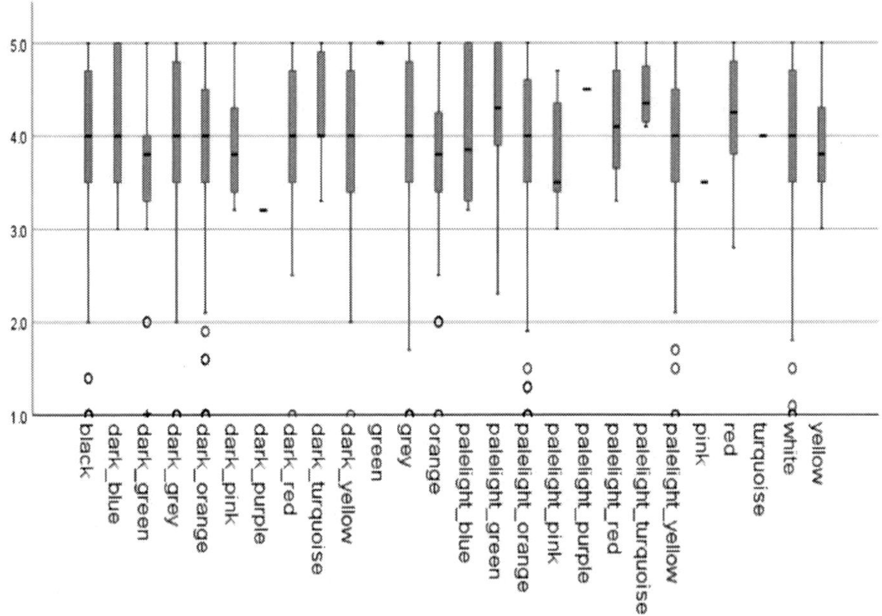

Figura 3: ***Box-plot*** de la puntuación de cada color

4. DISCUSIÓN Y CONCLUSIÓN

En cuanto al color de los alimentos, los resultados del estudio presentado en (Casales García, 2023) detectaron que las diferencias culturales influyen en el estado de ánimo de las personas con respecto a un plato de comida. Su estudio relacionó adjetivos emocionales con colores. Los resultados mostraron que los adjetivos proporcionados por un chef coincidían con las respuestas de los participantes y con los adjetivos emocionales generados. Esto tiene una interpretación crítica desde el punto de vista social relativo a la relación del chef con posibles clientes. Por lo tanto, si un chef fuera capaz de predecir los estados de ánimo que los comensales puedan sentir ante sus platos, podría mejorar la satisfacción de los clientes en sus restaurantes. Con el estudio presentado en este artículo se ahonda más en el uso de los colores para la generación de reacciones placenteras en los comensales, y se ha demostrado que los colores de los diferentes tipos de cocina del mundo afectan a la valoración de los platos.

El resultado mostrado en este estudio implica que la preferencia por el color de los alimentos está estrechamente relacionada con la cultura, puesto que el color es un elemento cultural relevante asociado a la percepción visual y los conocimientos adquiridos a través de la propia cultura.

Por otro lado, los objetivos de la estética de la gastronomía podrían ser esenciales cuando el consumidor se encuentra con una nueva gastronomía previamente desconocida, y conocer aquellos colores que son culturalmente más aceptados podría ayudar a que dicha gastronomía sea más atractiva para el consumidor.

5. CONCLUSIÓN Y TRABAJOS FUTUROS

En este trabajo se han estudiado las preferencias de los usuarios por determinadas cocinas, y se ha demostrado que las imágenes de cada plato de una cocina (teniendo en cuenta el color del plato final) pueden influir en dichas preferencias. De hecho, nuestros resultados muestran que existen diferencias estadísticamente significativas entre el color de las imágenes de platos de distintas cocinas y la puntuación asignada por los usuarios a las recetas, que representa sus preferencias. Con esta información, los restaurantes deberían ser capaces de diseñar menús con diferentes cocinas que puedan satisfacer a sus futuros clientes, y los responsables de la promoción de un destino turístico pueden afinar sus materiales orientados a la comida para transmitir una connotación deseada.

Nuestro objetivo es identificar las cocinas del mundo a través de los colores que dan las imágenes de las recetas, y comprender las reacciones de los usuarios ante determinadas combinaciones de colores. Por lo tanto, para futuros trabajos está previsto estudiar si en cada cocina predomina una paleta de colores que pueda utilizarse para determinar el lugar de origen del plato. A continuación, se puede construir un clasificador utilizando los colores.

De los resultados de trabajo se desprende la importancia de seguir estudiando los estados de ánimo asociados al color, cómo pueden afectar e influir en el comportamiento de las personas a la hora de elegir destinos turísticos, y también qué diseño es más atractivo desde el punto de vista de los colores de los alimentos en la gastronomía local. Además, con los resultados obtenidos vemos cómo el color puede afectar a la familiaridad, el atractivo y la estética de los alimentos, ya que las personas pueden identificar alimentos familiares o no familiares a través de los colores, y juzgarlos según sus reglas culturales conocidas.

Por último, concluimos que los profesionales del marketing de destinos necesitan conocer los productos gastronómicos (comida local, cultura alimentaria) para promocionar y comercializar eficazmente los destinos (Horng & Tsai, 2010; Okumus et al., 2007; Chang & Mak, 2018). Por esta razón, se deben desarrollar herramientas para los profesionales del marketing que les ayuden a crear una mejor publicidad de los productos gastronómicos, y producir una imagen gastronómica atractiva de un restaurante o destino. Como trabajo futuro en relación con el tema del color de los alimentos, pretendemos crear un sistema recomendador que utilice la tecnología desarrollada para llevar a cabo un marketing personalizado centrado en el tipo de turista y los destinos que se espera atraer.

Agradecimientos

Esta investigación ha sido parcialmente financiada por el Ministerio de Ciencia español mediante las becas PID2021-123152OB-C22 y PDC2021-121097-I00 ambas financiadas por el MCIN/AEI/10.13039/501100011033.

6. REFERENCIAS

AI@Meta (2024). Llama 3 model card.

Banks, J. A., & Banks, C. (1989). *Multicultural education.* Routledge. Bruhn, C. M.,

Feldman, N., Garlitz, C., Harwood, J., Ivans, E., Marshall, M.,Riley, A., Thurber, D., & Williamson, E. (1991). Consumer perceptions of quality: Apricots, cantaloupes, peaches, pear, strawberries, and tomaotes. *Journal of Food Quality, 14,* 187–195

Casales García, V. (2023). *Gastronomic Tourist Experience Through the Colour of Food.* Ph.D. thesis Universidad de Sevilla.

Chang, R. C., & Mak, A. H. (2018). Understanding gastronomic image from tourists' perspective: A repertory grid approach. *Tourism Management, 68,* 89-100.

Corretja, D., & Gimeno, X. (2020). Dataset recetas.

Costa, V., Alonso, J., Falomir, Z., & Dellunde, M. P. (2023). An art painting style explainable classifier grounded on logical and commonsense reasoning. *Soft Computing.*

Crisosto, C. H., Crisosto, G. M., & Metheney, P. (2003). Consumer acceptance of 'brooks' and 'bing' cherries is mainly dependent on fruit ssc and visual skin color. *Postharvest Biology and Technology, 28,* 159–167.

De Groote, H., & Kimenju, S. C. (2008). Comparing consumer preferences for color and nutritional quality in maize: Application of a semi-double-bound logistic model on urban consumers in kenya. *Food Policy, 33,* 362–370.

Ducasse, A. (2004). *Diccionario del amante de la cocina.* Paidos Iberica Ediciones SA.

Falomir, Z., Museros, L., & Gonzalez-Abril, L. (2015). A model for colour naming and comparing based on conceptual neighbourhood. an application for com paring art compositions. *Knowledge-Based Systems, 81,* 1–21.

Horng, J.-S., & Tsai, C.-T. (2010). Government websites for promoting east asian culinary tourism: A cross-national analysis. *Tourism Management, 31,* 74–85.

J. Mäkelä, J. (2009). 3-meals: the social perspective. In H. L. Meiselman (Ed.), *Meals in Science and Practice* Woodhead Publishing Series in Food Science, Technology and Nutrition (pp. 37–49). Woodhead Publishing.

Ka Pou Sio, B. F., & Fredline, L. (2024). A contemporary systematic literature review of gastronomy tourism and destination image. *Tourism Recreation Research, 49,* 312–328.

K¨oster, E. (2009). Diversity in the determinants of food choice: A psychological perspective. *Food Quality and Preference, 20,* 70–82. European Conference on Sensory Science of Food and Beverages 2006.

Lai, M. Y., Khoo-Lattimore, C., & Wang, Y. (2019). Food and cuisine image in destination branding: Toward a conceptual model. *Tourism and Hospitality Research, 19,* 238–251.

Lee, H., & Lopetcharat, K. (2017). Effect of culture on sensory and consumer research: Asian perspectives. *Current opinion in food science, 15,* 22–29.

Lee, S.-M., Lee, K.-T., Lee, S.-H., & Song, J.-K. (2013). Origin of human colour preference for food. *Journal of Food Engineering, 119,* 508–515.

Leksrisompong, P., Gerard, P., Lopetcharat, K., & Drake, M. (2012). Bitter taste inhibiting agents for whey protein hydrolysate and whey protein hydrolysate beverages. *Journal of Food Science, 77,* S282–S287.

Madden, T. J., Hewett, K., & Roth, M. S. (2000). Managing images in different cultures: A cross-national study of color meanings and preferences. *Journal of International Marketing, 8,* 90–107.

Markus, H. R., & Kitayama, S. (1991). Culture and the self: Implications for cognition, emotion, and motivation. *Psychological Review, 98,* 224–253.

Mohamed, M. E., Lehto, X., Hewedi, M., & Behnke, C. A. (2021). Na¨ıve destination food images: Exploring the food images of non-visitors. *Journal of Hospitality and Tourism Management, 47,* 93–103.

Okumus, B., Okumus, F., & McKercher, B. (2007). Incorporating local and international cuisines in the marketing of tourism destinations: the cases of Hong Kong and Turkey. *Tourism Management, 28,* 253–261.

Sanz, I., Museros, Ll., Falomir, Z., Gonzalez-Abril, L. (2015). Customising a qualitative colour description for adaptability and usability, *Pattern Recognition Letters, Volume 67, Part 1,* 2-10, ISSN 0167-8655, https://doi.org/10.1016/j.patrec.2015.06.014.

Schifferstein, H. N., Wehrle, T., & Carbon, C.-C. (2019). Consumer expectations for vegetables with typical and atypical colors: The case of carrots. *Food Quality and Preference, 72,* 98–108.

Seo, S., & Yun, N. (2015). Multi-dimensional scale to measure destination food image: case of Korean food. *British Food Journal, 117,* 2914–2929.

Soares, A. M., Farhangmehr, M., & Shoham, A. (2007). Hofstede's dimensions of culture in international marketing studies. *Journal of Business Research, 60,* 277–284. Impact of Culture on Marketing Strategy.

Sobal, J., & Bisogni, C. A. (2009). Constructing Food Choice Decisions. *Annals of Behavioral Medicine, 38,* 37–46.

Sojka, J., & Tansuhaj, P. S. (1995). Cross-cultural consumer research: A twenty-year review. *ACR North American Advances,*.

UNESCO (2024). Nomination files for inscription in 2010 on the representative list of the intangible cultural heritage of humanity (agenda item 6) – patrimonio inmaterial – sector de cultura – unesco.

M. R. Yeomans, L. Chambers, H. Blumenthal, and A. Blake (2008). The Role of Expectancy in Sensory and Hedonic Evaluation: The Case of Smoked SalmonIce-cream. *Food Quality and Preference,* 19(6):565–573.

Velasco, C., Wan, X., Salgado-Montejo, A., Woods, A., On˜ate, G. A., Mu, B., & Spence, C. (2014). The context of colour–flavour associations in crisps packaging: A cross-cultural study comparing chinese, colombian, and british consumers. *Food Quality and Preference, 38,* 49–57.

PROMOCIÓN EN REDES SOCIALES DE LOS DESTINOS TURÍSTICOS INTELIGENTES A TRAVÉS DE LA GASTRONOMÍA DE ALTO NIVEL

Anna Moreno Trilla
Natalia Daries Ramón
Estela Mariné Roig
Universitat de Lleida

RESUMEN: El presente trabajo tiene como objetivo posicionar los Destinos Turísticos Inteligentes como destinos gastronómicos de alto nivel. Para lograrlo, se han seleccionado 25 destinos de la red DTI que incluyen, al menos, un restaurante con estrellas Michelin. A continuación, se ha elaborado una propuesta de plantilla de plan de comunicación para las redes sociales que pretende difundir, mediante diferentes acciones, la excelencia gastronómica de los Destinos Turísticos Inteligentes, destacando la creatividad de sus chefs y la elaboración de sus platos buscando resaltar las cualidades gastronómicas de estos destinos, potenciando su visibilidad y atractivo en el mercado turístico de lujo.

Palabras clave: Gastronomía de alta gama, destinos turísticos inteligentes, restaurantes estrellados, plan de comunicación.

ABSTRACT: The objective of this work is to position Smart Tourist Destinations as high-level gastronomic destinations. To achieve this, 25 destinations have been selected from the DTI network that include at least one Michelin-starred restaurant. Next, a proposal for a communication plan template for social networks has been prepared that aims to disseminate, through different actions, the gastronomic excellence of Smart Tourist Destinations, highlighting the creativity of their chefs and the preparation of their dishes seeking to highlight the gastronomic qualities of these destinations, enhancing their visibility and attractiveness in the luxury tourism market.

Keywords: High-end gastronomy, Smart tourist destinations, Starred restaurants, Communication plan.

1. INTRODUCCIÓN

El turismo es uno de los fenómenos económicos y sociales más complejos e importantes a nivel mundial y así lo reflejan las cifras que recogen cada año los principales indicadores turísticos (Fernández y García, 2021).

A partir de la necesidad de mejorar la calidad de los servicios, así como la promoción de un modelo turístico más colaborativo, equitativo e inclusivo, ha surgido el concepto de destino turístico inteligente (DTI).

Un nuevo concepto de destino turístico centrado en la aplicación de las nuevas tecnologías para fomentar la innovación, sostenibilidad y accesibilidad de un destino, y favorecer así su competitividad (López de Ávila y García, 2013). El DTI, por lo tanto, implica poner la TICs a disposición del destino, para mejorarlo, para mejorar la experiencia del cliente y facilitar su toma de decisiones turísticas (Gascó, 2022).

Actualmente España está apostando a través de sus políticas públicas por el turismo inteligente, y no se puede ser inteligente si no es con turismo sostenible (García y Fernández, 2022). En este contexto, el Destino Turístico Inteligente se define como un destino turístico innovador, consolidado sobre una infraestructura tecnológica de vanguardia, que garantiza el desarrollo sostenible del territorio turístico, accesible para todos, facilitando la interacción e integración del visitante con el entorno e incrementando la calidad de su experiencia en el destino y la mejora de la calidad de vida del residente (Destinos Turísticos Inteligentes, 2022).

El turismo es un concepto complejo ligado a la economía, geografía y sociología (Pazos García, 2017). Las tradiciones locales, los hábitos de los residentes, los estilos de vida y la gastronomía típica se identifican como los principales factores de diversificación de los destinos, capaces de impresionar al viajero e influenciar sus preferencias de compra (Hernández et al., 2015). Centrándonos en la gastronomía, se entiende que los turistas podrían viajar sin visitar un monumento o lugar, pero nunca sin comer. Posiblemente, se recuerde un lugar primero por lo que se comió, y luego por lo que se vio. E incluso, cada día crece el número de personas que acuden a un destino concreto sólo para conocer y degustar su oferta gastronómica (Clemente et al., 2008).

Por ello, en este trabajo se pretende analizar la comunicación en redes sociales de los destinos turísticos inteligentes con el fin de identificar sus deficiencias en términos de posicionamiento y promoción de su gastronomía. El objetivo es crear un modelo de plan de comunicación con estrategias que ayuden a los gestores a promocionar estos destinos como destinos gastronómicos, apoyándose en los restaurantes de alto nivel. Para ello, se ha llevado a cabo, en primer lugar, una revisión de la literatura; en segundo lugar, se han analizado las principales redes sociales de los destinos turísticos inteligentes. Finalmente, se presenta un modelo de plan de comunicación, seguido de las conclusiones principales, las limitaciones del estudio y las futuras líneas de investigación.

2. REVISIÓN DE LA LITERATURA

La literatura científica aborda la existencia de turismo gastronómico en diferentes partes del mundo, destacando, sobre todo, los lugares ubicados en el continente asiático, ya que es precisamente este continente, y debido, sobre todo, a la diferente concepción que existe con la cocina occidental, el que está marcando la tendencia en este segmento (López-Guzmán y Margarida, 2011).

Y es que la gastronomía se está convirtiendo en uno de los factores clave de atracción para definir la competitividad de los destinos turísticos y pretende dar respuesta a un tipo de viajero cada vez más identificado con la búsqueda de lo autóctono y de los elementos culturales de la zona geográfica que visita (López-Guzmán y Margarida, 2011). Por ello y con el tiempo, se ha ido consolidando un nuevo tipo de turismo, el denominado gastronómico, cuyo fin o meta principal es el conocimiento y disfrute de la gastronomía de un destino en particular (Clemente et al., 2008). Una de las razones por la que el turismo da dicha importancia a la gastronomía es porque permite aproximarse a la cultura de un modo más vivencial y participativo (postmodernismo), no estrictamente contemplativo. Además, bajo determinadas formas de explotación, puede generar productos turísticos de alto valor añadido y, en ocasiones, con carácter de exclusividad (postturismo) (Armesto y Gómez, 2004: 84-85).

Aun así, la gastronomía es considerada en la actualidad como un componente infravalorado y muy poco apreciado en la promoción turística de un destino. Sin embargo, es la expresión de la cultura, una forma de vida, una respuesta a un entorno específico y sus recursos.

Muestra cómo un lugar ha respondido a sus necesidades, cómo se ha desarrollado y ha evolucionado socialmente (Ordoñez et al., 2020). También es por esto por lo que en los últimos años los destinos turísticos han visto en la gastronomía una oportunidad para diferenciarse y aportar un valor más experiencial a la propuesta turística (Gastronomía&Cia, 2016). De hecho, en muchas ocasiones el rol de la gastronomía consiste en atraer clientes a un determinado lugar y luego complementar esta oferta con otros servicios turísticos (Fude, s.f.).

Un destino turístico mejora y gana mayor popularidad por ofrecer experiencias gastronómicas únicas. Además, la innovación es también un factor esencial para la competitividad (Roslindo et al., 2023). Por ello, la comunicación es esencial para promocionar y dar altavoz a los destinos turísticos a través de su preciada gastronomía. De hecho, la evolución vertiginosa de la tecnología en las dos últimas décadas ha generado beneficios a gran escala en las empresas y en el modo de trabajar, al proporcionar mejores métodos de búsquedas y acceso a la información (Ocaña y Freire, 2022). Tal y como afirma el Global Digital Overview en 2020 más de 4.500 millones de personas utilizarán Internet a principios de 2020, mientras que los usuarios de las redes sociales han superado la barrera de los 3.800 millones. Casi el 60 % de la población mundial ya está en línea, y las últimas tendencias sugieren que más de la mitad de la población total del mundo utilizará las redes sociales a mediados de este año.

El sector turístico mira con buenos ojos las ventajas que brindan las plataformas de redes sociales para comercializar online destinos turísticos, pudiendo captar la atención de turistas para que visiten una región determinada (Espinoza et al., 2016). Cabe destacar que el 52% de turistas, han sido influenciados por fotografías subidas en la comunidad virtual; por lo tanto, la oferta turística optó por adaptarse a la nueva tendencia de comportamiento, volviéndose cada vez más activa en redes sociales (Mas, 2015).

El patrimonio gastronómico de un destino turístico se origina por la confluencia de un conjunto de tradiciones, costumbres, productos y formas de vida sobre las que se construye una imagen gastronómica completa (Aguirregoitia y Fernández, 2017). Tal y como afirmaron Ortega et al. en 2012, la gastronomía, por su tradicional vinculación con el territorio, está afirmándose como un importante reclamo turístico y como una herramienta de definición de marca y de promoción del destino. Por otro lado, la alta cocina y el recetario popular se alían para convertirse en un foco de atracción de turistas internacionales interesados en la gastronomía: se estima que alrededor de un 15% de los turistas que visitan España vienen motivados por la gastronomía, y que podrían gastar un 20% más que un turista medio (Fernández, 2019).

La gastronomía representa una oportunidad para impulsar y diversificar el turismo, promover el desarrollo económico local, involucrar a varios sectores profesionales e incorporar nuevos usos al sector primario. El papel de la gastronomía en la elección de destinos y el consumo turístico ha resultado en el crecimiento de una cocina basada en productos autóctonos de calidad y en la consolidación de su propio mercado de turismo gastronómico (Business Cars, 2023). Por tanto, la gastronomía aporta un valor turístico indiscutible a cualquier destino, ya que repercute de manera muy clara y directa sobre aspectos tan importantes como la economía o la cultura (Gastronomía&Cia, s.f.).

Hasta el momento hemos abordado el tema de la gastronomía de manera general. Sin embargo, al enfocarnos en la alta cocina, actualmente España

se ha emergido como un destacado referente gastronómico de renombre internacional, debido a los numerosos reconocimientos otorgados a sus chefs. No obstante, esta reputación no siempre ha sido evidente. España posee innegablemente un vasto patrimonio gastronómico, reflejado en las estrellas que la Guía Michelin ha otorgado en todo nuestro territorio (Ramos, 2019). Es importante resaltar que el epicentro de esta revolución gastronómica se encuentra en una ubicación específica de la península ibérica, el País Vasco, desde donde se irradió hacia Cataluña y Madrid, extendiéndose posteriormente al resto del territorio español. (Fernández Guadaño, 2012).

A tal efecto, en España, el segmento del turismo de alta gama desde el 2015 hasta el 2022 creció a un ritmo de entre el 5% y el 8%, duplicando la tasa del turismo general. Solo en el 2022, el turismo de alta gama atrajo a España a seis millones de viajeros de elevado poder adquisitivo (Red-Intur, 2023). De hecho, se establece que el sector del turismo de alta gama crecerá a un ritmo del 7% anual de forma sostenida durante los próximos cinco años (ProfesionalHoreca, 2023).

En consideración a lo expuesto previamente, la promoción es la clave. Las redes sociales han transformado el marketing y su popularidad sigue creciendo según el último resumen de investigación de estadísticas globales de redes sociales para 2023, el cual muestra que el 60% de la población mundial utiliza redes sociales y su uso diario promedio es de 2 horas y 24 minutos (IEBS, 2023).

Respecto al uso de redes sociales en relación a los restaurantes estrellados, Segarra-Saavedra et al. 2015 mostraron en su análisis que las plataformas donde tienen más actividad los restaurantes con Estrella Michelin son Facebook y Twitter, aunque esto último ha venido cambiando en pro del uso de Instagram, una red predominantemente visual y capaz de reunir a una comunidad de seguidores alrededor de una marca a la que admiran. Los restaurantes aprovechan esta cuestión para desarrollar una narrativa visual con sus platos y sus establecimientos, además de la imagen del chef (Jiménez et al., 2021).

Aunque existe clara evidencia respecto a la relación entre el turismo y la gastronomía, así como del concepto de turismo gastronómico, aparece un vacío notable en la promoción de los restaurantes estrellados para dar altavoz y potenciar el turismo. Debido a la importancia y al peso que suponen las redes sociales entre la sociedad de hoy en día, utilizarlas para promocionar dichos restaurantes supone una oportunidad, tanto para el turismo como para la economía.

Varios autores han analizado y realizado planes de comunicación para diversas industrias, con tal de promocionar y dar un paso más allá en el marketing de las empresas en cuestión. González (2014) elaboró un plan de comunicación para la empresa de moda de Antonio García, con el objetivo de proponer estrategias de comunicación relacionadas con el diseño web, las redes sociales, los patrocinios, entre otros, y analizar los resultados. Ibáñez (2023) elaboró un plan de comunicación para la Asociación Cultural el Arcano, dedicada a promocionar juegos de mesa y de rol cooperativos de interés en la Comunidad Valenciana. En él se analizan todas las actividades que se llevan a cabo, junto con el entorno y la competencia, y se desarrollan las estrategias de comunicación y las acciones a realizar para cumplir con el objetivo marcado, posicionar la asociación para conseguir mayor reconocimiento y mejorar la imagen de marca. Tortosa (2023) diseñó un plan de comunicación para la marca de ropa Zoo Not Logic, dedicado a mejorar la situación de sus redes sociales, concretando estrategias de contenido y realizando un calendario de publicaciones eficiente. El principal objetivo del plan de comunicación es conseguir que la marca de un paso más allá dentro del mercado laboral, profesionalizando su imagen y ganando buena reputación. Rosete (2023) redactó un plan de comunicación digital para un restaurante veggie. Aprovechando la creciente tendencia para la alimentación vegana, diseñó diferentes estrategias que se resumen en acciones para las redes sociales, incluyendo a influencers veganos, crowfunding, rediseño web, entre otras. Roca (2022) diseñó un plan de comunicación para el festival de cine Rural Film Fest, razón del cual era aumentar el alcance y los seguidores del festival en redes sociales, fortalecer la colaboración con otras organizaciones y tener una mayor notoriedad en los medios de comunicación. Por lo tanto, sus acciones fueron aumentar el número de publicaciones en redes sociales, generando contenido atractivo, colaborar con distintas entidades, entre otras.

A nivel científico, observamos la propuesta de diferentes planes de comunicación para varias industrias, tanto de moda, como de alimentación o de cine. Sin embargo, no se encuentra evidencia de un plan de comunicación para promocionar los Destinos Turísticos Inteligentes a través de la gastronomía de alta gama. Y por ello, el presente trabajo tiene como objetivo general diseñar un plan de comunicación para posicionar los Destinos Turísticos Inteligentes que incluyan, al menos, un restaurante estrellado, en destinos gastronómicos de alta gama capaces de generar flujos turísticos y atraer turistas de cierto nivel.

3. METODOLOGÍA

Para la realización de este trabajo, en primer lugar, se ha investigado cuáles son los Destinos Turísticos Inteligentes en España, utilizando fuentes oficiales como su propia página web (www.destinosinteligentes.es/). En total, son 102 destinos los que se han identificado como tal. Posteriormente, se ha examinado la lista de restaurantes distinguidos con estrellas Michelin en España, con el objetivo de seleccionar únicamente aquellos Destinos Turísticos Inteligentes que contaban con, al menos, un restaurante estrellado entre sus ofertas gastronómicas. Esta etapa de selección redujo la muestra inicial de 102 destinos a un total de 25.

A continuación, se observa el mapa de España con los 25 Destinos Turísticos Inteligentes que incluyen restaurantes estrellados.

Figura 1. Mapa de Destinos Turísticos Inteligentes

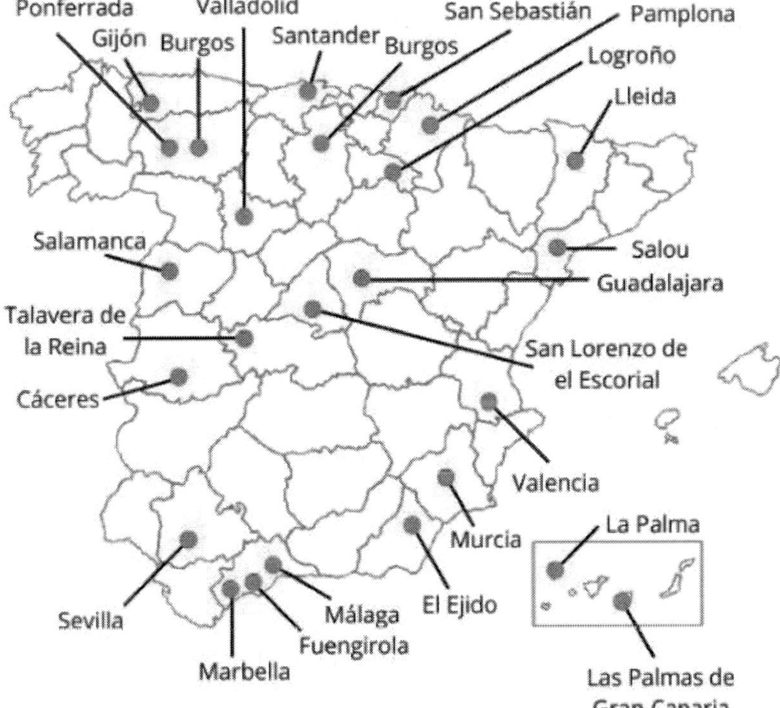

Fuente: elaboración propia.

Una vez completada la relación entre destinos y restaurantes con estrella Michelin, se han seleccionado 25 Destinos Turísticos Inteligentes, para a continuación analizar, revisar y seleccionar las redes sociales más utilizadas por cada uno de ellos. En este caso, se ha observado que Instagram y Facebook son las redes más utilizadas, con mayor número de seguidores e interacción, por lo que en ellas se analizará el contenido utilizado para la promoción de su turismo a través de la gastronomía de alta gama. En este sentido, se pondrá el foco en la gastronomía de alta gama, investigando si aparece en las redes sociales de los Destinos Turísticos Inteligentes seleccionadas o si, por el contrario, se pasa por alto. A continuación, se adjuntan imágenes del documento Excel que se ha llevado a cabo para realizar la selección y tomar apuntes de la información encontrada en el Instagram y el Facebook de cada destino

Tabla 1. Clasificación de DTIs según restaurantes estrellados y redes sociales

47	Cuenca				
48	**CASTILLA Y LEON**				
49	Sierra de la Demanda				
50	Cuellar				
51	Canal de Castilla				
52	Valladolid	Alquimia Laboratorio* // Taller Arzuaga* // Trigo*	Instagram: https://www.instagram.com/info_valladolid/?hl=es Facebook: https://www.facebook.com/infovalladolid	32,1K followers, 2661 posts. Publican una vez al día y pocas imágenes de la comida. Sin embargo, sí que promocionan las tapas y los bares típicos, pero sin hablar de los restaurantes estrellados.	Comparten varias publicaciones en común pero utilizan facebook como tablón de anuncios. Tampoco destaca por la gastronomía.
53	Tardajos				
54	Salamanca	Ment by Oscar Calleja* // En la Parra* // Victor Gutierrez*	Instagram: https://www.instagram.com/salamanca_turismo/ Facebook: https://www.facebook.com/TurismoSalamanca	11,3K followers, 964 posts. Publican una vez al día y muestran lugares y rincones turísticos de la ciudad. Pasan la gastronomía muy por encima, no muestran la comida, únicamente alguna publicación de la mesa de algún restaurante, pero nada de los estrellados.	Mismas publicaciones más algunas donde han sido etiquetados y las comparten, sobretodo de eventos y noticias. Tampoco hablan de la gastronomía.
55	Ponferrada	Muna*	Instagram: https://www.instagram.com/turismoponfe Facebook: https://www.facebook.com/TurismoPonfe	5304 followers, 630 posts. Publican unas 3 veces por semana y el feed está lleno de paisajes y actividades por hacer, nada de gastronomía.	Mismas publicaciones.
56	Leon	Pablo* // Cocinandos*	Instagram: https://www.instagram.com/leonturismo/ Facebook: https://www.facebook.com/TurismoCd.eon/	4214 followers, 388 posts. No están muy activos en instagram, publican unas 2-3 veces al mes. Últimamente han publicado algunas fotos de gastronomía pero para promocionar el certamen gastronómico, no la comida de la zona. La mayoría de imágenes muestran rincones turísticos de la ciudad.	Utilizan el facebook como tablón de anuncios, mostrando las noticias y promocionando las actividades que se llevan a cabo. Igual, poca gastronomía y nada de restaurantes estrellados.
57	La adrada				
58	Burgos	Cobo Evolución*	Instagram: https://www.instagram.com/turismoburgos/?hl=es Facebook: https://www.facebook.com/DestinoBurgos/	25,1K followers, 1781 posts. Publican unas dos veces a la semana y las imágenes son todas de paisajes, actividades y rutas a hacer por Burgos. Tampoco tocan la gastronomía.	Mismas publicaciones y alguna noticia o mención compartida.
59	**CATALUÑA**				
60	Baix Empordà				
61	Calafell				
62	Malgrat de Mar				
63	Torroella de Montgrí (L'Estartit)				
64	Sitges				
65	Santa Susanna				
66	Salou	Deliranto*	Instagram: https://www.instagram.com/visitsalou Facebook: https://www.facebook.com/visitsalou.oficial	29,3K followers, 3091 posts. Promocionan mucho Port Aventura y sus playas, pero nada de gastronomía. Las fiestas, los atardeceres y las playas son los protagonistas.	También utilizan facebook como tablón de anuncios, de eventos, actividades y Port Aventura. Seguimos sin nada de gastronomía.
67	Lloret de Mar				
68	Lleida	La Boscana* // Malena* (Gimenells)	Instagram: https://www.instagram.com/turismedelleida Facebook: https://www.facebook.com/turismedelleida	17,5K followers, 756 posts. Hacen protagonista la Seu Vella y rincones bonitos de la ciudad. Pero tampoco se promociona la gastronomía, solo alguna foto de los caracoles para promocionar el Aplec.	Mismas publicaciones que instagram pero añaden la promoción de algún evento, sobretodo por Navidad.
69	Conseth Generau D'Aran				
70	Castelldefels				
71	**CEUTA**				
72	Ciudad Autónoma de Ceuta				
73	**COMUNIDAD FORAL DE NAVARRA**				
74	Pamplona	La Biblioteca*	Instagram: https://www.instagram.com/Pamplona_sytox Facebook: https://www.facebook.com/sytopamplona/	23,5K followers, 5180 posts. Publican unas 4 veces al día. Se centran en mostrar y anunciar eventos más que en el encanto de la ciudad. Aparece una publicación sobre gastronomía este año, pero mostrando los pinchos y tapas de un bar, nada de restaurante y comida típica.	Mismas publicaciones.
75	Ribera de Navarra				
76	**COMUNIDAD DE MADRID**				
77	Hoyo de Manzanares				
78	Las Rozas				
79	San Lorenzo de el Escorial	Montia*	Instagram: https://www.instagram.com/turismosanlorenzodeelescorial/ Facebook: https://www.facebook.com/turismosanlorenzodeelescorial/	1862 followers, 654 posts. Publican 2 veces al día sobre paisajes y rincones bonitos. A algún post donde aparece comida, en el copy se refieren a los restaurantes en general de la población, no hablan sobre ningún en concreto.	Mismas publicaciones.
80	Aranjuez				
81	Alcobendas				
82	Alcalá de Henares				
83	**COMUNIDAD VALENCIANA**				
84	La Vila Joiosa				
85	Valencia	Fierro* // Kaido Sushi Bar* // Lienzo* // La Salita* // El Poblet** // Ricard Camarena** // Riff*	Instagram: https://www.instagram.com/visit_valencia Facebook: https://www.facebook.com/turismovalencia	146K followers, 2233 posts. Publican una vez al día solo imágenes de edificios y lugares turísticos de la ciudad. Tampoco tratan la gastronomía.	Lo utilizan como tablón de anuncios, publican eventos y actividades que se realizan en la ciudad. Pero no promocionan la gastronomía.
86	Peñíscola				
87	Benidorm				

88	**EXTREMADURA**				
89	Comarca de Sierra de Gata				
90	Comarca de la Vera				
91	Plasencia				
92	Mérida				
93	Ambroz-Cáparra				
94	Mancomunidad de Municipios del Valle de Jerte				
95	Cáceres	Atrio***	Instagram: https://www.instagram.com/turismo_provincia_caceres/	20K followers, 3992 posts. Publican una vez al día, sobre eventos, actividades y sitios turísticos que visitar en la ciudad. No hablan de su restaurante estrellado ni de la gastronomía típica.	No tienen facebook.
96	Badajoz				
97	Monfragüe				
98	**ISLAS BALEARES**				
99	Santa Margalida				
100	Palma	Zaranda* // Marc Fosh*	Instagram: https://www.instagram.com/passionforpalma_/ Facebook: https://www.facebook.com/passionforpalma	2606 followers, 662 posts. Promocionan las playas y los rincones turísticos de la ciudad. Hay alguna imagen de sus ensaimadas, pero nada de la gastronomía típica ni de sus restaurantes.	Publican unas 3 veces por semana y las imagenes son distintas a las de Instagram, pero con el mismo objetivo, promocionar rincones y lugares bonitos y turísticos, así como algunos bares y cafeterías.
101	Calvià				
102	**LA RIOJA**				
103	Calahorra				
104	Logroño	Ajonegro* // Kiro Sushi*	Instagram: https://www.instagram.com/visit.logrono/?hl=es Facebook: https://www.facebook.com/visitalogrono/	8880 followers, 930 posts. Publican una vez al día y promocionan los rincones y lugares turísticos de la ciudad. Las pocas publicaciones que hay de gastornomía son para promocionar las tapas y los bares.	Mismas publicaciones que en Instagram.
105	**PAÍS VASCO**				
106	Comarca de Goierri				
107	Comarca de Rioja Alavesa				
108	Comarca de Uribe				
109	Vitoria-Gasteiz				
110	San Sebastián	Arzak*** // Akelarre*** // Amelia** // Kokotxa*	Instagram: https://www.instagram.com/sansebastiantourism/ Facebook: https://www.facebook.com/sansebastiantourism	60,7K followers, 1598 posts. Publican unas 3 veces pro semana y la mayoría de imágenes son de la playa. No muestran la gastornomía en ninguna de ellas.	Mismas publicaciones que en Instagram.
111	**PRINCIPADO DE ASTURIAS**				
112	Gijón	Auga*	Instagram: https://www.instagram.com/gijon/?hl=es Facebook: https://www.facebook.com/AytoGijon/?locale=es_ES	[illegible] followers, [illegible] posts. Publica 4 días a la semana sobre espectáculos, eventos y centros y lugares turísticos de la ciudad. Tampoco hay rastro de la gastornomía.	Mismas publicaciones que en Instagram, más alguna noticia y evento, como si fuera tablón de anuncios.
113	Castropol				
114	Cangas del Narcea				
115	Avilés				
116	**REGIÓN DE MURCIA**				
117	San Javier				
118	Águilas				
119	Mula				
120	Murcia	Alma Máter* // Odiseo*	Instagram: https://www.instagram.com/turismodemurcia/?hl=es Facebook: https://www.facebook.com/turismodemurcia	14,7K followers, 1033 posts. Publican unas 4 veces por semana y aparecen varias imágenes de gastronomía típica, presentando los platos típicos y promocionando sobretodo bares y pinchos, pero no mencionan los restaurantes en ningún caso.	Mismas publicaciones que en Instagram.
121	Los Alcázares				
122	Caravaca de la Cruz				

Fuente: elaboración propia.

Del análisis realizado podemos observar que cada red social de cada Destino Turístico Inteligente tiene su propio formato, dedicado, en gran parte, a mostrar la esencia de la ciudad, como sus calles, sus monumentos, sus lugares de interés, entre otros. Sin embargo, solo una minoría destinan pocas publicaciones a la gastronomía y, si lo hacen, muestran aquello más típico. Además, en algunas de ellas, también se percibe una ausencia de constancia a la hora de subir el contenido. Por lo tanto, a partir de estas observaciones, se ha visto la necesidad de realizar un modelo de calendario de contenido para las redes sociales de cada Destino Turístico Inteligente, proponiendo acciones diversas según sus características, su gastronomía típica y la forma que tienen de comun.

4. DESARROLLO DEL PLAN DE COMUNICACIÓN

Dado el entorno social actual, la estrategia de comunicación elegida para llevar a cabo esta campaña de comunicación es la **estrategia de redes sociales**.

4,1. Estrategia de comunicación

Esta estrategia consiste en aprovechar las plataformas sociales para alcanzar los objetivos planteados en la campaña. En la era digital en la que vivimos actualmente, las redes sociales son un motor del marketing para la promoción y difusión de experiencias. Considerando este escenario, nuestra estrategia de comunicación adquiere un importante papel para posicionar los Destinos Turísticos Inteligentes como paradas gastronómicas preferentes a la hora de planear un viaje o visitar una ciudad.

4.2. Elementos de la campaña de comunicación

El plan de comunicación va dirigido a todos aquellos Destinos Turísticos Inteligentes que incluyan restaurantes estrellados. Con el objetivo de mantener una coherencia global en la campaña que abarque todos los destinos, todas las publicaciones se realizarán bajo un mismo hashtag y eslogan.

#SaborDelDestinoNombreDeLaCiudad
Por ejemplo: ***#SaborDelDestinoSevillano***

El hashtag #SaborDelDestino transmite la idea de que cada destino posee una identidad culinaria exclusiva y distintiva. Sugiere que una parte esencial de explorar un lugar es a través de su gastronomía, destacando la diversidad y autenticidad de los sabores locales. Además, se añadirá a todas las publicaciones el siguiente eslogan:

"Nombre de la ciudad, Donde la aventura empieza en cada plato."

Por ejemplo: **Málaga, donde la aventura empieza en cada plato.**

Este transmite que la experiencia culinaria de cada destino es una aventura en sí misma. Implica que, al probar los platos locales, uno también explora la cultura, tradiciones y sabores de ese lugar en particular. Por lo tanto, este eslogan invita a los viajeros a salir de su zona de confort gastronómico y probar nuevas experiencias culinarias que enriquecerán su viaje.

4.3. Acciones

Con los objetivos ya establecidos se plantean una serie de acciones para empezar a convertir los Destinos Turísticos Inteligentes en epicentros de la alta gastronomía. Estas acciones están especialmente diseñadas para cumplir con los objetivos, fidelizando a los turistas y ampliando la notoriedad de los restaurantes de alta gama que se encuentran en dichos destinos. Por lo tanto, las siguientes acciones no sólo reforzarán la presencia de estos lugares en el panorama turístico, sino que también cultivarán relaciones duraderas con aquellas personas aficionadas en ambos aspectos: el turismo y la gastronomía.

La campaña de comunicación contiene dos fases:

1. **Fase de expansión**, cuyo objetivo será obtener un buen posicionamiento en la mente de los turistas por tal de que los Destinos Turísticos Inteligentes empiecen a ser un referente gastronómico respecto a otras ciudades. Esta fase se llevará a cabo durante los primeros 4 meses del transcurso de la campaña.
2. **Fase de consolidación**, cuyas acciones se enfocarán en fidelizar a los clientes y ampliar el target. Esta fase tendrá una duración de 2 meses.

4.3.1. Descripción de las acciones

A continuación, describimos las acciones clasificadas según la fase en la que se encuentra la campaña. Empezamos con la fase de expansión, presentando las acciones destinadas al posicionamiento.

— **Fase expansión**

A) Sorteo mediante publicación y hashtag en redes sociales.

Tabla 2. Ficha de la primera acción

Número de acción	1
Fase	Fase de expansión.
Timing	Del 8 al 29 de abril.
Redes sociales	Se lanzará en Instagram y Facebook.
Objetivos	1. Aumentar la notoriedad de los Destinos Turísticos Inteligentes. 2. Fomentar la participación de la gente en la campaña. 3. Crear lugar en la mente del público objetivo.

Fuente: elaboración propia

Para realizar esta acción se lanzará la misma publicación en el Instagram y el Facebook de los 25 Destinos Turísticos Inteligentes seleccionados desde un principio. Las personas que quieran participar en esta acción tendrán que visitar una de estas ciudades, hacerse una foto y publicarla en sus redes sociales bajo el hashtag que anunciaremos en el copy. De esta manera, todas las personas que reúnan las condiciones de la acción, participarán en un sorteo donde podrán ganar un 20% de descuento para ir a comer al restaurante estrellado que ellos mismos elijan.

Esta acción cumple con el objetivo inicial de aumentar el reconocimiento de los Destinos Turísticos Inteligentes, ya que las personas que quieran participar primero tendrán que investigar cuáles son las ciudades que forman parte de la campaña. Además, el premio funciona como incentivo para ir a visitar uno de estos destinos antes que otros.

A continuación, se adjunta una vista previa de cómo aparece la publicación en ambas redes: Facebook e Instagram.

Figura 2. Vista previa del post en Facebook y en Instagram

sevillaciudad
Sevilla, Donde la aventura empieza en cada plato
sevillaciudad ¿Eres amante de viajar y de la buena comida? ¡Entonces presta atención!
Si quieres ganar un 20% de descuento en un restaurante de estrella Michelin solo tienes que seguir estos pasos
Visita la ciudad y captura el momento con una foto.
Publica la foto en tus redes sociales y no olvides incluir el hashtag #SorteoDestinoGastronomico.
¡Y listo! Ya estarás participando para ganar el premio
¡Buena suerte a todos y a todas!
#SaborDelDestino

Sevilla
¿Eres amante de viajar y de la buena comida? ¡Entonces presta atención!
Si quieres ganar un 20% de descuento en un restaurante de estrella Michelin solo tienes que seguir estos pasos
Visita la ciudad y captura el momento con una foto.
Publica la foto en tus redes sociales y no olvides incluir el hashtag #SorteoDestinoGastronomico.
¡Y listo! Ya estarás participando para ganar el premio
¡Buena suerte a todos y a todas!
#SaborDelDestino
Sevilla, Donde la aventura empieza en cada plato
Me gusta Comentar Compartir
Escribe un comentario...

Fuente: elaboración propia.

El sorteo se realizará mediante la *AppSorteos*, una herramienta gratuita apta tanto para Instagram como para Facebook que elige el ganador al azar a través de todos los comentarios. Una vez seleccionado el usuario, se contactará con él para darle la noticia y con el restaurante en cuestión.

B) Participa y gana un menú degustación

Tabla 3. Ficha de la tercera acción

Número de acción	3
Fase	Fase de expansión.
Timing	Del 20 al 31 de agosto.
Redes sociales	Se lanzará en Instagram y Facebook.
Objetivos	1. Aumentar el engagement en las publicaciones relacionadas con la gastronomía de alta gama. 2. Incrementar el número de seguidores de las redes sociales de los destinos.

Fuente: elaboración propia.

Con esta tercera acción se pretende aumentar el engagement de las publicaciones, así como el número de seguidores. Se llevará a cabo durante las últimas semanas de agosto para aprovechar el final de temporada alta, ya que las primeras semanas de septiembre todavía se aprovecha para viajar a otras ciudades. Para conseguir los objetivos se lanzará un sorteo de un menú degustación entre los restaurantes estrellados de los Destinos Turísticos Inteligentes. Para realizar la acción se llevarán a cabo los siguientes pasos:

1. Contactar con los restaurantes estrellados de los 25 destinos para concretar cuáles quieren formar parte del sorteo. De esta manera, veremos si se reduce el número de destinos o no.
2. Se diseñará la publicación con las bases del sorteo y se lanzará en las redes sociales de los destinos que decidan formar parte de la acción.
3. El ganador del sorteo podrá disfrutar de un menú degustación del restaurante estrellado de la ciudad cuya publicación haya comentado.
4. En caso de que en dicha ciudad se encuentre más de un restaurante con estrella Michelin, será el ganador quien elija a cuál quiere ir.

Con tal de aumentar el engagement, los participantes de este sorteo tendrán que seguir a la red social, etiquetar a un amigo en comentarios y compartir la publicación en sus historias. Veamos un ejemplo de la publicación: diseño gráfico y copy.

Figura 3. Vista previa del post en Facebook y en Instagram

Fuente: elaboración propia

Este sorteo también se realizará mediante la *AppSorteos*. Una vez seleccionado un usuario, se comprobará que cumpla las bases del sorteo y, si es así, se contactará con él para darle la noticia y con el restaurante en cuestión para advertirle de la situación.

Fase consolidación

A) Obtener el pasaporte digital

Tabla 4. Ficha de la cuarta acción

Número de acción	4
Fase	Fase de consolidación.
Timing	Del 1 de mayo al 31 de octubre.
Redes sociales	Se anunciará en Instagram y Facebook.
Objetivos	1. Fidelizar al usuario para seguir viajando a los Destinos Turísticos Inteligentes. 2. Aumentar el tráfico web.

Esta acción tiene como principal objetivo fidelizar al usuario, aunque indirectamente, también aumentará el tráfico de las webs de los restaurantes estrellados que se encuentren en los 25 destinos. Para conseguirlo, crearemos un pasaporte gastronómico digital que tendrá la siguiente forma:

Figura 4. Diseño del pasaporte gastronómico digital

Fuente: elaboración propia.

A partir del 1 de mayo, cualquier persona que vaya a un restaurante estrellado de los destinos seleccionados obtendrá esta tarjeta. El funcionamiento trata de ir acumulando 20 puntos cada vez que se va a uno de los restaurantes que verán en el QR y ganar un fin de semana a un destino sorpresa. De esta manera, si quieren ganar el premio, tendrán que viajar a los Destinos Turísticos Inteligentes y hacer parada a uno de sus restaurantes. Además, la primera vez que accedan al QR tendrán que registrarse, escribiendo su nombre y su mail, de manera que se valorará lanzar mail marketing para futuras promociones.

B) Feliz cumpleaños

Tabla 5, Ficha de la quinta acción

Número de acción	5
Fase	Fase de consolidación.
Timing	Del 1 de mayo al 1 de octubre.
Redes sociales	Se anunciará en Instagram y Facebook.
Objetivos	1. Fidelizar al usuario para seguir viajando a los Destinos Turísticos Inteligentes.

Fuente: elaboración propia.

La cuarta acción incita a estar pendiente de las redes sociales para ser uno de los afortunados. Se han seleccionado 6 destinos al azar y a cada uno se le ha asignado un mes. En este caso:

1. Abril: Burgos.
2. Mayo: Salou.
3. Junio: Guadalajara.
4. Julio: Pamplona.
5. Agosto: Ponferrada.
6. Septiembre: Valencia

En cada uno de estos meses se lanzará una publicación con un descuento de cumpleaños, de manera que quien haya nacido en mayo, disfrutará de un 10% de descuento en el restaurante estrellado que se encuentra en Guadalajara y así con el resto.

El diseño de la publicación será simple, de manera que podrá aprovecharse en cada ciudad para relacionarla con la acción.

Figura 5. Post de "feliz cumpleaños" para las redes sociales

Fuente: elaboración propia.

Figura 6. Vista previa de la publicación en Instagram.

Fuente: elaboración propia.

4.3.2. Calendario de acciones

Figura 7. Temporalización de las acciones

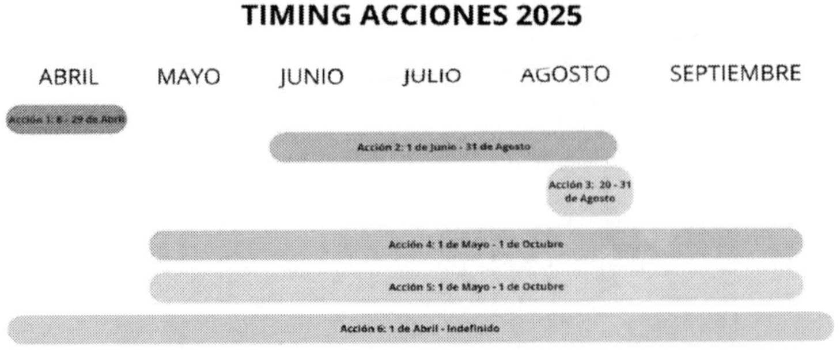

TIMING ACCIONES 2025

ABRIL MAYO JUNIO JULIO AGOSTO SEPTIEMBRE

Acción 1: 8 - 29 de Abril

Acción 2: 1 de Junio - 31 de Agosto

Acción 3: 20 - 31 de Agosto

Acción 4: 1 de Mayo - 1 de Octubre

Acción 5: 1 de Mayo - 1 de Octubre

Acción 6: 1 de Abril - Indefinido

Fuente: elaboración propia

5. CONCLUSIONES

La revisión de la literatura ha manifestado la importancia crítica del turismo inteligente y la gastronomía como pilares para promocionar y diferenciar los destinos turísticos inteligentes en España. Para empezar, se destaca el valor de la gastronomía en el turismo, la cual se ha convertido en un factor clave para atraer turistas quienes no solo buscan experiencias culturales, sino también culinarias. La alta cocina, en particular, actúa como un atractivo para turistas de alto poder adquisitivo, que valoran las experiencias gastronómicas excepcionales.

Percibiendo este factor como uno de los principales atractivos turísticos, se observan las redes sociales como una herramienta efectiva para la promoción. Sin embargo, los destinos no las aprovechan para promocionar la gastronomía, ya que, como se ha observado en el análisis de cada una de ellas, solo algunos de los destinos realizan un mínimo de publicaciones a mostrar la gastronomía típica, pero ninguno de ellos se enfoca en sus restaurantes de alta gama. Por ejemplo, detectamos que, en el caso de las redes sociales de Sevilla, de 1.505 publicaciones que tienen en total en su Instagram, solo 10 de ellas están destinadas a la gastronomía.

Lo cierto, es que la capacidad de las plataformas como Instagram y Facebook para llegar a un público amplio y generar engagement es una oportunidad para la difusión de los Destinos Turísticos Inteligentes y sus ofertas gastronómicas. Además, la promoción de la gastronomía de alta gama no solo atrae turistas, sino que también fortalece la marca del destino. Por lo tanto, la combinación de las tradiciones culinarias locales con las innovaciones gastronómicas más exquisitas, crea un producto turístico de alto valor añadido.

Después de revisar la literatura y observar el panorama actual de la relación entre los Destinos Turísticos Inteligentes y la gastronomía de alta gama, se percibe un vacío notable en la promoción específica de restaurantes estrellados como atracciones turísticas. Por ello, desarrollar un plan de comunicación que utilice las redes sociales para promocionar estos Destinos Turísticos Inteligentes a través de su gastronomía puede llenar este vacío por diversas razones.

En primer lugar, contemplando que la alta cocina es un atractivo significativo para potenciar la oferta turística de un destino, promocionar los restaurantes estrellados de cada uno atraerá a turistas de cierto poder adquisitivo a la vez que mejorará la imagen del destino.

Además, la finalidad de llegar a un amplio público a través de las redes sociales y de crear un contenido atractivo, incrementa el interés y la visita de turistas.

Por otro lado, la ausencia de planes de comunicación específicos para promocionar los Destinos Turísticos Inteligentes a través de la gastronomía de alta gama, representa una oportunidad para innovar en el marketing turístico y posicionar a dichos destinos españoles como referentes.

En resumen, este plan de comunicación se enfoca en aprovechar las ventajas tecnológicas y la creciente importancia de la gastronomía para promocionar los Destinos Turísticos Inteligentes en España, utilizando las redes sociales como principal herramienta de difusión y engagement con los potenciales turistas.

6. BIBLIOGRAFÍA

Clemente Ricolfe, J. S., Roig Merino, B., Valencia Marzo, S., Rabadán Ferrandis, M. T., y Martínez Rodríguez, C. (2008). Actitud hacia la gastronomía local de los turistas: dimensiones y segmentación de mercado. PASOS Revista De Turismo Y Patrimonio Cultural, 6(2), 189–198. DOI: https://doi.org/10.25145/j.pasos.2008.06.015

Destinos turísticos inteligentes. (15 de diciembre de 2023). Inicio – DTI. DTI. https://www.destinosinteligentes.es/

Espinoza Méndez, M. F., Zabala Ayala, S. A., y Marcano Rojas, I. R. (2016). Uso efectivo de las redes sociales como herramientas para la promoción gastronòmica. https://perio.unlp.edu.ar/ojs/index.php/question/article/view/3229

Garcia, B. M., y Fernández, A. A. (2020). Los destinos turísticos inteligentes: el pilar de la recuperación turística. Ayana., 1(1), 002. DOI: https://doi.org/10.24215/27186717e002

Hernández, J., Clemente, E. y López, T. (2015). El turismo gastronómico como experiencia cultural. El caso práctico de la ciudad de Cáceres (España).https://dialnet.unirioja.es/descarga/articulo/5138997.pdf

López de Ávila, A., y Garcia, S. (2013). Destinos Turísticos Inteligentes. https://www.mincotur.gob.es

Mas, M. L. (2015). Las Redes Sociales y el Turismo. Importancia de las redes sociales sobre la estrategia empresarial del sector turístico. https://repositorio.comillas.edu/jspui/bitstream/11531/3569/1/TFG001076.pdf

Mañé, V. S. (7 de julio de 2023). Nuevas estadísticas del uso de Redes Sociales que quieres y debes conocer. IEBS. https://www.iebschool.com/blog/datos-de-redes-sociales/

Ocaña, P. y Freire, T. (2022). Impacto de la gestión de redes sociales en las empresas gastronómicas. Chakiñan, 16, 52-67. DOI: https://doi.org/10.37135/chk.002.16.03

Ordoñez Bravo, E. F., Fierro Ricaurte, A. E., Rivadeneira Yánez, F., y Fernández Sánchez, L. del R. (2020). La Gastronomía como factor insustituible en laPromoción Turística de un destino. ConcienciaDigital, 3(2.1), 64-79. DOI: https://doi.org/10.33262/concienciadigital.v3i2.1.1220

Ramos, I. (2019). Los restaurantes con estrella michelin en España: análisis de la guía roja y opiniones en Tripadvisor. https://idus.us.es/bitstream/handle/11441/86140/ALFONSO_RAMOS_I_%2817 9%29.pdf?sequence=1&isAllowed=y

Turismo y gastronomía, una relación cada vez más estrecha. FUDE. (s. f.). https://www.educativo.net/articulos/turismo-y-gastronomia-una-relacion-cada-vez-mas-estrecha-535.html

Segarra-Saavedra, Jesús; Hidalgo-Marí, Tatiana y Rodríguez-Monteagudo, Eliseo (2015). La gastronomía como Industria Creativa en un contexto digital. Análisis de webs y redes sociales de los restaurantes españoles con estrella Michelin. En: adComunica. *Revista Científica de Estrategias, Tendencias e Innovación en Comunicación*, nº10. Castellón: Asociación para el Desarrollo de la Comunicación adComunica, Universidad Complutense de Madrid y Universitat Jaume I, 135-154. DOI: http://dx.doi.org/10.6035/2174-0992.2015.10.9

Jiménez, M.G., Bellido, P. E., y Muñoz, P.E. (2021). Estrategias de marca y posicionamiento en la carrera hacia las estrellas Michelin: Análisis de casos paradigmáticos. DOI: http://dx.doi.org/10.6035/adcomunica.5760

DEL TURISMO GASTRONÓMICO Y LA EXPERIENCIA TURÍSTICA DESDE EL ENFOQUE DE LAS TIC: EL CASO DE COSTA RICA

Sara Benages Guarch

Temática: El rol de las TIC en el desarrollo del turismo gastronómico

RESUMEN: La finalidad de este estudio es analizar el turismo gastronómico de Costa Rica desde 2 puntos de vista diferenciados: el primero, desde un enfoque objetivo y segundo, desde el subjetivo teniendo en cuenta mi propia experiencia viajera "backpacker" visitando el país entre el 9 y el 25 de agosto de 2024 y con la aportación valorativa de mis 11 compañeros de viaje. En la primera parte de la investigación se analizará la gastronomía costarricense entendida como producto alimenticio y diferenciando sus características. En el segundo bloque se analizará la página web oficial de turismo del país prestando especial interés a la temática de gastronomía y al turismo gastronómico en general. Después se mostrarán algunos de los resultados de una investigación real en curso llevada a cabo en Instagram a través de mi propia cuenta en esta red social. Por último, se expondrán unas conclusiones de manera sintética y se abrirán algunas posibles líneas de investigación con respecto al objeto de estudio.

Palabras clave: Gastronomía, Turismo gastronómico, TIC, Sostenibilidad

ABSTRACT: The purpose of this study is to analyse gastronomic tourism in Costa Rica from two different points of view: on the one hand, from an objective approach and on the other, from a subjective one, taking into account my own travel experience visiting the country between August 9 and 25, 2024 and with the value contribution of my 11 travel companions. In the first part of the research, Costa Rican gastronomy will be analysed as a tourist product and its characteristics will be differentiated. In the second block, the country's official national tourism website will be analysed, paying special attention to gastronomy and gastronomic tourism. Then, some of the results of a real ongoing investigation carried out on the social network Instagram through my own account will be shown. Finally, some conclusions will be presented in a synthetic way and some possible lines of research will be opened with respect to the object of study.

Keywords: Gastronomy, Gastronomic tourism, ICT, Sustainability

1. INTRODUCCIÓN

Costa Rica es país centroamericano, entre el océano Pacífico y el mar Caribe, que concentra alrededor del 5% biodiversidad mundial contando una extensión de algo más de 50.000 kms. Su posición geoestratégica favorece un flujo turístico hacia el norte con EEUU y hasta el sur con América Latina. Debido a su enclave geográfico y la morfología de su territorio es un país que

presenta varios microclimas creando una singularidad meteorológica. Como consecuencia de su localización y climatología cuenta con abundantes recursos naturales entre los que destaca el agua, elemento indispensable para la vida y para el desarrollo de cualquier actividad, obviamente también la turística.

Los factores anteriormente descritos influyen en su rica, variada y saludable gastronomía que está influenciada por otras gastronomías que aportan a la primera rasgos distintivos y a la vez peculiares.

Pero, ¿existe realmente turismo gastronómico en Costa Rica? ¿Qué entendemos por turismo gastronómico? ¿Es sostenible el turismo gastronómico en términos generales? ¿Qué papel juegan las TIC en la promoción y paquetización de la gastronomía? ¿Qué tendencias sigue el turismo gastronómico?

En el desarrollo de este artículo se pretende arrojar un poco de luz a las anteriores cuestiones. Buena parte de los datos, apreciaciones y valoraciones se extraen de un trabajo de campo realizado in situ durante el mes de agosto en Costa Rica.

2. ANÁLISIS DE LA GASTRONOMÍA COSTARRICENSE

La gastronomía de Costa Rica reúne las costumbres y usos culinarios de los habitantes de dicho país, y es parte de su identidad nacional. A nivel sociocultural, se trata de una cocina con un intenso mestizaje, fuertemente condicionado por su entorno tropical, y muy próximo a la dieta mediterránea a causa de una mezcla basal entre grupos sudeuropeos, levantinos y sefardíes. Existen también notables aportes de origen africano, indígena, afroantillano, oriental, latinoamericano y de otras partes de Europa. Además, por su posición geográfica en medio de las 2 grandes masas territoriales de América, a lo largo de su historia Costa Rica ha sido un puente biológico y cultural entre el norte y el sur del continente. Esto ha producido en su pequeño territorio un encuentro de flora y fauna único, que genera una exuberante gama de productos alimenticios; enriquecida además con todo el raudal de los frutos del mar debido a que sus costas están bañadas por dos océanos (Wikipedia, 2024).

De esta forma, el país posee 4 regiones culinarias bien definidas por su geografía y desarrollo cultural: Valle Central Occidental y Oriental, Guanacaste y Zona Norte, Puntarenas y Limón. Con una base en común compuesta primordialmente de alimentos como: el gallo pinto, el casado, los picadillos, la olla de carne, los gallitos, las empanadas, la pasta, la fruta fresca y el café (Wikipedia, 2024).

A continuación se muestra una tabla con indicadores como los productos destacados, platos típicos, variedad del menú, precio del servicio en restaurantes, tipología de la comida ambulante, predisposición del personal respecto de su trabajo, tipología de bebidas refrescantes, precio de alcohol dependiendo de si la venta es en restauración o en supermercado, horario o rutinas de comidas, opciones de platos es restauración, existencia de rutas ligadas a la gastronomía como producto turístico, existencia de menús de alérgenos o/y otras especificidades alimentarias.

La siguiente tabla es un compendio de material objetivo extraído de Wikipedia y otro subjetivo extraído de mi propia experiencia turística y las valoraciones aportadas por mis compañeros de viaje en Costa Rica agosto 2024.

Tabla 1

Indicador	Resultado
Productos destacados	Cereales, empanadas, pasta, gallitos, fruta fresca, chocolate, café
Platos típicos	Gallo pinto, casado, olla de carne
Cantidad en plato	Abundante
Variedad menú	Amplia
Precio establecimientos restauración	Caro respecto nivel adquisitivo promedio español
Tipología comida ambulante	Frutas, snaks, dulces
Predisposición personal respecto al trabajo	Carácter amable y resolutivo
Tipología bebidas refrescantes	Tés, tés fríos, limonadas, bebidas energéticas

Indicador	Resultado
Precio alcohol restaurantes	Amplia variedad de coctelería
Precio alcohol supermercados	Amplia variedad de bebidas alcohólicas
Precio coctelería	Parecido al precio en España
Horario comidas	Al estilo inglés
Opciones comidas establecimientos restauración	Opciones desayuno: gallo pinto, americano o pancakes con fruta Opciones comida: frijoles, arroz y carne/pescado Opciones cena: variedad según tipología establecimiento restauración
Existencia rutas ligadas a gastronomía como producto turístico	Presencia de empresas que desarrollan esta línea de negocio
Existencia menús sobre alérgenos y otras especificidades	Prácticamente nula

Fuente propia

Como conclusiones de la tabla anterior se evidencia lo siguiente:

- Amplia variedad en menús es recomendable dejarse guiar en la elección por parte del camarero.
- Los platos son abundantes, de un plato pueden comer dos personas.
- Amplia gama de variedad de menús: bebidas (frías, calientes, gaseosas, cervezas, limonadas...) entrantes, platos principales, postres, bebidas alcohólicas
- Consumir en restaurantes es más caro respecto a consumir en otros establecimientos tipo cafeterías, sodas, comercios ambulantes u otros.
- La comida ambulante es barata, saludable y de calidad.
- El servicio en restauración destaca por la amabilidad de los trabajadores, son atentos y resolutivos pero sin ser serviciales.
- Destaca la amplia gama de bebidas frías tipo limonadas que se caracterizan por ser saludables, de calidad y económicas.
- En cuanto a bebidas alcohólicas: escasa variedad en cuanto a cerveza (destacan las marcas Pilsen e Imperial) que resultan más caros que en España.

- En cuanto a la coctelería, es variada y con precio similar o menor al español.
- Se desayuna al alba, se come a mediodía y se cena al anochecer.
- No se aprecian menús donde se especifiquen los alérgenos ni otras especificidades, en todo caso, si se demanda es el camarero quien resuelve la incógnita coordinándose con cocina.

3. ANÁLISIS DE LA PÁGINA WEB OFICIAL DE TURISMO DE COSTA RICA

A continuación se muestran los resultados del análisis de la web oficial de turismo Costa Rica:

- No existe ningún apartado para filtrar la búsqueda por turismo gastronómico, al menos desde la página de inicio de la página web.
- En el apartado "itinerarios sugeridos" se dan 16 alternativas para filtran la búsqueda por itinerarios según número de días de estancia en el país pero ninguna de ellas ofrece la opción de turismo gastronómico o gastronomía.
- En el apartado "planeando tu viaje" entre 8 opciones hay 1 que es "Restaurantes" y aparece un filtrado de servicios de restauración, pero en este caso tampoco aparece una opción similar a gastronomía típica costarricense o recetas locales o similares. Este filtrado permite la búsqueda por tipología de comida (25 opciones) tales como comida hindú, americana, asiática,etc. y también filtros según zonas turísticas.
- Se desarrollan unas 10 FAQs pero ninguna de ellas hace mención al ámbito gastronómico, al menos en el idioma rastreado que es el español.
- Al final de la página de inicio de la página web oficial y en orden consecutivo las siguientes redes sociales: Instagram, Pinterest, Facebook, Youtube y Tiktok. El orden de posición de las RRSS puede ser indicativo de la una estrategia de marketing dirigida a un público objetivo concreto, esto es, destaca en primer lugar Instagram que es la red social que atrae a jóvenes entre 25-45 años aproximadamente pero deja en última posición a TikTok una red seguida por un público alrededor de los 18-25 años. Se plantea como hipótesis que el público objetivo al que se dirige la estratégica promocional del país

es hacia un turista joven, con nivel adquisitivo medio-alto, concienciado y responsable con el entorno.

4. INVESTIGACIÓN EN LA RED SOCIAL INSTAGRAM

En mi vuelo de Panamá a Costa Rica me ofrecen varios jugos, yo anonadada no sé si por el cansancio de tantas horas de vuelo o por la ignorancia de qué eran aquellas frutas que mencionaba la azafata, dudo por cuál elegir. Finalmente repito un "yo también" referido a lo que había demandado mi compañera de vuelo sentada a mi derecha, una bella e inteligente costarricense que no me dejó pegar ojo durante todo el trayecto explicándome con dulzura y pasión todas y cada una de las bondades de su hermoso país. Me sirve la azafata el zumo, el agua y un pequeño y delicioso snack de tortitas de trigo con sésamo o algo así. Flipo con el vasito, de cartón reciclado muy sostenible y con letras azules pero con un fuerte y claro mensaje. A la vez que saboreo mi jugo no dudo en hacerle una fotografía me ha impactado el mensaje.

En este momento mi cuenta personal de Instagram tiene alrededor de 180 seguidores y sin más hago una publicación con el texto "Lo dice el vasico de zumito del avión" añadiendo un icono de un avión. Es el 11 de agosto estoy empezando mi experiencia en Costa Rica y el resultado de mi publicación sostenible es:

- 97 cuentas alcanzadas: 74,7 % de mis seguidores y 25,3% de no seguidores
- 141 impresiones: 84 inicio, 37 perfil, 20 otros
- 4 cuentas que han interactuado: 3 me gustas, 0 veces guardado, 0 veces comentarios
- 2 visitas al perfil, 0 nuevos seguidores

Al final de mi viaje, ya en España, publico un reel de 29 segundos con mi cuenta de Instagram ahora como cuenta pública y bajo el perfil de "artista" en la que meto varias fotos de mi inicio y final de viaje mezcladas con otras fotos sin relación directa con el viaje. El texto del reel es "este reel forma parte de un experimento sociológico que servirá como muestreo para un estudio científico turístico" y continúo con icono del check en verde y el texto "dale al me gusta" corazón rojo "si te gusta" corazón rojo.

Resultados del reel experimental:

- 511 reproducciones: 402 reproducciones iniciales y 109 repeticiones
- Tiempo reproducción: 1 h 20 min 8 s
- Tiempo medio de reproducción: 11 segundos
- 13 me gustas
- 0 veces que se ha compartido
- 0 veces que se ha guardado

- 0 comentarios
- 453 cuentas alcanzadas, 16'6% son de mis seguidores mientras que el 83,4 % de no seguidores
- 0 nuevos seguidores

El 1 de septiembre creo otro reel de 1 minuto 30 segundos sobre mis fotos top del viaje a Costa Rica indicando como texto "Yo ya viví mi experiencia en Costa Rica ¿Y a ti? ¿Te gustaría vivirla? Solo necesitas pasaporte, un poco de dinero y muchas ganas de disfrutar el país! Embárcate en la aventura de tu vida! Sabías que

- El país concentra el 5% de la biodiversidad mundial.
- Su posición geoestratégica entre el Pacífico y el Caribe le influyen a nivel climatológico generando varios microclimas concentrados en 1 solo país.
- El plato típico es el gallo pinto.
- La comunidad local es mega positiva un flow que te atrapa.
- Y vuélvete loco degustando la variedad de sus frutas.

Te has grabado ya el "pura vida"? Lo utilizarás a menudo! #visitacostarica #turismosostenible #puravida #experienciavital2024

Lo ubico en la capital, San José, y lo subo con música guay "Imagine Dragons. On top of the word".

Resultados de mi reel podría titularse "best photos Costa Rica 2024":

- 104 Cuentas alcanzadas: 62,5% seguidores, 37,5% no seguidores
- 214 reproducciones: 114 iniciales, 100 repeticiones
- 1 h 7 minutos 11 segundos tiempo de reproducción
- 32 segundos tiempo medio de reproducción
- 12 me gustas
- 2 comentarios
- 1 vez que se ha guardado
- 0 veces compartido
- 0 nuevos seguidores

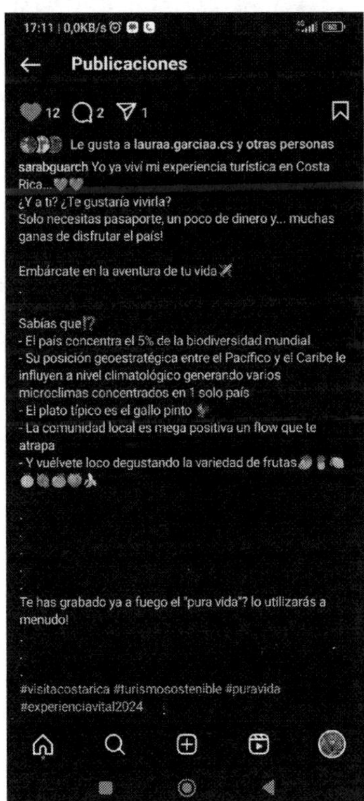

De mis investigaciones en Instagram se extraen las siguientes conclusiones:

- De la publicación "sostenible" valoraría positivamente su alcance entre los no seguidores de mi cuenta (25%), teniendo en cuenta que en este momento mi cuenta es personal que la publicación es espontánea y sin ningún tipo de pretensiones y contando con apenas 165 seguidores en red.
- Del reel experimental destaco el gran número de reproducciones (511) un número muy superior a mi número de seguidores. A pesar de este dato alto hay pocos likes. El número de cuentas alcanzadas es elevado (453) y de este alcance el 83% está entre mis no seguidores cosa destacable.
- Por último, mi reel "mejores fotos de Costa Rica" tiene menos repercusión en cuanto a cuentas alcanzadas respecto al reel experimental (el anterior) solamente 104 y la mayoría (62%) está entre mis seguidores. Hay bastantes reproducciones (214) sin embargo apenas cuenta con 12 likes y 2 comentarios (uno de mi amigo y la contestación que le doy yo). Destacable es que se ha guardado 1 vez, hecho que no acontece en los 2 casos anteriores.

Toda la información son datos reales recopilados de la cuenta de Instagram @sarabguarch de los insights de la publicación y reels mencionados y de los datos extraídos del panel de profesionales de la mencionada cuenta.

5. CONCLUSIONES

Antes de empezar habría que reflexionar acerca de las definiciones de gastronomía y turismo gastronómico. Según la RAE la gastronomía es el "arte de preparar una buena comida o de disfrutar de ella. *El pisto es una especialidad de la gastronomía manchega.* La RAE no contempla la expresión "turismo gastronómico" dando como resultado de la búsqueda Aviso: La palabra **turismo gastronómico** no está en el Diccionario. Se podría entender por turismo gastronómico "aquel que hace el turista cuando su principal motivación a la hora de viajar es el hecho de comer bien, que viaja con el propósito de formarse en el arte de la gastronomía o viaja para difundir los conocimientos adquiridos en tal materia" (Benages, 2024). *El turismo gastronómico se impone como una de las principales tendencias turísticas en 2025.*

A la vista del análisis del apartado 2 del presente artículo podríamos extraer que en Costa Rica el turismo gastronómico tiene poco peso respecto en cuanto a su promoción frente a otras motivaciones como el la naturaleza, multiaventura, clima o sol y playa, sin embargo, tiene un gran potencial todavía latente.

Si se toma como punto de partida que el turismo gastronómico costarricense es escaso no tiene mucho sentido incidir en si es o no sostenible. Ahora bien, ¿es sostenible el turismo gastronómico?

¿De qué factores depende? ¿Cuáles son sus fortalezas y debilidades? ¿Y sus amenazas y oportunidades? ¿Qué papel juegan las TIC en la promoción y paquetización de los viajes? ¿Qué tendencias despuntan actualmente en cuanto a turismo gastronómico costarricense?

Del análisis de la web turística oficial del país se desprende que existe un fuerte compromiso con la sostenibilidad y el turismo de naturaleza, es por ello que Costa Rica es uno de los países más comprometidos a nivel de sostenibilidad y que en origen fue uno de los pioneros, junto con Kenia y otros, en iniciar el proceso hacia la sostenibilidad en materia turística.

Del apartado sobre analítica de la gastronomía costarricense se saca que la comida ofrecida en puestos ambulantes, en sodas y bares autóctonos es más barata, de calidad y sostenible respecto aquella consumida en establecimientos de restauración. El personal que trabaja en restauración es amable, correcto, resolutivo, no se estresa (va a ritmo caribeño) y no es servicial.

Como se mencionaba al inicio del artículo las "costumbres y usos culinarios" están fuertemente arraigados" en la comunidad local es por eso que la gastronomía costarricense se manifiesta como "una identidad nacional". A nivel sociocultural la cocina representa un fuerte mestizaje fruto de la mezcolanza de su pasado histórico y que se refleja en una cocina intensa, de mestizaje, con toques tropicales, similar a la dieta mediterránea y con tintes africanos e indígenas.

Así pues, la gastronomía de Costa Rica es un potente producto turístico que se manifiesta en las rutas gastronómicas de productos concretos como el café, el cacao o el chocolate. Una correcta planificación y gestión del turismo gastronómico desde el enfoque sostenible permitiría un nuevo nicho de mercado diferencial al turismo de naturaleza actualmente principal fortaleza turística y promocionada del país.

¿Y cómo se planifica ese turismo gastronómico? Algunos aspectos a discutir podrían ser la existencia o desarrollo de la accesibilidad en los servicios de restauración, el rescate de recetas olvidadas de generación en generación, la recolección de productos típicos dejados de lado por la escasa rentabilidad económica, la producción de productos típicos (como la chonta que está en proceso de recuperación) o la apuesta por el formación y educación del turista hacia el producto gastronómico típico del lugar.

6. BIBLIOGRAFÍA

MIRET PASTOR Lluís, SEGARRA-OÑA Marival, PEIRÓ SIGNES, Ángel. "La excelencia gastronómica como revulsivo turístico de destinos maduros: El caso de la Costa Blanca". López, D. ed. (2012). La diferenciación y segmentación de los mercados en los destinos turísticos. XIV Congreso Internacional de Turismo Universidad y Empresa 2011, Bloque IV p.373-385

BENAGES GUARCH, Sara (2024) Análisis del turismo gastronómico desde el enfoque de las TIC: El caso de Costa Rica. XXVII Congreso de Turismo Universidad-Empresa: "Turismo gastronómico: ingrediente clave en el desarrollo sostenible del territorio"

Webgrafía

- https://es.wikipedia.org/wiki/Gastronom%C3%ADa_de_Costa_Rica https://www.visitcostarica.com/es/costa-rica
- https://www.rae.es/
- RRSS: Instagram @sarabguarch

ANEXOS

Foto 1

Foto 2

Foto 3

Foto 4

Foto 5

Agradecimientos

A Arkaitz, Asier, Chus, David, Eva, Marta, Miguel, Nicolás, Rachel, Silvia y Samu mis compañeros de viaje y aventuras en Costa Rica y a Carlos que sin él no hubiéramos podido rodar tanto.

EL IMPACTO DE LA INTELIGENCIA ARTIFICIAL EN LA SOSTENIBILIDAD DEL TURISMO GASTRONÓMICO

Sergio Ferrer Gilabert
Rafael Lapiedra Alcamí
Beatriz Forés Julián
Universitat Jaume I

Temática del trabajo: El papel de las TIC en el desarrollo del turismo gastronómico

RESUMEN: El turismo gastronómico ha emergido como un segmento clave en el sector turístico global, atrayendo a viajeros interesados en explorar nuevas culturas a través de sus tradiciones culinarias. En España, este tipo de turismo ha demostrado resiliencia y crecimiento, consolidándose como un motor crucial para la recuperación del sector tras la pandemia. La Comunidad Valenciana, con su rica herencia gastronómica y productos emblemáticos como la paella y los vinos, se encuentra en una posición privilegiada para capitalizar esta tendencia. La incorporación de la Inteligencia Artificial (IA) y las Tecnologías de la Información y Comunicación (TIC) en el ámbito turístico ha optimizado operaciones, mejorado la experiencia del visitante y abierto nuevas oportunidades para el desarrollo sostenible. La IA permite la personalización de experiencias y la gestión eficiente de recursos, lo que la convierte en una herramienta estratégica para enfrentar los desafíos del sector. Este trabajo analiza la evolución del turismo gastronómico en España y el impacto de la IA en su consolidación como destino gastronómico de referencia. Se destacan ejemplos de implementación de IA para la mejora de la experiencia del cliente y la sostenibilidad, además de abordar los desafíos tecnológicos, como la inversión en infraestructuras y la capacitación del personal. En conclusión, se plantean recomendaciones para una adopción efectiva y sostenible de la IA en el turismo gastronómico a largo plazo, con el objetivo de fortalecer la competitividad del sector en el escenario internacional.

Palabras clave: Turismo gastronómico; Inteligencia Artificial (IA); Tecnologías de la Información y Comunicación (TIC); Desarrollo sostenible; Innovación tecnológica; Competitividad

ABSTRACT: Gastronomic tourism has emerged as a key segment in the global tourism sector, attracting travelers interested in exploring new cultures through their culinary traditions. In Spain, this type of tourism has shown resilience and growth, establishing itself as a crucial driver for the recovery of the sector after the pandemic. The Valencian Community, with its rich gastronomic heritage and emblematic products such as paella and wines, is in a privileged position to capitalize on this trend. The incorporation of Artificial Intelligence (AI) and Information and Communication Technologies (ICT) in the tourism field has optimized operations, enhanced the visitor experience, and opened new opportunities for sustainable development. AI allows for the personalization of experiences and efficient resource management, making it a strategic tool to address the sector's challenges. This paper analyses the evolution of gastronomic tourism in Spain and the impact of AI in its consolidation as a reference gastronomic destination. Examples of AI implementation for improving customer experience and sustainability are highlighted, along with addressing technological challenges such as investment in infrastructure and staff training. In conclusion, recommendations are raised for the effective and sustainable adoption of AI in gastronomic tourism in the long term, with the aim of strengthening the sector's competitiveness on the international stage.

Keywords: Gastronomic tourism; Artificial Intelligence (AI); Information and Communication Technologies (ICT); Sustainable development; Technological innovation; Competitiveness.

1. INTRODUCCIÓN

El turismo gastronómico ha emergido como un segmento crucial en el sector turístico global, atrayendo a viajeros interesados en descubrir culturas a través de sus tradiciones culinarias. El turismo gastronómico en España no solo ha resistido los embates de la pandemia, sino que ha salido reforzado, consolidándose como un sector clave para la recuperación del turismo en el país (Dinamiza, 2023). La evolución positiva de este segmento sugiere que continuará siendo un motor importante para el desarrollo turístico en los próximos años, atrayendo a visitantes que buscan algo más que sol y playa: una inmersión completa en los sabores y tradiciones culinarias de España.

La Comunidad Valenciana, conocida por su rica herencia gastronómica y productos como la paella, los cítricos y los vinos, se encuentra en una posición privilegiada para aprovechar esta tendencia. La incorporación de la Inteligencia Artificial (IA) y las Tecnologías de la Información y Comunicación (TIC) en este ámbito no solo optimiza las operaciones y mejora la experiencia del turista, sino que también abre nuevas posibilidades para la promoción y desarrollo sostenible del turismo gastronómico.

El crecimiento del turismo gastronómico se ve impulsado por varios factores, como la búsqueda de experiencias auténticas, el interés en la cultura local y el auge de las redes sociales como medio para compartir dichas experiencias. En este contexto, la Comunidad Valenciana ha sido capaz de capitalizar sus recursos gastronómicos únicos para atraer a turistas nacionales e internacionales. Sin embargo, para mantenerse competitiva, es esencial que la región adopte tecnologías avanzadas que mejoren la experiencia del visitante y optimicen las operaciones del sector.

La IA y las TIC han demostrado ser herramientas efectivas en diversos sectores, incluyendo el turismo. La capacidad de estas tecnologías para analizar grandes volúmenes de datos y proporcionar recomendaciones personalizadas ofrece una oportunidad significativa para mejorar la oferta turística. Además, la implementación de soluciones tecnológicas puede ayudar a abordar desafíos clave como la gestión de recursos, la sostenibilidad y la satisfacción del cliente.

El objetivo principal de este trabajo es analizar la evolución del turismo gastronómico en España, así como las principales contribuciones de la inteligencia artificial (IA) y otras tecnologías emergentes en la consolidación del posicionamiento de España como destino turístico gastronómico de referencia.

Para ello, se llevará a cabo una revisión exhaustiva de varios aspectos clave: en primer lugar, se examinará el auge del turismo gastronómico en España, destacando cómo ha evolucionado en las últimas décadas y cuál es su impacto en la economía y la cultura local. En segundo lugar, se analizará el rol de la IA como palanca de desarrollo tanto del sector turístico en general como del sector gastronómico en particular, con especial énfasis en cómo estas tecnologías están transformando la forma en que se gestionan y personalizan las experiencias turísticas.

Asimismo, se identificarán y analizarán los principales desafíos que enfrenta el sector en la implementación de la IA, tales como la necesidad de inversión en infraestructuras tecnológicas, la capacitación del personal y la superación de barreras de ciberseguridad y adaptación a los rápidos avances tecnológicos. Posteriormente, se presentarán ejemplos prácticos de la aplicación de la IA en el turismo gastronómico, ilustrando cómo estas tecnologías están siendo utilizadas para mejorar la experiencia del cliente, optimizar la gestión de recursos y fomentar la sostenibilidad.

Finalmente, este trabajo culminará con un conjunto de conclusiones que reflejarán las oportunidades y desafíos que plantea la IA para el turismo gastronómico en España, así como recomendaciones para su implementación efectiva y sostenible a largo plazo.

2. EL AUGE DEL TURISMO GASTRONÓMICO EN ESPAÑA: EVOLUCIÓN Y TENDENCIAS

En los últimos años, el turismo gastronómico ha experimentado un notable crecimiento en España, convirtiéndose en una de las principales motivaciones de los viajeros que visitan el país. Según el IV Estudio de Demanda del Turismo Gastronómico en España realizado por la consultora Dinamiza (2023) este tipo de turismo, que combina el placer de viajar con la exploración de la gastronomía local, ha ganado terreno frente a otras modalidades, atrayendo tanto a turistas nacionales como internacionales interesados en conocer la rica tradición culinaria española.

Durante la pandemia de COVID-19, el turismo en general sufrió un fuerte retroceso debido a las restricciones de movilidad y a la crisis sanitaria global. Sin embargo, el turismo gastronómico mostró signos de resiliencia. Según los datos del Instituto Nacional de Estadística (INE, 2022), a pesar de la caída general del turismo en 2020, los destinos que ofrecían experiencias gastronómicas únicas lograron mantener un nivel de atracción relativamente estable. Con el levantamiento progresivo de las restricciones en 2021 y 2022, el turismo gastronómico experimentó un repunte significativo.

Según los datos de la última Encuesta de Gasto Turístico del INE-EGATUR (2024), el gasto total de turistas nacionales e internacionales también aumentó notablemente en 2024. El gasto total realizado por los turistas internacionales que visitaron España en julio alcanzó los 15.535 millones de euros, con un aumento del 11,9% respecto al mismo mes de 2023.

Además, resulta relevante que según el mencionado estudio de Dinamiza (2023) casi un 87% de los españoles afirma haber realizado al menos una escapada exclusivamente gastronómica desde 2020. Este porcentaje, el más alto registrado en la serie histórica, confirma el creciente interés por la gastronomía en los viajes dentro del país. Además, un 20,5% de los viajeros frecuentes nacionales pueden ser considerados como auténticos turistas gastronómicos, lo que significa que uno de cada cinco elige su destino y viaja motivado principalmente por el disfrute de la gastronomía y la realización de actividades relacionadas. El turista gastronómico destina aproximadamente un 30% más de su presupuesto en restauración y tiende a compartir sus experiencias con gran detalle, mostrando una mayor disposición a probar nuevos platos en comparación con el cliente habitual. Además, los turistas gastronómicos viajan con mayor frecuencia y en diferentes momentos del año, contribuyendo así a la desestacionalización de la actividad turística.

Este auge del turismo gastronómico se ha visto impulsado por varios factores, entre ellos el creciente interés por la sostenibilidad, la búsqueda de experiencias auténticas, y la popularidad de la gastronomía española a nivel internacional, con regiones como el País Vasco, Cataluña, Andalucía y la Comunidad Valenciana liderando la oferta culinaria. Ante esta tendencia, el Ministerio de Industria, Comercio y Turismo de España ha promovido campañas que resaltan la gastronomía como un pilar fundamental del turismo español. Por ello es necesario analizar todos los mecanismos// herramientas a través de los cuales se pueda robustecer el posicionamiento del país y sus comunidades autónomas.

Es destacable el impacto de la inteligencia artificial (IA) y las tecnologías de la información y comunicación (TIC) en la experiencia del cliente, especialmente en el sector turístico. Tal y como se explicará en detalle en los apartados siguientes, estas herramientas han revolucionado la forma en que los clientes interactúan con los servicios turísticos, permitiendo la personalización de ofertas, una gestión eficiente de reservas y una comunicación constante, lo que se traduce en una mayor satisfacción y lealtad (Zvirbule et al., 2023). La IA ha transformado el sector turístico al no solo mejorar la experiencia del cliente, sino también al incrementar la seguridad, optimizar la eficiencia operativa y promover la sostenibilidad. Además, estas tecnologías mejoran la eficiencia y el dinamismo en toda la cadena de suministro. Estos avances permiten a las empresas del sector ser más competitivas, dinámicas y responsables en un entorno cada vez más exigente.

3. IMPACTO DE LA INTELIGENCIA ARTIFICIAL EN EL SECTOR TURÍSTICO

3.1. Las Tecnologías de la Información y la Comunicación (TIC)

Las Tecnologías de la Información y la Comunicación (TIC), con sus numerosas capacidades, pueden sin duda contribuir a añadir valor al sector, así como a crear experiencias que atraigan y fidelicen a un cliente cada vez más sofisticado y dependiente de las TIC.

Las TIC son fundamentales para los directivos que toman decisiones al más alto nivel, por lo que no deben ser consideradas meramente como una herramienta técnica, sino como un componente esencial para la alta dirección (González et al., 2021). Llegando a ser consideradas fundamentales para la toma de decisiones a nivel estratégico (Zhang y Zhao, 2014).

No sólo destacan por las ventajas que aportan, es una necesidad la incorporación y gestión adecuada de las TIC para no quedarse atrás y satisfacer las demandas de los clientes (González et al. 2021). Ejerciendo, a su vez, una influencia favorable sobre el rendimiento financiero, la eficacia operativa y la visibilidad en el mercado (Lin et al., 2024).

La expansión del mercado a nivel mundial es otro efecto positivo de las TIC en el sector turístico en general, y el gastronómico en particular, mejorando la gestión, planificación y comercialización, y, en consecuencia, contribuyendo al crecimiento y el desarrollo económico (Bayrakcı y Özcan, 2022).

La capacidad de las TIC para adaptarse y anticipar las demandas de los clientes se ha vuelto crucial, ya que estas tecnologías están omnipresentes en el sector turístico para cumplir con los objetivos actuales y preparar al sector para el futuro (Law et al., 2014). La transformación radical de las empresas turísticas que operan, facilitando la promoción, distribución y entrega de servicios turísticos de la mano de las TIC es otro de los efectos positivos (González et al., 2021).

En los últimos años, la inteligencia artificial (IA) ha transformado significativamente el sector turístico, aportando innovaciones que abarcan desde la personalización de servicios hasta mejoras en la seguridad y eficiencia operativa. Uno de los principales avances de la IA es la capacidad de ofrecer recomendaciones personalizadas. Los sistemas de IA analizan el historial de viajes, preferencias e interacciones digitales de los clientes para sugerir destinos, alojamientos, actividades y opciones gastronómicas adaptadas a sus gustos. Este grado de personalización mejora la relevancia y satisfacción de la experiencia del cliente (Doğan y Niyet, 2024).

Además, la eficacia operativa en hoteles, aerolíneas y agencias de viajes ha mejorado gracias a la implementación de *chatbots* basados en el procesamiento del lenguaje natural. Estos *chatbots* ofrecen asistencia inmediata, responden a consultas y supervisan los procedimientos de reserva, reduciendo tiempos de espera y aumentando la satisfacción del cliente (Godse et al., 2018; Doğan y Niyet, 2024; Darwish, 2024).

Por otro lado, la IA también ha tenido un impacto importante en la seguridad del sector turístico. Tecnologías avanzadas como el reconocimiento facial han mejorado la verificación de identidad, mientras que los sistemas de IA son capaces de detectar y prevenir fraudes mediante el análisis de patrones de comportamiento sospechosos (Doğan y Niyet, 2024; Kemer y Tyagi, 2023). Estos avances han mejorado considerablemente la ciberseguridad, protegiendo tanto a las empresas como a los clientes.

El análisis de grandes volúmenes de datos, facilitado por la IA y las herramientas de Big Data también juega un papel crucial en la transformación del sector turístico. La capacidad de analizar grandes volúmenes de datos permite a las empresas turísticas tomar decisiones más informadas sobre la asignación de recursos, la segmentación de mercado y las estrategias de marketing. Al mismo tiempo, la IA mejora la gestión eficiente de recursos, ayudando a gestionar inventarios y a pronosticar la demanda, lo que optimiza la utilización de los recursos y eleva el rendimiento operativo (Darwish, 2024). Esto no solo contribuye a la personalización de servicios, sino que también reduce los costos operativos, proporcionando una ventaja competitiva significativa (Kemer y Tyagi, 2023; Du, 2024).).

En términos de sostenibilidad, tanto la IA como el Big Data han promovido prácticas más responsables dentro del turismo. La IA permite una asignación eficiente de recursos, la reducción de residuos y el fomento de prácticas como el uso de productos gastronómicos de kilómetro cero, lo que contribuye a los objetivos de sostenibilidad y a la promoción de un turismo responsable (Rani y Bhartwal, 2024; Castro y Nunes, 2023). El análisis de datos de consumo de energía, generación de residuos y comportamiento de los turistas permite a los destinos implementar iniciativas ecológicas que minimicen su huella ambiental (Hernández-Cabrera et al., 2023).

3.2. La Inteligencia Artificial en el turismo gastronómico

Los sistemas de IA analizan las preferencias y comportamientos de los viajeros para ofrecer recomendaciones gastronómicas personalizadas, mejorando así la experiencia culinaria durante el viaje (Doğan y Niyet, 2024; Darwish, 2024, Rani y Bhartwal, 2024).

Estas tecnologías agilizan las operaciones operativas de los restaurantes al optimizar procesos como la gestión de pedidos y el control de inventario, lo que incrementa la eficiencia de las empresas gastronómicas (Doğan y Niyet, 2024). Mediante el uso de tecnologías inmersivas como la realidad aumentada (AR) y la realidad virtual (VR) pueden ofrecer menús interactivos y ofrecer degustaciones gastronómicas virtuales, añadiendo una dimensión única a las experiencias gastronómicas de los clientes (Darwish, 2024).

En las cocinas, la integración de la IA en la innovación culinaria representa otro beneficio significativo. Estas herramientas asisten en el desarrollo de recetas, sugerencias de maridajes y la ingeniería de menús, creando ofertas culinarias únicas e innovadoras que se adaptan a diversos gustos y preferencias (Doğan y Niyet, 2024).

La mejora de la inteligencia artificial (IA) en las prácticas sostenibles dentro del sector gastronómico es cada vez más evidente a través de la optimización de los procesos de producción de alimentos, la minimización del desperdicio de alimentos y el avance de técnicas de abastecimiento ecológicas. Mediante la integración de programas de sostenibilidad impulsados por la IA, las empresas del sector turístico pueden atraer a turistas conscientes del medio ambiente y desempeñar un papel en la promoción de prácticas turísticas sostenibles (Darwish, 2024).

3.3. Principales retos en la implementación de la Inteligencia Artificial en el sector turístico

En el sector de la restauración, el Informe Ascendant de Minsait (Indra) (2024), titulado "IA: radiografía de una revolución en marcha", estima que aproximadamente un 35% de los restaurantes han adoptado herramientas digitales avanzadas. Estas incluyen sistemas automatizados de gestión de reservas, menús digitales interactivos y plataformas que utilizan algoritmos de inteligencia artificial para ofrecer recomendaciones personalizadas. Además, el informe señala que la inversión en tecnologías como la IA, Big Data y la automatización podría aumentar considerablemente en el futuro, dada su capacidad para optimizar recursos, reducir costos y mejorar la experiencia del cliente.

Por otro lado, según el primer estudio sobre la digitalización de las pequeñas y microempresas turísticas en España, elaborado por Segittur (2022) con el apoyo de KPMG, el nivel de digitalización de las pymes turísticas en España se sitúa en un 31,2%, considerado como nivel básico. De los ocho ámbitos analizados, el marketing y las ventas destacan con un 37,3% de digitalización, seguido por el talento del personal (36%), la visión de negocio (35,1%), el enfoque en la experiencia del cliente (34,2%), los sistemas digitales (33,3%), el producto innovador (29%), la operativa de negocio (22,8%) y los procesos administrativos (21,8%).

Si se desglosa por subsectores, las pymes dedicadas al alquiler de vehículos son las más avanzadas en digitalización, con un 35,5%, seguidas de las agencias de viajes (34,4%), actividades turísticas (33,1%), alojamientos (29,1%), restauración (29,8%) y transporte en autobús (25,3%).

Sin embargo, la implementación de la IA en el sector también enfrenta importantes desafíos. La adopción de nuevas tecnologías requiere inversiones considerables en infraestructura y capacitación del personal, lo que puede ser una barrera para muchas empresas, especialmente las pequeñas (Godse et al., 2018; Kulish, 2022; Levchenko et al., 2022). Asimismo, la rápida evolución de las TIC obliga a las empresas a mantener sus sistemas actualizados para no perder competitividad, lo que añade más presión financiera y operativa (Levchenko et al., 2022).

Un obstáculo adicional en la integración de las TIC es la falta de entendimiento mutuo entre los proveedores de servicios turísticos y los expertos en tecnología, lo que dificulta la cooperación y la innovación conjunta. Además, la ciberseguridad se presenta como un desafío crítico. El bajo nivel de seguridad en muchas empresas del sector aumenta el riesgo de filtraciones de datos, problemas de privacidad y riesgos financieros, lo que subraya la necesidad de reforzar las medidas de protección (Kulish, 2022).

A pesar de estos desafíos, las empresas deben adaptarse a las nuevas tecnologías para satisfacer las crecientes expectativas de los consumidores, quienes están cada vez más informados y conectados. Esto implica no solo adoptar nuevas herramientas, sino también invertir en la formación del personal para garantizar una implementación efectiva (Zhang y Zhao, 2014). Además, aunque las TIC han demostrado su relevancia en el sector, la investigación sobre su implementación y efectos es aún limitada, lo que destaca la necesidad de estudios futuros en esta área (Gonzalez et al., 2021).

4. EJEMPLOS DE LA IMPLEMENTACIÓN DE LA IA EN EL DESARROLLO DEL TURISMO GASTRONÓMICO

A continuación, se presentan algunos ejemplos de la implementación de la IA en el sector turístico y su relación con la gastronomía.

4.1. Asistentes Virtuales y Chatbots

La cadena de hoteles **Hilton** ha incorporado "Connie", un *chatbot* basado en la tecnología de IBM Watson, que interactúa con los huéspedes respondiendo preguntas y proporcionando recomendaciones de atracciones cercanas (Godse et al., 2018). Este chatbot, mejorado con Google Cloud Platform y Dialogflow, permite una interacción natural con los huéspedes mediante el uso de lenguaje conversacional. Además de reducir la dependencia de personal humano, la IA garantiza un servicio 24/7, mejorando la eficiencia operativa y asegurando que las consultas sean respondidas de manera oportuna (Ali et al., 2024).

Domino's Pizza ha implementado el asistente virtual llamado "Dom", impulsado por IA, que permite a los clientes hacer pedidos mediante comandos de voz o texto en la app o el sitio web. Dom utiliza IA para interactuar con los usuarios, facilitando pedidos más rápidos y personalizados. Domino's también utiliza IA para predecir la demanda de ingredientes y productos, lo que les permite ajustar sus niveles de inventario y minimizar el desperdicio de alimentos, optimizando la cadena de suministro.

En el contexto gastronómico, pues, tecnologías como estas pueden extenderse para ofrecer recomendaciones de restaurantes o incluso sugerencias personalizadas de platos según las preferencias culinarias de los clientes, creando una experiencia gastronómica más completa y satisfactoria.

Imagen 1. Connie, el robot recepcionista de hoteles Hilton

Fuente: https://images.app.goo.gl/Ysrk4Rt7vaAy68Te7

4.2. Personalización de Experiencias Gastronómicas

La inteligencia artificial permite personalizar las experiencias turísticas, incluyendo las gastronómicas, mediante el análisis de grandes volúmenes de datos de los clientes. Algoritmos avanzados pueden identificar patrones en las preferencias de los turistas, facilitando recomendaciones precisas sobre restaurantes, platos y eventos culinarios que se alinean con sus gustos individuales (Kemer y Tyagi, 2023).

Un ejemplo notable es la plataforma **Yelp**, que utiliza IA para recomendar restaurantes basándose en las reseñas y preferencias de los usuarios. La IA analiza los perfiles, comentarios y comportamientos de los usuarios, evaluando la confiabilidad de las reseñas para generar recomendaciones más precisas (Kumar et al., 2023). Este enfoque ha permitido que Yelp apoye negocios locales y proporcione predicciones fiables, ayudando a los turistas a tomar decisiones gastronómicas informadas, basadas en datos objetivos y preferencias previas.

4.3. Optimización de Reservas

TheFork, propiedad de TripAdvisor, utiliza IA para optimizar el sistema de reservas en restaurantes. La plataforma recomienda horarios basados en la disponibilidad del restaurante y las preferencias del cliente. Además, recopila datos para ayudar a los restaurantes a gestionar mejor las reservas y evitar tiempos muertos. La IA de TheFork también sugiere restaurantes a los usuarios en función de sus reservas anteriores y las opiniones de otros comensales.

4.4. Optimización de Precios en el Sector Gastronómico

Plataformas como **Airbnb** también han adoptado IA para ajustar dinámicamente los precios de alojamientos, considerando factores como la demanda, ubicación y tendencias del mercado (Camatti et al., 2024). Esta tec nología puede aplicarse de manera similar en el sector de la gastronomía. Restaurantes y establecimientos locales pueden emplear IA para ajustar sus precios en función de la demanda local, festividades o incluso preferencias individuales de los comensales.

El uso de IA para estrategias de precios personalizadas permite a los negocios de restauración maximizar sus ingresos, ajustando las tarifas según fluctuaciones del mercado, mejorando la competitividad y adaptándose mejor a las necesidades de los clientes (Camatti et al., 2024). Además, el análisis predictivo basado en IA ayuda a prever patrones de consumo, permitiendo a los restaurantes ajustar menús y ofertas, mejorando tanto la satisfacción del cliente como el rendimiento del negocio.

4.5. Restaurantes Inteligentes

IBM Watson ha creado "Chef Watson", una herramienta de IA que ayuda a chefs y restaurantes a crear nuevas recetas innovadoras utilizando combinaciones de ingredientes basadas en grandes cantidades de datos. Los restaurantes pueden utilizar esta tecnología para desarrollar platos únicos que atraigan a los turistas interesados en experiencias culinarias nuevas y originales.

Empresas como **Molecular Gastronomy VR** han desarrollado plataformas de realidad virtual que simulan la preparación de platos complejos, permitiendo a los cocineros aprender nuevas técnicas y mejorar sus habilidades en un entorno controlado.

4.6. Experiencias Gastronómicas Virtuales para Turistas

Algunos restaurantes han comenzado a ofrecer experiencias de realidad virtual durante las comidas. El restaurante **Sublimotion** en Ibiza, de Paco Roncero y Eduardo Gonzáles, combina la RV con la gastronomía para crear una experiencia multisensorial.

Imagen 2. Sublimotion, la experiencia gastronómica más cara del mundo

Fuente: https://images.app.goo.gl/33oyUVX4qgrSMNfC6

5. CONCLUSIONES

El presente estudio subraya el papel clave que desempeñan las tecnologías de la información y la comunicación (TIC) y la inteligencia artificial (IA) en la transformación del turismo, especialmente en el ámbito gastronómico. La IA aporta ventajas significativas en la toma de decisiones estratégicas y mejora la eficiencia operativa de las empresas turísticas. Su capacidad para analizar grandes volúmenes de datos permite una personalización sin precedentes, adaptando los servicios y ofertas a las preferencias individuales de los turistas. Asimismo, la IA contribuye a la sostenibilidad, optimizando recursos, reduciendo desperdicios y mejorando la seguridad, lo que resulta en experiencias más satisfactorias y seguras para los clientes.

En el caso específico del turismo gastronómico, las TIC permiten personalizar las experiencias de los visitantes mediante recomendaciones en tiempo real, una gestión eficiente de reservas y el uso de herramientas interactivas, como la realidad aumentada. Además, la integración de estas tecnologías ha facilitado la promoción de productos locales y sostenibles, alineándose con las crecientes demandas de los consumidores por prácticas responsables.

No obstante, la implementación de estas tecnologías presenta desafíos importantes, como la necesidad de inversión en infraestructura, la capacitación del personal y la ciberseguridad. Estos retos se agravan para las pymes y micropymes turísticas en España, que cuentan con menor capacidad financiera. En este contexto, los fondos europeos Next Generation son una palanca clave para impulsar la transformación digital de las pymes, facilitando la adopción de soluciones tecnológicas avanzadas.

Para superar la falta de financiación, uno de los mayores obstáculos en el proceso de digitalización de las pymes, es crucial que los actores públicos y privados continúen promoviendo estas ayudas y colaboren para impulsar su acceso y distribución efectiva.

6. REFERENCIAS BIBLIOGRÁFICAS

Bayrakcı et al (2022): “Relationship Between ICT and Tourism: The Case of Mediterranean Countries”. In ICT as Innovator Between Tourism and Culture (pp. 138-154). IGI Global.38-154.

Castro, C., y Nunes, P. (2023): “Evaluating the Effects of ICT and Tourism on Sustainable Development”. In *Advances in Tourism, Technology and Systems: Selected*

Papers from ICOTTS 2022, Volume 1 (pp. 143-153). Singapore: Springer Nature Singapore.

Darwish, D. (2024): "The Technology Impacts and AI Solutions for the Tourism Industry". In *Utilizing Smart Technology and AI in Hybrid Tourism and Hospitality* (pp. 23-50). IGI Global.

Doğan, S., y Niyet, İ. Z. (2024): "Artificial Intelligence (AI) in Tourism". In *Future Tourism Trends Volume 2: Technology Advancement, Trends and Innovations for the Future in Tourism* (pp. 3-21). Emerald Publishing Limited.

Du, Y (2024): "The Role and Strategy of Big Data in Promoting Local Tourism Development". Applied Mathematics and Nonlinear Sciences, 9(1). 2024.

Godse et al (2018): "Implementation of chatbot for ITSM application Using IBM Watson". In *2018 Fourth International Conference on Computing Communication Control and Automation (ICCUBEA)* (pp. 1-5). IEEE.

Gonzalez et al (2022): "Information and communication technologies in food services and restaurants: a systematic review". *International Journal of Contemporary Hospitality Management, 34*(4), 1423-1447.

Hernández-Cabrera et al (2023): "Big data in real time for the management of tourist destinations: The TOURETHOS Platform Technological Model". In *International Conference on Tourism and Information and Communication Technologies* (pp. 137-147). Switzerland.

Kemer, E., y Tyagi, P. K. (2023): "Application of Artificial Intelligence and Robotics in Tourism and Hospitality Marketing". In *Embracing Business Sustainability Through Innovation and Creativity in the Service Sector* (pp. 125-140). IGI Global.

Kulish, I. (2022): "Opportunities and problems of using information technologies in the tourism and recreation".Socio-Economic Problems of the Modern Period of Ukraine.

Law et al (2014): "Progress on information and communication technologies in hospitality and tourism". International journal of contemporary hospitality management, 26(5), 727-750.

Levchenko et al (2022): "Problems and Prospects of Using Digital Technologies in Tourism". *European Proceedings of Social and Behavioural Sciences.*

Lin et al (2024): "The economic impacts of information and communication technologies in the tourism and hospitality industry: A systematic review of the literature". *Tourism Economics.*

Rani, M., y Bhartwal, U. (2024): "A Study on the Role of Digitalization in Regenerative Gastronomy Practices in Tourist Experiences". In *Dimensions of Regenerative Practices in Tourism and Hospitality* (pp. 222-242). IGI Global.

Zhang, Z., y Zhao, Y. (2014): "The impact of information technology on service quality in the restaurant industry". International Journal of Hospitality Management.

Zvirbule et al (2023): "Gastronomic tourism and smart solutions used for its development: the case of a region of Latvia". Worldwide Hospitality and Tourism Themes, 15(5), 570-580.

Ascendant de Minsait (Indra) (2024). IA: radiografía de una revolución en marcha. Disponible online en: https://ascendant.minsait.com/informe-2024-inteligencia-artificial/global/

Dinamiza (2023). IV Estudio de Demanda del Turismo Gastronómico en España. Accesible online en: https://dinamizaasesores.es/iv-estudio-de-demanda-de-turismo-gastronomico-en-espana/

Encuesta de Gasto Turístico del INE-EGATUR (2024)., disponible online en: https://www.ine.es/dyngs/Prensa/es/EGATUR0724.htm

Segittur (2022). Informe de digitalización de las pequeñas empresas y microempresas turísticas españolas. Disponible online en: https://www.pymeturisticadigital.es/?_gl=1%2Avgzsxe%2A_ga%2AMzE4NTQzMjAxLjE3MjU1NjIzMzE.%2A_ga_HHQB0QQ9MN%2AMTcyNTYwODA0MS4yLjEuMTcyNTYwODA1OC40My4wLjA